KNAUR

Die Paul-Herzfeld-Thriller bei Knaur:
Abgeschnitten (mit Sebastian Fitzek)
Abgeschlagen (mit Wolf-Ulrich Schüler)
Abgefackelt (mit Alex Pohl)

Über die Autoren:
Michael Tsokos, 1967 geboren, ist Professor für Rechtsmedizin und international anerkannter Experte auf dem Gebiet der Forensik. Seit 2007 leitet er das Institut für Rechtsmedizin der Charité und das Landesinstitut für gerichtliche und soziale Medizin Berlin. Seine Bücher über spektakuläre Fälle aus der Rechtsmedizin sind allesamt Bestseller. Abgeschlagen ist der erste Band der Trilogie um den Rechtsmediziner Paul Herzfeld.
www.tsokos.de

Wolf-Ulrich Schüler arbeitet als Journalist für BILD und berichtet mit seinem bundesweiten Team über Kriminalfälle. Schüler ist Jahrgang 1980 und lebt mit seiner Familie in Berlin.

MICHAEL TSOKOS

mit Wolf-Ulrich Schüler

Abgeschlagen

Ein Paul-Herzfeld-Thriller

KNAUR

Besuchen Sie uns im Internet:
www.knaur.de

Aus Verantwortung für die Umwelt hat sich die Verlagsgruppe Droemer Knaur zu einer nachhaltigen Buchproduktion verpflichtet. Der bewusste Umgang mit unseren Ressourcen, der Schutz unseres Klimas und der Natur gehören zu unseren obersten Unternehmenszielen. Gemeinsam mit unseren Partnern und Lieferanten setzen wir uns für eine klimaneutrale Buchproduktion ein, die den Erwerb von Klimazertifikaten zur Kompensation des CO_2-Ausstoßes einschließt.
Weitere Informationen finden Sie unter: www.klimaneutralerverlag.de

FSC®
www.fsc.org
MIX
Papier aus verantwortungsvollen Quellen
FSC® C083411

März 2021
Knaur Taschenbuch

Ein Imprint der Verlagsgruppe
Droemer Knaur GmbH & Co. KG, München
Ein Projekt der AVA international GmbH Autoren- und Verlagsagentur
www.ava-international.de

Covergestaltung: ZERO Werbeagentur, München
Coverabbildung: PixxWerk®, München
Satz: Adobe InDesign im Verlag
Druck und Bindung: CPI books GmbH, Leck
ISBN 978-3-426-52439-8

2 4 5 3 1

*Die Handlung von »Abgeschlagen«
spielt zehn Jahre vor den Ereignissen in
»Abgeschnitten«.*

*Paul Herzfeld ist sechsunddreißig Jahre alt und
Assistenzarzt am Institut für Rechtsmedizin in Kiel.*

Prolog

Paul Herzfeld hob den Kopf der Toten an. Mit weit aufgerissenen Augen und offenem Mund schien sie ihn überrascht anzustarren. Wie es nur so weit hatte kommen können? Eine Frage, die Herzfeld ihr auch gern gestellt hätte, doch er verdrängte den Gedanken und versuchte, sich auf seine Aufgabe zu konzentrieren.

Die Leichenstarre hatte sich noch nicht auf den ganzen Körper ausgebreitet, aber bereits im Kiefergelenk kräftig eingesetzt, sodass ihre vertrauten Gesichtszüge dadurch wie eingefroren wirkten.

Durch die grobe Holzkonstruktion des Schuppens schimmerten nur vereinzelt ein paar Lichtstrahlen aus einem ansonsten schneeverhangenen Himmel. Im Halbdunkel war es nicht leicht, irgendwelche Details an ihrem Körper auszumachen, der rücklings vor ihm auf dem rauen Holztisch lag. Herzfeld nahm die schemenhaften Umrisse ihrer Unterarme wahr. Sie waren in den Ellenbogengelenken, von denen die Leichenstarre auch bereits Besitz ergriffen hatte, leicht angewinkelt und ragten entgegen der Schwerkraft, wie in einer wütenden Geste erstarrt, senkrecht nach oben.

Sie kann höchstens zwei Stunden tot sein, so wie ihre Leichenstarre ausgeprägt ist. Ich muss einen Hinweis auf die Todesursache finden, und zwar schnell, überlegte Herzfeld fieberhaft und tastete den toten Körper ab. Ihm lief die Zeit davon, er brauchte irgendetwas, womit er bei der Untersuchung ansetzen konnte.

Ihr kurzes schwarzes Seidennachthemd war ihr fast bis über die Scham nach oben gerutscht.

Er konnte unmöglich den Körper hier in diesem düsteren Schuppen öffnen. Das würde zu lang dauern. Die Instrumente fehlten. Oder würde er gezwungen sein, die Obduktion mit dem einfachen Küchenmesser durchzuführen, das er neben einer altmodischen Taschenlampe oberhalb des Kopfes der Toten entdeckt hatte? »Das ist wohl mein Sektionsbesteck?«, fragte Herzfeld in die Dunkelheit hinein.

»Natürlich. Nur zu. Ich warte auf Ihre Expertise«, erwiderte eine tiefe Stimme, die aus der hinteren Ecke des Raumes kam.

Herzfeld streckte seinen Rücken durch, fuhr sich durch die dunklen Haare und griff nach der Taschenlampe. Im gelblichen Lichtkegel sah er, dass der Lippenstift der Frau, der bei ihrer Begegnung am Tag zuvor noch akkurat gezogen war, jetzt völlig verschmiert war. Speichelfäden, inzwischen gräulich-wächsern eingetrocknet, hatten sich ihren Weg aus dem geöffneten Mund über die linke Gesichtsseite gebahnt.

»Sie scheinen nicht die geringste Ahnung zu haben, womit Sie es hier zu tun haben, Herzfeld. Ich gebe Ihnen ein paar Hinweise, denn Sie stehen ja unter Zeitdruck. Wir befinden uns noch immer im frühen postmortalen Intervall. Und an einem Herzinfarkt ist die Dame schon mal nicht gestorben«, sagte die Stimme mit einem höhnischen Unterton.

Herzfeld atmete aus und mahnte sich zur Ruhe. *Konzentrier dich!* Wie aus zwei stumpfen Glasmurmeln starrten ihn die erweiterten Pupillen der Toten vorwurfsvoll an, als er mit seinen Fingerspitzen ihre Augenunterlider herabzog, um die Augenbindehäute zu inspizieren. Von ihrem vormals perfekten Lidstrich, dem Lidschatten und ihrer Wimperntusche war nichts mehr übrig geblieben, in schwarzen Rinnsalen war das Make-up über ihre Wangen gelaufen. Sie musste viel geweint haben, als sie begriff, dass sie sterben würde.

»Vereinzelte Punktblutungen in den Bindehäuten«, sagte Herzfeld mehr zu sich selbst als zu der Person, die sich jetzt mit langsamen Schritten näherte.

Da war er. Der erste Hinweis.

Aber es musste schneller gehen, viel schneller. Denn mit jeder Minute, die verstrich, würde das Horrorszenario näher rücken:

Die Frau, die er liebte, würde sterben. Nur das Ergebnis der Untersuchung des leblosen Körpers vor ihm und seine korrekte Feststellung der Todesursache konnten ihren Tod verhindern. Im Lichtkegel der Taschenlampe untersuchte Herzfeld den Hals der Toten: *keine Strangmarke, keine Drosselspuren, keine Würgemale. Eine Gewalteinwirkung gegen den Hals schied schon mal aus. Aber warum dann die punktförmigen Blutungen in ihren Bindehäuten?*

Herzfeld hob den Kopf erneut an und leuchtete auf ihre Nackenregion. Dabei fielen die blonden halblangen Haare nach vorn und hingen ihr wie ein Vorhang vor dem Gesicht. *Sie waren völlig trocken. Obwohl sie schon ein oder zwei Stunden tot war. Wäre sie unter einer Plastiktüte erstickt worden, wären ihre Haare durch das entstehende Kondenswasser noch immer feucht. Bei der nassen Kälte im Schuppen wären sie nicht getrocknet.*

»Und? Was sagen Ihnen die Punktblutungen? Ich denke, die Toten sprechen zu Ihnen«, sagte die Stimme zynisch.

»Keine Strangulation, kein Ersticken unter einer Plastiktüte«, erwiderte Herzfeld, während er die Träger des Nachthemds über die Schultern der Toten nach unten zog und ihren Oberkörper entblößte. *Keine Zeichen einer Druckstauung am Oberkörper. Tod durch Ersticken, weil jemand auf ihrem Oberkörper kniete, scheidet auch aus. Aber vielleicht war es gar kein –*

Herzfelds Gedankenflut wurde jäh unterbrochen.

»Herzfeld, Sie sollten sich jetzt wirklich beeilen. Gleich wird der Wind die Maschine in Bewegung setzen, die das Leben Ihrer Lebensgefährtin, der Mutter Ihrer Tochter, in wenigen Minuten auslöscht. Und wenn das passiert ist –«

Die Stimme machte eine bedeutungsschwangere Pause.

Herzfeld begann zu schwitzen, sein Puls raste. Er blickte auf das makabre Todesrätsel auf dem provisorischen Untersuchungstisch vor sich und setzte die äußere Leichenschau fort. Er untersuchte die Fingernagelränder der Toten auf frische Abbrüche oder Fremdmaterial darunter, als er die beiden kleinen blasigen Hautveränderungen an der Innenseite der Endglieder des rechten Zeigefingers und des Daumens bemerkte, die im Lichtkegel der Taschenlampe porzellanartig schimmerten. Und dann kam ihm eine Idee. Es war nur ein flüchtiger Gedanke, aber Herzfeld spürte, dass er auf der richtigen Spur war.

Der zweite Hinweis. Vielleicht der alles entscheidende Hinweis.

Herzfeld nahm das Küchenmesser und öffnete mit einem einzigen langen Schnitt den rechten Arm der Toten von der Schulter bis zum Handballen in seiner gesamten Länge. Die Klinge war schärfer, als er erwartet hatte, und glitt durch Haut und Unterhautfettgewebe wie durch ein Stück Weichkäse. Die Hautlappen beidseits des Schnitts klafften zur Seite und gaben den Blick auf das darunterliegende Unterhautfettgewebe und die Armmuskulatur der Toten frei. Als er die dunkelroten, feucht glänzenden Einblutungen in der Beugemuskulatur von Ober- und Unterarm erblickte, war ihm schlagartig klar, wie und woran die Frau gestorben war. Aber ehe er seine Gedanken ordnen und sein Ergebnis mitteilen konnte, sah er den Arm, der sich wie eine Python langsam in Richtung seines Kopfes bewegte. Er spürte die kalte Mündung der Waffe an seiner linken Schläfe.

»Und jetzt das Messer weg, sofort. Nicht schlecht. Das muss man Ihnen lassen. Sie sind noch besser, als ich dachte. Aber das nützt Ihnen nun auch nichts mehr. Morgen liegen Sie auf einem Obduktionstisch. Und ein Kollege wird sich fragen: Wie starb Paul Herzfeld?«

Teil I

I

20. Dezember, 23.26 Uhr
Kiel. Eros-Center

So fühlte es sich also an zu sterben. Eine Summe von körperlichen Reaktionen, im Gehirn zu einem schneidenden Gedanken verbunden. Sein Atem wurde flach, kroch nur noch langsam durch seine Lungen. Die verbrauchte Luft presste sich durch seine Lippen, die langsam blau wurden. Der Strick um seinen Hals zog sich mit jeder Bewegung immer fester zusammen, als wäre er eine dünne Würgeschlange, die durch die Kissen gekrochen war, um ihm den Atem abzuschnüren. Seine Halsschlagadern wurden immer weiter zusammengedrückt, und er spürte, wie sich der Blutfluss in ihnen verlangsamte.
Jetzt bist du gleich tot, blinkten die einzelnen Wörter wie bei einer Hochhausreklame in seinem Kopf. Der Gedanke überlagerte alles. Seine Körperfunktionen liefen nur noch automatisch. Seine Blicke zuckten in rascher Abfolge reflexartig durch den Raum. *Irgendwo hier muss sie doch sein,* dachte Marius Wagner. Doch im Halbdunkel des Raumes konnte er nur schemenhaft erkennen, dass sie überhaupt noch da war.
Eben hatte sie noch am Kopfende des abgewetzten und ordinär riechenden Bettes gestanden, um zu überprüfen, ob die Fesseln, die jetzt tief in die Haut seiner Handgelenke schnitten, auch richtig festgebunden waren.
Wagner spürte, wie seine Fingerspitzen langsam kalt und taub wurden, obwohl irgendwo im Zimmer ein Heizlüfter lief und ächzend schmutzige Wärme ausspuckte. Seine Finger streckten sich, als würden sie bis zu dem kleinen abgewetzten Tisch neben ihm wachsen. Dort lag seine Brille, doch er bekam sie nicht zu fassen. Aber das wusste sie sicherlich. Sie liebte es scheinbar, ihm auf dem Weg in den Tod kleine bösartige Steine in den Weg zu legen.
»Bitte, bitte – ich will …«, presste er stammelnd aus seiner tro-

ckenen Kehle. Obwohl er tagelang über die Sätze nachgedacht hatte, die er sagen würde, wenn dieser Moment gekommen war. Doch nichts davon fiel ihm mehr ein. Warum nur fiel ihm nichts mehr ein?

»Das ist nicht, was ich hören will«, antwortete sie mit leiser Stimme.

Ihre Stimme war nah. Ganz nah. Sie strich durch sein Haar, das an den Schläfen langsam grau zu werden begann. Dabei war er nicht einmal fünfzig.

Der Strick um seinen Hals zog noch einmal an, als er leicht den Kopf hob, um sich nach seiner Peinigerin umzusehen. Der Puls seiner Halsschlagadern pochte nun so heftig, dass er auf die Fasern des Seils überzugehen schien.

»So, mir reicht's jetzt mit dir. Du bist nicht einmal Manns genug, um zu sterben. Nicht einmal das bringst du. Du kannst froh sein, dass Leichen von allein faulen«, fauchte sie und strich sich die langen schwarzen Haare aus dem Gesicht. Dann setzte sie ihm einen lackierten Fingernagel wie ein Skalpell fest auf die Brust und zog eine schmerzende Spur von seinem Brustbein bis zu seinem Schamhaar.

Er wimmerte kurz auf, aber sein Gehirn schien sich abgeschaltet zu haben und nur noch am Rande zu begreifen, was gerade geschah. Als hätte sein Verstand beschlossen, dass er in diesem todgeweihten Körper ohnehin nicht mehr gebraucht würde.

Dann wandte sie sich ab, die Zigarette schon in der Hand, als sei es nun wirklich Zeit für eine Pause. Er hörte das Rädchen des Feuerzeugs kratzen, in das sich das Rauschen seines Blutes mischte. Sie nahm zwei lange Züge, stand auf und ging um den Körper des schmächtigen Mannes herum, der vor ihr gefesselt auf dem Bett lag.

»Und – willst du die Worte sagen, die dich erlösen?«, verließen die letzten Rauchfäden mit dieser Frage ihre knallroten Lippen.

Wagner versuchte, den Kopf zu schütteln. Doch das Drosselwerkzeug um seinen Hals ließ ihm nicht einmal Raum dafür.

»Nein«, atmete er aus.

»Dann ist es eben so, du Pisser!«
»Aber … ich bin doch …«
»Was bist du?«
»… hab Geld, Mitarbeiter. Alles …«, kam es kratzend aus seiner Kehle.
Sie starrte ihn fassungslos an. Führte mit spitzen Fingern die glühende Zigarette gefährlich nah an seinen nackten Oberkörper. Giftspritzengleich setzte sie an und drückte die Glut fest auf seiner Brust aus. Die Asche verfing sich in seinem spärlichen Brusthaar, sengte es an, sodass es nach verbranntem Horn roch. Aus Wagners Kehlkopf drang ein jämmerlicher Laut, vor dessen Klang er selbst erschrak. *Sie kann das stundenlang so weitertreiben, aber irgendwann wird mich jemand vermissen,* dachte er nervös. *Meine Frau wird Nachrichten auf mein Handy senden, später vielleicht sogar anrufen.*
Mit einem abfälligen Blick musterte die Frau mit den dunklen Haaren seinen bebenden Körper. »Und jetzt – jetzt wirst du sterben!«

2

20. Dezember, 23.36 Uhr
Kiel-Ravensberg. Wohnung von Achim Wittfeld

Er zog an der Metallpfeife, die er sich wie den Lauf einer Pistole zwischen die Zähne geschoben hatte. Die kristalline Substanz im Pfeifenkopf verwandelte sich zu Rauch. Der leicht chemische Geruch verbreitete sich sofort in der kleinen Wohnung, nistete sich, wie schon so oft zuvor, in den abgewetzten Polstern des Sofas ein.
Die Küchenzeile mit den zwei völlig verrosteten Herdplatten sah eher aus wie eine Müllkippe. Vor lauter leeren Zigaretten-

schachteln, schmutzigen Tellern, auf denen sich die Asche sammelte, und zwei leeren Wodkaflaschen, war die Arbeitsplatte kaum noch zu sehen. In dieser Behausung schlief und lebte Achim Wittfeld. Vor dem Fenster hatte er ein großes Betttuch aufgehängt, und trotzdem glotzten die Scheinwerfer jedes vorbeifahrenden Autos in seine Höhle. Parterre. War einfach billiger.

Als die Wirkung des feinen Rauches einsetzte, der das Ende des Metallröhrchens in Richtung seiner Atemwege verließ, fuhr sich Wittfeld über die vernarbten Arme.

Vor ein paar Jahren hatte er eine Phase durchlebt, in der er sich mit Rasierklingen in die Arme geritzt hatte, und heute sahen sie wieder aus, als hätte sich eine tollwütige Wildkatze an ihnen ausgetobt. Vor Kurzem, als er wieder mal einen Job als Beikoch verloren und ihn wieder einmal sein ewig betrunkener Vater wüst beschimpft hatte, war er zu Crystal zurückgekommen. Und zwar richtig. Nicht zu den kleinen, gläsernen Splittern, die ihm halfen, die unmenschlich langen Abende in der Großküche des feinen Fischrestaurants zu überstehen, sondern zu den großen kristallinen Brocken, die aussahen, als hätte jemand eine Scheibe aus Sicherheitsglas zertrümmert. Das musste vor einer Woche gewesen sein. Oder war es schon zwei Wochen her? Er hatte seinen alten Herrn geschlagen. Nicht zum ersten Mal. Dann war er wieder nach Hause gefahren. In der Bahn hatte er sich an einer jungen Frau festgeguckt, die mit sich selbst zu reden schien. Als er die weißen Stöpsel in ihren Ohren entdeckt hatte, hatte er das dünne Kabel beim Aussteigen herausgerissen und war losgelaufen.

Wittfeld liebte diese Momente. Sie waren wieder häufiger geworden. Momente, in denen er den Mut aufbrachte, die unsichtbare Grenze zwischen ihm und einem anderen Menschen zu überwinden. Momente, in denen er binnen weniger Sekunden die Atmosphäre einer Situation komplett auf den Kopf stellte. Als würde er eine Blase zum Platzen bringen.

Dann, zu Hause in seinem Bau, hatte er wieder angefangen zu

rauchen. Einen echten Kristall. Wäre es ein Diamant gewesen, wäre er reich gewesen. *Achim, du zeichnest doch so schön. Mach da doch was draus,* hatte seine Großmutter gesagt. Immer wieder. Sogar noch, als sie schon dement im Heim saß und sich niemand außer ihm um sie kümmerte, hatte sie seine Zeichenkünste gelobt. Eines Abends, nach einem weiteren niederschmetternden Besuch bei ihr im Pflegeheim, hatte er, vollkommen benebelt, wieder mit dem Zeichnen begonnen. Das Motiv: eine kauernde Frauengestalt. Mit elfenhaft dünnen, aufgeritzten Beinen. Wie seine Arme. Sie war nicht zu erkennen. Ein wüst gekritzelter Haarteppich hing vor ihrem Gesicht. Es konnte jede sein. Aber er, er würde die gesichtslose Frau erkennen. Da draußen in der feindlichen Welt. Wittfeld hatte den Kugelschreiber so fest aufgedrückt, dass sich eine Blutblase an seinem Mittelfinger gebildet hatte. Aber er musste zeichnen, was vor seinem geistigen Auge auftauchte. Eine Kombination aus innerem Drang und der kristallinen Chemie – Letztere wahrscheinlich zusammengebraut in einem Labor in Tschechien. Oder in einer Gartenlaube in Brandenburg. Oder sonst wo.

Völlig aufgedreht vom Kick der Droge hatte er sich nach langer Zeit wieder einmal geritzt. Er hatte aufgehört zu zeichnen und war kopfüber in wirre Tage aus Alkohol und Drogen gestürzt. Zigarettenglut hatte sich in den wenigen albtraumhaften Schlafminuten in seinem lockigen Haar verfangen und ganze Strähnen angesengt.

Aber heute Abend würde er seine Zeichnung vollenden. »Wo is se denn«, lispelte Wittfeld aufgeregt vor sich hin und suchte die Couch ab. Er wurde wütend, warf die Kissen vom Sofa. Nichts, außer ein paar angelaufenen Münzen, einem Feuerzeug und etwas Alufolie. Hatte wohl ein Freund vergessen. In der Zeit, als er noch Freunde hatte.

Endlich. Nachdem er auf allen vieren über den abgewetzten Teppich gekrochen war und danach sein spärliches Mobiliar durchwühlt hatte, fand er, wonach er gesucht hatte: seine

Zeichnung. Sie lag in der untersten Schublade der Kommode, auf der der verstaubte Fernseher stand und rund um die Uhr ein wackeliges Bild in den Raum warf.
Wittfeld setzte sich auf die stockfleckige Couch und betrachtete das Bild: An manchen Stellen war die Mine des Stiftes durch das Papier gestoßen. Hektisch tastete er auf dem Tisch vor sich nach dem Kugelschreiber. Gierig sog er an der Drogenpfeife. Die Wirkung des Rauchs ließ mittlerweile immer schneller nach. Und er begann wieder zu zeichnen. Das Crystal leitete Kopfschmerzen in sein System, als hätte er an einem Eimer Farbverdünner geschnüffelt. Das nervte ihn. Er musste sich doch konzentrieren. Schließlich feilte er doch gerade an seiner Zeichnung. »Da fehlt noch was. Da fehlt doch noch was«, stammelte Wittfeld abwesend. Sein Mittelfinger schmerzte wieder. Ungerührt von seinen Nöten hockte das dünne Mädchen auf dem Papier. In Kugelschreiberblau. Die Beine angezogen. Wie durch Geisterhand getrieben, setzte Wittfeld an den schmächtigen Schultern seines Motivs an. Sie hatte noch keine Arme. Er kratzte sich am Kinn. *Die bekommst du auch nicht, oder? Nee, die bekommst du nicht, deine Arme. Ich hab noch was viel Schöneres für dich, du hübsches Ding, du. Was viel, viel Schöneres.*
Der Stift fuhr über das Papier, zeichnete einen weiten Bogen, der aus der Kugel des Schultergelenks entsprang. Bei der hohen geschwungenen Kurve begann Wittfeld wie beim oberen Teil eines Herzens. Dann ließ er mit verkrampften Händen den Schwung nach unten sausen. Das Gleiche auf der anderen Seite. Er wischte seine schwitzigen Hände an seiner Jeans ab. Fast schon liebevoll, wenn auch immer unkontrollierter, schraffierte er die neu geschaffene Fläche am Körper der elfenhaften Figur. Jetzt hatte sie, was sie seiner Meinung nach brauchte. Es waren keine Arme. Er hatte dem Mädchen auf dem Papier Flügel wachsen lassen.

☠ ☠ ☠

3

20. Dezember, 23.42 Uhr
Kiel. Eros-Center

Der Körper ihres Freiers bebte, das Bettgestell knarzte, als er an seinen Fesseln ruckelte. Doch die minimale Bewegung brachte ihm keine Erleichterung. Im Gegenteil, sofort brach dem Mann der Schweiß aus. Der Heizlüfter im Zimmer schien lediglich Sauerstoff in unbrauchbare Hitze zu verwandeln.
Ewa stolzierte mit spitz aufschlagenden Absätzen in eine der dunklen Ecken, zog an einer schwarzen Kommode die Schublade auf und nahm eine Rolle Frischhaltefolie heraus. Sie ging in Richtung des Bettes zurück. Wagner stöhnte. Mit ihren Fingernägeln suchte sie das Ende der Folie auf der Rolle, fand es nicht und grinste. *Genau wie in der Küche. Der Idiot kann doch eh nichts ohne die Brille sehen.* Vorsicht, das ist ein Designerstück, hatte er noch gesagt, als sie ihm sie abgenommen hatte. *Solche Sorgen hätte ich auch gerne mal*, hatte sie gedacht. Schließlich hatte sie einen halben Meter Folie abgewickelt und nahm genau Maß. Sie durfte jetzt keinen Fehler machen und drückte die Folie auf sein Gesicht. Wagner nahm einen tiefen Atemzug durch den Mund. Panik breitete sich auf seinem Gesicht aus! Sofort sog er die Folie ein, so tief, dass seine Zunge dagegenschlug wie die eines gefangenen Reptils, das gegen die Glasscheibe seines Terrariums drückte. Das Plastik legte sich auf seine Zähne, kroch in seine Nasenlöcher. Sie presste die Folie gegen seine Ohren, um die Position präzise zu halten. Die aufgerissenen Augen ihres Opfers zeichneten sich ab. Verzerrt. Unmenschlich. In Todesangst erstarrt. Sein Schrei wurde vibrierend durch die Folie nach außen geleitet.
Dann kam Wagner. Eher mickrig. Was für eine armselige Veranstaltung. Ewa schüttelte sich innerlich. Gerade als sie begann, sich Sorgen zu machen, röchelte ihr Freier unter der Folie hervor.

»Mutabor.«

Da war es! Endlich! Das Codewort. Sofort riss Ewa die Folie von den Atemwegen des Mannes und blickte ihn an. Sie gab ihm Zeit für zwei tiefe Atemzüge und schielte auf die Uhr an der Wand. Das Codewort hatten sie vereinbart, um ihr gefährliches Spiel abzubrechen, bevor es heikel wurde. Sie machte das mit allen Freiern so, denen sie Schmerzen zufügen sollte oder die von ihr lebensgefährliche Praktiken verlangten. Sie empfand das Zauberwort aus dem Märchen vom Kalif Storch als sehr passend. Aus den lüsternen Wesen wurden wieder schräge Vögel. »Und, alles klar?«, fragte Ewa, immer noch skeptisch, ob ihr Kunde alles gut überstanden hatte.

»Toll. Ganz toll …«, hustete Wagner.

Sie griff hinter das Kissen, auf dem sein schwitziger Kopf lag, und löste den Schnürsenkel, mit dem sie seinen Hals direkt über seinem Kehlkopf fixiert hatte.

»Brille«, kommandierte er plötzlich mit fester Stimme und hob seinen Kopf mit den zerzausten Haaren an. Von der Weinerlichkeit des hilflosen Mannes war nichts mehr übrig.

Ewa langte hinüber auf den Nachttisch und setzte ihrem Freier das gute Designerstück wieder auf.

Während er sein Ejakulat betrachtete, das er sich auf den Bauch gespritzt hatte, löste sie die Handfesseln. Dann warf sie ihm eine Kleenex-Schachtel aufs Bett. Das war ihr schon immer unangenehm gewesen. Noch unattraktiver als Männer, die sich für sexuelle Handlungen ausziehen, sind Männer, die sich danach wieder anziehen, hatte Ewa einmal für sich beschlossen.

Sie schaute auf ihr Handy. Zwei neue Nachrichten. Eine war von ihrer Mitbewohnerin Johanna, mit der sie am nächsten Tag einen Kaffee trinken gehen wollte, bevor mittags ihre Schicht begann. Die andere Nachricht war von ihrer Mutter. Dann sah sie auf ihr Diensttelefon. »Das Nuttentelefon«, nannten es ihre Kolleginnen. Falls man mal an einen Irren geriet, war ein Telefon mit Prepaid-Karte schon mal viel wert. Auch hier eine weitere Nachricht.

»Dein Geld hast du ja schon«, hörte sie ihren Todesfetischisten flüstern.
»Natürlich, Schätzchen.«
»Es war wirklich toll.«
»Gerne doch. Wir sehen uns wieder, Süßer.«
»Wo habe ich denn die Tüte?«
Ewa sah Marius Wagner im Anzug im Zimmer stehen. Dann beugte sich ihr Freier hinunter und zog eine große Kaufhaustüte unter dem Bett hervor.
»Hab sie! Weihnachtsgeschenke – für die Kinder«, lächelte er.
Ewa nickte. War ja irgendwie klar.
»Das Geld«, sagte er erneut und deutete mit dem Kopf in Richtung des Nachttisches, auf dem die Scheine lagen.
Ewa würde gleich sicherheitshalber noch einmal nachzählen. Falls er nicht die vereinbarten zweihundert Euro auf den Nachttisch gelegt haben sollte, würde sie auf den Knopf drücken, und Miguel, der Sicherheitsmann, der heute Abend auf die Frauen vom Laufhaus aufpasste, würde ihn festhalten. Aber so waren die Perversen eigentlich nicht. Den meisten war vorher und nachher immer alles ziemlich peinlich. Und wer will schon zu Hause erklären, dass er in einem Laufhaus am Kieler Hafen verprügelt worden war, weil er die Prostituierte um Geld geprellt hatte, nachdem sie mit ihm eine Tötungsfantasie durchgespielt hatte? Eben.
Solche Spielchen hatte Ewa hin und wieder mal im Programm. Obwohl sie immer auch ein Risiko bargen. Sie musste da immer an den australischen Sänger Michael Hutchence denken. Der schien auch ein Fan von Luftnot und Strangulationsspielchen und der damit verbundenen kurzfristigen euphorischen Reaktion im Gehirn gewesen zu sein. Dann hatte er es leider etwas übertrieben und hing plötzlich nackt in einem Hotelzimmer in Sydney.
Eine Prostituierte aus Österreich war sogar vor Gericht gelandet, weil ihr Freier sich bei einer Atemreduktion – Fachbegriffe fand Ewa auch in ihrem Beruf immer faszinierend – zu Tode

stranguliert hatte. Aber Ewa wusste, was sie tat. Und ein Freier, der nur gedrosselt werden wollte, war ihr allemal lieber als einer, dem sie dabei zusehen sollte, wie er aus ihrer Kloschüssel trank oder die benutzten Präservative ihrer vorherigen Freier auslutschte.

Ewa ging ins Bad. Sie würde heute Abend noch ihre Mutter in Polen anrufen. Das übliche Gespräch, mit den fast täglich gleichen Fragen: Warum arbeitest du immer so lange im Restaurant? Wie läuft das Studium? Hast du einen netten Mann getroffen? Wie immer würde sich Ewa bei den Antworten kurzhalten, weil sie sie selbst seit Monaten nicht beantworten konnte. Denn das Restaurant gab es überhaupt nicht, das Studium schon lange nicht mehr und die Männer – na ja, das war so eine Sache. Die polnische Prostituierte setzte sich auf das Bett und öffnete rauchend die Textnachricht auf ihrem Diensthandy.

Bist du frei?
Komme gleich noch vorbei

☠ ☠ ☠

4

20. Dezember, 23.57 Uhr
Kiel-Ravensberg. Wohnung von Achim Wittfeld

Wittfeld hatte die Zeichnung des Flügelmädchens wütend auf den Boden geworfen. Die Droge hatte inzwischen jede einzelne Nervenbahn seines Körpers besetzt, Rausch und Realität gingen nahtlos ineinander über. »Es dauert noch was, bis du hier rauskommst«, faselte Wittfeld in Richtung des Stückes Papier, das vor ihm auf dem ranzigen Teppich lag. Das Flügelmädchen saß immer noch mit angezogenen Beinen auf dem

Blatt. Die Flügel waren flugbereit aufgeschwungen, reckten sich nach oben.
»Wenn ich mein Werk vollbracht habe, werden sie dich sicher gleich finden. Dann wird mein Flügelmädchen in fremde Hände kommen, doch ich werde dich bald wiedersehen.« Und er spürte, wie wieder diese unkontrollierbare Wut in ihm aufstieg. Er begann hektisch im Zimmer hin und her zu laufen und murmelte dabei zusammenhangloses Zeug. Immer wenn er die Wand erreicht hatte, schlug er dagegen, bis seine Knöchel bluteten. Als die übermächtige Wut endlich von ihm abließ, zog er sich die abgewetzte Lederjacke, seine einzige Jacke, über das befleckte schwarze T-Shirt und öffnete den Schrank, aus dem ihm eine billige Sporttasche und ein Besen entgegenfielen. Er beugte sich weit in den Schrank hinein, um zu finden, was er suchte: die Machete.
Ihre Klinge blitzte bösartig auf.
Wittfeld umschloss den schwarzen Holzgriff, der über die ganze Fläche mit kunstvollen Schnitzereien versehen und in der Mitte beidseitig mit Intarsien aus rötlichem Metall geschmückt war, die eine Blüte darstellten. Die Waffe wirkte, als hätte sie einst ein stolzer Südsee-Häuptling getragen. Er verstaute sie in der länglichen Sporttasche.
Der Luftzug, der die Zigarettenasche im Zimmer aufwirbelte, als er die Wohnungstür aufriss, griff auch nach dem Blatt Papier, auf dem das Flügelmädchen gezeichnet war. Es wiegte sich einmal gleichgültig hin und her.
Wittfeld knallte die Wohnungstür zu, ohne sich noch einmal umzusehen. Sein Schlüsselbund lag auf dem Tisch vor der Couch, aber er wusste, dass er diese Wohnung nie mehr betreten würde.

5

21. Dezember, 0.17 Uhr
Kiel. Eros-Center

Ein weiterer Freier hatte sie auf ihrem Diensthandy angefragt. So spät noch. Ewa seufzte. *Tschüss Feierabend.* Ihre Nummer hatte sie in der Zeitung veröffentlicht. Denn allein die Laufhauskundschaft, die spontan vorbeischaute, genügte ihr nicht. Ihre zahlungskräftigen Stammkunden bekam sie nur über Anzeigen in der Tageszeitung:

Junge Studentin für besondere Fantasien.
Alles ist erlaubt. Verleih deinen Träumen Flügel.
Triff mich im Eros-Center. Kontakt nur SMS.
Ewa

Dann folgte die Nummer ihres Diensttelefons.

Wahrscheinlich hatte der Freier die Anzeige gelesen. Nichts deutete darauf hin, dass er hier im Haus Stammkunde oder überhaupt schon einmal bei ihr gewesen war. Doch heute wollte sie eigentlich niemanden mehr empfangen.

Das Laufhaus, in dem sie monatsweise ihr Zimmer gemietet hatte, das sie sich im Schichtbetrieb mit einer Kollegin teilte, hatte zwar die ganze Nacht offen, aber ab einer gewissen Uhrzeit war es klug, sich nicht mehr auf den Hocker vor die Tür zu setzen. Die Nacht schien den armseligen Gestalten, die dann durch die Flure des mehrstöckigen Hauses huschten, vollends das Gehirn auszuschalten.

Ewa nahm einen tiefen Zug von ihrer Zigarette und blickte auf ihr Handy. Es war bereits weit nach Mitternacht. Sie überlegte kurz. Wenn sie jetzt noch einen schnellen Job machte, dann konnte sie morgen später anfangen. Das würde bedeuten, sie hätte mehr Zeit mit ihrer Mitbewohnerin Johanna, und sie könnten durch die weihnachtlich geschmückte Innenstadt

bummeln. Außerdem wollte sie noch unbedingt zum Friseur, bevor es für die Weihnachtstage nach Hause ging, nach Polen. Ihre Mutter sollte zumindest das Gefühl haben, ihre Tochter sei zwar eine langsame, aber immerhin eine auf ihr Äußeres bedachte Studentin.
Sie tippte:

OK. Zimmer 26.

Und schickte die SMS ab.

☠ ☠ ☠

6

21. Dezember, 0.19 Uhr
Kiel. Eros-Center

Der Raum, in dem sich die Sicherheitsleute des Laufhauses aufhielten, verfügte über zwei Bildschirme. Die Qualität war allerdings miserabel. Die Kameras auf den Stockwerken sprangen immer wieder um, zeigten sechs Einstellungen im Viersekundentakt auf jedem Monitor.
Auch Parkplatz und Eingangsbereich wurden aufgezeichnet, die Daten jedoch lediglich auf Festplatten gespeichert. Und auch nur für achtundvierzig Stunden. Für den Fall der Fälle. Aber den gab es eigentlich nie. Keiner hatte hier Interesse daran, sich mit den Behörden über Autokennzeichen zu unterhalten. Hier regelte man alles schnell. Direkt und diskret. Und mit dem Baseballschläger, wenn nötig. Oft waren es Freier, die keinen hochbekamen und ihr Geld zurückforderten, die dann wie aufgeregte Stummfilmfiguren über die Monitore huschten und von den Sicherheitsjungs zur Ordnung gerufen wurden. Oft zahlten sie dann das Doppelte.
Miguel hatte zwar die Pappschale mit chinesischem Essen be-

reits in den Mülleimer befördert, trotzdem stank die ganze Bude danach. Man konnte das Glutamat beinahe mit der Hand von der Tischplatte wischen.

Er wurde von den Mädchen »San Miguel« genannt, wie das Bier aus dem Spanien-Urlaub. Der heilige Miguel. Aber auch als Heiliger hat man es manchmal schwer. Zuletzt vor einem Jahr, als er bei einer Razzia im Klubheim seiner Rockerbande in Gewahrsam genommen wurde, weil eine Polizistin mit ihrem Hintern gegen seine Hand gesprungen war. Er war kein Heiliger im klassischen Sinne. Aber die Mädels mochten ihn für seine herzliche zupackende Art. Manche würden behaupten, er sei ein Schläger. Aber einer mit Humor. Als er einmal einem Albaner, der eines der Mädchen bedroht hatte, einen Schneidezahn ausgeschlagen hatte, war er auf die Idee gekommen, die Zähne seiner Kontrahenten in einem Marmeladenglas zu sammeln. Aber die Sammelleidenschaft war auf Anweisung des Präsidenten seines Klub-Chapters schnell zum Erliegen gekommen. Wir brauchen hier keinen Ärger, hatte er gesagt.

Und so bestand Miguels Zahnsammlung aus einem albanischen Einzelstück. Das jedoch stand in einem Marmeladenglas auf einem der Überwachungsmonitore wie auf einem Altar. Miguels ganzer Stolz. Konkurrenz konnte dem Zahn lediglich die dösende französische Bulldoggen-Dame machen, die unter dem Tisch döste. Die einzige Frau, die es mit ihm aushielt.

»Bist eine ganz Süße, Señora«, schnurrte Miguel und kraulte der Hündin durch den wulstigen, haarigen Specknacken.

Der Überwachungsmonitor sprang gerade um, als er sich wieder nach oben beugte. Und Miguels Blick verharrte auf der neuen Einstellung, die den Flur im zweiten Stock zeigte. Er nahm den Mann mit den dunklen Locken und der braunen Lederjacke wahr, wie er mit seiner Sporttasche um die Ecke verschwand. Für eine kurze Sekunde hatte er über die Schulter nach oben geblickt – direkt in die Kamera.

☠ ☠ ☠

7

21. Dezember, 0.22 Uhr
Kiel. Eros-Center

Es klopfte. Leise, fast schüchtern. Als würde ein schmaler Knöchel unsicher an die abgewetzte Holztür pochen. Ewa fuhr sich mit der Hand durch ihre langen schwarzen Haare und erhob sich seufzend.
Showtime …
Das Erste, was Ewa an dem jungen Mann vor ihrer Zimmertür auffiel, waren seine wilden dunklen Locken. Sie fielen fast bis auf den Kragen. Er stand so nah an der Schwelle, dass sie zurückschrak. Normalerweise hielten Kunden etwas Abstand, aus Höflichkeit oder als wähnten sie ihre Schwiegermutter hinter der Tür.
Der Mann, der jetzt vor Ewa stand, schien jedoch eher ein Problem mit der richtigen Distanz zu haben. Und wohl auch mit der Temperatur. Unter der dünnen Lederjacke trug er nur ein schwarzes T-Shirt, und das im Dezember. Der Blick aus seinen grünen Augen war wie ein stumpfer Dolch, der sich mühsam, aber kraftvoll in sein Gegenüber bohrte. Auch die dunklen Schatten, die unter seinen Augen lagen, blieben Ewa nicht verborgen.
Er versuchte sich an einem Lächeln, das aber etwas zu schnell wieder verschwand. Mehr eine missglückte Geste. Dabei entblößte er eine Reihe Zähne, die unter seinem wohl ziemlich ungesunden Lebenswandel gelitten hatten.
»Ewa?«, fragte der Besucher hastig.
»Ja, da bist du richtig.«
»Ich suche etwas Besonderes. Sehr Besonderes. Aber du kannst doch mit besonderen Typen, oder?«
Ewa hob amüsiert die linke Augenbraue, machte sich auf ihren Stilettos noch etwas größer und überragte fast ihren Besucher.
Ganz was Besonderes, und am Ende will er nur in Windeln in

der Ecke sitzen und am Daumen lutschen, dachte sie genervt. »Komm rein. Ich hab eigentlich Schluss, aber wenn das jetzt keine Ewigkeit dauert …«
»Ja, geht schnell«, entgegnete der späte Kunde und zwängte sich an ihr vorbei ins Zimmer. Seine längliche Sporttasche streifte an ihrem Schienbein entlang.
»Also, was kann ich tun?«, fragte Ewa und beobachtete, wie er in die Mitte des Zimmers ging und sich einmal um die eigene Achse drehte. Ihn umwehte ein leicht chemischer Geruch, gemischt mit dem Duft von kaltnassem Leder, das langsam warm wird. Die Sporttasche baumelte an seinem Arm. *Wohl zu Hause rausgeflogen,* dachte sich Ewa und schloss die Tür. Ihr Gegenüber ließ die Tasche auf den Boden fallen.
»Ich bin Achim. Hallo. Ich hab deine Anzeige in der Zeitung gesehen und wusste, dass du die absolut Richtige für mich bist.«
»Wie schön«, entgegnete Ewa süffisant.
»Ich habe da eine Fantasie, weißt du. Nicht gerade das Alltägliche, okay? Also, mehr etwas Ungewöhnliches.«
»Hübscher, ich bin nicht erst seit gestern hier. Sag mir einfach, was du willst, und dann sage ich Ja oder Nein«, entgegnete sie und senkte dabei theatralisch den Daumen.
Der Mann wirkte gelöst. Ewa tippte auf Marihuana. Oder Ecstasy. Was für sie in Ordnung war. Sie rauchte schließlich selbst gerne hin und wieder mit Kolleginnen einen Joint, um an stressigen Tagen auf andere Gedanken zu kommen.
»Ich will Sex mit einer Toten haben.«
Ewa atmete tief ein. Jetzt war der Moment gekommen, an dem sie bereute, dass sie nicht einfach Feierabend gemacht hatte. Nachdem sie einen verklemmten Ehemann, der irgendwo in der Geschäftsführung eines mittelständischen Betriebes einiges zu sagen hatte, gefesselt, stranguliert und mit Plastikfolie fast erstickt hatte, bis er schließlich zum Höhepunkt kam, war so ein Szenario nun nicht genau das, was sie sich so spät noch vorstellte.

»Und wie soll das ablaufen?«, fragte sie.
Ihr Kunde streifte die Lederjacke ab und warf sie achtlos auf den Boden. Er lächelte erneut und musterte sie von oben bis unten. »Ich will, dass du es spielst. Du liegst einfach nur da. Ich mach auch nicht zu doll. Aber alles ohne Geräusche. Bewegungslos. Und mit Augen zu. So, als wärst du tot.«
Ewa hob skeptisch die Augenbrauen. Er schien schnell zu begreifen, dass er nun noch etwas ins Rennen werfen musste, um nicht wieder vor die Tür gesetzt zu werden.
»200 Euro?«
Ewa nickte und entkleidete sich rasch, denn ihr Gast schien kein ausschweifendes Vorspiel zu seiner Fantasie zu wünschen, und legte sich nackt aufs Bett. Ihre Brüste ragten keck nach oben. Sie hatte etwas nachhelfen lassen, aber sie hatte es mit den Implantaten nicht so übertrieben wie einige Kolleginnen. Hundert Gramm pro Seite, das war deutlich weniger als ein Erdbeerjoghurt. Sie schaute an die Decke, während sie es am Waschbecken im hinteren Bereich des Raumes plätschern hörte. Im Dämmerlicht beobachtete sie ihren Kunden und zuckte innerlich kurz zusammen. Seine Arme waren übersät mit narbig verheilten und frischeren Schnitten an der Oberfläche.
Er bemerkte, wie ihr Blick an seinem geschundenen Körper hängen blieb: »Das war mal eine wilde Zeit. Verstehst du? Es gibt auch wilde Zeiten im Leben.«
Eigentlich hätte Ewa dieser Satz gefallen, doch in Verbindung mit dem Menschen vor ihr machte er ihr Angst.
»Jetzt lass uns endlich anfangen. Dann kommst du auch schnell ins Bett. Also ins eigene …«, versuchte er die Situation aufzulockern.
Doch mit jedem Zentimeter, den er sich ihr näherte, fühlte sich Ewa unwohler. Und in ihrem Job war es immer ein schlechtes Zeichen, wenn das Bauchgefühl anschlug wie ein Hündchen, das allein in der Villa einer reichen Dame zurückgelassen wurde und bemerkte, dass sich ein ungebetener Gast Zutritt verschafft hatte. Doch sie wischte ihre Bedenken beiseite. *Was soll*

schon passieren? Der Notrufknopf ist direkt neben meiner rechten Hand, dachte sie und rutschte unauffällig etwas zur Seite, damit ihr am Ende nicht entscheidende Zentimeter fehlten, um den Alarmmechanismus auszulösen.
Das neue Sicherheitssystem war eingerichtet worden, als die Rocker das Etablissement vor einigen Jahren vom Vorbesitzer, dem Inbegriff eines norddeutschen Luden, übernommen hatten.
»Jetzt mach mal die Augen zu und dreh dich auf den Bauch. Wir spielen jetzt tot«, flüsterte ihr Besucher mit den unzähligen Narben an seinen Armen.
Ewa schloss betont langsam die Augen, drehte sich lasziv um und spreizte gleichzeitig um wenige Zentimeter die Beine. Nur gerade so viel, um ihm einen Anreiz zu liefern, jetzt auch anzufangen.
Und sie hatte darauf geachtet, den Notrufknopf weiterhin in Reichweite zu haben. Ewa hatte sich die Position ihres Freiers genau eingeprägt, bevor sich ihre Augenlider vollends schlossen. Er stand direkt vor dem Bett und hatte seine gesamte Kleidung ausgezogen. Also konnte er kein Drosselwerkzeug oder eine Waffe bei sich tragen. Dann erstarrte sie plötzlich, als wäre ein Stromkreis in ihrem Körper unterbrochen worden. Sie hörte das leise, sirrende Geräusch eines Reißverschlusses. Er öffnete die Sporttasche!
Ewa riss die Augen auf, stützte sich bäuchlings auf und drehte ihren Oberkörper so weit herum, dass sie gerade noch erkennen konnte, was hinter ihr geschah. Sie war unfähig zu reagieren.
Der Mann blickte böse auf sie nieder. Seine Arme hingen schlaff herunter. Als er sah, dass Ewa ihn mit angsterfülltem Blick fixierte, schrie er sie an: »Tote öffnen nicht die Augen!«, und machte eine hektische Verrenkung, als wende er sich blitzartig von ihr ab. Doch tatsächlich holte er aus – mit einer glänzenden langen Klinge in der rechten Hand.
Ewa riss instinktiv die Beine an den Körper, stieß einen schril-

len Schrei aus und versuchte, sich blitzschnell auf die rechte Seite zu drehen, um dem drohenden Hieb zu entgehen. *Schnell, der Alarmknopf!*

Aus der Kehle des Mannes drang ein bestialischer Laut, wie bei einem gefährlichen Tier, dem seine Beute zu entwischen drohte. Die Lautstärke des Schreis schien sich in pure Kraft zu verwandeln, die in seinen Arm und weiter in seine Hand schoss, die eine Machete umklammerte. Die Klinge war länger als sein Unterarm.

Da! Endlich spürte Ewa zwischen Mittelfinger und Zeigefinger der rechten Hand die runde Form des Notrufknopfes. Sie presste ihre Finger ohne Unterlass dagegen. In dieser Sekunde traf sie der erste Hieb mit einer ungeheuren Wucht. Die Klinge der Waffe zerschnitt die Haut, drang mit einem knirschenden Geräusch direkt in ihr linkes Schulterblatt und setzte ihren unbarmherzigen Weg durch das darunterliegende Fleisch fort. Als die Schneide auf harten Widerstand stieß, verzog der Mann schmerzverzerrt das Gesicht, als habe er gegen einen unnachgiebigen Laternenpfahl geschlagen.

Ewa trat auf der Seite liegend mit ihren nackten Füßen gegen die Schienbeine des Angreifers.

»Du kannst nichts machen, du bist doch tot!«, brüllte er scheinbar irritiert von der Wucht, mit der die Klinge auf den Knochen des Schulterblattes niedergefahren war.

Die Sekunden vergingen wie in Zeitlupe. Der Mann war jetzt vollkommen außer Kontrolle. Ewa drehte den Kopf, um ihre linke Schulter zu sehen, doch die Verletzung, der Schnitt, war zu weit oben. Als sie sich ruckartig bewegte, sprangen die Ränder der Wunde auseinander. Sie spürte, wie warmes Blut über ihren Oberkörper floss. Viel Blut.

☠ ☠ ☠

8

21. Dezember, 0.35 Uhr
Kiel. Eros-Center

Señora hatte leise schnaufend die Nackenmassage ihres Herrchens ohne Regung über sich ergehen lassen. Miguel hatte ihr so fest den Rücken geknetet, dass sich bei jeder Bewegung die schlaffe Haut über die wässrigen und ewig entzündeten Hundeaugen schob. Es wirkte, als würde das Tier einen drei Nummern zu großen Fellanzug tragen, der bei jeder Bewegung schlackerte.
Mit miefenden Fingern hatte sich Miguel sein Handy geschnappt, die Füße auf den Tisch mit den Monitoren gelegt und das Telefon entsperrt:

1661
ANGELS FOREVER,
FOREVER ANGELS

Da war der heilige Miguel Nostalgiker. Er konnte sich nicht oft genug mit Genugtuung daran erinnern, dass die »Firma« ihm ein durchaus interessantes Leben beschert hatte. Besser als sein vorheriges Dasein als Zeitsoldat in einer Kaserne in Niedersachsen war es allemal. Zumindest gab's mehr Frauen. Noch vier Stunden bis zum Ende seiner Schicht. Miguel gähnte unverhohlen. Da schrillte der hohe Piepton eines Zimmeralarms auf: zweiter Stock! Nummer 26! Noch ehe Señora zu einem Kläffen in Moll angesetzt hatte, war Miguel aus seinem Sitz hochgeschnellt und hatte mit einem gekonnten Griff den Teleskop-Schlagstock, der mit einem Klettverschluss unter der Tischplatte angebracht war, hervorgerissen. Dann war er aus dem Sicherheitsraum ins Treppenhaus gestürzt.

☠ ☠ ☠

9

21. Dezember, 0.41 Uhr
Kiel. Eros-Center

Für ein paar Sekunden fror die Situation in Zimmer sechsundzwanzig ein.
Ewa hatte sich wie eine Krabbe rücklings mit allen Gliedmaßen nach hinten geworfen, um so schnell wie möglich etwas Raum zwischen sich und den Wahnsinnigen zu bringen.
»Hör auf! Hör sofort auf!«, schrie Ewa panisch. Sie riss instinktiv die Arme nach oben, um ihr Gesicht zu schützen. Ihr nackter Hintern lag in der Blutpfütze, die aus der Verletzung ihres linken Schulterblattes herrührte. Das Blut stand regelrecht auf dem Laken, sickerte nicht ein. Es war einfach zu viel.
»Nicht schreien, du bist tot! Du bist doch tot. Und ich mache es besser.«
Die Stimme ihres Peinigers hatte sich in den drei Sätzen mehrmals überschlagen, als befinde er sich plötzlich wieder im Stimmbruch. Speicheltropfen spritzten aus seinem Mund. Er starrte erst auf die Machete, und dann irrte sein Blick wieder ihr zu.
Ewa konnte sich in ihrer Position nicht halten und schwankte bedenklich zur Bettkante.
Blitzartig holte er noch einmal aus. Wie ein Holzfäller, der einen nassen Eichenblock spalten wollte.
Ewa riss ihren Kopf aus der mörderischen Bahn der Klinge, die die Mitte ihres Gesichts nur knapp verfehlte und ihr, einer barbarischen Rasur gleich, einen breiten Streifen ihrer Wange abtrennte. Auf ihrer Bahn nach unten erwischte die Klinge drei Finger ihrer rechten Hand. Ewa versuchte sich aufzurichten, doch da schoss die Machete mit voller Wucht in ihre rechte Schulter – diesmal frontal. Der Stahl spaltete die Haut, zerstach das Weichgewebe und die Muskulatur und zertrümmerte ihr Schlüsselbein, das brach wie ein morsches Stück Holz. Ihr

Schultergelenk knirschte unter der gewaltigen Macht der Klinge, und sie wurde zurück auf das Bett geschmettert.
Der gellende Schrei war ihr im Hals stecken geblieben.
Die Machete hing schräg in ihrer Schulter, und der Wahnsinnige ließ sie kurz los, als müsse er sich sammeln. Dann packte er mit beiden Händen den Griff der Waffe. Als er die Klinge heraushebeln wollte, zerbrach etwas Knöchernes in Ewas rechtem Schultergelenk. Ihre Augenlider flatterten, als würde sich ihr Körpersystem abschalten wollen, um ihr Weiteres zu ersparen. Ganz entfernt nahm Ewa wahr, wie plötzlich die Zimmertür aufflog und der bullige Sicherheitsmann hereinhechtete, seine massiven tätowierten Arme nach vorne gestreckt.
Miguel!
Als führe er sie an einer eisernen Leine, hielt der Irre die Machete fest, die noch immer in ihrer Schulter steckte. Doch langsam löste er seinen Griff, und es fühlte sich an, als sei die Klinge wie ein Haken an ihrem kraftlosen Körper befestigt.
Ewa versuchte, ein letztes Mal die Augen zu öffnen, und riss dabei stumm den Mund auf. Der Angreifer ließ endlich los und hob langsam die Arme. Seine Gesichtszüge entspannten sich schlagartig. »Ich wollte ihr nur Flügel machen. Dann hätte sie wegfliegen können.«
Ihre Augen hetzten hinüber zu dem Sicherheitsmann, der mit einem surrenden Geräusch den Totschläger in seiner rechten Hand ausfahren ließ. Dann konnte sie sich nicht mehr halten und kippte, blutüberströmt, ohnmächtig vom Bett. Den Aufprall auf dem harten Boden spürte sie nicht mehr.

10

7. Juni, 11.17 Uhr
Kiel. Landgericht, großer Saal

Der große Saal des Landgerichts Kiel roch an diesem Donnerstagmorgen so sauber wie an einem Montagmorgen. Doch wenn er es sich recht überlegte, roch er eigentlich immer wie an einem Montag – eine Mixtur aus seit Jahrzehnten penibel gewischtem Linoleum und ungleich abgestandener Luft.

Professor Doktor Volker Schneider betrat, nachdem er von dem walrossbärtigen Justizbeamten aufgerufen worden war, den Gerichtssaal und musterte durch seine randlose Brille die Pressevertreter in der ersten Reihe, von denen einige schon sicherheitshalber dabei waren, einen Artikel zu dem »Macheten-Prozess« vorzubereiten. Die Reporter und TV-Journalisten hatten ihre bei so großen Prozessen übliche Position eingenommen, einige von ihnen mit Kaffeebechern in den Händen. Das Zeug war wässrig und untrinkbar heiß, das wusste Schneider aus eigener leidvoller Erfahrung. Aber die Kantine im Souterrain des Gebäudes war nicht gerade ein Starbucks. Aber für ein paar gute Bilder vom »Flügelmacher« würde man auch eine verbrannte Zunge in Kauf nehmen. So hatte die Presse Achim Wittfeld bereits kurz nach seiner Festnahme getauft. Das Interesse der Medien hatte dann aber etwas abgenommen, als klar wurde, dass der »Flügelmacher« nicht, wie zuerst berichtet, im Namen Satans ein Blutopfer bringen wollte, dann jedoch von einem stadtbekannten Rocker daran gehindert worden war.

Schneider war ein schlanker Mann von dreiundfünfzig Jahren, seine weißblonden Haare trug er streng nach hinten gekämmt. Nie löste sich eine Strähne. Genauso selten kam es vor, dass er laut lachte. Ein Lächeln in seinem kantigen, fast knochigen Gesicht, in dessen Mitte eine prominente Hakennase thronte, zu erhaschen war eine Seltenheit. Mit seinen langen und sehnigen Gliedmaßen bewegte er sich nahezu raubtierhaft. Die Presse

war fasziniert von dem knapp ein Meter neunzig großen Mann, der vor Gericht stets mit Fliege am Kragen eines akkurat gebügelten weißen Hemdes und in einem faltenfreien schwarzen Anzug erschien.
Schneider neigte dazu, jeden Raum, den er betrat, inklusive Gerichtssäle, zu seinem Eigentum zu erklären. Dabei blieb er stets kühl und distanziert. Doch er konnte auch anders. Nämlich dann, wenn er nicht wie ein Experte, oder vielmehr *der* Experte, behandelt wurde. Dann veränderte sich sein distanzierter Gesichtsausdruck – sein Blick wurde zu dem eines mächtigen Greifvogels, der bereit war, auch auf Löwen einzuhacken, wenn es denn nötig wurde.
Zunächst ließ er seinen Adlerblick durch den Gerichtssaal schweifen und scannte routiniert jeden einzelnen Anwesenden. Im Zuschauerraum hatte sich die übliche Publikumsmischung zu Prozessauftakten dieser Art eingefunden: schreibende Journalisten (Reihe eins). Jura-Studenten (Reihe zwei). Schaulustige, Verrückte und fernsehmüde Rentner (Reihe drei).
Schneider ging zielstrebig zum Zeugen- und Sachverständigentisch, der dem Vorsitzenden Richter und seinen Schöffen gegenüberlag. Im Saal war es still geworden. Für jeden hörbar zog Schneider den Stuhl, auf dem er Platz nehmen wollte, mit einem Quietschen über den Linoleumboden nach hinten.
»Guten Morgen, Herr Professor«, begrüßte der Vorsitzende Richter, ein junger Mann, der so aussah, als ob er eben erst sein Jurastudium abgeschlossen hatte, Schneider mit einem dankbaren Lächeln. Der Richter schien beruhigt zu sein, dass ein so erfahrener und anerkannter Gutachter nun die Sache aufklärte. Danach würden sich sicher nicht mehr allzu viele Fragen ergeben.
Schneider war sich mehr als bewusst, dass er als absolute Koryphäe auf dem Gebiet der Rechtsmedizin galt. Sie wussten, er war redegewandt, und waren von seiner bundesweit gefragten Kompetenz als Sachverständiger beeindruckt. Doch die Journalisten und Prozessbeteiligten wussten mittlerweile auch, dass

sie ihm besser nicht zu nahe traten. Schneider freute sich innerlich, dass sich der junge Jurist entsprechend nervös mit der Hand durch seinen altmodischen Scheitel fuhr.
Er persönlich hatte Wittfeld noch in der Tatnacht auf dem Kieler Polizeipräsidium eine Blutprobe entnommen, um zu überprüfen, ob der Irre zum Zeitpunkt der Tat unter Alkohol- oder Drogeneinfluss stand. Einige Tage später hatte er dann Wittfelds Opfer in der Klinik auf die Lebensgefährlichkeit der Verletzungen hin und zur Frage, wie oft mit der Machete zugestochen worden war, untersucht.
Die für den geordneten Ablauf der Gerichtsverhandlung zuständigen Justizbeamten hatten wenige Minuten vor Prozessauftakt auf dem Gerichtsflur nachgeprüft, ob auch wirklich alle für den Verhandlungstag notwendigen Protagonisten anwesend waren: die Zeugen, die am Geschehensort zuerst eingetroffenen Polizeibeamten, der Notarzt, der Vater des Angeklagten, ein hoffnungsloser Trinker, und der Sicherheitsmann des Bordells, Miguel Sandero, ein szenebekannter Soldat der örtlichen Rockerarmee. Ihn hatten sie natürlich als Sachverständigen zuerst begrüßt.
Das Opfer, die Polin Ewa Barczak, sollte erst am Nachmittag aussagen. Ihr entstelltes Gesicht hatte mehrere umfangreiche operative Gesichtsrekonstruktionen notwendig gemacht, die allerdings für die junge Frau ästhetisch nicht unbedingt befriedigend verlaufen waren. Ihr rechter Arm, an dessen Hand seit dem Vorfall im Laufhaus drei Fingerendglieder fehlten, hatte aufgrund der Zertrümmerung ihres rechten Schultergelenks operativ versteift werden müssen, was zur Folge hatte, dass er jetzt wie ein widerspenstiger Ast von ihrem Körper abstand. Sie war physisch und psychisch kaum belastbar, und es war fraglich, inwieweit sie den Strapazen der Gerichtsverhandlung überhaupt würde standhalten können.
Schneiders Blick fiel fast beiläufig auf die Bank des Angeklagten, die sich nun links von ihm befand. Wittfeld trug Handschellen, die seine Handgelenke vor seinem Körper fixierten.

Zwei Justizvollzugsbeamte flankierten den »Flügelmacher« und seinen Anwalt. Ein medienfreundlicher Pflichtverteidiger, der bekannt dafür war, mit schnellen Geständnissen und Reuebekundungen ein erträgliches Strafmaß für seine Mandanten auszuhandeln.

Die Zeit in der U-Haft hatte Wittfeld offenbar schwer zugesetzt. Der Drogenentzug hatte seine Spuren nicht nur in Form von tiefen Augenringen hinterlassen.

Der »Flügelmacher« schlief scheinbar nur wenig und wenn, dann nur mit medikamentöser Unterstützung. Aber nicht, weil ihn das schlechte Gewissen plagte. *Es ist wohl eher eine Reaktion seines Körpers auf den fehlenden Stoff,* stellte Schneider trocken für sich fest. Mit einem routinierten Blick bemerkte er, dass man Wittfeld die Haare abrasiert hatte, auf der Kopfhaut schimmerten wunde Stellen – vielleicht hatte er versucht, sie sich auszureißen. Schneider hatte sich über die Jahrzehnte hin angewöhnt, sich nicht mit menschlichen Gedanken und menschlicher Logik den Tätern und Opfern, die ihm begegneten, zu nähern. Nur so funktionierte der medizinische Hochleistungscomputer in seinem Gehirn fehlerfrei.

Er musste es auch nicht mit eigenen Augen gesehen haben, dass die Kameras der Pressevertreter heißgelaufen waren, als Wittfeld den Gerichtssaal betreten hatte. Die Blitzlichter hatten jeden Millimeter seiner fahlen Haut abgetastet, als sei es möglich, das Böse im Menschen durch besonders grelles Licht sichtbar zu machen.

Bereits im Vorfeld hatte Schneider erfahren, dass Wittfelds Anwalt ein umfassendes Geständnis angekündigt hatte. *War ja auch nicht anders zu erwarten,* war Schneiders Reaktion gewesen.

»Guten Morgen Hohes Gericht.« Schneider nickte in Richtung des Vorsitzenden Richters und blickte danach kurz nach links zum Strafverteidiger und nach rechts zum Staatsanwalt, dessen Hände siegessicher auf seiner Akte ruhten.

Der Staatsanwalt hatte eine simple, aber aussagekräftige Anklageschrift wegen versuchten Mordes verfasst. Die Tathandlung,

so seine Argumentation, hatte sich nicht nur in einem Bordell abgespielt, was eine sexuelle Erregung des Angeklagten und die Tatausführung zur Befriedigung seines Geschlechtstriebs vermuten ließ, sondern es war auch eine Zeichnung in Wittfelds Wohnung gefunden worden. Eine Kritzelei, die eine Frau ohne Arme zeigte, und der stattdessen Flügel aus dem Körper wuchsen.
Der Angeklagte schien die Tat folglich von langer Hand geplant zu haben und hatte dabei den Tod seines arglosen Opfers, das von dem Angriff völlig überrascht wurde, billigend in Kauf genommen. Neben einer Freiheitsstrafe von zwölf Jahren wollte der Staatsanwalt in seinem Schlussplädoyer beantragen, dass Wittfeld in eine Einrichtung des Maßregelvollzugs eingewiesen werden sollte, um dort zunächst therapiert zu werden, ehe er seine Freiheitsstrafe im regulären Vollzug antreten würde.
Durch das frühe Geständnis schien der gewiefte Strafverteidiger nun jedoch die Sache nicht nur abzukürzen, sondern ihm auch in die Parade fahren zu wollen.
Nachdem Schneider dem Gericht seine Personalien zu Protokoll gegeben hatte, leitete der Richter die Befragung des rechtsmedizinischen Sachverständigen ein, indem er kurz die wesentlichen Aspekte des bisherigen Prozessverlaufs an diesem Vormittag zusammenfasste: »Herr Professor, der Angeklagte hat durch seinen Verteidiger bereits umfänglich die Tat gestanden und bedauert diese sehr. Hier ist noch einmal hervorzuheben, dass er sich demnach von der Geschädigten bedroht fühlte und glaubte, Opfer eines Übergriffs zu werden. Die Wahrhaftigkeit dieser Aussage gilt es natürlich zu überprüfen. Fakt ist: Zum Tatzeitpunkt stand der Angeklagte unter dem Einfluss einer harten synthetischen Droge, das wissen wir aus dem toxikologischen Gutachten, das Bestandteil der Gerichtsakte ist. Aber nun sind wir auf Ihre Rekonstruktion der Ereignisse, die zu den schweren Verletzungen der Geschädigten führten, gespannt.«
Schneider räusperte sich, als könne er so seine tiefe Stimme etwas aufhellen. Mit dunklem Timbre begann er seine Ausführungen von der Inaugenscheinnahme des Opfers. Er berichtete

von dem ersten Macheten-Hieb, der von hinten auf den Körper der Frau niedergegangen war. Dieser Hieb hatte den Knochen des linken Schulterblattes getroffen und musste mit einer Entschlossenheit ausgeführt worden sein, die keinesfalls als eine Verteidigungsmaßnahme gegen eine unbewaffnete nackte Frau bewertet werden konnte.

»Mit dem zweiten Schlag hat der Angeklagte den Schädel des Opfers nur um Millimeter verfehlt. Er hätte ihr ohne Weiteres die obere Hälfte des Kopfes abschlagen können. So wurde nur ein Teil des Gesichtsfleisches der linken Wange abgetrennt. Und für alle, die hier mitschreiben …«, er drehte sich kurz um und sah zu den Journalisten im Zuschauerraum, ehe er fortfuhr, »… ich sage bewusst ›nur‹, weil wir hier im wahrsten Sinne des Wortes um ein Haar in einem Prozess um ein vollendetes Tötungsdelikt sitzen würden. Denn der wirklich verheerende Schlag war der dritte, der um Haaresbreite nicht nur den rechten Arm der Geschädigten abgetrennt hätte, sondern auch die rechte Oberarmschlagader so massiv verletzt hat, dass sie um ein Haar verblutet wäre«, führte Schneider aus.

Nachdem Schneider geendet hatte und noch einige Nachfragen seitens des Staatsanwalts und der Verteidigung beantwortet hatte, war klar, dass der Angeklagte in der damaligen Situation alles gewesen war, nur nicht ein in Notwehr handelnder Mann. Wittfelds Blick glitt fast unmerklich hinüber zum Vorsitzenden Richter und zu den Schöffen, ehe er wieder vor sich hin ins Leere starrte.

Schließlich wurde der Sachverständige entlassen. Der Richter hatte sich von Schneider in seiner Meinung scheinbar bestätigt gefühlt und nickte zufrieden. Als sich Schneider unter dem erneuten Quietschen des Stuhls auf dem Linoleumboden erhoben hatte, reckten die Zuschauer die Hälse, um noch einen Blick auf den hochgewachsenen Rechtsmediziner zu werfen, der gerade das Schicksal von Wittfeld besiegelt zu haben schien.

Teil 2

Dreieinhalb Jahre später

11

5. Januar, 16.38 Uhr
Kiel-Gaarden. Mühlenstraße

Es hatte wieder zu schneien begonnen. Ein arktisches Tiefdruckgebiet machte sich von Norden über Schleswig-Holstein her. Trotzdem blieben keine Schneeflocken liegen, sondern nur Schneematsch, der sich farblich dem blassgrauen Licht der trostlos wirkenden Häuser in Kiel-Gaarden anpasste. Noch in der Sekunde, als die weißen Flocken den Asphalt berührten, nahmen sie die triste Hoffnungslosigkeit der Bewohner des Stadtteils an, der seit Jahrzehnten als sozialer Brennpunkt galt. Auch wenn kaum ein Politiker das offen aussprach. Was einst als Bezirk der Werftarbeiter zum Leben erweckt worden war, bot inzwischen in vielerlei Hinsicht die Kulisse für menschliche Dramen aller Art.

Mit seiner großen breiten Statur, die er unter einer grauen Windjacke versteckte, und seinem Pferdeschwanz, der schlaff seinen Rücken herunterhing, fiel er hier nicht weiter auf. Sein Gesicht und sein stoppeliges Kinn hatte er unter einem dunkelgrünen Armeeschal vergraben. Unbeirrt stapfte er in schweren Bikerboots durch die kalte Nässe. Sein schnelles Schritttempo ließ erahnen, dass für Oberkommissar Michael Tomforde diese Straßen wahrlich kein Neuland waren – schließlich war er hier aufgewachsen. Doch mit dem Viertel, in dem er seine gesamte Kindheit und Jugend verbracht hatte, hatte Gaarden kaum noch etwas gemein. Dennoch hatte es ihn umso mehr berührt, als er jetzt am späten Nachmittag in seiner Funktion als Todesermittler in die kleine Wohnung in der Mühlenstraße beordert worden war. Nur knapp hundert Meter vom Vinetaplatz entfernt, über den er als Junge im Sommer immer mit einem Fußball gerannt war. Eine Straße weiter hatten seine Eltern bis zu ihrem Tod gelebt. Seine Mutter war 1985 an Krebs gestorben, wenige Monate später sein Vater an Alkohol und Einsamkeit.

Als Tomforde an dem fünfstöckigen Backsteinhaus, in dem schätzungsweise zwanzig Parteien lebten, angekommen war, schaute er zunächst nach oben. Schneeflocken rieselten ihm in die Augen. Aber er wusste ohnehin gut genug, wie die Häuser in diesem Teil der Stadt aussahen. Dann schob er die Haustür des Mietshauses auf, orientierte sich kurz im Flur und stieg die Treppen in die zweite Etage hinauf. Die Kollegen der Spurensicherung waren sicherlich bereits an die Arbeit gegangen.

Alles schien auf die Selbsttötung einer verzweifelten alten Frau hinzudeuten: Edda Steen, Rentnerin. Vielleicht war sie am Ende ihres Lebens genauso auf Grund gelaufen wie unzählige andere ihres Jahrgangs: Die Rente reichte nicht bis zum Ende des Monats, ein soziales Gefüge in ihrem näheren Umfeld gab es nicht mehr, und um keinen Preis hätte sie sich bei der Essenausgabe der Wohlfahrt angestellt. Zusammen mit dem Gesocks. Dann lieber gehen. Für immer.

Nicht nur Gaarden, das ganze Scheißland hat sich verändert, ging es Tomforde durch den Kopf. Überall in Deutschland gab es laut polizeilicher Kriminalstatistik Jahr für Jahr mehr Senioren, die sich wegen Altersarmut und Einsamkeit das Leben nahmen. Es gab sogar einen Fachterminus für dieses Phänomen, so als ob man damit dem Geschehen seinen Schrecken nehmen könnte: Alterssuizid. Das hatte es nicht gegeben, als er vor knapp dreißig Jahren in den Polizeidienst eingetreten war.

Eine Nachbarin hatte gegen 15 Uhr die Polizei gerufen, weil Edda Steens kleiner Yorkshire-Terrier-Mischling unermüdlich in der Wohnung gekläfft hatte. Wie lange, wusste die Nachbarin nicht mehr. Auf jeden Fall lange. Die Streifenkollegen hatten dann die Leiche der Dreiundachtzigjährigen gefunden.

Die Wohnungstür öffnete sich plötzlich wie von allein, und vor Tomforde stand eine junge Kollegin der Spurensicherung. Sie trug einen weißen Anzug und einen Mundschutz, und der Ermittler sah lediglich ihren kurzen blonden Haaransatz und ihre freundlichen grünen Augen.

»Moin, Kollege. Wir sind hier schon fast fertig. Wenn Sie mich fragen, dürfte das einer der traurigsten Suizide des Jahres werden«, begrüßte sie ihn.

Tomforde klopfte sich die letzten Schneeflocken, die sich auf seiner Jacke festgesetzt hatten, von den Ärmeln. »Ich schau's mir mal an«, murmelte er, als er eintrat, und die blonde Kollegin nickte und folgte ihm.

In der Wohnung lief die Heizung auf Hochtouren, und Tomforde fing sofort an zu schwitzen. Mit dem Fuß stieß er versehentlich gegen einen gut gefüllten Hundefressnapf. »Sorry, hab ich nicht gesehen …«

Die Kollegin, die sich inzwischen den Mundschutz heruntergezogen hatte, nickte verständnisvoll und führte ihn ins Bad. Er kannte die junge Frau, die er auf etwa Mitte zwanzig schätzte, zwar vom Sehen, ihr Name fiel ihm aber partout nicht mehr ein. Im Badezimmer saß die tote Edda Steen leicht vornübergebeugt auf dem Toilettendeckel. Sie war akkurat gekleidet: dunkle Stoffhose, keine Schuhe, helle Bluse. Darüber eine weinrote Strickjacke. Alles hätte eigentlich recht friedlich ausgesehen, wenn da nicht die weihnachtliche Lichterkette gewesen wäre, die die Tote in sitzender Position auf dem Toilettendeckel fixierte. Das Stromkabel war an einem kleinen Heizkörper befestigt, der sich oberhalb der Toilette an der Wand befand. Die Lichterkette war mehrfach um ihren Hals geschlungen, und die kleinen Lämpchen an dem dünnen Kabel, das in vier Touren stramm um den Hals der Toten gewickelt war, standen fast alle waagerecht zu den Seiten ab. Das erinnerte Tomforde an das Stachelhalsband von Hector – den Hofhund seines Onkels, der einen Schrottplatz am Rande Kiels betrieben hatte. Das Gesicht der alten Frau wirkte aufgedunsen. Aus beiden Nasenlöchern war blutiges Sekret herausgetropft, das ein kleines V-förmiges Rinnsal, das krustig eingetrocknet war, bis zum Kinn gezogen hatte. Ihre Zungenspitze hatte den Weg durch die spaltbreit geöffneten Zahnreihen gefunden und hing wie der Schwanz eines toten Aals aus dem Mund heraus.

Tomforde ging in die Hocke. Auch im Bad war es unerträglich warm. *Alte Menschen frieren nun mal schnell,* dachte er und sah der toten Frau direkt ins Gesicht.

Ihre Gesichtshaut hatte eine dunkelbläuliche Färbung angenommen und war mit massenhaft punkt- und kleinfleckförmigen Einblutungen übersät. Ihr Lippenrot war zu einem dunklen Lippenviolett geworden, das auf den ersten Blick wie eine für dieses Alter etwas übermütige Lippenstiftfarbe wirkte. Aber abgesehen von den Zeichen einer Strangulation, erkannte er keinerlei Auffälligkeiten an ihrem Körper.

»Haben Sie alles fotografiert?«, fragte er seine Kollegin, die sich neben ihm postiert hatte, als würde sie auf weitere Anweisungen des erfahrenen Kriminalbeamten warten.

»Was glauben Sie denn!«, antwortete sie fast empört.

»Gut. Würden Sie mir helfen, sie herunterzunehmen?«, fragte Tomforde leise.

Die junge Kriminalbeamtin setzte sich in Bewegung und reichte ihm ein paar Einweghandschuhe, die sich der Oberkommissar umständlich überstreifte. Anschließend begannen die beiden, das am Heizkörper verknotete Kabel der Lichterkette zu lösen. Als die Spannung, die durch das Gewicht des toten Körpers auf das Kabel gekommen war, nachließ, kippte die tote Edda Steen träge nach vorn.

Tomforde und die Kriminaltechnikerin hielten den leblosen Körper fest und ließen ihn vorsichtig auf dem hellblauen Badvorleger nieder.

Wortlos setzte Tomforde seine Untersuchung fort. Nirgendwo am Leichnam ließen sich Spuren eines Kampfgeschehens in Form von Abwehrverletzungen an den Unterarmen, abgebrochenen Fingernagelrändern oder auf Griffspuren hin verdächtige Hämatome an der Innenseite ihrer Oberarme ausmachen. Was die Durchführung einer kriminalpolizeilichen Leichenschau noch am Auffindeort anbelangte, war der altgediente Ermittler Vollprofi. Er hatte in seinen mehr als fünfundzwanzig Jahren bei der Kriminalpolizei schon einiges gesehen. Er vermied es, die scharf in die Haut einschneidende Lichterkette vom Hals der Toten zu lösen. Das war später Aufgabe der Rechtsmediziner im Rahmen ihrer Untersuchung des Leichnams.

Die Leichenstarre hatte bereits eingesetzt, und die Leichenflecken waren deutlich ausgeprägt. Noch ein paar Stunden mehr in dieser Position bei auf Hochtouren laufender Heizung und es hätte sich der süßliche Geruch des Todes als erstes Anzeichen der einsetzenden Leichenfäulnis dazugesellt. *Sämtliche Leichenbefunde sind mit der Erhängungsposition vereinbar,* dachte Tomforde und erhob sich mühsam. Früher war er deutlich schneller auf den Beinen gewesen, stellte er mit Bedauern fest.

»Okay, das hier ist nicht schön, und es scheint nichts auf eine Fremdeinwirkung hinzudeuten – aber ich würde gern noch einmal kurz durch die Wohnung gehen. Haben Sie noch einen Moment?«, fragte Tomforde.

Widerwillig signalisierte die junge Frau, die bereits auf dem Handy versuchte, einen Bestatter zu erreichen, dass sie zur Not ihren Feierabend auch noch ein paar Minuten nach hinten verlagern würde.

Tomforde ging ins Wohnzimmer. Es roch nach Hund und einem etwas gestörten Verhältnis zu Raumspray. Alles machte einen aufgeräumten Eindruck. Auch das Türschloss zur Wohnung war intakt. Einbruchsspuren oder Zeichen eines gewaltsamen Eindringens konnte er nicht erkennen. Auch Gläser oder Kaffeetassen, die auf Besuch oder die frühere Anwesenheit einer weiteren Person in der Wohnung schließen ließen, standen keine da. Aber eigentlich bewegte Tomforde etwas anderes, den Fall nicht gleich als Suizid abzutun. Nämlich das, was nicht offensichtlich war. Nirgendwo in der Wohnung entdeckte er Bargeld. Oder Schmuck. Nicht einmal in der Metallkassette, die er schließlich mit ein paar routinierten Handgriffen hinter ein paar Büchern hervorangelte.

Die Schatulle für Wertsachen war leer. Diese überraschende

Tatsache weckte in Tomforde das Gefühl, dass er der Toten in seinem alten Stadtteil eine Ermittlung schuldig war. Schließlich mussten die Menschen aus Gaarden doch zusammenhalten.

☠ ☠ ☠

12

6. Januar, 9.12 Uhr
Kiel-Blücherplatz. Kindertagesstätte Schlumpfenland

Paul Herzfeld hatte seinen dunkelblauen Passat auf den übervollen Parkplatz des Kindergartens gelenkt. Auf dem Rücksitz saß Hannah in ihrem Kindersitz, eingemummelt in eine rosafarbene Winterjacke war sie in ihr Lieblingsbuch vertieft: An den Abenteuern von »Pupsi & Stinki« konnte sich die Fünfjährige gerade nicht sattsehen. Ihre dicke graue Wollmütze war ihr fast über die Augen gerutscht, doch das schien sie nicht zu stören. Gedankenverloren lutschte sie auf einem Milchbrötchen herum. Die morgendliche Diskussion um ein adäquates Frühstück hatte Herzfeld mal wieder verloren, und sie waren viel zu spät von zu Hause losgekommen.
Der Rechtsmediziner griff nach seiner schwarzen Daunenjacke mit dem struppigen Kunstfellkragen auf dem Beifahrersitz und öffnete die Fahrertür. Von oben nieselte eiskalter Regen. Der Sechsunddreißigjährige warf sich schnell die Jacke über sein weißes Oberhemd und zog den Reißverschluss fröstelnd bis ganz nach oben. Der Schneeregen durchnässte sofort seine dunkelbraunen Haare.
Er hatte sich heute Morgen noch eilig rasiert, den letzten Rest Schaum am Hals hatte er gerade erst im Rückspiegel entdeckt, obwohl seine Verlobte Petra gern wollte, dass er sich einen Dreitagebart stehen ließ. Das würde doch toll zu seinem Typ passen, betonte sie immer wieder. Noch konnte er den Wider-

stand aufrechterhalten. Dann öffnete Herzfeld seiner Tochter die hintere Wagentür. »So, auf geht's, Maus. Wir sind schon zu spät. Nimm das Buch doch mit. Das Brötchen meinetwegen auch.«

Hannah hasste den Kosenamen, den er ihr gegeben hatte, weil er eine Reminiszenz an ihre ersten beiden Milchzähne war. Die beiden oberen Schneidezähne waren untypisch als Erstes gekommen – und schienen damals auch für lange Zeit die einzigen Zähne zu bleiben. Hannah sah unter ihrer Mütze auf, als wäre sie überrascht, dass sie nun tatsächlich in den Kindergarten gehen sollte. Doch dann kam sie langsam in die Gänge und hüpfte aus der geöffneten Tür von der Rückbank direkt in eine Pfütze. Das Wasser spritzte auf Herzfelds beige Chinohose, die von dem Schneeregen bereits ziemlich in Mitleidenschaft gezogen war. Er musste schmunzeln. *Ja, das ist meine Tochter, die nimmt jede Pfütze dankbar mit,* dachte er amüsiert. Herzfeld brachte Hannah in den Vorraum des Flachbaus, in dem der Lautstärke nach zu urteilen, Tausende Kinder bereits ihr Unwesen trieben.

Hannah stellte artig ihre Stiefel in ihr mit einer Giraffe gekennzeichnetes Schuhfach, hängte die Jacke auf und stopfte umständlich die Mütze in einen der Ärmel. »Tschüss, Papa«, rief sie dann, drückte ihm einen flüchtigen Kuss auf die Wange und machte sich mit dem Buch unter dem Arm hüpfend auf den Weg, um auch die anderen Kinder zu Fans des abenteuerlustigen Stinktiers zu machen.

Herzfeld winkte kurz der Kindergärtnerin zu, die versuchte, dem Trubel irgendwie Herr zu werden, und drehte sich zum Ausgang. Da spürte er in den Tiefen seiner Jacke den Vibrationsalarm seines Handys und fischte es mit der rechten Hand heraus. Die Nummer kannte er nur zu gut. Mit seiner beruflichen Stimme, die sich, wie Petra ihm schon mehrfach versichert hatte, deutlich von seiner Privatstimme unterschied, meldete er sich knapp: »Herzfeld.« Er legte den Finger seiner linken Hand auf das freie Ohr, als könne er so wenigstens etwas mehr verstehen. Der Lärm der Kinder schien noch lauter geworden zu sein.

»Guten Morgen, Kollege. Wo bleiben Sie denn?«

Die Stimme des Anrufers war unverkennbar: Professor Doktor Volker Schneider. Der Oberarzt des Kieler Instituts für Rechtsmedizin und damit der direkte Vorgesetzte von Herzfeld. Obwohl Herzfeld der Assistenzarzt war, hatten die beiden Männer ein Verhältnis überwiegend auf Augenhöhe. Dabei galt es jedoch einige Regeln zu beachten. Herzfeld wusste, dass Schneider einer der Menschen war, die gern recht hatten und recht behielten. Das war ihm, nach fast einem Jahr am Kieler Institut, inzwischen klar. Herzfeld hatte nach der Ausbildung zum Facharzt für Rechtsmedizin in Hamburg noch zwei Jahre als Assistenzarzt am Hamburger Institut gearbeitet und hatte schließlich gemeinsam mit Petra beschlossen, an die Ostsee in die Nähe ihrer Eltern zu ziehen. Also hatte er sich in Kiel beworben. Angesichts seiner ausgezeichneten Beurteilungen war der Direktor des Instituts, Professor Doktor Günther Schwan, begeistert gewesen und hatte ihn eingestellt.

Doch lange würde der alte Direktor nicht mehr tätig sein – Schwan stand kurz vor seiner Emeritierung. Und manchmal, wenn Professor Schwan nicht im Institut war, spielte sich Schneider auf, als wäre er als Stellvertreter auch sein natürlicher Nachfolger. Obwohl Hausberufungen auf Lehrstühle an Universitäten nicht die Regel sind. Und heute schien wieder so ein Professor-Schneider-Größenwahnsinnstag zu sein. Der Oberarzt im Direktoren-Modus. Aber auch damit wusste Herzfeld inzwischen umzugehen.

»Ich habe meine Tochter noch in den Kindergarten gebracht. Hat leider zehn Minuten länger gedauert. Entschuldigen Sie. Was gibt es, geschätzter Professor?« Herzfeld hoffte, dass Schneider die Ironie seiner Schmeichelei nicht bemerkte.

Der machte eine kurze Pause, schien gerade abgelenkt worden zu sein, dann konzentrierte er sich wieder auf das Gespräch. »Hier steht seit einer Viertelstunde, wie vereinbart, ein Fernsehteam. Sie wollen unsere Arbeit dokumentieren. Doch dafür müsste hier auch gearbeitet werden, Herr Herzfeld! Im Gegensatz zu Ihnen ist die geeignete Leiche für dieses Vorhaben bereits im Institut.«

Mannomann – das hatte Herzfeld völlig vergessen: Schneider hatte ihm den Besuch in der vergangenen Woche angekündigt: Ein TV-Team des Norddeutschen Rundfunks hatte offiziell angefragt, eine Reportage über die Kieler Rechtsmedizin drehen zu dürfen – mit dem nötigen Abstand natürlich – inklusive Teilnahme und filmischer Dokumentation einer äußeren Leichenschau und Obduktion. Schneider hatte mit der Zusage nicht lange gezögert und dem scheinbar »Tatort«-affinen Reporter erklärt, was er nicht erwarten durfte: keine Aufnahmen der Leiche, die irgendetwas zu deren Identität hätten verraten können, Haarfarbe, Tätowierungen oder Körperbau etwa. Keine Namen oder Details zum Fall. Allerdings würden die sezierenden Kollegen für Interviews im Obduktionssaal zur Verfügung stehen.

»Und was haben wir?«, fragte Herzfeld, der sich gerade durch die Tür des Kindergartens in Richtung Parkplatz vorarbeitete.

Schneider sprach nun leiser, als wäre bereits ein Mitglied des TV-Teams in seiner Nähe, dem er die Überraschung nicht verderben wollte. »Eine Rentnerin. Erhängt aufgefunden. Suizid. Da können wir bei der Obduktion keine Überraschung erleben und müssten am Ende womöglich noch zugeben, dass wir keine Todesursache gefunden haben. Wir erzählen ein bisschen was zu Suiziden im Allgemeinen und zu Erhängungsbefunden im Speziellen.«

Schneider hatte das alles offensichtlich schon gut durchgeplant und schien in freudiger Erwartung seines Auftritts vor den Fernsehkameras zu sein.

Herzfeld nickte, als könne der Oberarzt ihn sehen. »Ich bin in wenigen Minuten vor Ort und komme direkt in den Saal.« Er würde mal wieder für Schneider den Statisten abgeben. Eine Rolle, die er bereits kannte und die ihn nicht sonderlich störte,

da es ihn im Gegensatz zu dem narzisstisch veranlagten stellvertretenden Institutsdirektor nicht in die Öffentlichkeit drängte.
»Sehr gut, sehr gut, Kollege«, entgegnete Schneider, der wieder lauter sprach. So laut, als würde er in dieser Sekunde fürs Fernsehen entdeckt werden wollen.
Hoffentlich zieht sich dieses Spektakel nicht über den ganzen Tag, dachte Herzfeld und öffnete die Autotür.

☠ ☠ ☠

13

6. Januar, 9.29 Uhr
Kiel. Institut für Rechtsmedizin der Universität

Der triste graue Himmel hing schwer über dem Institut, als Herzfeld seinen Passat auf dem für ihn reservierten Parkplatz neben dem Eingang zum Gebäude abstellte.
Das Gebäude mochte in den Siebzigerjahren vielleicht einmal chic gewesen sein, heutzutage wirkte es jedoch aus der Zeit gefallen: Das zweigeschossige Backsteingebäude mit den symmetrischen Fensterreihen war der Inbegriff von unaufgeregt und sicher nicht der unheimliche Ort, den sich mancher vorstellte, wenn er an Rechtsmediziner dachte, die der Wahrheit auf den Grund gingen.
Dann sah Herzfeld den riesigen Übertragungswagen des Norddeutschen Rundfunks. *Das kann ja heiter werden,* dachte er und öffnete die Autotür. Der Ü-Wagen hatte eine runde Antenne auf dem Dach, als würden die Journalisten nach dem Dreh nicht in aller Ruhe das Material in die Redaktion überspielen, sondern direkt live aus der Rechtsmedizin in alle Welt senden. Vor dem Wagen standen zwei junge Männer und rauchten.
Herzfeld stieg aus, trat fluchend in eine Pfütze und stieg die

Treppen zum Institut hinauf. Mit einem Nicken begrüßte er die beiden Fernsehleute, die in dem Eingangsbereich aus großen grauen Betonquadern müde vor sich hin qualmten. Im Inneren des Gebäudes war es still. Hinter der Glasscheibe saß normalerweise Ernst Hansen vor seiner Thermoskanne mit starkem Tee. Er war seit Jahrzehnten am Institut als Hausmeister und zugleich als Pförtner beschäftigt. Doch heute stand da lediglich ein leerer Stuhl.

Herzfeld öffnete mit seinem Schlüssel den Durchgang, der über einen dunklen Steinboden zu den Büros und dem Sektionstrakt führte. Alles wirkte wie ausgestorben. In dem Doppelbüro, in dem Herzfeld einen Schreibtisch, einen Rechner, einen Bücherschrank und zwei Rollcontainer für Akten hatte, summte der Kühlschrank, den ihm Petra für das neue Büro geschenkt hatte. Darauf stand seine geliebte Kaffeemaschine, da er offensichtlich der Einzige hier im Institut war, der guten Filterkaffee zu schätzen wusste. Nicht diese Brühe aus dem Automaten auf dem Flur. Herzfeld streifte sich eilig sein weißes Oberhemd ab, hängte es auf einen Bügel in seinem Umkleideschrank. Dann hängte er seine Hose, die inzwischen zwei nasse Hosenbeine hatte, zum Trocknen über einen der beiden Besucherstühle, die an der Wand standen, und zog seine Arbeitskleidung aus dem Wäscheschrank: eine blaue Hose und einen blauen Schlupfkasack, ein vorn geschlossenes kurzärmeliges Hemd mit V-Ausschnitt. Plötzlich sprang die Tür auf. Wer auch immer das war, anzuklopfen hielt er offensichtlich nicht für nötig. Deshalb hatte Herzfeld auch keinen Zweifel daran, wer da gleich vor ihm stehen würde.

»Herr Herzfeld, endlich! Bereit für den großen Auftritt?«, blaffte Professor Schneider und hing mit halbem Oberkörper im Raum.

Herzfeld sah seinen Vorgesetzten an. Der Vorteil an der uniformen blauen Sektionssaalkleidung war, dass man sich auf das Gesicht der Person konzentrieren konnte. *Schneider sieht nicht sehr glücklich aus,* dachte Herzfeld. Dabei wirkten Schneiders hagere Gesichtszüge eigentlich immer streng. Aber wer ihn kannte, konnte bereits an der Position seiner Mundwinkel erkennen, ob er wirklich schlechte Laune hatte. Und Herzfeld registrierte, dass das eigentlich nicht mehr lange dauern dürfte, denn sie waren schon bedenklich weit in Richtung Kinnspitze gewandert.

»Ja, kann losgehen. Die Jungs vom Fernsehen rauchen aber noch vor der Tür. Die scheinen es gar nicht eilig zu haben«, versuchte er zu kontern.

»Die rauchen, weil Sie zu spät sind!«

»Aha.«

»Noch einmal der Klarheit wegen«, begann Schneider gleich den nächsten Satz und schob sich mit seinen hageren Fingern die Brille tiefer ins Gesicht, »so eine Verspätung muss nicht sein.« Schneiders Lippen pressten sich aufeinander, und die Mundwinkel zogen sich nun bedrohlich in Richtung Kinn. »Das ist übrigens einer der Gründe, warum ich keine Kinder habe«, schob er hinterher. »Man ist oft unpünktlich. Und jetzt los.« Er verschwand aus dem Türrahmen und ließ die Tür offen stehen.

Kopfschüttelnd folgte Herzfeld der hageren Silhouette des hochgewachsenen Oberarztes in dem nur von wenig Tageslicht erleuchteten langen Flur, der von seinem Büro zum Sektionstrakt führte. Ihre Schritte hallten dumpf, denn andere Geräusche gab es nicht. Als sie am Ende des Flurs ankamen, schlenderten die zwei TV-Journalisten durch die Eingangstür. Herzfeld sah noch, wie einer von ihnen unachtsam seine Zigarette hinter sich auf den mit schmutzigem Schneematsch bedeckten Boden schnipste.

»Darf ich Ihnen vorstellen, das sind die beiden Herren vom Fernsehen. Sie wollen heute unsere Arbeit dokumentieren. Das ist mein Kollege Doktor Herzfeld«, begann Schneider zu erklären und verfiel dabei in seinen bedeutungsschwangeren Dozententon, mit dem er auch regelmäßig ihre Studenten triezte.

Herzfeld streckte die Hand aus und begrüßte die beiden.

Gemeinsam marschierten sie durch das Erdgeschoss des Institutsgebäudes zum Vorraum des Sektionssaales. Herzfeld tauschte hier seine Straßenschuhe gegen Gummistiefel, und während die Journalisten, die ihr Kamera-Equipment bereits dort deponiert hatten, die nötige Ausrüstung zusammensammelten, dozierte Schneider ununterbrochen weiter. Über die Situation der Rechtsmedizin im Wettbewerb um Ressourcen mit anderen medizinischen Disziplinen und ihre traditionelle Nähe zur Justiz. Über die aktuelle Situation der Rechtsmedizin an der Kieler Medizinischen Fakultät und über seine eigenen langjährigen Verdienste in der Deutschen Gesellschaft für Rechtsmedizin und darüber, dass die Kieler Rechtsmedizin landesweit als Leuchtturm ihrer Disziplin wahrgenommen wurde. Was natürlich zu großen Teilen sein Verdienst war.
Als dem einen der beiden Journalisten, ein hagerer Typ mit langer Nase, runder Brille und einem dünnen Oberlippenbart, schließlich dämmerte, dass das Interview bereits begonnen hatte, zog er umständlich einen kleinen Block aus der Tasche. Er hatte Mühe, so schnell zu schreiben, wie Schneider sprach, der sich die Fragen quasi selbst stellte und die Antworten dazu herunterspulte.
Herzfeld hatte das alles von Schneider schon zu oft gehört: in Interviews, auf Institutsfeierlichkeiten, bei Begrüßungen von Besuchern aus der Politik oder der akademischen Verwaltung im Institut. Deshalb schaltete er lieber auf Durchzug.
»Wir obduzieren hier pro Jahr etwa dreihundert Leichen. Schließlich sind wir die Landeshauptstadt. Gut, in Berlin ist mehr los, aber wir sind sehr gut ausgelastet«, schwadronierte Schneider weiter und machte dabei große Gesten, als würde die Kamera bereits laufen.
»Wie bereits im Vorfeld besprochen, werden wir Ihnen keine Details zur Identität der Verstorbenen geben. Ich kann Ihnen jedoch sagen, dass es sich um eine ältere Frau handelt. Sie wurde gestern in ihrer Wohnung tot aufgefunden. Erhängt im Badezimmer.«

Der Journalist schrieb eifrig mit, und Herzfeld war nicht ganz klar, wie er jemals aus seinen krakeligen Aufzeichnungen einen korrekten Bericht machen wollte.
Durch eine schmucklose, sich automatisch öffnende Metallschiebetür betraten sie den geräumigen Obduktionssaal, in dem drei Sektionstische aus glänzendem Edelstahl vor der großen, fast bodentiefen Fensterwand aus Milchglas nebeneinanderstanden.
»Hier ist es ja noch kälter als draußen, wie halten Sie das aus?«, fragte der Journalist mit dem dünnen Oberlippenbart in Richtung Herzfeld, der sich ihm ungerührt zuwandte. Der Mann schien schlagartig zu fürchten, im Sektionssaal schockgefrostet zu werden.
»Wir mögen es kalt. Es gibt Gerüchte, dass die Klimaanlage der Rechtsmedizin die Luft direkt aus der Arktis ansaugt. Sehr angenehm …«, sagte er und zwinkerte dem Mann zu. Warum der das dann auf seinen Block schrieb, war Herzfeld allerdings ein Rätsel. Die Klimaanlage surrte unbeeindruckt weiter.
»Herr Herzfeld, jetzt erzählen Sie keinen Unsinn«, strafte Schneider ihn in abfälligem Tonfall ab, wurde dann aber sofort wieder sachlich: »Die zwei Sektionstische, die Sie hier sehen, sind täglich in Benutzung. Das hier …«, dabei zeigte er auf eine Erhöhung am Fußende der Sektionstische, die fast aussah wie ein Tablett, auf dem sonntagmorgens das Frühstück im Bett serviert werden kann, »… ist der Organtisch. Darauf werden die einzelnen Organe präpariert, nachdem sie aus den Körperhöhlen entfernt wurden.«
Der Journalist machte sich weiter Notizen, während Schneider auf den dritten, unbenutzten Sektionstisch deutete: »Der dritte Tisch dient uns im Moment lediglich als Ablage für die Histologie-Gläser, Hirneimer …«
»Hirneimer?« Der Mann ließ seinen Schreibblock sinken, sah erst zu Schneider und dann zu Herzfeld. Schneider ließ sich nicht beirren und setzte, ohne auf die Frage des Journalisten näher einzugehen, seinen Monolog weiter fort. »Für eine nor-

male Sektion benötigen wir etwa zwei Stunden. Wenn es kompliziert wird … Oder sagen wir mal, wenn es komplexer wird, denn für uns ist eigentlich nichts zu kompliziert, dann kann so eine Sektion gut und gern mal sechs oder acht Stunden dauern.«

Doch der TV-Mann schien an etwas ganz anderem interessiert zu sein. »Und dieser Geruch? Ist das, also ich meine, ist das der Leichengeruch, den ich hier gerade wahrnehme? Riechen Leichen so?«

»Wenn Sie die süßlich-jauchige Note, die hier in der Luft hängt, meinen, ja, so in etwa riecht der Tod. Oder um es für Ihren Bericht korrekt auszudrücken: So riecht fäulnisverändertes organisches Gewebe. Der leicht beißende chemische Geruch, der sich dazugesellt, ist unser Reinigungsmittel. Wir putzen hier mehrmals täglich mit scharfem Desinfektionsmittel, denn auch wir bleiben gern gesund und schleppen ungern Tuberkuloseerreger oder irgendwelche Krankenhauskeime nach der Arbeit mit nach Hause. Am Ende ist es die Mischung aus faulendem Fleisch und Reinigungsmittel, die den Geruch im Sektionssaal ausmacht. Und ich kann Ihnen versichern …«

»Wenn man sich daran gewöhnt hat, nimmt man den Geruch nicht mehr wahr«, schaltete sich Herzfeld ein, den gerade das berechtigte Gefühl überkam, dass sich Schneiders fachliche Monologe noch sehr lange hinziehen würden. Und ohne weiter auf seinen Vorgesetzten einzugehen, bugsierte er die beiden TV-Leute mit ihrer Ausrüstung zu dem vorderen der drei Sektionstische, wo die beiden dann begannen, eine Kamera zu positionieren, von einem überdimensionalen Scheinwerfer flankiert.

Einer der beiden Stahltische wurde gerade von einem der Sektionsassistenten gereinigt. Er spülte mit dem Wasserschlauch ein feines Rinnsal von dunklem Blut in die seitlich an den Rändern des Tisches befindlichen Ablaufrinnen. Die blutige Flüssigkeit wurde durch den Wasserstrahl zunehmend blasser, bis sie die letzten Reste ihrer rötlichen Färbung verloren hatte und

mit einem blubbernden Geräusch im Abfluss am Ende des Sektionstisches verschwand.
Herzfeld begrüßte den Sektionsassistenten mit einem kurzen Schulterklopfen und harrte der Dinge, die jetzt kommen würden. Er hoffte weiter inständig, dass Schneiders Selbstinszenierung nicht den ganzen Tag in Anspruch nehmen würde. Dann griff er nach dem Karton mit den Einweghandschuhen, der auf dem etwas abseits stehenden Sektionstisch stand. Mit einem quietschenden Laut streifte er sich die nach Talkum-Puder riechenden Handschuhe über.
Also, von mir aus können wir starten, dachte er und bewegte die Finger wie ein Klavierspieler, um den Sitz der Handschuhe zu überprüfen.
Offensichtlich war nun auch der andere Journalist, ein untersetzter Mittvierziger, dem sein exzessiver Nikotinkonsum und sein mangelnder Schlaf anzusehen waren, im Hier und Jetzt angekommen. Ihm war anzumerken, dass ihm die ganze Sache jetzt endgültig nicht mehr geheuer war. Seine Stimme klang etwas zu leise: »Wo ist denn die Leiche?«
Schneider sah Herzfeld an und zog eine seiner fast unsichtbar dünnen Augenbrauen nach oben. »Na, da, wo sie immer sind.«
Der Oberarzt streifte sich jetzt ebenfalls dünne Latexhandschuhe über und trat vor die Wand mit den Kühlfächern, die dort wie Würfel herausstanden. Drei Fächer hoch, vier Fächer breit.
Mit einem mechanischen Klicken betätigte Schneider den Griff einer der äußeren Schubladen und zog am unteren Ende.
Die Schublade rollte geschmeidig aus ihrem Fach heraus und gab den Blick auf die tote Edda Steen frei, die an diesem Vormittag von Schneider und Herzfeld obduziert werden sollte. Ihr Gesicht schimmerte in einem matten Lilablau. Die Frisur der Toten war mittlerweile in sich zusammengefallen. Die grauen Haare hatten sich platt um ihren Schädel gelegt, wie Seetang um einen lilablauen Stein. Ein Auge war nicht geschlossen, und es schien, als blinzelte es unter dem hängenden Oberlid

hervor. Die schwärzlich vertrocknete Zungenspitze ragte durch die spaltbreit geöffneten Kiefer aus dem Mund.
Das war der Moment, als der Untersetzte der beiden Reporter in die Hocke ging.
O Gott, wie soll das nur werden, wenn wir erst ihr Gehirn in Scheiben schneiden. Der Typ hier ist schon mal nicht leichenfest, schoss es Herzfeld durch den Kopf.
Als sich der Journalist dann schließlich doch hinter seiner Kamera eingefunden hatte, immer noch etwas wackelig auf den Beinen, bewerteten die beiden mittlerweile mit Plastikschürzen ausgestatteten Obduzenten das als Zeichen, dass sie nun beginnen könnten.
»So meine Herren, dann wollen wir mal?«, eröffnete Schneider mit einem breiten Grinsen den Dreh. Herzfeld merkte sofort, wie sich der hochgewachsene Körper seines Vorgesetzten streckte und Haltung annahm. Volker Schneider liebte es, wenn er vor Publikum zeigen konnte, über welche fachlichen Fähigkeiten er verfügte. Und die Chance, sich vor einer Kamera zu präsentieren und das Ganze später auch noch zur besten Sendezeit im Regionalfernsehen verewigt zu sehen, schien ihn zu beflügeln.
Herzfeld griff sich die nur wenige Seiten umfassende Ermittlungsakte der alten Frau, die mittlerweile vom Sektionsassistenten auf den blanken Stahl des Sektionstisches vor ihnen verfrachtet worden war, und machte sich mit Vorgeschichte und Auffindesituation der Toten vertraut: Edda Steen war 1921 in Kaliningrad, dem damaligen Königsberg, geboren worden. Ihr Mann war bereits vor drei Jahrzehnten gestorben. Sie hatte eine kleine Rente bezogen und offensichtlich kaum über Sozialkontakte verfügt. Ihr Sohn, der in der Nähe von München lebte und von den dortigen Polizeibehörden über den Tod seiner Mutter informiert worden war, konnte weder über ihre Lebensgewohnheiten noch über ihren Gesundheitszustand Auskunft geben, da der letzte Kontakt zwischen den beiden, ein kurzes Telefonat, bereits über fünf Jahre zurücklag.

Edda Steen war laut Ermittlungsakte gestern gegen 15.30 Uhr tot in ihrer Zweizimmerwohnung im zweiten Stock eines Mietshauses in der Mühlenstraße in Kiel-Gaarden aufgefunden worden.

Herzfeld überflog den Text: »... bellender Hund ... Nachbarin verständigte Polizei ... regelrechte Verschlussverhältnisse ... keine Zeichen eines gewaltsamen Eindringens in die Wohnung ... keine Bewirtungssituation ...« *Eigentlich nichts Besonderes,* dachte er. Bis seine Aufmerksamkeit an zwei Details hängen blieb: Eine leere metallene Geldkassette war hinter ein Bücherregal gerutscht – was für die ansonsten offensichtlich penibel auf Ordnung achtende alte Dame eher untypisch erschien. So las es Herzfeld jedenfalls zwischen den Zeilen bei der Beschreibung der Wohnsituation heraus. Auch der Umstand, dass sie sich mittels einer Weihnachtslichterkette erhängt hatte, gefiel Herzfeld überhaupt nicht. *Es gibt zwar nichts, was es nicht gibt. Aber eine alte Frau und Erhängen als favorisierte Suizidmethode?*, dachte er irritiert. Frauen wählten im Gegensatz zu Männern eher »weiche« Suizidmethoden – weniger brachial, weniger zerstörerisch. Frauen bevorzugten eine Überdosis Schlaf- oder Beruhigungsmittel, von denen es zudem laut Ermittlungsakte reichlich in der kleinen Wohnung gegeben hatte. Oder sie erstickten sich unter einer Plastiktüte.

Herzfeld runzelte die Stirn. Er konnte zwar nicht aus der Akte herauslesen, ob die Lichterkette schon vorher an dem Heizkörper im Bad gehangen hatte oder ob die Rentnerin sie erst im zeitlichen Zusammenhang mit ihrem geplanten Ableben dort platziert hatte. Aber nach allem, was er hier aus der Akte über die Dreiundachtzigjährige erfahren hatte, wäre beides eher ungewöhnlich für sie gewesen. Zudem, da der Rest der spärlichen Weihnachtsdekoration bereits in eine Holzkiste sortiert und weggepackt worden war – schließlich war es Anfang Januar.

Als Herzfeld zu Schneider an den Sektionstisch trat, hatte dieser bereits im Flutlicht des überdimensionierten Scheinwerfers die Ausprägung der Leichenflecke und Leichenstarre sowie den Großteil der übrigen Befunde der äußeren Leichenschau in sein Diktafon gesprochen. Der Kameramann achtete penibel darauf, dass der Leichnam von Edda Steen am unteren Bildrand allenfalls zu erahnen war, die Kamera aber immer direkt auf Schneider fokussiert war.

Normalerweise überließ der stellvertretende Institutsdirektor Schneider den jüngeren Kollegen am Tisch die äußere Leichenschau. In diesem Fall schien er sich vor Arbeitseifer aber zu überschlagen. Doch seine gute Stimmung wurde von Herzfeld jäh unterbrochen.

»Wir sollten genau hinschauen, nicht dass wir es hier doch mit einem als Suizid kaschierten Tötungsdelikt zu tun haben«, sagte Herzfeld für alle Anwesenden gut vernehmlich.

Schneiders Augen verengten sich zu schmalen Schlitzen, mit denen er Herzfeld fixierte. Seine Mimik fror augenblicklich ein. Auch wenn er sich bemühte, eher beiläufig zu klingen, war Herzfeld augenblicklich klar, dass es hier gleich vor laufender Kamera zum Eklat kommen würde, als Schneider zischte: »Der junge Kollege lehnt sich aber ganz schön weit aus dem Fenster.«

Aber Herzfeld blieb bei seiner Linie und deutete auf die Lichterkette, die vier Mal um den Hals der Toten geschlungen war und die die Haut und das Weichgewebe so eng einschnürte, dass die Form ihres Halses auf den ersten Blick an eine zu groß geratene altmodische Sanduhr erinnerte. »Ich würde mir das gern genauer ansehen wollen«, sagte Herzfeld in ruhigem, aber bestimmtem Ton.

Schneider atmete deutlich hörbar aus und trat einen Schritt zurück, um ihm den Leichnam zu überlassen. Von der großen Bühne jedoch ließ er sich nicht abdrängen, denn er stellte sich genau zwischen Kamera und Sektionstisch. Dabei blieb Herzfeld, der den Leichnam im Hintergrund untersuchte, verdeckt, und Schneider sprach direkt in die Kamera: »Deshalb gilt in der deutschen Rechtsmedizin das Vier-Augen-Prinzip. Es sind immer zwei Obduzenten am Tisch. Und natürlich werden Befunde diskutiert. Und …«, er machte eine theatralische Pause, »… die jüngeren Kollegen lernen von den älteren. Rechtsmedizin ist Erfahrung. Erfahrung ist in unserem Fach durch nichts zu ersetzen.«

Herzfeld ließ sich nicht beirren. Weder von Schneiders Sticheleien noch von den beiden Journalisten, denen die Situation zunehmend unangenehm wurde und die nun zu Recht befürchteten, dass sie ihr bisheriges Filmmaterial nur in Bruchstücken würden verwenden können.

»Schauen Sie, Professor Schneider …« Herzfeld hatte mittlerweile die Lichterkette gelockert. »Sehen Sie die Strangmarke? Sie verläuft horizontal, völlig untypisch für ein Erhängen. Aufgrund der dokumentierten Auffindesituation der Toten müsste sie jedoch zum Nacken hin ansteigen. Aber die hier verläuft horizontal. Das sieht vielmehr nach einem Erdrosseln aus. Was uns dem Punkt ›mögliches Tötungsdelikt‹ ein Stück näherbringt. Und …«, Herzfeld machte einen Schritt auf Schneider zu, der sich mittlerweile wieder von der Kamera weggedreht hatte und dessen Gesicht eine äußerst ungesunde dunkelrote Farbe angenommen hatte, »… für ein Erhängen sind das ungewöhnlich viele Stauungsblutungen.« Herzfeld deutete auf die massenhaften kleinen Einblutungen, die der Gesichtshaut der Toten eine Sprenkelung ähnlich der eines Singvogeleis verliehen.

Es entstand eine kurze unangenehme Pause.

»Das kann man ja wohl rausschneiden«, raunte Schneider den beiden Fernsehjournalisten zu.

Mit der jetzt im Sektionssaal herrschenden Spannung hätte man ohne Probleme das gesamte schleswig-holsteinische Stromnetz versorgen können. Schneider presste seine Lippen aufeinander, seine Kiefergelenke arbeiteten sichtbar. Der Oberarzt schien innerlich zu beben, aber Herzfeld fuhr fort: »Und noch etwas bereitet mir Bauchschmerzen«, er deutete auf mehrere, etwa einen Zentimeter lange, halbmondförmige blutige Hautkratzer direkt über dem Kehlkopf der Toten. Sie waren bisher vom Ka-

bel und den kleinen Glühlampen um den Hals verdeckt gewesen. »Das sind Fingernagelabdrücke. Offensichtlich wurde sie nicht nur gedrosselt, sondern auch gewürgt.«
Schneider verlor jetzt völlig die Fassung. Es schien, als wäre er in seinem ganzen Leben noch nie so vorgeführt worden. Er brüllte Herzfeld an: »Was fällt Ihnen ein? Was reden Sie da. Lassen Sie mich mal sehen.« Nach kurzer Inspektion der von Herzfeld angesprochenen Befunde wurde ihm jedoch offenbar klar, dass der Assistenzarzt mit seinen Einwänden möglicherweise recht hatte. Zumindest meinte Herzfeld, das für einen kurzen Augenblick in dem erstaunten Gesicht seines Vorgesetzten zu erkennen.
Trotzdem tobte Schneider jetzt wie ein waidwundes Tier. Seine Stimme wurde von den Kacheln an den Wänden des Obduktionssaales so laut zurückgeworfen, dass kein anderes Geräusch mehr in dem Raum Platz zu finden schien. »Herzfeld, das ist einfach Unsinn. Blanker Unsinn«, geiferte Schneider wider besseres Wissen, und kleine Speicheltropfen schossen bei jedem Wort aus seinem Mund.
Der für den Ton der Filmaufnahmen zuständige TV-Mann ließ seinen Tonarm mit dem Mikrofon daran langsam zu Boden sinken.
Herzfeld wusste nun endgültig, dass die Situation nicht mehr zu retten war. Und eines war ihm schlagartig klar geworden: Er hatte mit seinen Widerworten den Leitenden Oberarzt bis aufs Blut gereizt. Mehr noch – ihn öffentlich, und in diesem Fall sogar vor laufender Kamera, zu widerlegen kam einer Todsünde gleich. *Eigentlich ist Schneider fachlich brillant. Warum macht er jetzt so einen Unsinn?*, ging es Herzfeld durch den Kopf. Er hatte sich bereits mehrfach im Sektionssaal und bei Gerichtsverhandlungen von dem enormen Fachwissen und dem detektivischen Spürsinn des älteren Kollegen ein persönliches Bild machen können. *Die Kamera. Das hier ist seine Selbstinszenierung. Und ich bin der Nebendarsteller. Da nimmt er sogar einen fachlichen Fehler in Kauf*, war sich Herzfeld

plötzlich sicher. Er hätte seinen Vorgesetzten nicht so brüskieren dürfen. Aber jetzt war der Professor nicht mehr zu bremsen. Noch während Herzfeld überlegte, wie er die Situation wenigstens etwas entschärfen konnte, brüllte Schneider: »Sie glauben, Sie wissen es besser? Dann machen Sie es doch besser!«
Schneider stand nun vollends unter Strom und begann wild zu gestikulieren, doch bevor er die schwungvolle Bewegung ausführen konnte, stieß er mit dem linken Arm gegen das Tablett mit dem Sektionsbesteck. Klirrend, als wären sie überraschend vom Himmel gefallen, verteilten sich die Instrumente auf dem Boden. Der Anblick seines Missgeschicks schien Schneider nur noch wütender zu machen, als hätte man einen Stier in ein übergroßes rotes Tuch gehüllt.
»So, jetzt reicht's endgültig ...«, fauchte Schneider und drehte der Gruppe den Rücken zu. Er schien der Situation Richtung Ausgang entgehen zu wollen. Doch dann machte er auf dem Absatz kehrt und schrie Herzfeld an: »Holen Sie sich Westphal, die soll mit Ihnen weitermachen. Hier gibt es für mich nichts mehr zu tun.«
Kurz bevor er den Sektionssaal verließ, drehte er sich noch einmal zu den entgeistert dreinblickenden Journalisten um, die er während der letzten Minuten keines Blickes mehr gewürdigt hatte, und zischte ihnen zu: »Feierabend für Sie! Hier gibt es nichts mehr zu sehen.«
Die beiden Männer nickten fassungslos.
Und Schneider setzte nach: »Dieser Fall hier eignet sich nicht für einen Dreh. Löschen Sie das Material, sonst muss ich mich mit Ihrem Intendanten noch vor dem Neujahrsempfang der Landesregierung in Verbindung setzen! Da sehe ich ihn nämlich. Verstehen Sie mich? Und jetzt – auf Wiedersehen ...«
Wie ferngesteuerte Roboter packten die beiden TV-Leute völlig perplex zusammen.
Als die beiden den Obduktionssaal verlassen hatten, rief Herzfeld seine zweiundvierzigjährige Kollegin Heike Westphal an und bat sie, als zweite Obduzentin in den Sektionssaal zu kom-

men. Allerdings ohne ihr den Grund für Schneiders Abbruch der Obduktion zu nennen. In der Zwischenzeit wollte er die Mordkommission verständigen.

Als Oberkommissar Tomforde dreißig Minuten später den Sektionssaal betrat, hatte Herzfeld gerade mit einem einzigen gekonnten Schnitt die Körpervorderseite von Edda Steen von der Kinnspitze bis zum Schambein geöffnet und inspizierte die Lage und das Aussehen der inneren Organe.

☠ ☠ ☠

14

6. Januar, 14.02 Uhr
Kiel-Gaarden. Mühlenstraße

Bauchgefühl. Das hat man. Oder man hat es nicht. Und der Herzfeld hat es, dachte Oberkommissar Michael Tomforde anerkennend. Nachdem er vor weniger als zwei Stunden von Herzfeld angerufen worden war und dieser ihm in knappen Sätzen geschildert hatte, was die äußere Leichenschau der toten Edda Steen ergeben hatte, hatte Tomforde die schmierige Pizza in dem genauso schmierigen Bistro nahe des Polizeipräsidiums stehen gelassen und war zum Kieler Institut für Rechtsmedizin geeilt.
Herzfeld und seine Kollegin Heike Westphal, deren feuerrote Haare Tomforde gleich ins Auge gestochen waren, als er den Obduktionssaal betreten hatte, hatten ihn kurz begrüßt, und Herzfeld hatte ihm die relevanten Befunde an Hals und Gesicht der toten Edda Steen demonstriert.
Tomforde war schon einmal als Mordermittler mit Herzfeld in Kontakt gekommen. Er schätzte sein exzellentes Fachwissen und seinen trockenen Humor. Und seinen Kaffee. Die beiden

Männer waren wochenlang in einen Fall involviert gewesen, bei dem eine ganze Familie einfach verschwunden war. Bis der Vater wieder aufgetaucht war. Aufgetaucht in einem makabren Sinne: Er war aus dem Kieler Hafenbecken geborgen worden. Doch seine Frau und seine Tochter blieben verschwunden. Der Fall konnte nie aufgeklärt werden. Trotzdem hatte der Rechtsmediziner Herzfeld, der über die Wände seines gekachelten Sektionssaales hinausdachte, den Ermittler damals beeindruckt.

Auch im Fall Edda Steen schien Herzfeld bereits alle Möglichkeiten in Betracht gezogen zu haben: Nach der kurzen Demonstration der Befunde hatte er Tomforde seine Erkenntnisse aus der Analyse der Strangmarke am Hals der Toten erläutert, die eben keine war, wie Tomforde am Leichenfundort angenommen hatte, sondern eine Drosselmarke, kombiniert mit Zeichen eines zusätzlichen Würgens. »Macht Sinn«, hatte der Ermittler gegrummelt und dabei versucht, möglichst charmant zu Heike Westphal zu blicken. Schließlich hatte er nun schon seit zwei Jahren keine Ehefrau mehr, da durfte man ja wohl auch mal charmant sein. Doch die Resonanz bei der rothaarigen Fachärztin für Rechtsmedizin war nur mäßig ausgefallen.

Herzfeld hatte ihm anschließend erläutert, dass die Fingernagelspuren an der Halshaut nur einen Schluss zuließen: dass es sich hierbei um ein Tötungsdelikt handelte.

Tomfordes Jagdinstinkt war geweckt. Wie bei einem Löwen in der Savanne, dem ein Hauch von Antilope in die Nase stieg.

Nach seinem Besuch im Sektionssaal fuhr Tomforde direkt in die Mühlenstraße nach Kiel-Gaarden. In der Wohnung der Toten war das eine Ende des Fadens, den er nun aufnehmen musste, um ihm bis zu seinem anderen Ende, und damit zur Wahrheit, zu folgen.

Er betrat die Wohnung, diesmal mit zwei Kollegen der Spurensicherung und seinem Kollegen Thomas Weber. Die beiden waren seit der Polizeischule ein gutes Gespann und vor ein paar Jahren endlich auch in derselben Abteilung gelandet. Weber war ein bulliger Kerl mit einem Igel-Haarschnitt, in dessen linkem Ohr ein eigenwilliger Ohrring steckte. In den Neunzigerjahren hatte er lange als verdeckter Ermittler in der norddeutschen Hooligan-Szene zugebracht. Aus dieser Zeit geblieben war eine Stimme, rau wie eine Reeperbahn-Spelunke, und die Liebe zum Regional- und Oberliga-Fußball im nördlichsten Bundesland.

Während Weber mit den beiden Kollegen der Spurensicherung die Wohnung von Edda Steen einer erneuten Untersuchung unterzog, wollte Tomforde die Nachbarn befragen.

Alles schien in diesem Haus stillzustehen.

Die Luft. Die Zeit. Das Leben.

Der Flur wirkte wächsern, konserviert durch Jahrzehnte. Die hellgrünen Wände waren seit den Siebzigerjahren offensichtlich nicht ein einziges Mal überstrichen worden, an den Wohnungstüren war die Stelle um das Türschloss abgeschabt, tausendfach hatte sich hier ein Schlüsselbund gedreht und seine Spuren hinterlassen.

Aus dem Melderegister hatte Weber alle Daten der anderen Mietparteien des Hauses besorgt und Tomforde als Ausdruck übergeben. Dass Edda Steen zunächst gewürgt und dann mit einer Lichterkette zu Tode gedrosselt wurde, es jedoch keine Einbruchsspuren gab, ließ Tomforde vermuten, dass der Täter aus dem persönlichen Umfeld der Toten stammte. Wahrscheinlich waren der oder die Täter hier im Haus keine gänzlich Unbekannten. Wobei er natürlich nicht ausschließen konnte, dass Edda Steens Mörder auch jemand sein konnte, dem sie vorher noch nie begegnet war und der sich unter irgendeinem Vorwand Zugang zu der kleinen Wohnung der alten Frau verschafft hatte.

Tomforde begann im Erdgeschoss. Er ging von Tür zu Tür und klingelte. Doch es öffnete niemand. Es schien, als seien alle Bewohner des fünfstöckigen Mietshauses gerade nicht zu Hause. Oder taten so, als ob sie es nicht wären. Auch die Wohnungen

im ersten Stock blieben ihm verschlossen. Er stieg die Treppenstufen zum zweiten Stock hinauf und hielt an der Wohnungstür von Edda Steen kurz inne. Sollte er hineingehen? Seine Kollegen unterstützen, die gerade ihre Arbeit machten. Nach DNA-Spuren, Blut, Haaren – irgendetwas – suchten.
So, wie er seinen Kollegen Weber kannte, hatte der sich gerade alle Unterlagen, die man in der Wohnung finden konnte, noch einmal gründlich vorgenommen. Vielleicht fand sich ja ein verdächtiger Brief, eine Notiz oder sogar ein Kalendereintrag. Obwohl zu vermuten war, dass sich die Tage der Rentnerin oft geglichen hatten. Wenn schon der eigene Sohn sie vergessen hatte. Lediglich das Hündchen, das inzwischen im Tierheim gelandet war, würde sie wohl vermissen. *Irgendwo hier im Haus muss es doch jemanden geben, der etwas gesehen oder gehört hat,* dachte Tomforde und setzte sich auf die Treppenstufen zum dritten Stock, die Edda Steens Wohnung gegenüberlagen, um sich eine Zigarette aus seinem Tabak zu drehen. Tomforde schien zu warten, dass ihm das Haus irgendetwas mitteilte. Doch es schwieg beharrlich. Die fertige Zigarette steckte er in den Tabaksbeutel. *Belohnung für später,* redete er sich ein. Er nahm sich täglich vor, weniger zu rauchen.
Gerade als sich der Oberkommissar von der Treppe erhoben hatte, um sein Glück ein Stockwerk höher zu versuchen, hielt er erneut inne. Er spürte, dass sich noch eine weitere Person im Treppenhaus befinden musste. Ganz in seiner Nähe. Als er nach unten schaute, sah er gerade noch einen Arm in einer dunklen Jacke, der sich schnell vom Treppengeländer zurückzog. Die andere Person musste ihn von unterhalb, von der Treppe im ersten Stock, beobachtet haben, wie er dasaß und grübelte. »Hallo?«, rief er halblaut, und sein Puls begann kräftiger zu schlagen, während sich seine Nackenmuskulatur anspannte. Irgendjemand da unten schien Interesse an ihm zu haben.
Für einen Moment blieb Tomforde völlig regungslos stehen. Gerade als er sich wieder bewegen wollte, bewegte sich die un-

bekannte Person ebenfalls – und zwar von ihm weg, die Treppenstufen vom ersten Stock hinunter Richtung Erdgeschoss. Tomforde rief jetzt laut: »Polizei! Bleiben Sie stehen …«, während er drei Stufen auf einmal auf dem Weg nach unten nahm. Die Schritte im Treppenhaus unter ihm entfernten sich weiter. Er sprintete hinterher. Im Erdgeschoss angekommen, war es plötzlich wieder ruhig. Aber die Haustür hatte sich nicht bewegt. Wo war die Person, die mit ihm Verstecken zu spielen schien? Tomforde legte die Hand auf die linke Seite seiner Jacke. Dort steckte in einem abgewetzten Holster seine Dienstwaffe. Da fiel sein Blick auf die schwere Stahltür an der Stirnseite des Flurs. Der Heizungskeller.

Tomforde hätte eigentlich hören müssen, wenn jemand die massive Stahltür geöffnet und dann wieder geschlossen hatte, um sich dort drinnen vor ihm zu verstecken. Als wäre er sich nicht sicher, ob die Türklinke unter Strom stand, legte Tomforde vorsichtig seine Hand darauf. Langsam drückte er mit der linken Hand die Klinke herunter, die rechte lag auf seiner Brust, als wollte er fühlen, ob sein Herz das alles noch mitmachen würde. Das Gefühl seiner Waffe an seiner linken Brustseite gab ihm Sicherheit. Langsam öffnete er die Tür einen Spaltbreit und sah, dass der Kellertrakt durch ein paar Glühbirnen an der Decke bereits in mattem Licht erleuchtet war. Er musste also keine weitere Zeit damit vergeuden, im Dunkeln erst nach einem Lichtschalter zu tasten. Jetzt war es an der Zeit, sich bemerkbar zu machen. Respekt zu verschaffen. »Mein Name ist Tomforde. Landeskriminalamt Kiel. Ist hier jemand?«

Der große Kellerraum verschluckte seine Worte gleichgültig. Das trübe Licht der Glühbirnen brannte beharrlich weiter.

Tomforde blickte auf eine lange Reihe von Holzverschlägen, die überwiegend mit Vorhängeschlössern gesichert waren. Durch die Holzlatten der Parzellen war allerlei Krempel zu erkennen wie Umzugskisten, Taschen, Autoreifen, alte Möbel. Es roch nach nassen Wänden, feuchtem Putz und Schimmelpilz. Kein Geräusch, kein Luftzug verriet, ob sich noch eine

weitere Person hier unten aufhielt. Weiter hinten, am Ende des Ganges, dröhnte und klopfte ein Heizungssystem, als würde dort ein gefährliches Tier im Schlaf bedrohliche Geräusche von sich geben.
Der Oberkommissar kniff die Augen zusammen, damit ihm nichts entging, auch nicht am Ende des etwa dreißig Meter langen Raumes, der nach weiter hinten nur unzureichend ausgeleuchtet war. Und dann, ganz hinten, glaubte Tomforde etwas gesehen zu haben. Kaum zu erkennen, wie der Schatten eines Schattens. *Verdammt, Tomforde. Da bist du gerade wie ein Anfänger in etwas hineingetappt,* schimpfte er sich.
Plötzlich ging das Licht aus.
Er befand sich in völliger Dunkelheit. Instinktiv trat er einen Schritt nach hinten, bis seine Fersen an die harte Metalltür stießen. Sein Körper hatte sich unter der Anspannung leicht nach vorn gebogen, er streckte die Arme in die Finsternis aus, wie ein Ringer, der nach etwas greifen wollte. Sein Puls beschleunigte sich rasant. *Wo ist die beschissene Türklinke?* Mit der linken Hand tastete er hinter sich. Dann begriff er, dass die Person am anderen Ende des Kellers rannte. Auf ihn zu!
»Sofort stehen bleiben! Ich mache von meiner Schusswaffe Gebrauch!«, schrie der Ermittler in die Dunkelheit, während er sein Holster öffnete und nach seiner Waffe griff.
Zwischen das Dröhnen der Heizungsanlage mischten sich die hektischen Atemzüge eines laufenden Angreifers.
Blitzartig wägte Tomforde ab. *Wenn du jetzt schießt, triffst du nicht,* stellte er in Sekundenbruchteilen für sich klar. Er ließ die Pistole wieder zurück ins Holster gleiten. Und ging in die Knie. Mit einer Hand schützte er sein Gesicht, die andere streckte er nach vorne wie eine Harpune. Wenige Zentimeter vor sich, kurz bevor die beiden Körper aufeinanderprallten, roch Tomforde seinen Angreifer: Schweiß. Alkohol. Übelriechende Ausdünstungen.
Als seine ausgestreckte Hand ein Stück Kleidung auf Gürtelhöhe der anderen Person zu fassen bekam, schnellte Tomforde

nach oben. Er machte eine Vierteldrehung um die eigene Achse. Dabei spürte er, wie sich der Unbekannte an ihm vorbeidrängen wollte. Als es dem Angreifer fast gelungen wäre, schlug Tomforde mehrfach mit den Fäusten dorthin, wo er den Oberkörper und den Kopf des anderen vermutete. Der dritte Schlag traf den Angreifer im Gesicht und brach ihm krachend irgendetwas, wahrscheinlich seine Nase. Der Mann, denn dass es einer war, hörte Tomforde an seinem Gebrüll, schrie auf, krallte sich an ihm fest und riss ihn um. Die beiden Männer stürzten gleichzeitig auf den harten, staubigen Boden. Noch ehe Tomforde den keuchenden Kerl zu fassen bekam, schlug dieser mit beiden Armen um sich. Auf den Knien wankend ließ der Kriminalbeamte den Mann los, um sich wie ein Boxer die Hände schützend vors Gesicht zu halten.
Dann traf ihn das Knie. Tomforde spürte den Aufprall der Kniescheibe seines Gegenübers auf seiner Stirn, als hätte ihm jemand einen eisernen Fußball ins Gesicht geschossen, und die Wucht schleuderte ihn nach hinten, sodass er mit dem Rücken an die Holzlatten eines Kellerverschlags prallte. Gerade als er sich nach oben drücken wollte, um wieder auf die Beine zu kommen, traf ihn das helle Licht aus dem Türspalt. *Scheiße, er haut ab*, schoss es Tomforde durch den Kopf. Er schwang sich auf die Beine und hechtete hinterher. Doch ihm fehlten entscheidende Zentimeter. Unsanft schlug er kurz vor der Tür erneut auf dem Boden auf.
Der Angreifer war weg.
Tomforde saß allein in der Dunkelheit auf dem Betonboden des Kellertraktes. Sein Gesicht schmerzte von dem heftigen Stoß, er befühlte seine Stirn, die dabei von dem Stoff der Hose wie von Schmirgelpapier traktiert worden war. Er tastete in Richtung der Türklinke und fasste nach dem Griff. Schließlich stolperte er mit letzter Kraft in den Flur.
Das Haus hatte sich von den Ereignissen im Keller nicht beeindrucken lassen. Es war alles ruhig.
Der Ermittler ließ sich an der Wand des Flurs nach unten sin-

ken. *Vor zehn Jahren hätte ich eine Chance gehabt,* dachte er enttäuscht und atmete tief ein. Doch als er sich mühsam wieder aufrappelte und an sich herunterblickte, hellte sich seine Laune schlagartig auf. *Hab ich dich doch richtig erwischt, du Drecks-sack,* feixte Tomforde innerlich. Ein feiner Sprühregen von Blutströpfchen hatte kleinste hellbräunliche Punkte auf dem grauen Stoff seiner Windjacke im Brustbereich hinterlassen. Damit lässt sich arbeiten, murmelte Tomforde und zog das Handy aus der Jackentasche. Er drückte eine der Schnellwahltasten und wartete, bis zwei Stockwerke über ihm sein Kollege Thomas Weber ans Telefon ging. Der schien gut gelaunt zu sein.

»Hast du Feierabend gemacht, oder was gibt's«, meldete sich sein Partner mit einem ironischen Unterton.

»Du kannst mich mal, Alter. Ich brauch dich hier. Hatte gerade ein unsanftes Zusammentreffen im Keller. Da ist einer wie eine Dampfwalze über mich drüber. Die Spusi-Jungs sollen auch gleich mit runterkommen. Der Typ ist abgehauen, aber ich habe Bilderbuch-DNA-Spuren auf meiner Kleidung. Und Thomas …«, Tomforde machte eine Pause und betastete erneut seine Stirn. »Schau mal bitte, ob du oben Eiswürfel im Kühlschrank findest.«

Wenige Minuten später stand Thomas Weber mit den zwei Beamten der Spurensicherung im Erdgeschoss vor Tomforde und überreichte ihm eine Handvoll Eiswürfel, eingewickelt in einen Gummihandschuh der Spurensicherung.

»Da hast du ja ziemlich eins auf die Nuss gekriegt«, sagte Weber mitleidig zu seinem Kollegen, der seine Jacke bereits ausgezogen und sich, nur noch mit einem T-Shirt bekleidet, auf eine der unteren Treppenstufen gesetzt hatte.

Tomforde nickte zur Antwort nur stumm, zog Haustürschlüssel, Geldbeutel und Tabak samt Feuerzeug aus den Taschen seiner Jacke und übergab sie einem der beiden Beamten, der das Kleidungsstück in einer braunen Papiertüte versenkte, damit keine Spuren verloren gingen.

Während er sich die kühlenden Eiswürfel auf die Stirn presste,

erhob sich Tomforde und fasste für seine Kollegen die neue Sachlage zusammen. »Wir haben jetzt eine ganz neue Ausgangssituation. Nachdem wir gestern noch die Suizidvariante als das wahrscheinlichste Szenario zugrunde gelegt haben, hat uns die Rechtsmedizin heute Morgen eines Besseren belehrt. Und nicht nur das. Offensichtlich bin ich auch noch jemandem mächtig auf die Füße getreten. Es würde mich nicht wundern, wenn wir bisher irgendetwas in der Wohnung übersehen haben, das uns möglicherweise Hinweise auf die Identität unseres Kellergeistes geben kann. Thomas, übernimm du das bitte. Schau dir in der Wohnung noch mal alles ganz genau an«, ordnete Tomforde an. Ohne weitere Anweisungen ging er im T-Shirt vor die Haustür, öffnete das Tabakpäckchen, holte die bereits fertig gedrehte Zigarette heraus, steckte sie an und nahm ein paar tiefe Züge.
Über Kiel-Gaarden begann es gerade aus dunklen Wolken heftig zu schneien.

☠ ☠ ☠

15

6. Januar, 15.10 Uhr
Kiel-Südfriedhof. Faeschstraße, Justizvollzugsanstalt

Die Zeit im Maßregelvollzug und im Knast war für Wittfeld schnell vergangen. Er wartete in seiner Zelle, dass man ihn jeden Moment abholen würde, damit er seine Entlassungspapiere erhalten konnte. Freiheit! Endlich!
Seine Haft fand an diesem Nachmittag nach vier Jahren bereits ein vorzeitiges Ende: Zu engagiert war seine Teilnahme an der Drogentherapie gewesen, zu gut sein Benehmen im Gefängnis, und seine Sozialprognose schien für Außenstehende vielversprechend.

Nachdem Wittfeld seine Zeit im Maßregelvollzug in einer Forensischen Psychiatrie in Ostholstein verbracht hatte, hatte er zwei weitere Jahre in der Justizvollzugsanstalt Neumünster abgesessen. Seine sechsjährige Haftstrafe war, unter Anrechnung der Zeit in der Untersuchungshaft und seiner Drogentherapie in der geschlossenen Anstalt, vorzeitig zur Bewährung ausgesetzt worden. Es schien, dass er, der eine junge Frau schwer entstellt und damit für den Rest ihres Lebens nicht nur äußerlich gezeichnet hatte, nun ein gänzlich anderer war. Ein völlig anderer.

Doch sie hatte ihn nie wirklich verlassen. Sie war immer bei ihm. Das hagere Mädchen, das ihr Gesicht unter den Haaren verbarg und aus deren Schultergelenken keine grazilen Arme wuchsen, sondern weit aufgespannte Flügel. Aber zunächst war es wichtig, dass sie niemand entdeckte. »Wissen Sie, was ich hoffe – dass ich wieder Arbeit finde. Der Rest wird sich ergeben. Ich werde hart an mir arbeiten«, hatte Wittfeld bedeutungsschwanger gegenüber seinem Therapeuten in der Haft wiederholt gelogen. Der Therapeut hatte jedes Mal zufrieden genickt.

Im letzten Jahr hatte Achim Wittfeld im Maßregelvollzug bei Hofgängen und Freizeitaktivitäten näheren Kontakt zu einem Mann, den die Medien nur den »Pfleger des Todes« nannten. Er hatte mindestens vier alte Menschen totgespritzt und gefiel sich seit seiner Inhaftierung in der Rolle des Fremdenführers durch seine gestörte Persönlichkeit. Sein Lebensinhalt war es geworden, immer wieder neuen Therapeuten von seiner Innenwelt zu erzählen. Ein eitler Irrer. Aber erfahren darin, wie man die Sitzungen mit den Psychiatern und Psychologen lenkte und die Experten so manipulierte, dass sie positive Gutachten ausstellten. Von ihm hatte sich Wittfeld einiges zum Umgang mit Justiz und Psychologen abgeschaut.

Als er in der Justizvollzugsanstalt Neumünster schließlich allein in einer Zelle untergebracht war, nutzte er die Einsamkeit jeden Abend für eine eigene geheime Prozedur, die ihn am Leben hielt. Dann zog er seine verwaschene blaue Jeans aus, nahm die Hose in die Hände und krempelte sie um – einmal das Innere nach außen.

Und da war sie.

Sie war bei ihm geblieben.

Keiner war darauf gekommen, dass er das Flügelmädchen immer auf seiner Haut trug. Und sie hatte ein paar Freundinnen dazu bekommen. Mit einem Filzstift hatte er das Mädchen und ihre identischen Begleiterinnen immer und immer wieder auf der Innenseite seiner Hose nachgemalt. Wittfeld hatte mit einer Zeichnung auf der Rückseite des Hosenstoffs direkt auf Höhe des Oberschenkels begonnen. Dann das nächste Flügelmädchen gezeichnet. Im nächsten Monat dann wieder eines. Und wenn er fertig war, krempelte Wittfeld die Hose einfach wieder um und legte sie sorgfältig gefaltet in den abgewohnten Schrank in seiner Zelle, in dem er seine wenigen Kleidungsstücke aufbewahrte. Und keiner hatte auch nur den leichten Hauch eines Verdachts geschöpft.

Das gefiel Achim Wittfeld.

Er hatte sie alle täuschen können.

Und nun war er gleich frei.

☠ ☠ ☠

16

6. Januar, 18.36 Uhr
Kiel. Hauptbahnhof

»Fahr doch endlich, du Idiot!«, schimpfte Herzfeld und drückte mit der geschlossenen Faust beinahe die Hupe durch das Lenkrad. Gleichgültig wiegten sich die Scheibenwischer im eiskalten Regen. *Dieser Tag wird einfach nichts mehr,* dachte er. Der Streit mit Schneider hatte ihm mehr zugesetzt, als er es sich eigentlich eingestehen wollte. Und nun hatte auch noch der Taxifahrer vor ihm gerade genüsslich langsam mitten auf der Straße gewendet und war dann einfach auf der rechten Spur stehen geblieben, um einen Mann mit Aktentasche abzusetzen. Herzfeld trat aufs Gas und zog links an dem Wagen vorbei. Er musste sich beeilen – schließlich sollte der Zug aus Hamburg bereits vor vier Minuten angekommen sein. Herzfelds Blick huschte in den Rückspiegel, bevor er über die vier Spuren zum Bahnhofsgebäude hinüberzog und auf dem Seitenstreifen zum Stehen kam. Er schaltete den Motor aus und zog sein Handy heraus. Schließlich hatte er im Namen des Instituts heute Abend noch einen Gast abzuholen. Er sah auf das Display. Kein Anruf. Keine Nachricht. Dann würde der Besuch aus Italien wohl hoffentlich noch nicht einsam und verlassen auf einem der eiskalten Bahnsteige des Kieler Hauptbahnhofs warten.

Bisher hatten Herzfeld und Doktor Lucia Tattoli aus Turin nur einmal telefoniert. Sie sprach gut Deutsch, weil ihre Eltern in den Siebzigerjahren als Gastarbeiter in Essen gelebt hatten, ehe es die ganze Familie 1994 zurück nach Apulien gezogen hatte. Lucia Tattoli war charmant, aber nicht in Plauderlaune gewesen und hatte am Telefon nicht gerade den Eindruck erweckt wie jemand, der sich allzu lange auf einem verwaisten Bahnsteig gedulden würde. Im Gegenteil.

Die zweiunddreißigjährige Kollegin war wohl das, was man als starke Frau bezeichnete. Sie hatte trotz ihres Alters bereits eine gewisse Berühmtheit in Italien erlangt, da sie als junge Ärztin zwei Jahre zuvor bei einer Schiffskatastrophe vor der italienischen Adriaküste nicht nur als Rechtsmedizinerin, sondern zugleich als Bergungstaucherin zum Einsatz gekommen war. Wenige Hundert Meter vor der Hafenstadt Ancona war ein Passagierschiff mit einer Hafenfähre kollidiert, in Brand geraten und in kürzester Zeit gesunken. Tattoli, die als Offizierin bei der italienischen Marine nicht nur Medizin studiert hatte, sondern auch zur Marinetaucherin ausgebildet worden war, hatte als Taucherin bei der Bergung der Opfer aus dem Schiffswrack in fünfunddreißig Meter Tiefe teilgenommen und die Auffindesituation der insgesamt siebenunddreißig Todesopfer im Schiffsrumpf dokumentiert. Diese Informationen waren für das rechtsmedizinische Untersuchungsteam, zu dem sie ebenfalls gehörte, wesentlich, um die Toten zu identifizieren und die letzten Minuten im Leben dieser Menschen, darunter zahlreiche Kinder, zu rekonstruieren. Denn es ging dabei nicht nur um hohe Versicherungssummen für die Hinterbliebenen, sondern auch um den strafrechtlichen Vorwurf der fahrlässigen Tötung und des Zurücklassens Hilfsbedürftiger gegen den Kapitän des Passagierschiffes.

Obwohl Tattoli damals gerade mal dreißig Jahre alt gewesen war, war sie die rechtsmedizinische Sachverständige in dem mehrmonatigen, von reichlich medialer Aufmerksamkeit begleiteten Prozess gewesen. Für mehrere Monate danach war sie in Italien quasi auf den Stühlen der TV-Talkshows festgeschnallt gewesen und hatte neben der öffentlichen Aufmerksamkeit um ihre Person auch mit einem wissenschaftlichen Artikel zur beweissicheren Dokumentation von Unterwassertatorten in einer renommierten Fachzeitschrift das Interesse der Fachwelt auf sich gezogen.

Herzfeld hatte den Artikel in Vorbereitung auf ihr Treffen am Vorabend extra noch einmal überflogen. Er zollte der italienischen Kollegin großen Respekt, insbesondere weil sie die Toten nicht nur aus ihrem nassen Grab mit geborgen und ihnen durch die Identifizierung ihren Namen zurückgegeben hatte, sondern auch weil sie es gewesen war, die aufgrund der Obduktionsbefunde in Kombination mit der von ihr dokumentierten Auffindesituation den Angehörigen bei der Gerichtsverhandlung die sichere Gewissheit gegeben hatte, dass die Opfer nicht lange hatten leiden müssen. Denn Herzfeld wusste nur zu gut um die stumme Trauer, die stille Wut und das Gefühl der absoluten Leere von Angehörigen, die einen geliebten Menschen verloren hatten und mit vielen offenen Fragen zurückgelassen werden.

Und jetzt kam Lucia Tattoli nach Kiel, um etwas Neues kennenzulernen. Die Arbeitsweise der deutschen Kollegen. Herzfeld hatte sich auf der Seite des italienischen Forensik-Instituts noch einmal ihr Foto angesehen: Er hielt nun gleich Ausschau nach einer Frau, mit großen wachen braunen Augen und einem kinnlangen dunklen Bob. Es würde nicht leicht werden, sie in dem abendlichen Gewühl zu finden. Herzfeld fädelte seinen Passat rückwärts in eine Parklücke an der Längsseite des Bahnhofs. Er stieg aus und machte sich im Laufschritt auf den Weg zu der lang gezogenen Treppe, die zum Haupteingang des modernisierten Backsteingebäudes führte.
Als Herzfeld die Taxizufahrt zum Bahnhof überqueren wollte, schoss ein Wagen von der Seite heran. Auf der nassen Straße schlitterte das Taxi fast bis an sein Schienbein. Es ertönte ein lautes Hupen. Im Inneren erkannte Herzfeld den Fahrer, der eben mitten auf der Straße gewendet hatte. »Hör mal, du kannst meinetwegen den ganzen Tag diesen Zirkus auf der Straße veranstalten – aber hör auf, die Leute fast anzufahren, okay?«, eröffnete Herzfeld die Debatte, immer noch mit dem Schienbein direkt vor der Stoßstange des alten Mercedes mit dem gelben Taxischild auf dem Dach. Der Fahrer zeigte Herzfeld abfällig den Mittelfinger. Herzfeld schüttelte den Kopf und ging einen Schritt zur Seite. Als er plötzlich die Stimme einer Frau hinter sich hörte.
»Das sind hier ja fast italienische Zustände. Gefällt mir sehr gut«, sagte sie mit einem ganz leichten Akzent.
Herzfeld drehte sich um und schaute ziemlich verdutzt.
»Sie sind doch Dottore Paul Herzfeld, oder?«, setzte die Frau mit einem strahlend weißen Lächeln nach. »Ich bin Lucia Tattoli.«
Herzfeld lachte verlegen. »Ja, die Kieler nennt man auch die Sizilianer Norddeutschlands. Herzlich willkommen!« Er gab der Kollegin, die er, wenn man die hohen Absätze der Winterstiefel abzog, auf maximal ein Meter sechzig Körpergröße schätzte, die Hand und nahm ihr gleich zuvorkommend einen

unsagbar großen Rollkoffer ab, dessen Räder ohrenbetäubend quietschten und sich kaum drehten. »Mein Wagen steht da an der Seite vom Bahnhof – aber passen sie auf. Hier ist der Verkehr fast so abenteuerlich wie bei Ihnen zu Hause.«
»Habe ich schon gemerkt, aber ich habe ja einen Profi bei mir«, entgegnete Tattoli. Das war der Moment, als Herzfeld beschloss, die Kollegin zu mögen. Sie schien Humor zu haben.
Mit dem quietschenden Gepäckstück im Schlepptau gingen die beiden zu Herzfelds Passat, luden den schweren Koffer ein und fuhren zu dem Studentenwohnheim, in dem das Institut der Italienerin eine Wohnung für die zwei Wochen ihres Besuches organisiert hatte.
»Nutzen Sie das Wochenende, um sich im kalten Norden einzuleben. Für den Fall, dass Sie etwas brauchen, haben Sie ja meine Handynummer«, verabschiedete sich Herzfeld von Tattoli. »Ich hole sie am Montag um 7.45 Uhr hier wieder ab.«
Tattoli verabschiedete sich ihrerseits mit einem höflichen Händedruck und verschwand im Aufgang des Wohnheims.
Nun stand einem erholsamen Familiensamstag mit seiner Verlobten und seiner Tochter nichts mehr im Wege.

☠ ☠ ☠

17

7. Januar, 2.30 Uhr
Kiel-Mitte. Wohnung Deniza Milew

Was war das für ein Geräusch?
Spinnst du jetzt völlig?
Komm mal runter Mädchen.
Komm runter.
Siehst du. Alles ruhig.
Nein.

Da war es wieder …
Hier ist doch jemand.
Oder?

Deniza Milew war sich nicht sicher, ob sie laut mit sich selbst gesprochen oder die Worte nur gedacht hatte. Ihr Herz, ihr Puls, alles war außer Kontrolle geraten. Wieder kam eine Welle dieser fiesen Panikattacken. Die Bulgarin lag zusammengekrümmt auf ihrem Bett, eingerollt, als würde sie in ein Schneckenhaus hineinpassen wollen.
Was war bloß in dem Sekt gewesen? Was hat mir dieser Typ da reingemischt? Er muss mir unbemerkt etwas in mein Glas geschüttet haben, als ich kurz weg bin und mich frisch gemacht habe, dachte die Siebenundzwanzigjährige. Die junge Frau aus Sofia übergab sich erneut neben das Bett. Sie stützte sich auf und zitterte. Mit geweiteten Pupillen blickte sie in die Dunkelheit ihrer kleinen unaufgeräumten Einzimmerwohnung und raufte sich die dunklen Haare. Es roch nach billigem Parfüm und der säuerlichen Note des Erbrochenen. Die Heizung unter dem mit Zeitungspapier abgeklebten Fenster lief auf Hochtouren. Trotzdem war ihr kalt. *Du bist vergiftet worden, Deniza,* dachte sie. *Der Typ hat dir sicher Liquid Ecstasy oder irgendeinen anderen Dreck in deinen Sekt gemixt. Der hatte was mit dir vor.*
Deniza Milew besuchte seit zwei Jahren regelmäßig das *Lucky Seven,* eine heruntergekommene Bar in der Flämischen Straße, in der sich auch Gelegenheitsprostituierte mit Freiern trafen. Nicht offiziell. Aber jeder wusste, was da lief. Es war mal eine echte Seemannskneipe gewesen. Aber nun war der Alkohol dort billig, und Brian, der Wirt, ließ die Frauen aus Osteuropa am Tresen sitzen, wenn sie ihm vorher einen Zwanzigeuroschein rübergeschoben hatten.
Da – war – es – wieder! Das Geräusch. Die Tür?
Sie setzte sich ruckartig in ihrem Bett auf und griff nach der Nachttischlampe. Licht an. Nichts! Was Deniza noch erinner-

te, war, dass sie das *Lucky Seven* gegen 1.30 Uhr verlassen hatte. Sie hatte einen alten Kerl, der mit seiner Pfeife zu ihr herüber an den Tresen gehinkt war, abgewiesen. Er schien zu den letzten echten Seebären zu gehören, die hier noch verkehrten. Aber er war ihr einfach zu alt gewesen – und erst der Bart. Er war um kurz nach Mitternacht aus dem Lokal gewankt. Dann, gleich darauf, hatte sich ein höflicher Mann mittleren Alters zu ihr gesetzt und sie auf eine Flasche Sekt eingeladen. Der Typ passte eigentlich so gar nicht ins *Lucky Seven,* und sie hatte ihn bisher auch noch nie dort gesehen. Alles lief gut, bis er auf einmal aufstand und ging.
»Ich habe es mir überlegt – dieser heruntergekommene Laden ist einfach nicht das Richtige. Und du bist einfach zu hässlich«, hatte er nach über einer Stunde, in der sie gemeinsam an der Bar gesessen hatten, ihr plötzlich ins Ohr geflüstert und war gegangen.
Deniza, bereits leicht angetrunken, hatte ihm ein Glas hinterhergeworfen.
Brian hinter der Bar hatte nur amüsiert den Kopf geschüttelt – das war schließlich einer der harmloseren Vorfälle in seinem Etablissement. Das ging noch ganz anders.
Deniza Milew hatte den Sekt noch ausgetrunken, viel war ja auch nicht mehr in der Flasche gewesen. Dann hatte sie den zehnminütigen Heimweg zu Fuß angetreten. Bereits da hatte sie bemerkt, dass etwas mit ihr nicht stimmte. Das war nicht nur der Alkohol. Ihr war schwindelig, und sie hatte ein Gefühl, als ob der Boden unter ihren billigen Pumps schwanken würde. *Wie auf einem Schiff,* hatte sie noch gedacht. Dann riss ihre Erinnerung ab, wie eine Filmrolle in einem alten Kinosaal. Als sie wieder zu sich kam, lag sie in ihrem Bett auf der fleckigen Steppdecke. Ihr Kopf dröhnte wie noch nie zuvor in ihrem Leben. Kurze Zeit später begannen die Panikattacken. Und ihr Pulsschlag schien förmlich in der ganzen Wohnung zu trommeln.
Da, wieder ein Geräusch!

Deniza schüttelte sich und ließ sich mit dem Kopf zurück aufs Kissen fallen. Sie schloss die Augen und fiel in eine Art Dämmerzustand. Als sie die Dielen neben ihrem Bett ächzen hörte, wie von schweren Schritten, die sich jedoch bemühten, nicht zu viel Lärm zu machen, öffnete sie die Augen nur einen Spaltbreit.

Da hatte er sich schon auf die Bettkante gesetzt.

Das Letzte, was Deniza Milew noch mitbekam, war, dass er ihr schweißnasses Haar mit einer Hand streichelte und ihr mit der anderen ein feuchtes Tuch aufs Gesicht presste. Noch in derselben Sekunde, in der sie einen beißenden chemischen Geruch wahrnahm, verspürte sie einen heftigen Würgereiz. Ihr Mund füllte sich mit einer säuerlichen Flüssigkeit, und sie musste sich erbrechen. Sie glaubte daran zu ersticken. Hektisch sog sie Luft durch die Nase, die jedoch auf die Kotze in ihren Luftwegen traf.

Dann wurde es Nacht um sie.

☠ ☠ ☠

18

9. Januar, 18.30 Uhr
Kiel-Gaarden. Parkanlage Brook

Der Brook hatte in den vergangenen Jahren einen zweifelhaften Ruf erlangt. Der Park lag im Südosten der Stadt, und es verging kaum ein Monat, in dem in der Regionalpresse nicht über Drogen-Deals, Überfälle oder Körperverletzungen berichtet wurde, die sich hier regelmäßig abspielten. All das wusste Johanna Würde natürlich. Die Zweiundsiebzigjährige ehemalige Krankenschwester sah darin jedoch keinen Grund, ihr Ehrenamt nicht auch an diesem kalten Januarabend auszuüben. Schließlich war der Abendhimmel ausnahmsweise mal wolkenlos, und gegen die klirrenden Minusgrade trug sie dicke Handschuhe.

Als sie die Küche aufgeräumt und ihren Mann dem Fernseher übergeben hatte, war die rüstige Rentnerin in die Garage gegangen und hatte ihr Fahrrad und den dazugehörenden Anhänger startklar gemacht. Heute hatte sie warme Suppe, heißen Tee und Brötchen dabei, die sie dem Bäcker abgeschwatzt hatte. Obdachlose. Gescheiterte. Weggelaufene. Untergehende. Das waren die Menschen, denen sie helfen wollte. *Ich habe dem armen Kerl, der hier seit zwei Tagen bei dieser Eiseskälte in einem Zelt lebt, ja noch eine Suppe versprochen,* dachte sie und trat in die Pedale. Das weiße Licht der Halogenlampe ihres Fahrrades stach weit vor dem Vorderreifen in die Dunkelheit. Johanna Würde kannte den Weg in den Brook gut. Doch jetzt, wo das Geräusch ihrer Fahrradreifen auf dem Weg der einzige Laut im Park war, empfand sie diesen Winterabend trotz des klaren Himmels als besonders dunkel. Sie war deshalb etwas schneller als sonst gefahren. Die kleinen Pfützen hatten eine dünne Schicht aus Eis gebildet, die unter ihren Reifen zersprang. Dann musste sie den Weg für ein paar Meter verlassen, bis sie am Rand der Büsche angekommen war, in denen das Zelt des Obdachlosen stand. Dort angekommen, nahm sie aus dem Fahrradkorb eine große Taschenlampe und knipste sie an. Der Lichtkegel drückte sich sofort in das Gewirr der dünnen Äste, zwischen denen man bereits das Zelt erahnen konnte.

»Guten Abend, Frau Würde ist hier. Ich bringe Ihnen eine Suppe und einen Pullover«, sagte die Rentnerin mit fester Stimme, zog ihr Wollstirnband zurecht und stellte ihr Rad auf den Ständer. Langsam ließ Johanna Würde den Lichtkegel über die Zeltwand gleiten. »Hallo?«, fragte sie noch einmal in Richtung des Zeltes, von dem sie inzwischen keine drei Meter entfernt stand. »Hier ist die Suppe! Ich stelle sie hier ab«, schob sie hinterher und ging um ihr Fahrrad herum zu dem Anhänger, in dem sie in einer kleinen Thermokiste eine runde Plastikdose

mit Tomatensuppe transportiert hatte. Sie leuchtete zurück in Richtung des Gebüschs.
Wahrscheinlich schläft der arme Kerl, beschloss sie für sich. Und bedauerte einmal mehr, dass in Deutschland manche Menschen bei Minusgraden draußen kampieren mussten.
Noch immer regte sich nichts. Es war so still, dass nur zu hören war, wie die dünnen Äste vom Wind bewegt wurden und über den fleckigen Nylonstoff der Zeltwand schabten. Als wollte der Park den Eindringling, der in ihm lebte, aus eigener Kraft wieder nach draußen befördern.
Dann stieß ihr Fuß an etwas, das vor dem Zelt auf dem gefrorenen Boden lag. Johanna Würde leuchtete kurz nach unten und sah, dass der Mann offenbar einen dunklen Rollkoffer vor das Zelt gelegt hatte.
Wahrscheinlich ist es im Inneren des Zeltes schon eng genug, und hier draußen muss er nicht befürchten, dass ihm jemand seine Habseligkeiten klaut, versuchte sie sich das Gepäckstück vor dem Zelt zu erklären. Johanna Würde entschied sich, den Behälter mit der warmen Suppe vor dem Zelt abzustellen. In diesem Moment kam ein eiskalter Windzug von hinten, der mit eisigem Griff in ihren Nacken fegte und das Zelt des Obdachlosen noch etwas mehr bewegte, als es der Wind zuvor getan hatte. Johanna Würde zuckte zusammen. Nicht, weil sie sich erschrocken hatte. Vielmehr, weil sich irgendetwas an der gesamten Szenerie vor ihr verändert hatte. Die Äste kratzten zwar mit einem dumpfen Knistern weiter über die Zeltplane, aber irgendetwas war jetzt anders. Der Windstoß hatte die Plane am Eingang des kleinen Zeltes bewegt. Es stand fast offen.
Das war das erste Mal, dass Johanna Würde bereute, was sie gerade hier tat. Im Schein der Lampe stellte sie den Behälter mit der Suppe auf den Rollkoffer. Die Zeltplane am Eingang wehte noch etwas weiter auf. Der Reißverschluss des Zelteingangs war von dem Mann, den sie im Inneren vermutete, scheinbar nicht verschlossen worden. Sie richtete den Lichtkegel in den Eingangsbereich des Zeltes. Und dann sah sie es.

Ein Bein.
Ein nacktes Bein, das im Kegel der Taschenlampe fast wie Marmor schimmerte.
In dem Zelt lag jemand – und er schien zu großen Teilen unbekleidet zu sein. »Hallo, geht es Ihnen gut?«, fragte sie mit lauter Stimme, die ihr selbst etwas Selbstbewusstsein geben sollte.
Der Lichtkegel der Taschenlampe begann zu wackeln.
Unter dem Bein lag ein zweites Bein.
Keine Panik, wahrscheinlich schläft er nur, redete sie sich ein.
Doch es war der marmorne Schimmer der Haut, der die pensionierte Krankenschwester wie angewurzelt stehen bleiben ließ. Dann gab sie sich einen Ruck stieg über den Koffer und stieß dabei die Tupperdose mit der Suppe herunter. Doch das kümmerte sie zum jetzigen Zeitpunkt nicht. Sie ging in die Hocke und hielt mit der linken Hand die Zeltplane weiter auf, die andere leuchtete mit der Taschenlampe mitten ins Innere der Behausung.
Im dem Zelt lag ein nackter Mann.
Zusammengekauert wie ein Embryo.

Die alte Frau zitterte so stark, dass der Lichtschein ihrer Lampe unkontrolliert zuckte. Der kurze schrille Schrei, der jetzt aus ihr herausschoss, erschreckte sie selbst. Erst als Johanna Würde die Taschenlampe mit beiden Händen umklammerte, hielt der helle Strahl die gewünschte Position. Als hätte die Lampe ein Stück Dunkelheit ausgestochen, ließ sie das Umfeld des Zeltes noch finsterer erscheinen und zeigte den leblosen, zusammengekrümmten Körper auf dem Zeltboden in einem fahlen Licht. Soweit es die Arthrose in ihren Kniegelenken zuließ, ging Johanna Würde tiefer in die Hocke und stützte sich dabei mit einer Hand auf dem nasskalten Untergrund ab. Ihr wurde schwindelig. Gerade als die Gefahr, dass sie nach hinten fallen würde, am größten war, stellte sich ihr Verstand wieder scharf. Ihr Gehirn arbeitete plötzlich auf Hochtouren.
Unvermittelt tauchten vor ihrem geistigen Auge die Bilder der

Toten aus ihren Kindheitserinnerungen auf, die 1945 links und rechts den Wegesrand auf der Flucht aus Ostpreußen gesäumt hatten. Bilder, die sie jahrzehntelang erfolgreich aus ihrem Leben hatte verdrängen können.

Die alte Dame atmete keuchend aus. Trotz der Übelkeit, die zunehmend von ihr Besitz ergriff, zwang sie sich, den reglosen Körper noch etwas genauer in Augenschein zu nehmen. Johanna Würde hatte keinen Zweifel, dass der Mann vor ihr tot war. Unter der pergamentartigen Haut des Mannes zeichneten sich deutlich sichtbar die Blutgefäße ab, als würden dunkelgraue Regenwürmer unter der Haut liegen. Sein Kopf war auf die angezogenen Knie gesunken, als hätte er versucht, sich so klein wie möglich zu machen. Erst jetzt achtete Johanna Würde auf die Arme der Leiche, die eng vor der Brust verschränkt waren, als wären sie dort an den Oberkörper gefesselt.

Wieder begann der Lichtkegel ihrer Lampe zu zittern. Sie erkannte in dem Toten den Obdachlosen wieder, dem ihr abendlicher Besuch gegolten hatte, und er hielt etwas an seinen Körper gepresst. Wie ein Kind, das sein Stofftier nicht loslassen wollte. Er umklammerte etwas, das zunächst aussah wie ein dickerer Ast oder ein Rohr.

Der Verstand von Johanna Würde brauchte einige Sekunden, um das Bild in seine Einzelteile zu zerlegen: Das war kein Ast und auch kein Rohr, der tote Obdachlose hielt einen abgetrennten menschlichen Arm an seinen Körper gepresst.

Der Unterarm, an dessen Ende die Hand fehlte, ragte zwischen den Oberschenkeln Richtung Boden hindurch. Die Knie des Toten klemmten dabei den Ellenbogen ein. Das Ende des Oberarmes ging an seinem Kopf vorbei und berührte dabei den Zeltboden. Dort, wo der Arm im Bereich des Schultergelenkes abgetrennt worden war, hing die Haut in groben Lappen über die Spitzen der Knochen, die aus dem dunklen Fleisch ragten.

»Was ist denn hier bloß geschehen? Was, in Gottes Namen, ist hier passiert?«, schrie Johanna Würde, und ihre Stimme überschlug sich. Schwankend versuchte sie, wieder auf die Beine zu kommen. Sie musste hier weg und lief stolpernd im Dunkeln auf den Parkweg. Dort brach sie mit einem Weinkrampf zusammen.

☠ ☠ ☠

19

10. Januar, 6.01 Uhr
Gemeinde Molfsee. Wohnung Michael Tomforde

Oberkommissar Michael Tomforde tastete mit der Hand in die Dunkelheit neben sich. Von dort ertönte das schrille Geräusch seines Handys, das auf dem Nachttisch lag. Er hatte bewusst den mit Abstand ätzendsten Klingelton gewählt, den er in den Voreinstellungen des Geräts finden konnte. Tomforde ertastete zuerst die halb volle Bierflasche, die er sich gestern noch als kleine Einschlafhilfe mit ins Schlafzimmer genommen hatte. Dann griff er nach dem kantigen Gerät. Ein Blick auf das Display ließ ihn sofort wach werden: Thomas Weber, sein Kollege.
»Thommy, hast du altersbedingt Probleme mit dem Durchschlafen?«, fragte er und arbeitete sich mühsam im Bett nach oben, bis er saß.
»Guten Morgen, Michael. Also ich bin hier dick angezogen an einem Tatort – und das würde ich dir auch dringend empfehlen. Ich bin im Brook, südliches Ende.«
»Was ist denn da los? Um die Zeit schlafen doch auch böse Menschen noch. Es ist …«, Tomforde schaute auf das Telefon, »… 6.00 Uhr morgens!«
»Zumindest ein böser Mensch ist gestern Abend spät ins Bett gegangen. Wir haben hier ein echtes Problem. Leichenfund. In einem Zelt. Die Details erzähle ich dir besser vor Ort. Die Spurensicherung legt gleich los. Wann kannst du hier sein?«

Tomforde hatte bereits jede Müdigkeit abgeschüttelt. Weber war kein Typ für Panikmache, dafür hatte er schon genug erlebt. Zwischen den beiden Männern galt seit Jahren: Das Wort »Problem« kennzeichnete nur echte Probleme.
»Ich bin in zwanzig Minuten da. Lasst mir was übrig …« Tomforde schwang die Beine aus dem Bett, rempelte die Bierflasche vom Nachttisch, doch kümmerte sich nicht drum, dass die Flüssigkeit auf dem Teppich neben seinem Bett auslief. Noch ehe die Flasche leer war, hatte er bereits seine Jeans angezogen.

Es war eiskalt, und die Straßen in der Stadt waren noch menschenleer. Tomforde war von Molfsee bis in die Kieler Innenstadt gerast. Nach wenigen weiteren Minuten war er im Stadtteil Gaarden angekommen und sah, als er in die Zielstraße einbog, bereits von Weitem das helle Licht der Scheinwerfer, die die Kriminaltechniker am südlichen Zugang des Parks aufgestellt hatten. Tomforde stellte seinen betagten Geländewagen direkt vor das Absperrband, mit dem die Kollegen bereits das gesamte Areal weiträumig eingesäumt hatten.
Ein älterer Streifenpolizist hob die Absperrung an, Tomforde beugte sich hindurch. »Da lang, nehme ich an …«
Der Kollege nickte.
Tomforde hatte sich so beeilt, dass er es nicht einmal geschafft hatte, sich eine Zigarette zu drehen. Mit energischen Schritten lief er nun auf die erleuchtete Stelle im Park zu.
Alles wirkte, als sei gerade ein Ufo hier gelandet: Die von einem Generator betriebenen Scheinwerfer ließen einen Teil des Parks heller erstrahlen, als es das Sonnenlicht jemals konnte. Hier arbeiteten bereits vier Beamte in den obligatorischen weißen Ganzkörperanzügen der Spurensicherung. Über dem Leichenfundort war ein riesiges weißes Zelt errichtet worden, das für Außenstehende auf den ersten Blick wie ein Partyzelt aussah. Das kleine, unscheinbare Campingzelt, in dem die Leiche entdeckt worden war, stand, wie unter dem Schutz eines großen Bruders, unter dem riesigen Zelt der Spurensicherung.

So konnten alle Spuren so gut wie möglich geschützt werden. Kein Blatt durfte mehr den Tatort verlassen. Geschweige denn, Niederschlag mögliche Spuren verwischen.
Als Tomforde kurzatmig vor dem Zelt angelangt war, kam Weber ihm schon entgegen.
»Gut, dass du da bist. Ich hoffe, du hast gut gefrühstückt«, begrüßte er Tomforde ironisch, der jetzt erst merkte, dass sich einzelne Haarsträhnen aus seinem Pferdeschwanz gelöst hatten. Er hatte es nicht geschafft, sich zu kämmen. *Pech gehabt.*
»Ist ja gut, Thommy. Lass uns bitte anfangen. Also?«, kürzte Tomforde das Geplänkel ab.
»Komm mit«, sagte Weber, und die Männer betraten durch den Eingang des großen weißen Zeltes den Leichenfundort.

Fünf Minuten später traten die beiden Männer wieder aus dem Zelt der Spurensicherung hervor. Tomforde musste sich erst mal sammeln. »Was für eine Scheiße …«, brummte er, und sein Partner konnte nur beipflichtend nicken.
»So was habe ich noch nie gesehen. Und so etwas wollte ich auch nie sehen. Der nackte Tote ist eine Sache. Dass er mit einem abgehackten Arm kuschelt, ist schon schlimm genug. Aber die beiden Rollkoffer – die sind ein echtes Problem.«
Tomforde drehte sich mit klammen Fingern eine Zigarette. Manchmal tat er das in den unmöglichsten Momenten – aber es half ihm, seine Gedanken zu ordnen. Thomas Weber zog sich die schwarze Wollmütze auf dem Kopf zurecht und wartete darauf zu erfahren, wie es nun weiterging.
»Was machen wir jetzt?«, fragte der ehemalige verdeckte Ermittler und zog geräuschvoll seine Nase hoch.
Tomforde blickte durch den offenen Eingang des großen Zeltes auf die vier Männer der Spurensicherung, von denen zwei gerade die Außenhülle des kleinen Campingzeltes untersuchten, während die beiden anderen die Büsche neben dem Zelt gründlich inspizierten. Geisterhaft wirkte das alles.
»Thommy, das hier ist Kiel. Das ist nicht Manhattan«, begann

Tomforde. »Die Dimension ist für unsere Verhältnisse eine Nummer zu groß. Wir müssen die Leiche und die Koffer so schnell wie möglich wegbringen, bevor die Presse davon Wind bekommt.«

»Aber der diensthabende Rechtsmediziner muss doch erst mal hier auftauchen«, entgegnete Weber, obwohl er merkte, dass der Einwand nichts an Tomfordes Strategie ändern würde. Und er hatte recht.

»Nee, der hat auch mehr davon, wenn er gleich alle seine Instrumente im Sektionssaal parat hat. Und wir haben so weniger Stress hier vor Ort. Du rufst jetzt zwei Leichenwagen, die bringen alles sofort ins Institut. Dann brauchen wir hier eine Hundertschaft, die den ganzen Park absucht. Wo ist eigentlich die Zeugin, die das hier entdeckt hat?«

Weber zog ein kleines Notizbuch aus der linken Brusttasche seiner für die Witterung viel zu dünnen dunkelblauen US-Feldjacke und las vor. »Sie heißt Johanna Würde. Pensionierte Krankenschwester. Ist nach dem Fund durch den Park geirrt. Schock. Hat dann irgendwie doch den Weg nach Hause gefunden. Ihr Ehemann hat sie um etwa 4.00 Uhr heulend in der Garage gefunden. Dann hat er die Polizei gerufen. Die Kollegen haben um 4.50 Uhr den Schlamassel hier entdeckt. Den Rest kennst du. Die Zeugin wird von einem Kriseninterventionsteam bei sich zu Hause psychologisch betreut.«

Tomforde nickte und suchte unterdessen nach seinem Feuerzeug, als ein Mitarbeiter der Spurensicherung aus dem großen Zelt heraustrat und sich den beiden Ermittlern näherte. »Hallo, Herr Tomforde«, begrüßte ihn der Mann hinter dem Mundschutz knapp.

»Guten Morgen. Haben Sie Feuer?«

Die weiße Gestalt schüttelte den Kopf. »Aber ich habe den aktuellen Sachstand für Sie, damit Sie die Lage einschätzen können. Wir haben eine Sporttasche mit ein paar persönlichen Habseligkeiten im Zelt gefunden, die wir gleich ins kriminaltechnische Labor geschickt haben. Ansonsten ist die Spuren-

lage leider sehr unergiebig. Bis jetzt zumindest. Es gibt einfach nichts Verwertbares. Einfach nichts. Aber wir bleiben dran – ist nur ein Zwischenstand ...« Ohne sich zu verabschieden, drehte sich der Kriminaltechniker um und tauchte wieder in dem weißen Schutzzelt unter. Weber und Tomforde atmeten gleichzeitig aus.
Keine verwertbaren Spuren, es ist, als wäre diese ganze Horror-Szenerie direkt aus der Hölle an die Oberfläche gefahren, dachte Tomforde und ging langsam zurück zu seinem Wagen.

Die Zeit bis zum Eintreffen der Hundertschaft gegen 7.00 Uhr hatte Tomforde überwiegend auf dem Fahrersitz seines Wagens verbracht. Das Radio hatte vor sich hin gedudelt, und er hatte mit geschlossenen Augen, aber hellwach, einfach dagesessen. Er strich sich den Pferdeschwanz zurück und stieg aus. Die beiden Einsatzleiter kannte er gut – deshalb hatten sie ihm wohl auch einen Kaffee mitgebracht. Um ihn bei Laune zu halten.
»Danke, meine Herren«, murmelte Tomforde.
Die beiden Kollegen wussten noch nicht genau, wonach ihre Männer in Kürze, wenn die Sonne wenigstens ein bisschen an diesem trüben Morgen aufgegangen war, den Park durchkämmen sollten. Deshalb warteten sie auf die genaue Einweisung ihres Kollegen.
Tomforde sah über den Rand seines Kaffeebechers hinweg und beobachtete, wie sich die Hundertschaft für den Sucheinsatz bereitmachte. Er wandte sich den beiden Einsatzleitern zu und versuchte, nicht zu laut zu sprechen: »Also, hört mal. Sobald der erste Journalist nicht mehr in die Kissen pupst, wird hier die Hölle los sein. Was die alte Frau im Park gefunden hat, interessiert sicher nicht nur die Staatsanwaltschaft. Die Schlagzeilen kann ich schon selber schreiben. Wir suchen nicht nur nach einer möglichen Tatwaffe. Wir sammeln alles ein, was uns später vielleicht irgendwie weiterhelfen könnte – Waffen, Drogenbestecke, Getränkedosen, Zigarettenkippen. Einfach alles.«
Einer der beiden Beamten schaltete sich ein: »Sagen Sie mal,

nur aus Interesse: Kann man das mit der Tatwaffe etwas präzisieren? Wir wissen lediglich, dass wir es offenbar mit einem Tötungsdelikt zu tun haben.«
Tomforde nickte und schluckte den letzten Rest Kaffee wie eine bittere Medizin herunter. »Wir suchen alles, womit man einen Menschen in seine Einzelteile zerlegen kann.«

☠ ☠ ☠

20

10. Januar, 7.54 Uhr
Kiel. Innenstadt

Herzfeld hatte Tattoli pünktlich wie vereinbart am Studentenwohnheim abgeholt. Die Italienerin war dezent, aber perfekt geschminkt und schaute aufmerksam aus dem Autofenster, als Herzfeld den Passat an der Kaistraße entlang der großen Fähranleger steuerte. Sie schien begeistert von den wuchtigen Skandinavien-Fähren, die täglich träge die graue Kieler Förde hinauf in Richtung Oslo tuckerten. *Mit Hafenstädten kennt sie sich ja aus,* dachte Herzfeld.
Die beiden sprachen über ihre Familien. Tattoli hatte im Gegensatz zu Herzfeld noch keinen Nachwuchs, aber offensichtlich diesbezüglich schon konkrete Pläne. An einer Ampel schaute Herzfeld kurz auf sein Handy, hatte aber lediglich eine Nachricht von Petra:

Danke fürs Ausräumen,
du Spülmaschinen-Held!

Er steckte das Handy wieder in die Ablage, als sich in derselben Sekunde die Freisprecheinrichtung des Wagens mit einem überlauten Klingelton meldete.

Tattoli zuckte auf dem Beifahrersitz zusammen.
Herzfeld drückte auf den Knopf am Lenkrad, um das Gespräch anzunehmen. »Herzfeld«, meldete er sich und lenkte den Wagen geschmeidig um einen Radfahrer herum, der mitten auf der Spur fuhr.
»Paule, mein liebster Schwager. Sei gegrüßt!«
Herzfeld ließ demonstrativ den Kopf hängen und schaute zu Tattoli, die ihn mit neugierigen braunen Augen ansah – interessiert daran, wer wohl der übertrieben fröhliche Anrufer sein könnte. Herzfeld regelte die Lautstärke etwas herunter, denn Lars, der Bruder seiner Verlobten, sprach eigentlich immer zu laut.
Der Achtundzwanzigjährige war in den letzten Jahren, nachdem er doch tatsächlich vergessen hatte, dass für ein Jurastudium auch der Besuch von Vorlesungen vonnöten gewesen wäre, zu einem bekannten Gesicht des Kieler Lokal-Journalismus aufgestiegen. Das Studium hatte er geschmissen, sehr zur Enttäuschung seines Vaters, der daraufhin als Sponsor seines Sohnes für ein paar Monate zurückgetreten war. Das war der Moment gewesen, in dem Lars als Reporter mit Geschichten in der Presse über die Verstrickungen von Wirtschaft und Politik in Schleswig-Holstein zu einer kleinen Lokal-Berühmtheit geworden war. Und innerhalb von Wochen einen gut dotierten Job als leitender Redakteur bei den *Kieler Nachrichten* bekommen hatte. Doch der Erfolg war ihm inzwischen etwas zu Kopf gestiegen.
»Lars, du bist ja schon wach …«
»Sehr originell, Paule. Du ja auch.«
»Wie auch immer. Schön, dich zu hören. Ich habe gerade eine Kollegin im Auto, fass dich also ausnahmsweise mal kurz.«
»Eine Kollegin? Weiß Petra davon?«, lachte Herzfelds zukünftiger Schwager.
»Alles gut. Du bist auf Freisprechanlage. Also – was gibt es?«
Lars machte eine Pause und schien sich gedanklich darauf einzustellen, dass er nun nicht mehr nur von seinem Beinahe-Ver-

wandten bei dem Gespräch gehört wurde. Sofort sprach er etwas weniger dröhnend und etwas weniger schnodderig. »Was ist in den Koffern?«, platzte die Frage unvermittelt aus ihm heraus.
»Was für Koffer?«, fragte Herzfeld und sah zu Tattoli, die das Interesse an dem Gespräch verloren zu haben schien und auf ihr Mobiltelefon schaute.
»Jetzt erzähl mir bitte nicht, dass die Presse mal wieder schneller war als die Knochen-Puzzler von der Rechtsmedizin!«
Herzfeld wurde energisch im Tonfall. »Lars, ich habe dir noch nie etwas zu laufenden Verfahren gesagt und werde es auch nicht. Andersrum geht das aber schon. Also – welche Koffer?«
Petras kleiner Bruder machte eine Pause, er schien mit der Hand die Sprechmuschel seines Telefons abgedeckt zu haben, als habe gerade jemand überraschend sein Büro in der Redaktion betreten. Für ein paar Sekunden hörte Herzfeld gedämpfte Stimmen. Dann kam Lars zurück in das Gespräch.
Tattoli hatte wieder aufgeblickt, als Herzfeld den Wagen an der Schranke vor dem Institutsgelände stoppte und nach seiner Parkkarte griff.
»Paul?«
»Ja, noch da.«
»Heute am frühen Morgen. Eine Frau findet eine Männerleiche in einem Zelt im Brook. Das ist eine weitläufige Parkanlage drüben in Gaarden. Sah zunächst nach einem toten Penner aus. Habe ich von einem Spezi aus einer Hundertschaft, die da seit einer knappen Stunde keinen Stein auf dem anderen lässt. Aber du kannst ja schweigen, oder Paule? Und dann waren da Koffer. Da muss etwas ziemlich Fieses drin sein. Und ich wette, du packst die Koffer gleich bei dir im Institut aus. Mein Fotograf meint, zwei Leichenwagen haben den Park vor etwa zwanzig Minuten verlassen. Magste mich vielleicht später mal zu dieser Geschichte anrufen?«
»Nein«, antwortete Herzfeld trocken und steuerte den Passat auf den Institutsparkplatz.

Doch Lars schien die Abfuhr nicht gehört zu haben. Das Wort »Nein« war in seinem Wortschatz nicht vorgesehen. »Okay, danke – du wirst ein toller Schwager.« Lars hatte aufgelegt. Herzfeld sah kurz in den Rückspiegel und fuhr unter der geöffneten Schranke hindurch auf das Institutsgelände. Unterdessen war auch Tattoli neben ihm ganz bei der Sache.

Das Gespräch der beiden Männer hatte ihre Fantasie offenbar beflügelt. Mit einem Lächeln auf den Lippen schaute sie Herzfeld an, der den Blick der Italienerin auf sich spürte, als würde sie aus Neugierde Hitzestrahlen aus ihren dunklen Augen auf ihn schießen.

»Was ist denn, Frau Kollegin? Der Anruf war privat«, versuchte Herzfeld mit gespielter Ernsthaftigkeit die Situation aufzulockern. Es war ihm nun wahrlich nicht recht, der Italienerin den Eindruck zu vermitteln, dass er sich mit Taxifahrern anlegte und dass sein zukünftiger Schwager scheinbar mehr über den restlichen Verlauf des Tages wusste als er.

»Was meinen Sie, Dottore Herzfeld«, fragte Tattoli übertrieben förmlich. »Werden wir die ominösen Koffer heute sehen?«

Herzfeld schaute nach vorn. Sie waren inzwischen an dem für den diensthabenden Arzt reservierten Parkplatz an der Seite des Institutsgebäudes angekommen. Dort, wo die Leichen angeliefert wurden, standen bereits zwei Bestattungsfahrzeuge.

Dann antwortete er seiner Beifahrerin. »Ja, ich denke, wir werden die Koffer gleich sehen.« Gerade als Herzfeld den Motor ausschaltete, klingelte es erneut. Noch ein Anruf. Diesmal über das Diensthandy. Herzfeld sah auf das Display der Freisprecheinrichtung. Es war die Telefonnummer aus dem Vorraum des Sektionssaales. Tattoli hatte sich gerade abgeschnallt, ließ sich aber wieder zurück in ihren Sitz fallen, wie eine Internatsschülerin, die gleich noch ein Geheimnis erfahren würde.

»Herzfeld.«

Die ausgesprochen tiefe Stimme am anderen Ende der Leitung war Herzfeld nur zu gut bekannt. »Herr Doktor Herzfeld, von Waldstamm hier. Guten Morgen.«

Heinrich von Waldstamm war einer der Sektionsassistenten des Instituts. Herzfeld mochte den jungen Spross einer norddeutschen Adelsfamilie mit dem großen Siegelring an der linken Hand. Von Waldstamm hatte vor vier Jahren, kurz vor seinem Abitur, ein, wie er es nannte, »Schlüsselerlebnis« gehabt, das ihm die Augen dafür geöffnet hatte, dass die Rechtsmedizin seine Berufung sei. Herzfeld hatte ihn allerdings nie näher dazu befragt, was eigentlich diese Initialzündung bewirkt hatte, die den bis dahin an seiner Umwelt und seiner Zukunft eher uninteressierten jungen Mann dazu bewogen hatte, seinen Berufswunsch konsequent zu verfolgen. Da der Medizinstudienplatz für von Waldstamm mit einer Abiturnote von drei Komma vier in weiter Ferne gelegen hatte, hatte er beschlossen, die mindestens acht Semester dauernde Wartezeit mit einer Ausbildung zum Sektionsassistenten zu überbrücken, um zunächst das Handwerk von der Pike auf zu lernen und dann zu einem späteren Zeitpunkt in das Medizinstudium einzusteigen. Vor rund acht Monaten hatte er seine Ausbildung – den praktischen Teil hatte er am Kieler Institut abgeleistet – beendet und war danach direkt in eine Festanstellung im Sektionssaal übernommen worden.

»Herr von Waldstamm, ich stehe auf dem Parkplatz. Zwanzig Meter von der Eingangstür entfernt. Mit Frau Doktor Tattoli neben mir.«

»Hier ist etwas Großes im Gange, Herr Doktor. Wir bereiten bereits den Saal vor.«

21

10. Januar, 8.15 Uhr
Kiel. Institut für Rechtsmedizin der Universität

Die beiden Rollkoffer, von denen einer vor und der andere hinter dem Zelt des Obdachlosen gelegen hatte, waren von der Spurensicherung in große durchsichtige Plastiksäcke verpackt und von einem Bestattungsunternehmen zusammen mit dem abgetrennten Arm und dem toten Mann aus dem Brook in das Institut für Rechtsmedizin gebracht worden. Die Kriminalpolizei hatte die Anlieferung bei Schneider angekündigt, der sofort Heinrich von Waldstamm instruiert hatte, Herzfeld als diensthabenden Arzt zu kontaktieren.

Inzwischen war bereits ein wenig trübe, bräunliche Flüssigkeit aus beiden Koffern herausgelaufen und hatte sich am Boden der durchsichtigen Plastiksäcke gesammelt. Offensichtlich hatten die Leichenteile zu tauen begonnen. Nun lagen die Gepäckstücke auf den beiden Edelstahltischen in der Mitte des Sektionssaales. An der Unterseite der schwarzen Nylonkoffer und an den kleinen Rädern waren angetrocknete Schlammspuren zu erkennen, so als hätte ihr Besitzer sie durch den matschigen Park gezogen. Es schienen keine teuren Stücke zu sein, vielmehr Exemplare, die man in den Ramschläden in der Innenstadt als Set in zwei unterschiedlichen Größen günstig kaufen konnte. Der kleinere der beiden Koffer war etwa vierzig mal vierzig mal sechzig Zentimeter groß, der zweite etwas größer.

Auf einem der Tische lag der abgetrennte Arm ohne Hand neben dem kleineren Koffer, und auf einer Bahre einige Meter entfernt lag der Leichnam des Obdachlosen.

Herzfeld und Tattoli hatten sich schnell nacheinander in Herzfelds Büro umgezogen und betraten in blauer Arbeitskleidung den Sektionssaal. Schneider stand bereits erwartungsvoll zwischen den Sektionstischen, wie ein Zeremonienmeister in seinem Tempel. Mit großer Geste begrüßte er die beiden An-

kömmlinge und schien außerordentlich erfreut über den weiblichen Besuch zu sein.
»Na, das ist aber eine Freude. Sie kommen in einer spannenden Phase zu uns. Und wie ich sehe, hat der Kollege Ihnen schon beim Umziehen geholfen.« Schneider lächelte süffisant.
Herzfeld wollte im Boden versinken nach diesem billigen Spruch, ließ sich jedoch nichts anmerken.
Die Turinerin gab dem Oberarzt die Hand, ging aber spürbar auf Distanz zu Schneider.
Die Ärmste, hoffentlich kriegt der sich wieder in den Griff, dachte Herzfeld.
Tattoli schaute sich um, als würde sie erst die neuen Gefilde beschnuppern müssen, so wie ein Tier, das in einen anderen Zoo verlegt worden war.
Heinrich von Waldstamm stand ebenfalls im Sektionssaal. »Das sind die beiden Fundstücke«, meldete sich der Sektionsassistent mit der großen Hornbrille zu Wort.
Herzfeld nickte dem knapp zwei Meter großen und recht korpulenten jungen Mann mit einem freundschaftlichen Lächeln zu und trat an den Sektionstisch, um den Koffer und den Arm genauer in Augenschein zu nehmen. Seit dem Vorfall mit dem TV-Team vor drei Tagen graute ihm davor, Schneider als den gesetzlich vorgeschriebenen zweiten Obduzenten an seiner Seite zu haben. Und Herzfeld wusste, dass es Schneider nicht anders ging. Nachtragend und unberechenbar, wie der Oberarzt war, musste Herzfeld ständig in Habtachtstellung sein. Auch wenn für ihn schon immer galt, dass man sich seine Feinde hart erarbeiten musste, hätte er im Nachhinein in dieser Situation gern darauf verzichtet.
»Wann wird die Kripo kommen?«, fragte Herzfeld, während er sich gerade aus dem Pappkarton vom Beistelltisch ein paar Einweghandschuhe fischte.
»Die sind unterwegs. Der zuständige Ermittler ist Oberkommissar Tomforde. Er und die Kollegen von der Spurensicherung müssten jeden Moment eintreffen«, antwortete Schneider.

Noch während die drei Obduzenten die beiden Koffer musterten, betrat Tomforde in Begleitung von einer Polizeifotografin und zwei Männern der Spurensicherung, die Herzfeld von früheren Leichenfundorten bereits kannte, den Sektionssaal. Nach einer knappen Begrüßung und nachdem alle mit Schutzkitteln versorgt waren, berichtete Tomforde, was er am Fundort festgestellt hatte und auf was sich die Rechtsmediziner gleich einzustellen hatten.

In der Kieler Rechtsmedizin war Leichenzerstückelung kein alltägliches Delikt. Ob es sich um die offensive Leichenzerstückelung handelt, bei der vom Täter an einzelnen Körperteilen postmortale sexuelle Handlungen zu seinem Lustgewinn vorgenommen werden. Oder ob es sich um die defensive Variante handelt, bei der ein Täter eine Leiche in ihre Einzelteile zerlegt, um sie besser beseitigen zu können und die Identifizierung zu erschweren. Im Gegenteil, Herzfeld konnte sich an keinen entsprechenden Fall innerhalb des vergangenen Jahres erinnern. So lange war er mittlerweile am Institut.

Schneider war jedenfalls Feuer und Flamme für diesen Fall und schien außerdem der italienischen Gastärztin zeigen zu wollen, wer hier der Herr im Haus war.

»Dann legen wir mal los«, sagte Herzfeld entschlossen und blickte dabei zu Lucia Tattoli, die konzentriert auf den Sektionstisch blickte. Mit einem rauen Knirschen, als würde ein Reptil in ein sandiges Stück Fleisch beißen, öffnete Herzfeld den Reißverschluss des kleineren Koffers. Obwohl die acht Personen im Obduktionssaal wussten, was sie hier erwartete, hielten alle, wie auf ein stummes Kommando hin, den Atem an. Schneider schob seine Brille so nah ans Gesicht, dass ihm die Gläser fast auf die Augäpfel drückten.

Sektionsassistent von Waldstamm hob das Kinn und schluckte.

Tattoli verengte die Augen zu schmalen Schlitzen.

Und Herzfeld hob den Deckel des Koffers an.

Im Sektionssaal herrschte absolute Stille. Acht Augenpaare starrten auf den Torso im Inneren des Koffers: dem Rumpf fehlten Arme, Beine und der Kopf. Der Geruch von totem, feuchtem Fleisch breitete sich aus. Einer der beiden Männer von der Spurensicherung atmete schnaufend aus und schob seinen Mundschutz, der ihm zuvor noch locker um den Hals gehangen hatte, vor Mund und Nase.

»Wenn Sie das Ganze bitte einmal fotografisch festhalten«, wandte sich Herzfeld an die Polizeifotografin. »Und wir schauen schon mal nach, was in dem anderen Koffer auf uns wartet. Nicht dass der hier … «, er deutete auf den einzelnen Arm auf dem Sektionstisch vor ihm, »… am Ende noch übrig bleibt«, sagte Herzfeld trocken.

»Herr von Waldstamm, öffnen Sie bitte den anderen Koffer«, befahl Schneider dem Sektionsassistenten, der völlig abwesend den Torso auf dem Sektionstisch anstarrte.

Als hätte sein Hypnotiseur in die Hände geklatscht, ging von Waldstamm augenblicklich zum zweiten Sektionstisch und begann dort, den größeren Koffer zu öffnen. Doch der Reißverschluss ließ sich nicht bewegen. »Mist, das Zahlenschloss ist eingerastet«, brummte Heinrich von Waldstamm und ruckelte nervös an dem Verschluss herum.

Herzfeld sah zu Schneider, der den Kopf leicht schräg legte und militärisch streng blaffte: »Aufmachen. Egal wie!«

Der Sektionsassistent wollte gerade an den Instrumententisch treten, als sich Tattoli von hinten meldete.

»Dreimal die Null«, sagte sie mit fester Stimme und sieben Köpfe drehten sich wie auf schwenkbaren Podesten zu der kleinen Turinerin um. Bevor einer von ihnen fragen konnte, erklärte sie: »Das klappt fast immer. Ich hatte mal ein ähnliches Modell. Niemand und schon gar nicht jemand, der sich mit der Zerstückelung einer Leiche beschäftigt, macht sich die Mühe und verändert die Zahlenkombination.«

Herzfeld sah Tattoli anerkennend an. Sie hatte wohl wirklich nicht vor, ihre Zeit im Kieler Institut als schweigender Zaungast zu verbringen.

Von Waldstamm drehte mit dem Fingernagel durch seinen

Gummihandschuh an den drei Rädchen des Zahlenschlosses, rutschte mehrfach ab – bis ein deutlich hörbares Klicken schließlich signalisierte, dass Tattoli mit ihrer Zahlencode-Prognose richtiggelegen hatte.
Schneider verschränkte die Arme.
»Wollen wir denn mal reinschauen?«, fragte er zynisch in Richtung des Sektionsassistenten, der die Hoffnung gehabt hatte, dass sein Auftritt vor so ungewohnt vielen Zuschauern zunächst beendet war.
Herzfeld trat an den Sektionstisch, schob den Assistenten dezent zur Seite und hob den Deckel des Koffers nach oben. Der Geruch nach totem, feuchtem Fleisch verdichtete sich erneut in der Luft. Das Erste, was er sah, war der abgetrennte Kopf. Das Zweite, was er sah, waren die Hände, die unter dem Kopf hervorragten. Einzelne Finger stießen grotesk durch die feuchten dunklen Haare. Als würden sie sich hindurchgekämpft haben, um gesehen zu werden.

Eine knappe Stunde später hatten die Kriminaltechniker unter dem stakkatoartigen Klicken des überdimensional großen Fotoapparates der Polizeifotografin die beiden Koffer nicht nur akribisch auf Fingerabdrücke untersucht, sondern auch reichlich Abstriche für DNA-Untersuchungen genommen und jeden Zentimeter an der Innenseite der Gepäckstücke mit Klebefolien zum Zweck des Nachweises von Faserspuren abgeklebt. Die Körperteile aus beiden Koffern lagen nun vor Herzfeld und Schneider als makabres Puzzle auf einem der Sektionstische. Insgesamt bestand es aus zehn Teilen: dem Kopf, den Händen und Füßen, den oberen und unteren Extremitäten jeweils in Gänze und dem Torso. Der oder die Täter hatten ganze Arbeit geleistet.
Die beiden Rechtsmediziner hatten alle Gliedmaßen und den Kopf an ihre ursprüngliche Position um den Torso herum drapiert, und nun wurde auch deutlich, dass der Arm, den der Tote im Zelt umklammert hielt, nicht von einer dritten Person

stammen konnte, sondern zur Kofferleiche gehörte. Als von Waldstamm sämtliche Körperteile, abgesehen von den Händen, von ihrer filmartigen Schicht aus Blut, Gewebswasser und Schmutz mit der Duschvorrichtung am Fußende des Sektionstisches gereinigt hatte, war eine rötlich-gelbliche Schlangentätowierung zutage getreten. Der Kopf der Schlange war durch die Zerstückelung der Leiche abgetrennt worden und befand sich nun über der rückwärtigen Schulterpartie und dem Schulterblatt des Torsos, Rumpf und Schwanz der Schlange zierten den linken Arm.

Während Schneider gemeinsam mit Tattoli die Abtrennungsstellen der Gliedmaßen auf Vitalitätszeichen, wie nicht wegwischbare Einblutungen in den verschiedenen Gewebeschichten an den Stumpfenden, hin inspizierte und sich dabei eingehend mit den Händen des zerstückelten Leichnams in Bezug auf mögliche DNA-Spuren unter den Fingernagelrändern, die der Täter dort vielleicht hinterlassen hatte, beschäftigte, begann Herzfeld mit dem Diktat der äußeren Leichenschau. »Der Torso wiegt neunzehn Kilogramm. Er gehört zu einem erwachsenen weiblichen Individuum. Volle weibliche Brüste mit silberfarbenen ringförmigen Brustwarzenpiercings. Achsel- und Schamhaare erst kürzlich rasiert, Haare noch nicht nachgewachsen. Die Arme sind im Bereich der Schultergelenke abgetrennt worden. Hierzu wurden die Oberarmköpfe regelrecht exartikuliert …«

Tomforde zog die Augenbrauen fragend nach oben, doch ehe er etwas sagen konnte, spulte Herzfeld das Band in seinem Diktafon ein kleines Stück zurück und setzte neu an. »Die Oberarmköpfe wurden sauber aus der Gelenkpfanne am Schultergürtel herausgelöst.«

»Damit kann ich arbeiten«, sagte Tomforde leicht trotzig, während Herzfeld mit der äußeren Leichenschau fortfuhr.

Auch bei der Abtrennung der unteren Extremitäten hatte der Täter ganze Arbeit geleistet, wie Herzfeld bei der weiteren Untersuchung des Torsos feststellte. Mit mehreren Schnitten oder

Hieben eines offensichtlich dafür bestens geeigneten Werkzeugs hatte er die Hüftgelenke eröffnet und anschließend auf beiden Seiten die kräftigen Bänder zwischen Oberschenkelkopf und Gelenkpfanne am Beckenring durchtrennt. Die Gliedmaßen waren regelrecht vom Körper der zierlichen Frau abgeschlagen worden. »Jeweils glattrandige, das Gewebe vollständig durchtrennende Schnitt- beziehungsweise Hiebführung. Kein Anhalt für Probierschnitte. Auch keine Unterblutungen im Bereich der Abtrennungsstellen an Schulter- und Hüftgelenken. Offensichtlich postmortale Leichenzerstückelung.«

Nachdem Herzfeld den am Torso befindlichen Teil der Schlangentätowierung vermessen und die Ergebnisse ebenfalls in sein Diktafon gesprochen hatte, dokumentierte die Polizeifotografin die Einzelheiten des Tattoos sowie die Abtrennungsstellen der Gliedmaßen am Torso fotografisch. Im Anschluss wandte er sich dem Kopf der Toten zu. Dieser war mit mehreren Schnitten oder Hieben am Übergangsbereich von Hals und Rumpf abgetrennt worden, was zu der Zertrümmerung mehrerer Wirbelkörper der Halswirbelsäule geführt hatte. Auch hier fanden sich weder an der Abtrennungsstelle am Torso noch an der Halsseite des Kopfes irgendwelche Unterblutungen im Gewebe, sodass Herzfeld auch hier von postmortalen Verletzungen ausging. Die Tote hatte etwa dreißig Zentimeter lange dunkelbraune Kopfhaare, die noch nicht von grauen Strähnen durchsetzt waren. Obwohl die Regenbogenhaut und die darüber gelegene Hornhaut bereits milchig eingetrübt waren, konnte Herzfeld erkennen, dass sie braune Augen gehabt haben musste. Die Gesichtsweichteile wirkten aufgedunsen, die Augenbindehäute stellten sich unauffällig dar. »Keine Punktblutungen in den Augenbindehäuten«, diktierte Herzfeld und arbeitete sich routiniert weiter durch die äußere Leichenschau. An beiden Unterarmen und im Bereich beider Ellenbeugen konnte er im Verlauf der größeren dort gelegenen Venen zahlreiche reiskorngroße, teils gräulich vernarbte, teils

bräunlich- bis violettfarbene Hautveränderungen feststellen. Unterschiedlich alte Nadeleinstichstellen. Die Tote war drogenabhängig gewesen. So langsam fügten sich die Puzzleteile zusammen. Im wahrsten Sinne des Wortes.
Mittlerweile hatte von Waldstamm den Torso über einen Haut- und Weichgewebsschnitt in der Mittellinie geöffnet, das Brustbein mithilfe der Rippenschere entfernt und die Brust- und Bauchorgane entnommen. Tattoli sezierte unter Schneiders Beobachtung die Organe, und Herzfeld stellte mit Genugtuung fest, dass sie sich dabei sehr geschickt anstellte.
Ein Blick auf die längs eröffnete Aorta bestätigte Herzfelds bisherige Einschätzung, dass die Tote zwischen zwanzig und dreißig Jahre alt gewesen sein musste: Die innere Gefäßwand der Körperhauptschlagader war noch völlig zart, es zeigten sich nicht einmal im Ansatz arteriosklerotische Veränderungen. Aber Herzfeld wusste, dass seine vorläufige Einschätzung zum Alter der Toten bald von der Realität eingeholt werden würde. Über die auffällige Schlangentätowierung, ihre Fingerabdrücke und die Tatsache, dass sie offensichtlich der Drogenszene zugeordnet werden konnte, würde die Identität der Toten sehr wahrscheinlich schon innerhalb kürzester Zeit feststehen.
Schneider hatte sich, nachdem er erst übermotiviert aufgetreten war, während der ganzen Untersuchung der Leichenteile sehr zurückgehalten. Fast so, als ob er schlagartig das Interesse an dem Fall verloren hätte. Entgegen seiner sonstigen Gewohnheit coram publico schien es, als sei ihm in den letzten zwei Stunden im Sektionssaal der Ton vollständig abgedreht worden. Er hatte sich nicht einmal mehr zu Wort gemeldet.
Bis jetzt.
»Kollege Herzfeld. Schön, dass wir das jetzt alles sortiert haben. Aber was fällt Ihnen auf? Fehlt nicht noch etwas?«, fragte Schneider hintersinnig und deutete mit der Hand auf die Gliedmaßen. Herzfeld schaute seinen Vorgesetzten verdutzt an. Schneider nahm langsam seine Brille ab und schien es regel-

recht auszukosten, dass er neben Tattoli und von Waldstamm mit den Kriminalbeamten noch weitere Zuschauer im Sektionssaal hatte.
»Was meinen Sie genau, Herr Professor Schneider«, entgegnete Herzfeld, der sich bereits auf einen fachlichen Schlagabtausch gefasst machte.
Schneider atmete spöttisch aus. »Sie haben nun ganz artig die Gliedmaßen zurechtgepuzzelt. Sie haben sich ein Bild von den inneren Organen gemacht. Gut. Oder auch nicht. Denn sie graben nur an der Oberfläche. Zwei entscheidende Punkte scheinen Sie zu übersehen. Erstens, was meinen Sie, wie die Frau gestorben ist? Und zweitens …« Schneider drehte sich dabei zu Tomforde und den anderen Kriminalbeamten um, deren uneingeschränkte Aufmerksamkeit ihm jetzt sicher war. »… haben Sie sich nicht mit dem für die weiteren Ermittlungen entscheidenden Erstellen eines Tatwaffen-Profils beschäftigt.« Dabei sah er Herzfeld mit unverhohlener Missachtung an.
Herzfeld kniff die Augen fast unmerklich zusammen. »Worauf genau wollen Sie hinaus?«, entgegnete er. »Zur Todesursache werde ich mich äußern, wenn ich alle Befunde zusammen und anschließend sortiert habe. So, wie es scheint, können wir hier nur über Ausschlussdiagnosen arbeiten, denn wir haben bisher keinerlei Zeichen einer zu Lebzeiten erfolgten Gewalteinwirkung. Wer auch immer das getan hat, hat der Frau die Extremitäten einschließlich Händen und Füßen postmortal regelrecht abgeschlagen. Und was die mögliche Tatwaffe anbelangt …«
»Die Abtrennungsränder«, unterbrach ihn Schneider barsch. »Auf die habe ich geachtet. Ich kann Ihnen allen hier ganz genau erklären, was für eine Waffe bei dieser Tat zur Anwendung kam. Weil ich im Gegensatz zu Ihnen …«, und dabei musterte er Herzfeld mit einem abfälligen Blick, »… weil ich im Gegensatz zu Ihnen über die notwendige Erfahrung verfüge.«
Herzfeld schaute seinen Vorgesetzten an, als stünde er mit einem Holzschwert einem Drachen gegenüber. Er wusste, worauf das hier hinauslaufen würde, und überlegte fieberhaft, wie

er diesem perfiden Katz-und-Maus-Spiel aus dem Weg gehen konnte. Herzfeld zählte innerlich bis drei und stellte dann ruhig die Frage: »Was für eine Tatwaffe haben Sie denn vor Augen?« Schneider blaffte ihn unvermittelt an: »Das frage ich Sie, junger Kollege. Sagen Sie es mir. Sie wissen doch immer alles so genau.«

»Eine Axt, ein Beil, in jedem Fall ein Hiebwerkzeug dieser Art.«

Schneider hob ganz leicht das Kinn und zischte: »Falsch. Eine Machete.«

Was ist bloß wieder in den gefahren, dachte Herzfeld. *Zu einem derartig frühen Zeitpunkt der Untersuchung eine Tatwaffe präzise zu bestimmen? Das können nur die fiktiven Kollegen in amerikanischen TV-Serien. Aber die haben schließlich auch nur fünfundvierzig Fernsehminuten Zeit für einen Fall.* Herzfeld ging in die Verteidigung.

»Eine kompakte Klinge. Diese Vermutung teile ich mit Ihnen, Herr Professor. Zumindest war es keine Säge – die Wundränder an den Amputationsstellen wären gänzlich andere. Aber könnte nicht auch ein großes Bowie-Messer, ein Beil, ein Samurai-Schwert oder eine Axt infrage kommen? Wieso die definitive Festlegung auf eine Machete?«, wandte er sich an Schneider.

Herzfeld hatte sich während der Untersuchung der Leichenteile schon ein ganzes Waffenarsenal bildlich vorgestellt und in Gedanken immer wieder ein neues Tatwerkzeug weggenommen, wenn er es als Tatwaffe für diese Bluttat ausschließen konnte.

Schneider fuhr seinen dünnen Zeigefinger aus und deutete auf Herzfeld. »Nehmen Sie doch einfach mal den Rat eines erfahrenen Kollegen an. Und seien Sie nicht so überheblich. Sie sind kein Medizin-Mozart«, sagte er mit polternder Stimme, die von den Kacheln des Raumes widerhallte.

Heinrich von Waldstamm zog die Schultern nach oben, als würde sein Kopf in Deckung gehen.

Herzfeld hingegen machte ein breites Kreuz. Schließlich führte er diese Obduktion durch.
Fast unmerklich bebte Schneiders Zeigefinger in der Luft, und es war, als würde die Szenerie plötzlich nur noch in Zeitlupe ablaufen.
»Ich sage es Ihnen noch einmal, hören Sie auf mich«, giftete Schneider weiter.
Es wurde still im Saal, und die anderen sechs Personen sahen sich mehr peinlich berührt als einfach nur ratlos an. Oberkommissar Tomforde kratzte sich am Kopf und verteilte dabei, ohne dass er es merkte, mehrere Tabakkrümel auf seiner Stirn.
»Meine Herren, wir sind doch schon sehr weit«, versuchte Tomforde zu beschwichtigen.
Herzfeld sah zu Tattoli. Auch sie schaute unschlüssig drein. Im Sektionssaal war es auf einmal totenstill. Bis das Handy von Michael Tomforde plötzlich Alarm schlug und alle zusammenzucken ließ.
Ohne Begrüßungsformel nahm der Kriminalbeamte den Anruf an. »Was habt ihr?«
Dann war es wieder still. Der Gesprächspartner am anderen Ende der Leitung hatte viel zu erzählen. Tomfordes Augenbrauen schoben sich langsam immer weiter in die Höhe. Wie in Trance griff er mit seiner freien Hand in die Tasche seiner abgewetzten grünen Windjacke, zog langsam eine fertig gedrehte Zigarette heraus und schob sie sich in den Mundwinkel. Es schien, als habe er vergessen, wo er war. Schließlich verabschiedete er sich von dem Anrufer.
Erwartungsvoll sahen ihn die anderen an.
»Jetzt wird's merkwürdig. Sehr merkwürdig sogar«, murmelte er und starrte ins Leere. Tomforde hatte für wenige Sekunden seine über Jahrzehnte antrainierte Lässigkeit verloren, doch dann fing er sich schnell wieder und steckte die Zigarette zusammen mit seinem Handy zurück in die Jackentasche.
Mit einem genervten Seufzen setzte Schneider seine Brille ab und sah Tomforde auffordernd an.

»Das war mein Kollege von der Spurensicherung. Wir haben jetzt konkrete Hinweise auf die Identität der beiden Toten. Fangen wir zunächst mal mit ihr hier an.« Tomforde deutete auf das bizarre Leichenpuzzle vor ihnen auf dem Sektionstisch. »Bei der Frau handelt es sich höchstwahrscheinlich um die bulgarische Prostituierte Deniza Milew. Die Frau ist, genauer gesagt, war siebenundzwanzig Jahre alt. Warum wir das wissen: Frau Milew wurde vor Kurzem erkennungsdienstlich behandelt. Nach einem Diebstahl in einer Drogerie am Alten Markt wurde sie von dem Ladendetektiv festgehalten und dann von den Kollegen von der Falck-Wache vorläufig festgenommen. Sie war dort bereits als Gelegenheitsprostituierte bekannt.« Tomforde machte eine Pause, während die Anwesenden atemlos auf seine weiteren Ausführungen warteten.

»Viel interessanter hingegen ist der tote Mann. Wir haben die wenigen Habseligkeiten überprüft, die er in seinem Zelt bei sich hatte. Ein paar Unterlagen. Ein abgelaufener Personalausweis. Und ein Entlassungsschein aus der JVA Neumünster. Da saß er nämlich bis vor drei Tagen noch ein.« Wieder machte Tomforde eine Pause.

Schneider, dem das alles nicht schnell genug ging, hakte sofort ein: »Um wen handelt es sich nun bei dieser Sensations-Personalie?«

»Sein Name ist Achim Wittfeld, das verrät uns zumindest der alte Ausweis. Foto und Gesicht des Toten stimmen bei der ersten Inaugenscheinnahme überein. Der Abgleich der Fingerabdrücke läuft gerade, aber ich sage Ihnen jetzt schon: Das ist er. Und er ist kein Unbekannter. Dazu hätten wir nicht mal im Computer nachsehen müssen. Der hat ein ordentliches Vorstrafenregister. Das weit über geklauten Lippenstift und Nagellack hinausreicht …«

»Heißt?«, fragte Herzfeld und bedeutete Heinrich von Waldstamm, dass er die Bahre, auf der der Tote aus dem Zelt lag, aus dem Hintergrund des Raumes neben den Sektionstisch schieben sollte.

Doch der Sektionsassistent schien von dem Geschehen um sich herum überhaupt nichts mehr mitzubekommen. Er starrte Tomforde mit offenem Mund an, und seine blasse Haut war plötzlich vor Nervosität an den Wangen gerötet, was sein fülliges Gesicht noch rundlicher wirken ließ, und seine dicken Brillengläser schienen von seiner Gesichtswärme zu beschlagen. Dabei drehte er den großen Siegelring an seinem Finger, als würde er sich selbst damit wie eine Uhr aufziehen wollen.

»Herr von Waldstamm, würden Sie bitte mal …«, setzte Herzfeld gerade an, doch da schien sich der junge Mann schon wieder gefangen zu haben – was auch immer ihn gerade aus der Fassung gebracht hatte. Der massige Körper des Sektionsassistenten setzte sich in Bewegung, und von Waldstamm löste mit dem Fuß die Bremsen der kleinen Räder unter der Bahre und zog sie neben den Sektionstisch, auf dem die Körperteile der zerstückelten Frau lagen.

Tomforde ging einen Schritt auf den nackten männlichen Leichnam zu. Die Haut des Mannes war schmutzig, die Arme mit Narben übersät, als habe er sich zu Lebzeiten Verletzungen mit einem Messer oder einem anderen spitzen beziehungsweise scharfen Gegenstand zugefügt. Doch bevor Tomforde den Anwesenden erläutern konnte, wer der Tote gewesen war, trat Schneider an die Kopfseite der Leiche.

Plötzlich klang der Oberarzt zur Überraschung aller bestens informiert: »Achim Wittfeld war vor vier Jahren wochenlang Thema in jeder Tageszeitung. Jedes Kind in Kiel kannte ihn. Die Medien hatten ihn damals den ›Flügelmacher‹ getauft. Er hat im Drogenrausch einer Prostituierten übel mitgespielt, sie fast umgebracht, weil er besessen davon war, jungen Frauen Flügel wachsen zu lassen. Ich selbst war als Sachverständiger in den Fall involviert.«

»Sehr gut, Herr Professor, machen Sie mal weiter«, forderte Tomforde ihn süffisant lächelnd auf.

»Er hat im Prozess alles gestanden, sein Anwalt tat das Ganze aber als Versehen einer verlorenen Seele ab. Ich habe damals auch das Opfer nach der Tat untersucht. Der psychiatrische Sachverständige, der ihn in mehreren Sitzungen während der sechsmonatigen Untersuchungshaft eingehend exploriert hatte, diagnostizierte bei Wittfeld eine dissoziale Persönlichkeitsstörung als Folge seines exzessiven Drogenkonsums. Allerdings attestierte er ihm bei völliger Drogenabstinenz eine gute Sozialprognose.«

Heinrich von Waldstamm drehte immer noch nervös an seinem Siegelring und starrte unablässig auf den Leichnam, räusperte sich mehrmals nervös – und schaltete sich plötzlich mit bebender Stimme ein: »Ja, so war es damals. Und es ging noch weiter.«

Der Sektionsassistent wurde mit jedem Wort unruhiger, es schien nur eine Frage der Zeit, bis er vor Aufregung zu zittern beginnen würde. »Aufgrund des Crystal-Konsums kurz vor dem Besuch des Laufhauses und der laborchemisch nachgewiesenen akuten Metamphetamin-Intoxikation sei Wittfelds Schuldfähigkeit zum Tatzeitpunkt erheblich vermindert gewesen. Sogar eine völlige Schuldunfähigkeit konnte der psychiatrische Gutachter nicht gänzlich ausschließen. Nach vier Prozesstagen hatten sich die Anklagevorwürfe der Staatsanwaltschaft weitgehend in Luft aufgelöst.«

Von Waldstamm lächelte nervös, als hätte er fehlerfrei ein Gedicht aufgesagt.

Herzfeld sah den jungen Mann erstaunt an.

»Nicht schlecht für einen Berufsanfänger!« Schneider setzte seine Brille ab, als würde er sich so besser erinnern können, und übernahm das Ende der Geschichte. »Der Rest ist Kieler Kriminalgeschichte: Das Gericht stellte verminderte Schuldfähigkeit des Angeklagten zum Zeitpunkt der Tatbegehung aufgrund seines akuten Drogenkonsums nach Paragraf 21 Strafgesetzbuch fest, wobei, wie gesagt, sogar eine Schuldunfähigkeit nach Paragraf 20 nicht sicher auszuschließen gewesen sei. Wittfeld bekam sechs Jahre Haft wegen versuchten Totschlags mit der Maßgabe, dass er zunächst für zwei Jahre in einer psychiatrischen Einrichtung des Maßregelvollzuges nach Paragraf 64 Strafgesetzbuch zur Behandlung seiner Drogensucht untergebracht wurde. Davon hatte sein Opfer aber auch nicht mehr viel. Ein Hieb hat die junge Frau wortwörtlich ihr Gesicht gekostet, ein weiterer fast den rechten Arm.«

Schneider und von Waldstamm wechselten einen Blick. Doch keinem der beiden schien noch etwas einzufallen.

Herzfeld legte nachdenklich den Kopf zur Seite. »Es besteht also die nicht ganz unwahrscheinliche Möglichkeit, dass Wittfeld es war, der dem Opfer aus den beiden Rollkoffern alle Gliedmaßen abgeschlagen hat und sich danach selbst das Leben genommen hat?«, sagte er wie zu sich selbst.

Schneider holte tief Luft. »Herr Herzfeld. Es bringt jetzt nichts, dass Sie mal wieder so tun, als würden Sie den Fall im Alleingang lösen. Die Fakten liegen doch auf der Hand. Ich sage es mal ganz deutlich: Ich bin überzeugt, dass es kein Zufall sein kann. Ein Gewaltverbrecher hat das getan, was er bereits vor vielen Jahren tun wollte. Und wissen Sie, warum? Weil ich weiß, womit Achim Wittfeld sein erstes Opfer verstümmelt hat. Wollen Sie es wissen?«

»Das haben Sie mir doch ohnehin schon gesagt, oder?«, entgegnete Herzfeld gereizt.

»Richtig. Nämlich mit einer Machete. Warum sollte so ein Wahnsinniger wie der hier plötzlich seine Fantasien begraben oder seinen Modus Operandi ändern? Ich hatte es Ihnen doch gleich gesagt – die Morphologie der Verletzungen ist eindeutig. Und passt zur Vortat. Jetzt, da wir wissen, wer hier vor uns liegt, ist völlig klar, dass ich mit meiner Analyse in puncto Tatwaffe recht hatte.« Während Schneider das sagte, wurde er immer lauter, und seine Gesichtsfarbe wechselte von lachs- zu puterrot. Er redete sich so sehr in Rage, dass Herzfeld es für klug hielt, ihn nicht zu unterbrechen, bis er seine Sicht der Dinge dargelegt hatte.

Das war der Moment, in dem von Waldstamm wortlos und raschen Schrittes den Sektionssaal verließ, was allerdings von keinem der anderen Anwesenden in diesem Moment zur Kenntnis genommen wurde.

Der Fall hatte plötzlich eine völlig neue Dimension erreicht. Nicht nur kriminalistisch, sondern auch politisch. Das war Herzfeld schlagartig klar geworden. Ein Wiederholungstäter, der erneut in einen Fall – und auch noch in einen grausamen wie diesen – verwickelt war, war immer kompliziert für die Strafverfolgungsbehörden. Wie eine alte Fliegerbombe im Erdboden durch Erschütterung eines Baggers jederzeit explodieren konnte, konnte die Debatte um die Resozialierung von Gewaltverbrechern hochkochen und zu einem fatalen Schrapnell für die dafür verantwortlichen Politiker der Ressorts Inneres und Justiz werden.

Hatte Wittfeld nach seiner Entlassung aus dem Gefängnis seine unvollendeten Fantasien doch noch in die Tat umgesetzt? Konnte der junge Mann diesen bestialischen Mord begehen, weil der für ihn zuständige Gutachter sich von ihm hatte täuschen lassen und er als anscheinend geläutert vorzeitig aus dem Gefängnis entlassen worden war? Die Frage, die solche Fälle mit sich brachten, war die immer gleiche: Warum wurde so einer entlassen? Den medialen Druck auf Innenminister und Justizminister würden diese direkt nach unten auf die ermittelnden Beamten weitergeben, was sich zwangsläufig nicht positiv auf deren Arbeit auswirkte. Immer dasselbe beschissene Spiel.

»Das ist eine ganz große Nummer hier, ich kann mich nicht erinnern, schon mal einen ähnlichen Fall auf dem Tisch gehabt zu haben …«, fuhr Schneider fort, wurde aber von Tomforde jäh in seinem Redeschwall unterbrochen.

»Werter Professor, ich freue mich ja, dass Sie so engagiert bei der Sache sind. Aber es gibt für mich jetzt erst mal zwei Fragen, die Sie mir hoffentlich beantworten können, wenn Sie und Ihr Team mit dem hier …«, er deutete auf den toten Wittfeld vor sich, »… fertig sind. Wie ist Wittfeld ums Leben gekommen beziehungsweise woran ist er gestorben? Und warum sind an seiner Leiche keinerlei Blutspuren? Die Zerteilung der Frau müsste doch eigentlich eine ziemliche Schweinerei angerichtet haben, ein regelrechtes Blutbad. Am Leichenfundort war aber kein Blut. Nicht ein einziges Tröpfchen. Und um die weiteren drei Fragen, auf die wir ganz schnell Antworten bekommen müssen, muss ich mich leider selber kümmern.«

»Und die drei Fragen wären?«, gab Schneider ungehalten zurück.

Tomforde steckte sich die Zigarette erneut in den Mundwinkel, wo sie sofort festzuwachsen schien. »Wo ist der Tatort? Wo ist die Tatwaffe? Und wo ist die Kleidung des Flügelmachers?«

☠ ☠ ☠

22

10. Januar, 19.46 Uhr
Kiel. Polizeipräsidium

Michael Tomforde schleppte sich regelrecht durch den Flur des Präsidiums. Er gehörte eigentlich vor den Fernseher oder in die Kneipe – aber auf jeden Fall nicht mehr hierher. Schließlich hatte sein Arbeitstag bereits über zwölf Stunden, den Fund der Leichen im Brook inklusive.

In der Zwischenzeit hatte Tomforde von seinen Kollegen vom Erkennungsdienst die Bestätigung bekommen, dass es sich bei dem Toten aus dem Zelt tatsächlich um Achim Wittfeld handelte.

Die Obduktionen von Achim Wittfeld und Deniza Milew waren erst am frühen Abend abgeschlossen worden. Der Fall schien auch die Rechtsmediziner nicht kaltzulassen, der heftige Disput zwischen Schneider und Herzfeld und der auffällig nervöse Sektionsassistent von Waldstamm spukten Tomforde immer noch im Kopf herum.

Die Autopsie Wittfelds hatte keine unmittelbare Todesursache ergeben. Die Organe waren blutreich, die Lungen mit reichlich Flüssigkeit vollgelaufen, und das Gehirn des Toten war massiv geschwollen gewesen. In seinem vorläufigen Sektionsgutachten hatte Herzfeld noch im Beisein von Oberkommissar Tomforde festgehalten, dass die Organe des Mannes unspezifische Zeichen einer Intoxikation aufwiesen. Eine todesursächliche äußere Gewalteinwirkung konnte durch die Obduktion ausgeschlossen werden. Ob eine Vergiftung tatsächlich todesursächlich war und, wenn ja, um welche Substanz es sich dabei handelte, würden die nachfolgenden toxikologischen Untersuchungen zeigen, die Doktor Theo Uhlemann, der Leiter der chemisch-toxikologischen Abteilung des Instituts, sofort eingeleitet hatte, nachdem ihm Herzfeld die Asservate übergeben hatte.

Für Tomforde war die Fahrt ins Präsidium der Abschluss des Tages gewesen. Denn die alte Akte des Flügelmachers war inzwischen von der Staatsanwaltschaft an sein Büro weitergereicht worden. Und er war nur zu neugierig gewesen, den Mann besser kennenzulernen, der ihm heute zum ersten Mal, wenn auch kalt und tot, aber immerhin begegnet war. Gab die Akte vielleicht Hinweise auf mögliche Täter preis, die sich an Wittfeld rächen wollten? Tauchten eventuell Familienangehörige des früheren Opfers darin auf, die nur darauf gewartet haben könnten, dass er aus dem Gefängnis kommt?

Aber Lesen konnte Tomforde schließlich auch daheim. Also hatte er beschlossen, lediglich kurz die Akte abzuholen und dann nach Hause zu fahren, in sein Bauernhaus nach Molfsee, einer kleinen Gemeinde südlich von Kiel.

Tomfordes Schritte fühlten sich so schwer an, dass er befürchtete, er würde den Ausgang nicht vor dem nächsten Morgen erreichen, als ihm sein Partner Thomas Weber mit federndem Gang entgegenkam. Er schien deutlich mehr unter Strom zu stehen.

Weber winkte Tomforde zu und deutete ein militärisches Salutieren an, als er ihn sah. »Du hast auch schon mal frischer ausgesehen! Aber dafür hast du heute wenigstens was erlebt. Habe schon gehört, dass die Obduktion eine ordentliche Bastelarbeit war …« Weber baute sich vor Tomforde auf, sodass seine Schultern gefühlt den ganzen Flur versperrten.
Tomforde sortierte seinen schlaffen Pferdeschwanz auf dem Rücken und öffnete seine alte grüne Windjacke, um seinen Autoschlüssel aus der Innentasche hervorzukramen. »Ja, das kann man sagen. Jetzt warten wir auf den Toxikologen. Wie Wittfeld wirklich starb, ist nicht ganz klar. Hast du etwas in der Wohnung des Opfers gefunden?«
Weber schüttelte den Kopf, sodass der große Ohrring wild baumelte. »Sag mal, wolltest du diesen alten Fetzen nicht vor langer Zeit schon entsorgen?«, schmunzelte er und deutete auf Tomfordes leichte Windjacke.
»Die neue Jacke ist immer noch im Labor, um die DNA-Spuren von dem Irren im Keller auszuwerten.«
»Übrigens, wenn die Wohnung von Deniza Milew auch der Tatort sein soll, dann hat jemand alles richtig gemacht. Einzimmerwohnung«, begann Weber zu referieren. »Wir sind einmal durch – sehr ordentlich übrigens für eine bulgarische Gelegenheitsprostituierte. Das haben wir auch schon mal deutlich schlimmer gehabt. Es gab auf den ersten Blick überhaupt nichts, was auf ein gewaltsames Eindringen, einen Kampf oder gar ein Verbrechen wie die Zerstückelung der Wohnungsinhaberin hindeutete. Allerdings waren die Kollegen der Spurensicherung vor Ort noch in vollem Gange mit ihren Untersuchungen.«
Tomforde nickte. Er hatte eigentlich fest damit gerechnet, dass die Wohnung auch der Tatort gewesen war. Deniza Milew wäre nicht die erste Frau aus dem Rotlicht-Milieu gewesen, die nach Feierabend zu Hause besucht worden war und den nächsten Morgen nicht mehr erlebt hatte.
Weber fuhr mit einem enttäuschten Unterton fort. »Die wer-

den da sicher noch die ganze Nacht pinseln, aber ich habe auch in ihren Unterlagen nichts gefunden, was uns hilft. Also würde ich sagen: Zeit fürs Bettchen, wenn ich dich so ansehe. Holt dein Zivi dich ab?«

»Nee, der macht dir gerade Abendbrot«, konterte Tomforde den Spaß mit einem amüsierten Lächeln. Dann verabschiedeten sich die beiden Männer voneinander.

Auf dem Weg zu seinem Wagen dachte Tomforde noch einmal an Herzfeld, dem er regelrecht angemerkt hatte, wie es hinter seiner Stirn nach der Sektion gebrodelt hatte. Irgendetwas schien ihn bei den beiden Leichen noch zu stören, das hatte der Ermittler gespürt.

Tomforde legte die Wittfeld-Akte neben sich auf den Beifahrersitz. Als er die Innenstadt verlassen hatte, griff er aus Langeweile nach seinem Handy. Neben mehreren Anrufen hatte er eine Rückrufbitte von Herzfeld per SMS erhalten. Weil sein alter Geländewagen noch vor der Erfindung der mobilen Telefonie vom Band gelaufen war, klemmte er das Gerät zwischen Kopf und linker Schulter ein und fuhr unbeirrt weiter.

Der Rechtsmediziner nahm das Telefon im Flüsterton entgegen. »Herzfeld«, hauchte es wie mit einer Stimme aus dem Jenseits durch den Hörer.

»Herr Herzfeld? Sind Sie in irgendeinem Keller eingeschlossen? Tomforde hier.«

»Ich bringe gerade meine Tochter ins Bett.«

Tomforde hörte im Hintergrund die helle Stimme eines Mädchens. Instinktiv flüsterte Tomforde nun auch. Er wusste zwar nicht, wie es war, ein Kind ins Bett zu bringen, wollte aber auch nicht derjenige sein, der es versaute. »Was gibt es? Ist Ihnen noch etwas eingefallen?« Im Hintergrund waren nun Musik und Stimmen zu hören, als hätte der Mediziner seiner Tochter gerade ein Hörspiel angeschaltet. Tomforde neigte seinen Kopf, der das Telefon einklemmte, noch enger an seine Schulter, damit er nichts von dem verpasste, was der Rechtsmediziner ihm zu sagen hatte.

Herzfeld fuhr mit gedämpfter Stimme fort: »Ich möchte Ihnen noch einmal vertraulich, also nur unter uns, sagen, dass ich mir sicher bin, dass hier etwas ganz und gar nicht stimmt. Irgendetwas haben wir übersehen. Halten Sie mich auf jeden Fall über die Ergebnisse aus Ihrem kriminaltechnischen Labor auf dem Laufenden, wenn Sie von dort etwas gehört haben. Ganz egal zu welcher Uhrzeit.«

»Herr Herzfeld, was heißt das konkret? Dass es etwa nicht so ist, wie es aussieht? Was ist los?«

»Ich weiß es nicht. Es ist nur so ein Gefühl, dass wir bisher nur das sehen, was wir sehen sollen«, entgegnete Herzfeld.

Tomforde wusste nicht so recht, was er von den vagen Andeutungen des Rechtsmediziners halten sollte, hatte aber auch die ganze Zeit schon kein gutes Gefühl gehabt. Herzfeld hatte vielleicht recht, und das Ganze war irgendwie inszeniert. »Lassen Sie mich das einmal überschlafen. Ich komme dann morgen Mittag bei Ihnen im Institut vorbei. Vielleicht haben wir da schon mehr in der Hand.«

»Gern«, hörte er Herzfeld am anderen Ende der Leitung sagen, jetzt wieder in normaler Lautstärke. Das Hörspiel im Hintergrund war inzwischen etwas leiser geworden.

»Ich bin vorher wieder im Brook«, verkündete Tomforde. »Wir gehen dort nochmals alles vollständig durch. Notfalls erweitern wir den Suchradius auf ganz Gaarden. Wenn die Presse von der Personalie Wittfeld Wind bekommt, wird es ungemütlich für meine Chefs, und das bekomme ich dann direkt zu spüren. Ich brauche dringend irgendwas, das uns weiterbringt. Entweder in die eine oder in eine ganz andere Richtung. Am besten die Tatwaffe. Die Staatsanwaltschaft hat eine Informationssperre für die Presse verhängt, aber es wird wie immer nicht lange dauern, bis die ersten Informationen durchsickern.«

»Das wäre gut, Maus«, entgegnete Herzfeld.

»Maus?«

»Nicht Sie. Ich spreche mit meiner Tochter.«

»Hört Ihr Kind immer zu, wenn Sie über abgetrennte Köpfe und so einen Kram reden?«, fragte Tomforde halblaut in einer Mischung aus gespielter und echter Empörung.
»Immer. Sie wird quasi groß damit«, entgegnete Herzfeld lachend. »Bis morgen …«

☠ ☠ ☠

23

11. Januar, 7.45 Uhr
Kiel-Gaarden. Parkanlage Brook

Die Sonne tat sich an diesem Morgen ebenso schwer wie die Beamten der Hundertschaft, die sich müde aus ihren Bussen gequält hatten. Das Grau des Himmels hellte sich nur mühsam auf, und das Winterwetter schien sich nicht entschließen zu können, ob es die Sonne heute überhaupt aufgehen lassen sollte. Das arktische Tiefdruckgebiet hatte das nördlichste Bundesland immer noch fest in seinem eiskalten Griff, und die Temperaturen bewegten sich weiterhin nur knapp oberhalb des Gefrierpunktes.
Oberkommissar Tomforde hatte bereits am Abend des Vortags zusätzlich zum Leichenfundort den gesamten Park absperren lassen. Dass der mutmaßliche Täter tot war und neben seinem Opfer oder vielmehr neben dessen Einzelteilen gelegen hatte, hatte alle zunächst etwas aufatmen lassen. Nicht zuletzt die Staatsanwaltschaft. Ein Frauenmörder, der in der dunklen Jahreszeit durch die Stadt streifte, war das Letzte, was irgendjemand jetzt noch gebrauchen konnte. Doch Tomforde ging das gestrige Gespräch mit Herzfeld nicht aus dem Kopf. »Vielleicht ist nicht alles so einfach, wie es scheint«, murmelte er gedankenversunken und war der für seinen Geschmack etwas zu vorschnell aufgestellten Hypothese Schneiders zum Tather-

gang von Anfang an mit Skepsis begegnet. Auch wenn er sich das am Tag zuvor im Sektionssaal nicht unbedingt hatte anmerken lassen. Und diese Skepsis wollte nicht weniger werden. Im Gegenteil.

Warum hat der »Flügelmacher« die Frau auf diese Weise zerlegt? Warum hat er ihr nicht nur die Arme abgeschlagen, wie es offensichtlich seine eigentliche Fantasie gewesen war? Wenn Wittfeld der Täter war, hat er, entgegen Schneiders Ausführungen, seine Vorgehensweise sehr wohl verändert. Möglich. Aber Herzfeld glaubt nicht daran. Und ich auch nicht. Denn wo ist der eigentliche Tatort, an dem die Leichenteile in den Koffern verstaut wurden, um sie dann in Wittfelds behelfsmäßiges Zuhause im Park zu bringen, fasste Tomforde für sich zusammen und ließ den Blick über die große Wiese des Parks gleiten, während er das Kinn unter seinem Wollschal vergrub.

Etwas weiter von ihm entfernt schoss ein Golden Retriever mit der Nase über das vom Frost der Nacht struppig wirkende Gras, sodass der Hundeführer Mühe hatte, den Spürhund zu halten. Aus der Distanz wirkte es fast, als würde das Tier mit seinem Herrchen spielen wollen.

Von der Ostseite des Parks bewegten sich unterdessen die Beamten mit Suchstäben durch das Areal. Einige Spaziergänger standen bereits verärgert hinter der Absperrung und diskutierten mit den Polizeibeamten, die ihnen den Durchgang verwehrt hatten. Aber das war Tomforde ziemlich egal. Er musste sichergehen, dass sie gestern nichts übersehen hatten. Der Oberkommissar stellte sein Funkgerät, so laut es ging, damit er kein Signal vom Hundeführer verpasste. Um die Tatwaffe zu finden, mit dem die Frau so grausam zugerichtet worden war, hatte man dem Suchhund eine Geruchsprobe von Achim Wittfeld unter die feine Nase gehalten – bestehend aus einer verlorenen Socke, die man zusammen mit einem kleinen batteriebetriebenen Radio und ein paar vertrockneten Filzstiften in der schwarzen Sporttasche in seinem Zelt gefunden hatte. Dieselben Geruchsspuren würden auch zu der verschwundenen

Kleidung des Toten führen, wenn sie auch nur irgendwo in der Nähe des Parks lag.

Der Mensch sondert Tausende Geruchsstoffe ab, bitte lass nur einen hier heute dabei sein, hoffte Tomforde und zuckte zusammen, als sein Funkgerät metallisch schepperte. Zeitgleich hörte er das Bellen des Golden Retrievers, etwa hundert Meter von ihm entfernt. Er hielt sich das Gerät vors Gesicht, aus dem die schnarrende Stimme des Hundeführers drang: »Fund! Oberkommissar, wir haben einen Fund.«

Tomforde sog die nasskalte Luft durch die Nase ein, als könne auch er erschnüffeln, was das Tier gerochen hatte. Dann machte er sich im Laufschritt in die Richtung des Parks auf, in der sich gerade der Suchhund artig als Zeichen für eine Entdeckung ins mit Raureif überzogene Gras gesetzt hatte. Als Tomforde Mann und Hund erreichte, war der Hundeführer gerade damit beschäftigt, seinem tierischen Kollegen mit einem Leckerli aus einer Gürteltasche den Erfolg zu versüßen. Ohne hinzuschauen, deutete der Mann vor sich ins Gras. »Schauen Sie mal, das sieht nach einem Volltreffer aus.«

Tomforde trat heran und ging in die Hocke. Im Gras, das mit Matschpfützen durchsetzt war, die der Schnee der letzten Tage hinterlassen hatte, lag eine Machete. Die Klinge war mit rostroten Schlieren verschmiert. Der Schneeregen der Nacht hatte das Blut wie feine Äderchen auf dem Metall zerlaufen lassen, die dann gefroren waren. Der schwarze Griff der Waffe war mit exotischen Blüten-Schnitzereien versehen, die der Waffe beinahe etwas Würdevolles verlieh. Tomforde zückte sein Handy und aktivierte die Kamerafunktion. Das Foto schickte er ohne einen weiteren Kommentar an Herzfeld.

24

11. Januar, 7.49 Uhr
Kiel. Wohnung Paul Herzfeld

»Jetzt komm endlich«, stöhnte Petra.
»Moment …«, entgegnete Herzfeld, »ich hab's gleich«.
Doch das schien Petra Schirmherr nicht zu reichen. »Paul, du hast dich vorgedrängelt. Ich war zuerst im Bad, ich muss mir die Haare föhnen, und du hast mich rausgelockt. Putz deine Zähne draußen! Hannah muss auch rein.« Herzfelds Lebensgefährtin seit Studientagen mochte eigentlich die morgendliche Zeit mit der Familie zusammen. Es sei denn, sie wurde, so wie jetzt gerade, von ihm ausgetrickst. Oft war frühmorgens die einzige Zeit, zu der sich alle drei Mitglieder ihrer Familie wach am gleichen Ort befanden. Doch heute war Herzfeld auf der Überholspur. Es war gestern Abend im Institut noch viel zu tun gewesen, er war spät ins Bett gegangen und hätte beinahe verschlafen. Er wollte heute auf keinen Fall zu spät zur Arbeit kommen. Während Herzfeld eilig seine Zähne putzte, und Hannah in ihrem Zimmer lautstark ihre Spielsachen sortierte, heute war Spielzeugtag im Schlumpfenland, klingelte sein Handy auf dem Küchentisch.
»Dein Telefon!«, rief Petra. »Ach, es ist Lars. Wie schön …«, stellte sie laut fest, als sich Herzfeld, vor lauter Zahnpastaschaum schwer zu verstehen, aus dem Badezimmer meldete: »Nicht rangehen!«
»Warum denn nicht?«
»Darum!«
Dann entstand eine kurze Pause.
Herzfeld sah resiginiert in den Badezimmerspiegel. Petra und ihr Bruder Lars mochten sich seit Kinderzeiten sehr, und so war es eigentlich klar, was nun geschehen würde …
»Guten Morgen, Lars«, hörte er sie zwitschern. *Nicht der schon wieder,* stöhnte Herzfeld innerlich. *Warum können mei-*

ne Frauen nicht ein einziges Mal tun, was ich ihnen sage? Er spuckte schnell die Zahnpasta ins Waschbecken, spülte sich den Mund aus und hechtete aus dem Bad. Als er in der Küche ankam, hielt ihm Petra schon das Telefon hin – und ihre Gesichtszüge sahen beunruhigt aus. »Lars muss dir was sagen.«

»Hallo, Lars«, sagte Herzfeld streng. Er wusste: Nichts auf der ganzen Welt würde den Journalisten dazu bringen, ihn so früh anzurufen – außer, es ging um seinen Job.

»Guten Morgen, Paul«, sagte Petras Bruder mit entschlossener Stimme. Sie klang, als würde es jetzt unangenehm werden. »Hast du heute Morgen schon online die Nachrichten gelesen oder Radio gehört?«

»Nein. Sollte ich?«

Lars machte eine Pause. »Wenn du wissen willst, wie deine Obduktion der Kofferleiche und dem zweiten Toten gestern gelaufen ist – dann ja. Mit der Informationssperre der Staatsanwaltschaft Richtung Presse läuft es wohl nicht so. Meine Konkurrenz hat mich mit echt guten Infos abgehängt. Vielleicht weißt du ja, wer denen …«

Herzfeld legte einfach auf. In der gleichen Sekunde kam eine SMS von Tomforde. Herzfeld öffnete die Nachricht und betrachtete kurz das Foto der Machete im Gras. *Das könnte tatsächlich die Tatwaffe sein, so, wie Schneider es vorausgesagt hat,* schoss es ihm durch den Kopf. *Aber warum haben sie das Ding erst jetzt gefunden?* Dann ließ er sich gedankenversunken an seinem Platz am Küchentisch nieder und klappte seinen Laptop auf. Während um ihn herum das morgendliche Aufbruchschaos tobte, suchte er die neuesten Online-Artikel über den Leichenfund im Brook und wurde rasch fündig.

Der Artikel war nicht von Lars und seiner Zeitung, sondern auf der Nachrichtenseite des lokalen TV-Senders veröffentlicht worden. In dem Artikel auf der NDR-Homepage war ein Bild vom abgesperrten Fundort der Toten eingebunden, ein Bild von Achim Wittfeld vom Tag seiner Verurteilung vor vier Jahren und ein Archivfoto eines ernst dreinschauenden Mannes in

dunklem Anzug und Fliege in einem Flur des Kieler Landgerichts. Professor Volker Schneider.
Herzfeld bewegte die Lippen lautlos mit jedem Wort. Und jeder Satz ließ seine Miene finsterer werden. Nach der Überschrift (»Kofferleiche im Brook – Das steckt dahinter«) folgte ein detaillierter Bericht über die Ergebnisse der Obduktion der beiden Toten und dass es sich bei der männlichen Leiche um Achim Wittfeld, einen gerichtsbekannten Kieler Gewaltverbrecher, handelte, der erst vor wenigen Tagen aufgrund ordentlicher Führung und guter Sozialprognose aus der Justizvollzugsanstalt Neumünster entlassen worden war. Herzfeld ballte die Faust. Es war, als hätte der Reporter direkt neben ihm am Obduktionstisch gestanden. Auch die Identität der zerstückelten Frau wurde enthüllt. *Woher wissen die das alles?*, fragte sich Herzfeld. *Kein Pressesprecher, weder der Polizei noch der Staatsanwaltschaft würde zum jetzigen Zeitpunkt der Ermittlungen diese Dinge preisgeben.* Im Gegenteil, die Staatsanwaltschaft hatte eine Informationssperre verhängt, die alle Journalisten verzweifeln lassen sollte, zumindest war das die Information, die ihm Tomforde am Abend zuvor gegeben hatte. Am Ende des Textes wurde dann auch noch Schneider erwähnt. Herzfeld las laut vor: »Der renommierte Oberarzt des Kieler Instituts für Rechtsmedizin, Professor Volker Schneider, soll zuversichtlich sein, dass die Ergebnisse seiner Untersuchungen zur Klärung des Falles beitragen werden. Der Mediziner sagte: ›Ich habe klare Hinweise auf eine konkrete Tatwaffe.‹« *Seine Untersuchungen?* Herzfeld glaubte, nicht richtig zu lesen. Eigentlich war er froh, in dem Artikel nicht erwähnt worden zu sein. Aber alle internen Informationen stimmten. Warum nicht diese?
»Alles in Ordnung?«, fragte Petra.
Herzfeld schreckte auf, er war so in den Text vertieft gewesen, dass er nicht bemerkt hatte, dass sie fertig angezogen neben ihm stand und ihm die Hand auf die Schulter gelegt hatte.
Aus Hannahs Zimmer war das obligatorische Rumpeln ihres

Rucksacks zu hören, in den sie immer ihre Spielsachen für den Kindergarten einpackte, bis er sich kaum noch schließen ließ.
»Nein, da stimmt was nicht. Es sind eine ganze Reihe interner Informationen von unseren beiden gestrigen Sektionen an die Presse gelangt«, erklärte Herzfeld.
»Hat Lars den Artikel geschrieben?«
»Nein, seine Konkurrenz. Die müssen sehr gut informiert worden sein. Von wem auch immer. So eine Scheiße ...«
Petra machte ein mitfühlendes Gesicht und streichelte ihm durchs Haar.
Er hatte bereits vollständig in den Dienstmodus geschaltet: »Ich muss jetzt los. Ich muss unsere Gastärztin einsammeln.«
Petra nickte und forderte mit gespitzten Lippen einen Kuss ein. Herzfeld küsste sie eilig und ging zur Tür des Kinderzimmers, in dem Hannah gerade unentschlossen wieder den gesamten Rucksack ausgeleert hatte.
»Tschüss, Maus! Muss los ...«

☠ ☠ ☠

25

11. Januar, 8.36 Uhr
Kiel. Institut für Rechtsmedizin der Universität

Kaum war die Italienerin in ihrem dicken, knöchellangen Wintermantel zu ihm in den Wagen gestiegen, konnte sich Herzfeld nicht mehr zurückhalten und berichtete ihr während der Fahrt von dem Enthüllungsbericht in der Presse über die Untersuchung der beiden Leichen am Vortag.
»Aber wie kann das sein?«, fragte Tattoli und machte eine besorgte Miene.
Herzfeld ahnte, dass sie sich keine ernsthaften Sorgen machte, dass sie als Maulwurf verdächtigt wurde, aber es wäre ihr sicher

lieber gewesen, wenn sie nicht involviert gewesen wäre. »Wenn ich wüsste, was da gelaufen ist, würde ich mich auch wohler fühlen«, entgegnete Herzfeld und schaltete das Radio an. Ein klares Signal, dass er noch etwas Zeit brauchte, um darüber nachzudenken, was der Medienbericht für seine Arbeit bedeuten würde. Den restlichen Weg fuhren die beiden schweigend durch die Stadt zum Institut.

Als sie an der Pforte ankamen, saß der Pförtner, Ernst Hansen, bereits auf seinem Posten im Eingangsbereich und tippte sich gelassen an seine Schiffermütze.

In Herzfelds Büro angekommen, brachten sie die Kaffeemaschine zum Laufen und studierten erneut, jeder an seinem Schreibtisch, den Medienbericht über die gestrigen Leichenfunde. Herzfeld hatte Lucia Tattoli kurz vor ihrer Ankunft den Arbeitsplatz seines ehemaligen Kollegen, der eine Stelle am Institut in Graz angenommen hatte, freigeräumt und ihr einen Schlüssel für das Zweier-Büro überreicht. An Tattolis Bildschirmrand klebte noch immer der gelbe Post-It-Zettel mit den Passwörtern für das elektronische Sektionsarchiv, den Herzfeld für sie geschrieben hatte. Doch das Papier auf dem Monitor störte sie scheinbar nicht.

»Der Sektionsassistent gestern, er wirkte plötzlich so nervös, nachdem festgestanden hatte, um wen es sich bei den beiden Toten handelte. Ist Ihnen das auch aufgefallen?«, begann sie das Gespräch und gab Herzfeld eine Steilvorlage, seinen Gedanken bezüglich eines möglichen Maulwurfs freien Lauf zu lassen.

»Von Waldstamm? Der ist manchmal etwas sonderbar. Das stimmt. Aber er ist ein guter Kerl – manchmal sogar etwas übermotiviert. Er würde sicher nicht für einen Pressebericht seine weitere berufliche Laufbahn aufs Spiel setzen. Er wartet eigentlich nur auf einen Medizin-Studienplatz, um in ein paar Jahren selbst als Rechtsmediziner am Obduktionstisch zu stehen. Ich kann es mir beim besten Willen nicht vorstellen«, sprach Herzfeld über seinen Bildschirm hinweg.

»Und der Kripomann, dieser Tomforde?«, fragte Tattoli.

»Michael Tomforde ist vieles. Ein Bulle. Ein harter Hund. Ein Netzwerker in der Behörde. Aber ehe der einem Journalisten freiwillig auch nur einen schönen Tag wünscht, würde er sich lieber die Zunge abbeißen«, erklärte Herzfeld und stand auf.

»Ich weiß, dass es eigentlich keine Frage sein kann. Aber ...«, sie machte eine Pause. »Aber was ist mit Professor Schneider? Er war gestern sehr ambitioniert. Er ist sehr, nun ja, selbstbewusst. Denken Sie mal an die Diskussion um die Tatwaffe zurück. Er war sich von Anfang an sehr sicher.«

Herzfeld ging um den Schreibtisch herum, zog sein Handy aus der Hosentasche und rief das Foto auf, das ihm Tomforde geschickt hatte. »Und vielleicht hatte er sogar recht. Das hier wurde vor nicht mal einer Stunde in der Nähe des Leichenfundortes von einem Spürhund im Park entdeckt. Eine Machete. Genau wie Schneider es prophezeit hatte.«

Tattoli nahm Herzfelds Handy und besah sich das Foto. Sie runzelte die Stirn. Dann strich sie sich die dunklen Haare hinter die Ohren. »Glauben Sie, Schneider liest gerne von seinen Prophezeiungen in der Presse?«

Herzfeld stand auf, öffnete die Manschetten seines hellblauen Hemds und krempelte die Ärmel nach oben. »Mit Schneider habe ich meine ganz eigenen Erfahrungen gemacht. Aber so eine war noch nicht dabei.«

Dann machten sich die beiden fertig für die erste Obduktion des Tages. Auf der Autobahn nach Dänemark hatte es kurz vor der Ausfahrt Schleswig-Schuby einen tragischen Auffahrunfall am Stauende gegeben, bei dem eine junge Mutter ums Leben gekommen war.

☠ ☠ ☠

26

11. Januar, 19.35 Uhr
Kiel. Institut für Rechtsmedizin der Universität

Es war schon weit nach seinem eigentlichen Feierabend, aber Ernst Hansen wartete, bis niemand mehr im Institut war. Dann machte er sich auf den für ihn beschwerlichen Weg hinab in den Keller in die Asservatenkammer des Institutsgebäudes.
Der Pförtner des Instituts gehörte seit Jahrzehnten zum Inventar, wie die stählernen Kühlfächer oder der scheinbar unsterbliche Gummibaum im Eingangsbereich, der, wie Hansen, schon mehrere Institutsdirektoren kommen und gehen gesehen hatte. In jungen Jahren hatte der mittlerweile Vierundsechzigjährige als Frachterkapitän gearbeitet, doch damit war schon nach wenigen Jahren Schluss gewesen. Bei einem Unfall im Maschinenraum war sein linker Unterschenkel zertrümmert worden, und er hatte sich als junger Kapitän plötzlich vor einer Zukunft als Invalide gesehen und sich nach einem Job an Land umsehen müssen. Einem Job, bei dem man viel sitzen konnte, denn seitdem er sich verletzt hatte, zog Hansen sein linkes Bein nach und hinkte auffällig.
Was aus seiner Zeit als Kapitän geblieben war, war die dunkelblaue Schiffermütze, der Bart und die Pfeife, die immer in seiner Nähe zu finden war und an der er zur Beruhigung herumstopfte, bis er sie sich nach Feierabend genüsslich ansteckte. Auch jetzt steckte sie zwischen seinen Zähnen und glimmte friedlich vor sich hin. Insgesamt wirkte der alte Hansen wie etwas aus der Zeit gefallen. Ein alter Seebär, der an Land gespült worden war.
Es hatte wie schon so oft nicht lange gedauert, bis er die Details von der Sektion des Flügelmachers erfahren hatte. Zu dicht war sein Netz aus Sekretärinnen, die die Audioaufnahmen der Sektionen abtippten, und Sektionsassistenten, die ihn bei einer Zigarette mit den neuesten Gerüchten versorgten. Und er war

sich sicher, dass niemand daran gedacht hatte, im Keller nach den alten Asservaten des Falls Wittfeld zu schauen. Vielleicht half es den Ermittlern, wenn sie einen Blick darauf warfen.
Und genau dieses Pflichtbewusstsein trieb ihn nun nach unten in den Keller, an den Ort, an dem seit Jahrzehnten im Institut die Beweismittel längst eingestellter Todesermittlungsverfahren lagerten, die aufgrund ihrer Außergewöhnlichkeit oder anderer Besonderheiten nicht vernichtet, sondern weiter aufbewahrt wurden: Mordwerkzeuge, Tatwaffen, Selbstmordapparate. Und andere Kuriositäten wie autoerotisches Fesselungswerkzeug oder absurde Gegenstände, die bei den Obduktionen in menschlichen Körperöffnungen gefunden worden waren.
Sie alle waren von Hansen über Jahrzehnte immer sorgfältig in einem dicken Buch mit abgewetztem Pappeinband katalogisiert worden – mit Sektionsnummer, Asservatennummer, Schranknummer. Als Faktotum der Rechtsmedizin kannte er aber auch die Geschichten hinter den Nummern. Schließlich konnten die Tage in der Pförtnerloge des Instituts lang werden. Hansen hatte sich bis heute einer Digitalisierung seines »heiligen« Inventarbuches widersetzt. »Das könnt ihr dann in den Computer tippen, wenn ich hinüber bin«, war seine Antwort, wenn die Diskussion auf die elektronische Datenspeicherung seiner Schatzkammer im Keller kam.
Sein linkes Bein schmerzte schon fast unerträglich, als er im Untergeschoss vor dem Kellerraum mit den großen Stahlschränken angekommen war. Hansen öffnete die schwere Eisentür mit einem der Schlüssel an seinem riesigen Schlüsselbund, der aussah, als trüge er die Schlüssel für die gesamte Stadt bei sich, und schaltete das Licht ein. Kurz darauf flackerten surrend die Neonröhren an der Decke auf. Das Inventarbuch trug er unter dem Arm. Er schlug die Seiten auf und schaute hinein. Er ging vier Jahre zurück und fand schnell die Kennzahl, die er suchte.

Beweismittel-Nummer S-306/307

So eine Sache prägt sich ein, dachte Hansen und atmete schwer aus seinen Nikotin-Lungen aus. Er orientierte sich kurz und fuhr mit seinem rauen Zeigefinger an den Schränken entlang, die alle eine Nummer trugen. *Da! Hier müsste sie eigentlich drin sein,* dachte er und suchte an dem Schlüsselbund nach dem zugehörigen Schlüssel. Den Schlüsselbund trug er seit Kurzem immer klimpernd mit einem Schekel an seiner Hose, schließlich hatte er vor ein paar Tagen das erste Mal die Schlüssel regelrecht verschusselt. Nachdem er überall gesucht hatte, lagen sie dann doch auf einmal auf dem Tisch in seiner Pförtnerloge. Hansen schob den kurzen silberfarbenen Schlüssel mit der passenden Nummer in das Schloss am Griff des Schranks und öffnete die Tür. Nach einem kurzen Blick nahm er langsam die Pfeife aus dem Mund und glich noch einmal die Kennung im Buch mit dem Fach im Schrank ab.
Dann streckte er die Hand in die Lücke zwischen den braunen Pappschachteln.
Die längliche Kiste, die er suchte, war nicht mehr an ihrem Platz.

27

11. Januar, 19.40 Uhr
Kiel. Institut für Rechtsmedizin der Universität

Die Obduktion der jungen Mutter, die auf der Autobahn von Kiel nach Flensburg tödlich verunglückt war, hatte viele Stunden in Anspruch genommen. Beim Aufprall auf einen Lkw am Stauende hatte sich ihr Kleinwagen, der über zu wenig Knautschzone und keine Airbags verfügte, unter den stehenden Lkw geschoben. Die Frau war noch am Unfallort im Fahrzeug verstorben. Ihre Beine waren völlig zerquetscht worden, doch was sie am Ende das Leben kostete, hatte etwas oberhalb der Aufprallzone gelegen: Ihre Brustschlagader war beim Aufprall des Brustkorbes aufs Lenkrad zerrissen, sehr wahrscheinlich begünstigt durch die massiven Scherkräfte, die auf das eigentlich kompakte Blutgefäß einwirkten, als es zum abrupten Abbremsen ihres Fahrzeuges im Rahmen der Kollision kam. Zu diesem Ergebnis waren Herzfeld und Heike Westphal am späten Nachmittag gekommen. Tattoli hatte die beiden tatkräftig bei der Präparation der Verletzungen und Untersuchung der Organe unterstützt. Wie durch ein Wunder war die dreijährige Tochter der Frau, die in einem Kindersitz neueren Baujahrs ordnungsgemäß auf der Rückbank angeschnallt gewesen war, nur leicht verletzt worden.

Den Rest des Tages hatte Herzfeld damit verbracht, den Sektionsbericht zu verfassen, den zuständigen Staatsanwalt telefonisch über das Obduktionsergebnis zu unterrichten und zugleich die staatsanwaltliche Freigabe des Leichnams der jungen Frau zu erwirken, damit sie möglichst bald von einem Bestatter abgeholt und für die Beisetzung vorbereitet werden konnte.

Doch immer wieder schweiften seine Gedanken zurück zu den beiden Toten aus dem Park. Der Leichnam von Achim Wittfeld und die Leichenteile von Deniza Milew lagerten inzwischen im benachbarten Kühlraum und warteten auf ihre Freigabe zur Bestattung durch die Staatsanwaltschaft, die aufgrund von Tomfordes Intervention in diesem besonderen Fall erst nach Vorliegen sämtlicher Ermittlungsergebnisse sowie der Befunde von Toxikologie und Kriminaltechnik erfolgen sollte.

Die Aufregung unter den Institutsmitarbeitern um den Medienbericht hatte sich den ganzen Tag über nicht gelegt. Schneider war heute unvermittelt außer Haus beordert worden. Seine Sekretärin hatte Herzfeld erzählt, dass er kurzfristig für einen erkrankten Hamburger Kollegen für einen Vortrag in der Hansestadt eingesprungen war. Nur zu gerne hätte Herzfeld seinen Vorgesetzten gefragt, ob er sich den detailreichen Bericht des NDR erklären konnte, der mittlerweile auch seinen Weg in das abendliche Schleswig-Holstein-Magazin im NDR Fernsehen und in die Kieler Nachrichten online gefunden hatte. *Es ist schon merkwürdig, dass Schneider genau am Tag des großen medialen Knalls nicht da ist,* dachte Herzfeld und fuhr seinen Computer herunter. Dann zog er sich einen dunkelroten Kaschmirpullover über sein Oberhemd, nahm seine schwarze Daunenjacke aus dem Schrank und verließ das Büro.

Außer ihm schien niemand mehr im Institut zu sein. Kein Geräusch war zu hören, der lange Flur im Erdgeschoss war menschenleer, die Büros allesamt verschlossen, die Pförtnerloge verwaist. Lediglich der sanfte Geruch von Vanilletabak zeugte davon, dass Hansen heute hier gewesen war. Herzfeld ließ die Institutstür hinter sich zufallen und ging um das Institutsgebäude herum zu seinem Wagen.

Das im Radio für die Abendstunden angekündigte Blitzeis hatte bereits zugeschlagen, und der Parkplatz hatte sich in eine Eisbahn verwandelt. Herzfeld bewegte sich schlitternd zu seinem Wagen. Gerade als er das Fahrzeug starten wollte, klopfte es auf der Beifahrerseite an die Scheibe. Herzfeld fuhr zusammen.

Vor der Scheibe der Fahrerseite hatte sich ein vertrautes Gesicht aufgebaut. Falten legten tiefe Furchen um die freundlichen blauen Augen. Aus dem schmutzig-grauen Bart, der wie das Fell eines alten Hundes wirkte, stach eine dampfende Pfeife, die sich selbst von dem Sprühregen nicht beirren ließ. Hausmeister Hansen trug eine grobe, dunkelblaue Kabanjacke, auf einen Schal schien er jedoch naturgemäß keinen Wert zu legen. Herzfeld fuhr die Scheibe herunter.

Der Hausmeister nahm die Pfeife aus dem Mund und schaute konzentriert. »Entschuldigen Sie, Herr Doktor. Ich wollte Sie nicht erschrecken. Darf ich Sie einmal sprechen. Is' privat.«

Was will denn Hansen so spät noch hier, dachte Herzfeld und spürte, dass dem ehemaligen Kapitän etwas auf der Seele lastete. »Wollen Sie einsteigen?«

Hansen nickte und klopfte seine Pfeife an seinem Schuhabsatz

aus. Als er auf der Beifahrerseite Platz genommen hatte, startete Herzfeld den Motor, um das Fahrzeuginnere aufzuheizen.
»Darf ich Sie irgendwo absetzen?«
Der Duft von kaltem Tabak verbreitete sich schlagartig im Wagen, und Herzfeld vermutete, dass man so auch mit dem Rauchen anfangen könnte: einfach Hansen auf engem Raum atmen lassen.
»Fahren Sie mich zu meiner Stammkneipe? Ist nur wenige Minuten von hier«, entgegnete Hansen in seiner unverwechselbaren norddeutschen Einsilbigkeit.
Herzfeld nickte unentschlossen. Doch die Situation hatte ihn so überrascht, dass er gar nicht darüber nachdachte, dem ehemaligen Kapitän die Bitte abzuschlagen. Er war damals der Erste, der ihn begrüßt hatte, als er im Institut seine Stelle angetreten hatte. Herzfeld ließ sich die Adresse geben und fuhr los. Zu seiner Überraschung blieb Hansen die Fahrt über schweigsam. Erst als sie wenig später vor dem *Lucky Seven*, einer heruntergekommenen Spelunke, in einer Nebenstraße des Hafenviertels anhielten, sah der Hausmeister Herzfeld ernst an und ergriff wieder das Wort. Das Neonlicht über dem Eingang der Kneipe leuchtete in das Wageninnere und tauchte die beiden Männer in ein schummriges Rot.
»Herr Herzfeld, ich habe etwas herausgefunden. Und es ist für Ihre Arbeit wichtig.«
»Was ist denn los, Hansen?«
»Es hat sich im Institut rumgesprochen, dass eine Machete im Brook gefunden wurde. Mit der Wittfeld wohl die Bulgarin getötet hat.«
Herzfeld nickte zurückhaltend.
»Sie wissen ja mittlerweile bestimmt, dass Achim Wittfeld schon mal gesessen hat. Weil er eine Frau mit einer Machete verstümmelt hat«, sagte Hansen in einem geheimnisvollen Tonfall. Es klang fast so, als verriet der alte Seebär Herzfeld gerade den Weg zu einem Piratenschatz.
»Ja, weiß ich. Das war ein grausamer Fall. Aber einige Jahre vor

meiner Zeit hier in Kiel«, antwortete Herzfeld und hielt sich bewusst vage. *Worauf will er jetzt hinaus,* dachte er und sah dem Hausmeister direkt in die Augen.
»Ich würde gerne wissen, wie diese Machete, die im Brook gefunden wurde, aussieht, Herr Doktor«, führte Hansen weiter aus und kratzte sich verlegen am Bart, als sei gerade eine Schiffslaus darin verschwunden. »Sie als Obduzent haben doch bestimmt schon von der Kripo weitere Infos zu der angeblichen Tatwaffe, oder etwa nicht?«
Herzfeld überlegte kurz. »Dieses Gespräch ist vertraulich? Ich meine, was wir besprechen, bleibt unter uns?«
Hansen nickte und räusperte sich. »Natürlich. Ich bin ja auf Sie zugekommen. Das hier ist ein privater Schnack unter Kollegen.«
Herzfeld sortierte kurz seine Gedanken. »Warum interessieren Sie sich für diese Machete? Die Ermittlungen laufen und …«, begann er ausführen.
Doch Hansen schien das Gespräch an dieser Stelle abkürzen zu wollen. »Herr Herzfeld, wenn Sie eine Möglichkeit sehen, mir die Waffe oder wenigstens Fotos davon zu zeigen, dann würden sich vielleicht einige Fragen klären. Aber vielleicht kommen auch neue dazu. Also? Sehen Sie eine Möglichkeit? Können Sie die Machete morgen ins Institut bringen lassen? Oder zumindest Fotos von der Kriminaltechnik anfordern?«
Herzfeld versuchte, Hansen so tief in die Augen zu schauen, wie er konnte. Aber so tief er auch in den Blick seines Gegenübers eintauchte, nirgendwo fand sich ein Hinweis darauf, dass der es nicht ehrlich meinte. »Sie meinen, Sie könnten vielleicht die polizeilichen Ermittlungen vorantreiben, wenn Sie die Waffe gesehen haben?«, fragte Herzfeld.
Hansen nickte bedächtig.
Herzfeld hob leicht das Kinn. »Hansen, Sie haben Glück. Ich habe sogar ein Foto der Machete auf meinem Handy.« Mit diesen Worten zog Herzfeld sein Mobiltelefon aus der Ablage im Armaturenbrett und suchte in den empfangenen Nachrichten

nach dem Bild, das Tomforde ihm am frühen Morgen geschickt hatte. Kommentarlos hielt er Hansen das Telefon hin.
Der alte Mann betrachtete es kurz und nickte, begleitet von einem hörbaren Seufzer. »Jo, das dachte ich mir, leider. Ich kenne die Waffe nur zu gut. Dieser Schnörkelkram am Griff ist unverkennbar.« Hansen griff unter seine Marinejacke und zog sein Asservatenbuch mit dem abgewetzten Pappeinband heraus. Der ehemalige Kapitän schlug das Buch behutsam auf, wie ein Gesangbuch in der Kirche, und blätterte routiniert in den Seiten, bis er die Stelle fand, die er gesucht hatte. Dann reichte er es an Herzfeld weiter.
»Was ist das?«
»Das ist das Asservatenbuch des Instituts. Führe ich seit vielen Jahren. Aber das ist nicht der Punkt. Der Punkt ist vielmehr, dass diese Machete, die in der Nähe der Leichen im Brook gefunden wurde, aus unserem Institut stammt. Sie lag mindestens drei Jahre lang in der Asservatenkammer. Sollte eigentlich im vergangenen Jahr in einer Ausstellung zur Historie der Forensik in Kiel gezeigt werden. Ich bin die Asservate damals selbst durchgegangen. Doch am Ende wurden die Mittel für die Ausstellung abgeknapst. Das war gleich zu Anfang letzten Jahres. Da gab's dann ordentlich Kuddelmuddel, und dann war Schluss mit der Ausstellung. Was ich jedenfalls sicher weiß, ist, dass sie vor einem Jahr noch in unserer Asservatenkammer lag. Und heute Morgen wird sie im Brook gefunden. Das is, was ich Ihnen sagen wollte.«
Herzfeld lehnte sich ungläubig im Fahrersitz zurück und sah sich die betreffende Seite erneut an. Dort war hinter der *Beweismittelnummer S-306/307* notiert, in welchem Zusammenhang die Waffe den Weg in die Sammlung des Instituts gefunden hatte. Der Vermerk war handschriftlich erfolgt, in einer kindlich anmutenden, fast unleserlichen Handschrift. Herzfeld las die Passage dreimal, bis er glauben konnte, was Hansen dort vermerkt hatte. Dann ließ er das dicke Buch vor sich aufs Lenkrad sinken.

Der Hausmeister des Instituts sah ihn erwartungsvoll an.
Herzfeld sammelte sich kurz und fasste kaum hörbar zusammen. »Wenn der DNA-Abgleich der Blutantragungen auf der Machete zu dem Ergebnis kommt, dass die bulgarische Prostituierte mit dieser Waffe zerstückelt wurde, ist es dieselbe Waffe, mit der Wittfeld bereits schon einmal zugeschlagen hat.«
Hansen hob triumphierend das stoppelige Kinn an.
Dann herrschte Schweigen zwischen den beiden Männern.
Hansen schien sichtlich erleichtert zu sein, dass er dieselben Schlüsse wie er gezogen hatte. Und in Herzfeld überschlugen sich die Gedanken. »Hansen, wie kann das sein?«
Der ausrangierte Seebär zog die Schultern nach oben. Doch bevor Herzfeld nachsetzen konnte, begann Hansen wieder zu sprechen.
»Herr Doktor, die Sache ist für mich nicht nur deshalb wichtig, weil ich die Asservate verwalte. Diese Gaststätte, vor der wir stehen ...«, er deutete mit der Hand durch die Scheibe der Beifahrerseite auf den Eingang des *Lucky Seven*, das zwielichtig im trüben Nieselregen lag, »... das ist der Ort, wo ich die Bordsteinschwalbe, die jetzt zerstückelt bei uns im Institut liegt, am Freitag noch mit eigenen Augen gesehen hab. Das Opfer von Wittfeld. Am Freitagabend lebte sie noch. Dann bin ich um Mitternacht gegangen, vielleicht ein bisschen angetrunken. Wie auch immer.« Ohne eine Reaktion abzuwarten, tippte Hansen mit seinem linken Zeigefinger bedeutungsvoll auf das Buch, das vor Herzfeld auf dem Lenkrad lag, während er mit der anderen Hand die Beifahrertür öffnete. Die feuchtkalte Außenluft sprang schlagartig ins Wageninnere.
»Warum kontaktieren wir nicht sofort Oberkommissar Tomforde? Er leitet den Fall. Ich kann ihn sofort anrufen. Vielleicht liegt das DNA-Ergebnis von der Machete mittlerweile auch schon vor. Was meinen Sie?«, fragte Herzfeld und deutete auf sein Handy.
Hansen schwenkte umständlich sein lahmes Bein nach draußen. »Ich bin zuerst zu Ihnen gekommen, weil ich nach dem

Gespräch mit dem Kommissar vielleicht plötzlich verdächtig bin. Schließlich bin ich verantwortlich für die Asservate und auch der Einzige, der die Schlüssel für die Asservatenkammer und die dortigen Schränke hat. Und ich bin wahrscheinlich einer der Letzten, der die Frau noch lebend gesehen hat. Das ist eine Steilvorlage für jeden Mordermittler. Da genieße ich lieber noch mal den heutigen Abend. Finden Sie raus, ob die Machete aus unserer Asservatenkammer tatsächlich die Tatwaffe war. Ich vertraue Ihnen, ich weiß, dass Sie ein gerader Kerl sind. Ich überlasse Ihnen das Asservatenbuch. Sie sollten es dem Chef zeigen und ihm erzählen, was wir gerade besprochen haben. Das können Sie besser als ich. Professor Schwan muss wissen, was in seinem Institut passiert. Dann ist immer noch Zeit, die Polizei einzuschalten. Und jetzt wünsche ich Ihnen einen schönen Abend.« Noch ehe Herzfeld darauf antworten konnte, hatte Hansen die Wagentür zugeschlagen und war im Eingang der Kneipe verschwunden.

☠ ☠ ☠

28

12. Januar, 7.30 Uhr
Kiel. Wohnung Paul Herzfeld

Das dicke Buch mit dem abgewetzten Pappeinband hatte die ganze Nacht auf Herzfelds Nachttisch gelegen. Nachdem der Wecker geklingelt hatte, den er mit einer routinierten Bewegung sofort zum Verstummen gebracht hatte, versicherte sich Herzfeld mit einem Griff, dass es noch da war.
In einem diffusen Traum im Halbschlaf hatte er geträumt, dass Hansen an seinem Bett gestanden hatte, um den Asservatenkatalog zurückzufordern. Aber das Buch war noch da. *Wenn sich bewahrheitet, was er mir gestern erzählt hat, haben wir einen*

Skandal am Institut. Und zwar keinen kleinen, sondern einen handfesten, dachte Herzfeld, während er sich ins Badezimmer vorarbeitete. Draußen war es noch stockfinster. Während er hörte, wie Petra die morgens meistens quengelige Hannah weckte, überlegte er bereits fieberhaft, welche Möglichkeiten es gab, dass eine Waffe aus der Asservatenkammer des Instituts verschwinden konnte.

Gerade, als er in der Küche angekommen war, um sich aus dem Kühlschrank einen Joghurt zu holen, klingelte sein Handy, das er auf dem Küchentisch am Ladegerät angedockt hatte. Herzfeld schaute kurz aufs Display: Tomforde.

»Guten Morgen, Herr Tomforde.« Herzfeld bemerkte dabei, dass seine Stimme um diese Uhrzeit noch nicht richtig mitmachte.

»Hallo, Herr Herzfeld. Ich hoffe, ich versaue Ihnen nicht gerade das Familienfrühstück …«, fragte der Ermittler vorsichtig.

»Schon okay, ich bin gerade allein mit meinem Erdbeerjoghurt. Ist etwas passiert?«, fragte Herzfeld und schob mit der Schulter die Kühlschranktür wieder zu.

»Ich habe heute Morgen bereits eine Mitteilung aus dem Kriminaltechnischen Labor erhalten. Die Kollegen haben sich heute Nacht richtig Mühe mit unserem Fund aus dem Park gegeben.«

»Mit der Machete, meinen Sie?«

»Ganz genau.«

»Und?«

»Es handelt sich eindeutig um die Waffe, mit der die bulgarische Prostituierte zerteilt wurde. Der Abgleich von Deniza Milews DNA mit den Blutspuren an der Klinge der Machete hat ergeben, dass es zweifellos ihr Blut ist, das daran klebt. Bingo!«

Herzfeld stellte sein spärliches Joghurtfrühstück langsam auf der Küchenzeile ab. »Das ging schnell«, antwortete er abwesend und sah vor seinem inneren Auge erneut Hansen vor sich, wie er vor dem *Lucky Seven* aus seinem Auto stieg. Dann fing sich Herzfeld wieder. »Herr Tomforde, damit sind Sie einen

gewaltigen Schritt vorangekommen. Jetzt haben Sie die Tatwaffe. Was ist mit Wittfelds DNA oder seinen Fingerabdrücken? Irgendetwas an der Machete?«
»Nein, nichts. Daran ist gar nichts von Wittfeld zu finden.«
»Was ist mit den gesicherten Spuren an den Koffern? Oder mit der Auswertung der Spurenträger der beiden Leichen beziehungsweise den Einzelteilen der Frau?«, fragte Herzfeld.
Er hörte Tomforde am anderen Ende der Leitung seufzen. »Die Kollegen arbeiten noch daran. Bislang deutet aber aufgrund der ausgewerteten Spurenlage nichts darauf hin, dass Wittfeld in irgendeiner Form physischen Kontakt mit der Milew hatte.«
»Was schließen Sie daraus?«
»Dass jemand das alles für uns inszeniert hat. Die Rollkoffer vor und hinter dem Zelt, der verstümmelte Arm, den Wittfeld umklammerte. Ziemlich kranker Scheiß, wenn Sie mich fragen«, brummte Tomforde am anderen Ende der Leitung. »Und noch was. Wir wissen immer noch nicht, wo die Milew zerstückelt wurde. Diesbezüglich sind wir leider noch kein Stück weiter. Die Wohnung der Frau ist sauber. Die Kollegen von der Kriminaltechnik haben dort nichts gefunden.«
»Okay, danke für die Infos. Halten Sie mich doch bitte weiter auf dem Laufenden. Ich habe das Gefühl, dass wir bald eine Überraschung erleben werden«, erwiderte Herzfeld.
»Wie meinen Sie das? Wissen Sie was, was ich nicht weiß?«, fragte Tomforde neugierig.
Herzfeld ging zurück ins Schlafzimmer, in dessen Mitte Petra gerade in Unterwäsche unentschlossen vor dem Kleiderschrank stand. Dann nahm er das Asservatenbuch vom Nachttisch und besah es sich noch einmal.
»Noch ist es zu früh. Ich muss zunächst ein wichtiges Gespräch führen. Danach melde ich mich.«

29

12. Januar, 9.45 Uhr
Kiel. Institut für Rechtsmedizin der Universität

Herzfeld hatte in dem geräumigen Ledersessel vor dem großen Eichentisch Platz genommen und war von dem Möbelstück beinahe verschluckt worden. Der Direktor hatte die Institutsmöbel gegen eigenes Mobiliar aus seiner Villa an der Förde getauscht, deren Einrichtung seiner Frau nach einer Grundsanierung des Hauses zu antiquiert erschienen war. In der Luft lag der Duft seines altmodischen Aftershaves, in dem Schwan jeden Morgen zu baden schien. Junge Kollegen bemerkten des Öfteren, dass man ja schon riechen könne, ob der Chef im Haus war oder nicht.
Schwan, der Herzfeld gegenüber hinter seinem Schreibtisch Platz genommen hatte, war ein untersetzter Mann von fünfundsechzig Jahren, der einen Kopf kleiner als Herzfeld war. Erst im Lauf des vergangenen Jahres hatte man ihm auch tatsächlich angemerkt, dass er aufgrund seines Alters kurz vor seiner Emeritierung als Professor stand. Schwan litt unter einer Arthrose in beiden Kniegelenken, die ihn mittlerweile an manchen Tagen dazu nötigte, an einem Gehstock das Institutsgebäude zu betreten. Doch seine Augen waren noch immer wach, wie die eines Medizinstudenten, der jeden Tag etwas Neues dazulernte.
Herzfeld schätzte Schwans messerscharfen Verstand und sein analytisches Denken, auch wenn sich der Direktor in den letzten Monaten nur noch selten im Sektionssaal hatte blicken lassen und Herzfeld deshalb nur noch sporadisch in den Genuss seiner punktgenauen und glasklaren Analysen gekommen war, was die Rekonstruktion von Todesfällen anbetraf.
Neugierig blickte Schwan auf das dicke Buch mit dem abgewetzten Umschlag, das Herzfeld vor sich auf die Knie gelegt hatte. Dann strich er sich durch sein fast vollständig ergrautes

Haar, dessen Ansatz sich inzwischen bedrohlich weit von der Stirn zurückgezogen hatte. »Wie geht es Ihnen, Kollege Herzfeld? Ich hatte ja eigentlich gehofft, dass es ein Teil meines Vermächtnisses sein würde, dass diese verdammte Heizungsanlage endlich richtig eingestellt wird, wenn schon die Neubaupläne völlig vom Tisch sind. Aber es scheint, als müssten sich die Mitarbeiter auch in diesem Winter weiter den Hintern abfrieren«, eröffnete Schwan das Gespräch, und Herzfeld musste schmunzeln.

Er wird hier fehlen, dachte er und ließ den Blick über die diversen Urkunden, Medaillen und Embleme schweifen, die Schwan wie Jagdtrophäen über die Jahre gesammelt und hinter sich an der Wand hatte anbringen lassen.

Ehe Herzfeld die Möglichkeit hatte, den Grund seines Kommens zu erläutern, lenkte Schwan das Gespräch auf ein Anliegen, das ihm regelrecht unter den Nägeln brannte. »Herr Herzfeld, ich werde spätestens zum Ende des nächsten Wintersemesters das Institut verlassen. Und glauben Sie mir, von mir aus könnte ich auch erst mit achtundsechzig Jahren oder noch später in den Ruhestand gehen. Wenn ich sehe, wie meine Frau bereits für die Zukunft meine freie Zeit verplant, dann bliebe ich wirklich lieber hier«, sagte Schwan und atmete sorgenvoll aus.

»Das würde viele hier sicher freuen, Chef«, entgegnete Herzfeld.

»Aber Sie sollten sich keine Sorgen machen. Ich habe Ihren Werdegang von hier aus schon lange, bevor Sie aus Hamburg zu uns nach Kiel gekommen sind, mit großem Interesse verfolgt. Das hatte ich Ihnen damals bei Ihrem Bewerbungsgespräch ja schon gesagt. Und Sie haben mich nicht enttäuscht. Sie sind ein sehr talentierter junger Kollege. Ihre Arbeit im letzten Jahr hier am Institut hat das bestätigt.«

»Was meinen Sie genau?«

»Sie wären sicherlich ein hervorragender Oberarzt an einem großen Institut irgendwo in Deutschland«, sagte Schwan fast beiläufig und sah Herzfeld dabei neugierig aus seinen jugendlich erscheinenden Augen an. Dann fuhr er sich mit der Handfläche über das tadellos glatt rasierte Kinn und sah sein Gegenüber an, als erwarte er eine bestimmte Reaktion.

»Professor Schneider ist ein fachlich versierter Oberarzt«, entgegnete Herzfeld, ohne sich wirklich sicher bei dem zu sein, was er da gerade sagte.

»Aber Kollege Schneider wäre auch ein guter Direktor dieses Instituts. Und um ehrlich zu sein, sehe nicht nur ich das so. Es gibt einige Persönlichkeiten in unserer Fakultät – und auch in der Landespolitik –, die ihn gern noch einen Schritt weiter auf der Karriereleiter hinaufklettern sehen würden. Unbenommen davon sind seine Fähigkeiten auf dem Gebiet der Rechtsmedizin aber auch tatsächlich überragend. Diese Akribie, mit der er seine Fälle bearbeitet, ist das, was einen guten Rechtsmediziner ausmacht. Er kann aber auch viel fordern, das weiß ich wohl. Aber er kann auch ungemein fördern. Und natürlich ist mir nicht verborgen geblieben, dass Sie beide nicht immer einer Meinung sind. Gerade in letzter Zeit soll es da Spannungen gegeben haben.« Schwan machte eine Pause.

Das will er also eigentlich sagen, wurde Herzfeld klar. *Er bereitet mich auf seinen Nachfolger Schneider vor. Und empfiehlt mir durch die Blume einen Institutswechsel. Hausberufungen auf Lehrstühle sind an deutschen Universitäten eigentlich die Ausnahme, aber Schneider traue ich mittlerweile so ziemlich alles zu. Bei seinen Verbindungen.* Schon seit Herzfeld am Kieler Institut angefangen hatte, war es eines der Themen des Flurfunks gewesen, dass Schneider Schwan nach dessen Emeritierung als Professor beerben wollte. Und dafür hätte er schon seit Längerem auch seine guten Kontakte in die Kieler Politik aktiviert. Ein Mann, dessen Name immer wieder in diesem Zusammenhang auftauchte, war Staatssekretär Erwin Bohse. Die beiden Männer waren seit ihrem Studium Verbindungsbrüder einer schlagenden Burschenschaft, und Schneider machte daraus auch kein Geheimnis. Auch bei ihnen hatte die

Tradition, sich wahlweise mit Säbeln oder Getränken zu duellieren, eine starke Verbindung geknüpft.
»Professor Schneider ist einer der besten Rechtsmediziner der Republik. Das bleibt weder der Politik noch der Öffentlichkeit verborgen, wie man sieht«, fuhr Schwan fort und beugte sich hinunter, um kurz darauf wieder mit einer Sonderausgabe der Illustrierten *Stern* aufzutauchen, die sich mit Kriminalfällen beschäftigte. Er präsentierte ihm das Heft wie ein Oberkellner, der in einem feinen Restaurant dem Gast die Karte vorlegt. Zwischen den Seiten war ein gelber Notizzettel eingeklebt. »Sehen Sie mal. Für meinen Geschmack zwar etwas zu reißerisch, aber durchaus treffend. Und gute Werbung für unser Fach. Aufmerksamkeit und Anerkennung sind Schneiders Antrieb. Er weiß genau, wie er sich zu verkaufen hat«, sagte Schwan und schlug an der markierten Stelle einen Artikel auf und las die Überschrift laut vor: »Interview mit der Kieler Autopsie-Legende Professor Volker Schneider: *Eine gute Obduktion ist Kunst.*«
Herzfeld nickte entgeistert. Schneiders Eitelkeit schien inzwischen völlig neue Blüten zu treiben.
»Wie dem auch sei. Ich wollte nur, dass Sie meine Meinung kennen. Und die impliziert natürlich auch eine kleine Bitte: Legen Sie schleunigst Ihre Meinungsverschiedenheiten mit dem Kollegen Schneider bei. Ich weiß, er kann manchmal etwas schwierig sein. Aber Sie beide haben eine Zukunft. Und Zukunft bedeutet auch immer Kompromissbereitschaft. Und wenn Sie sich irgendwann gegen Kiel entscheiden sollten …«
Gut, klarer geht es wohl nicht, dachte Herzfeld resigniert. *Schneiders persönliche Seilschaften verhelfen ihm bald zum nächsten Karrieresprung. Und es geht einmal mehr nicht um die tatsächlichen Führungsqualitäten.* »Herr Schwan, ich bin dankbar, dass Sie so offen mit mir sind. Ich werde natürlich immer kompromissbereit sein. Wenn es Sinn ergibt«, entgegnete Herzfeld, noch immer völlig abgelenkt davon, dass Schneider das Institut wohl bald wie ein eitler Despot führen würde.

Für Schwan schien dieser Punkt nun abgehakt, und er sprach munter weiter. »Schön, da freue ich mich. Aber warum sind Sie eigentlich hier? Doch sicher nicht, um sich mein Gejammer über die Heizung oder die Zukunftspläne, die meine Frau für mich schmiedet, anzuhören?«

Herzfeld legte die Hände auf das Buch auf seinen Beinen. Nach dieser Prognose für seinen beruflichen Werdegang fiel es ihm jedenfalls nicht leichter, das Thema anzusprechen, das ihn die ganze Nacht umgetrieben hatte. »Herr Professor Schwan, ich bin zu Ihnen gekommen, weil ich glaube, dass Sie über einen Vorgang hier am Institut dringend informiert sein sollten …«, hob Herzfeld an. Dann erklärte er dem Direktor, ohne Hansen als seine Quelle zu nennen, dass die Machete, mit der Deniza Milew zerstückelt worden war, sehr wahrscheinlich aus der Asservatenkammer des Instituts stammte. Irgendwann zwischen Anfang letzten Jahres und dem Tatzeitpunkt musste sie aus dem Institut entwendet worden sein. Um seine Worte zu belegen, überreichte er Schwan das Asservatenbuch.

Der Direktor hatte wortlos zugehört, erhob sich dann wie ein alternder König und beugte sich über das Buch, das er auf die Schreibtischplatte vor sich legte. Als er den Eintrag mehrfach gelesen hatte, ließ er sich schwerfällig zurück in seinen Stuhl fallen. »Herr Herzfeld, das ist mehr als heikel, was Sie mir hier gerade vortragen. Sind Sie sich da wirklich ganz sicher? Wer weiß noch davon?«, fragte Schwan und fuhr sich unsicher mit der Hand über das Kinn.

Vor seinem geistigen Auge schienen sich diverse Szenarien auf einmal abzuspielen. Herzfeld wartete, bis Schwan schließlich das aussprach, was er seit gestern Abend immer wieder und wieder gedacht hatte.

»Herr Herzfeld, wenn es nun tatsächlich so sein sollte, würde das bedeuten, dass wir einige, vielleicht sogar alle Mitarbeiter dieses Instituts unter Generalverdacht stellen müssten, die Waffe nach draußen geschafft und dem Täter zugänglich gemacht zu haben. Möglicherweise ist einer unserer Mitarbeiter nicht nur ein Komplize, sondern sogar Mittäter bei diesem grausamen Verbrechen. Das ist alles ungeheuerlich.«

Herzfeld atmete zustimmend aus. »Deshalb bin ich hier. Sie sollten diese Information der Polizei mitteilen.«

Wieder schien es in Direktor Schwan zu arbeiten. »Ungeheuerlich. Ich kann mich nur wiederholen.« Schwan war sichtlich mitgenommen und wirkte plötzlich noch einmal um Jahre gealtert. »Herr Herzfeld, das sind Informationen, die, wenn sie sich bewahrheiten, eine enorme Tragweite haben. Wer genau hat alles Zugang zu den Asservaten?«

Herzfeld lehnte sich, begleitet von einem ungnädigen Knarzen des alten Ledersessels, nach vorne. »Der Einzige, der meines Wissens den Schlüssel hat, ist unser Hausmeister. Ernst Hansen.« Für einen Moment hatte Herzfeld gezögert, bevor er den Namen ausgesprochen hatte. Aber völlige Transparenz war nun der einzige denkbare Weg.

»Sonst niemand? Hat er die Schlüssel immer bei sich? Oder wo bewahrt er sie auf?«, fragte der Direktor nach und machte sich eine kleine Notiz auf einem Blatt Papier vor sich, die Herzfeld jedoch nicht entziffern konnte.

»Sagen wir es so: Hansen verwaltet die Schlüssel. Aber ob er sie immer bei sich hat, das weiß ich nicht …«

Noch bevor Schwan darauf antworten konnte, klopfte es energisch an der Tür. Ungehalten blickte er auf. »Ja, was ist denn?«

Die Sekretärin des Direktors, eine junge Frau, die erst vor Kurzem im Institut begonnen hatte, steckte den Kopf herein. »Entschuldigen Sie bitte die Störung. Aber ich habe eine Nachricht für Herrn Doktor Herzfeld.«

Schwan und Herzfeld wechselten einen kurzen Blick. Schwan war sichtlich ungehalten über die Störung. »Was gibt es?«

Die Sekretärin lächelte verlegen. »Der Lagedienst der Polizei hat angerufen. Im Olympiazentrum in Schilksee wurde eine Leiche gefunden. Es gibt eine Leichenfundort-Anforderung vom LKA 7 für den diensthabenden Rechtsmediziner. Das ist Doktor Herzfeld diese Woche.«

Herzfeld drehte sich in dem Sessel kurz um. »Ich komme in einer Minute.«
Ehe sie aus Schwans Büro verschwand, drückte die Sekretärin Herzfeld einen Zettel mit der genauen Adresse des Leichenfundorts und den telefonischen Kontaktdaten des zuständigen Ermittlers in die Hand. Daraufhin wandte sich Herzfeld wieder dem Direktor zu, der sich jetzt langsam erhob, wobei er sich beschwerlich auf der Tischplatte abstützte. »Kollege Herzfeld, haben Sie erst mal vielen Dank.« Schwan wirkte jetzt wieder völlig gefasst. »Wir vertagen uns. Diese Sache muss sofort genauestens überprüft werden. Ich kümmere mich darum, dass den ermittelnden Behörden schnellstmöglich alle Informationen zugänglich gemacht werden. Das Buch behalte ich hier.« Er zeigte auf das immer noch aufgeschlagene Asservatenbuch auf seinem Schreibtisch und sah Herzfeld mit festem Blick an. »Es ist wichtig, dass wir den Vorgang an einer Stelle bündeln. Ich werde Professor Schneider unverzüglich beauftragen, der Sache im Detail nachzugehen. Er soll sich eng mit der Polizei abstimmen. Ich werde ihn jetzt direkt kontaktieren. Wissen Sie zufällig, ob er im Haus ist? Seien Sie auf jeden Fall mobil erreichbar, er hat bestimmt noch einige Fragen an Sie.«
Herzfeld stand irritiert auf. Das Gespräch war für ihn viel zu früh beendet gewesen. So vieles, was er noch nicht einzuordnen wusste, hätte noch besprochen werden müssen, und er bedauerte es, dass jetzt keine Zeit mehr war, Schwan seine eigene Sichtweise der Dinge genauer zu erläutern. Die messerscharfen Analysen seines Chefs wären jetzt, nachdem er den ersten Schock überwunden hatte, hilfreich gewesen, und nicht etwa Schneiders institutsinterne Ermittlungen, die mit hoher Wahrscheinlichkeit viel zu emotional und viel zu einseitig geführt werden würden. *Von einem Tatort zum nächsten,* dachte Herzfeld, als er eiligen Schrittes das Büro des Direktors verließ.

☠ ☠ ☠

30

12. Januar, 10.30 Uhr
Kiel. Pkw Paul Herzfeld

Nach dem Gespräch mit Direktor Schwan, das ein so abruptes Ende gefunden hatte, hatte Herzfeld seine Daunenjacke und den Tatortkoffer aus seinem Büro geholt. Dieser Aluminiumkoffer beinhaltete alles, was das Rechtsmedizinerherz begehrte, und glich einem klassischen Werkzeugkoffer. Schon gleich zu Beginn seiner Dienstwoche hatte sich Herzfeld davon überzeugt, dass in dem Tatortkoffer, der zwischen den jeweils diensthabenden Kollegen im Wechsel wochenweise weitergereicht wurde, alle notwendigen Utensilien vorhanden waren: Reizstromgerät und Augentropfen für die Todeszeitbestimmung, Handschuhe, Abstrichröhrchen zur Sicherung von DNA-Spuren, verschiedene Asservatenbehälter, Scheren, Pinzetten, Lupe, Diktiergerät und das spezielle Tatortthermometer, das aufgrund seiner besonderen Konstruktion mit der fünfzehn Zentimeter langen und nur wenige Millimeter dicken Messelektrode nicht nur die Umgebungstemperatur an einem Leichenfundort bestimmen konnte, sondern auch zur Messung der Rektaltemperatur in den Enddarm des Verstorbenen eingeführt werden konnte. Insofern wusste sich Herzfeld bestens ausgerüstet, was auch immer ihn an dem Leichenfundort in Schilksee erwarten würde.

Tattoli hatte schon über den Flurfunk der Sektionsassistenten von Herzfelds polizeilicher Anforderung erfahren und ihn bereits im Mantel vor seinem Büro erwartet.

»Dottore, ich bin wirklich froh, dass ich mal aus dem Institut herauskomme. Wissen Sie schon Genaueres?« Sie wickelte sich einen endlos scheinenden Schal um den Hals.

»Noch nicht, ich habe bisher nur eine Adresse. Aber ich rufe den Kripobeamten aus dem Auto an«, entgegnete Herzfeld, während sie den langen Flur im Erdgeschoss des Instituts ent-

langeilten, vorbei an der Pförtnerloge, in der zu diesem Zeitpunkt von Hansen allerdings nichts zu sehen war.
Als der Passat durch die Schranke vom Institutsgelände fuhr, hatte Herzfeld bereits die Handynummer des zuständigen Ermittlers gewählt, und die Freisprecheinrichtung tutete laut.
Ein junger Mann meldete sich: »Kommissar Alkan hier, hallo, Doktor Herzfeld! Sie wurden schon angekündigt.«
Herzfeld kannte den Kripobeamten noch nicht von seiner bisherigen Arbeit. Aber der Mann am anderen Ende der Leitung machte einen fröhlichen und sympathischen Eindruck.
»Woher wissen Sie denn, dass ich es bin?«
»Kriminalistisches Gespür!«
»Dann brauchen Sie uns ja vielleicht gar nicht, wenn Sie alles schon wissen«, entgegnete Herzfeld ironisch.
»Doch, es wäre schon schön, wenn Sie hier mal einen Blick drauf werfen könnten.«
»Also, worum geht es?«
»Herr Doktor, das hier ist wirklich ein schwerer Fall. Also im wahrsten Sinne des Wortes schwer. Wir haben einen Toten in einer Etagenwohnung in Schilksee gefunden. In den Häusern des Olympiazentrums an der Drachenbahn. Die Sache ist, na ja, von Gewicht.«
Herzfeld war inzwischen auf die Straße am Hafen gebogen, die Richtung Norden führte. Tattoli bestaunte erneut die Skandinavien-Fähren, die wie stählerne Eisberge träge im Wasser der Kieler Förde lagen. Herzfeld hakte nach: »Werden Sie mal etwas präziser, bitte, Herr …«
»Alkan. Cem Alkan«, ertönte es am anderen Ende der Leitung. Der junge Kriminalbeamte holte hörbar Luft, als würde er nach den passenden Formulierungen suchen, ehe er weitersprach. »Der Tote ist, wenn ich es mal etwas platt formulieren darf, die dickste Leiche, die mir je untergekommen ist. Auch wenn ich sicherlich noch nicht so viele Tote wie Sie gesehen habe. Aber eigentlich habe ich auch noch nie einen Lebenden gesehen, der so dick ist. Wir haben bereits die Feuerwehr infor-

miert. Wir werden ihn wohl kaum über den Fahrstuhl oder durch das Treppenhaus nach unten bekommen. Körpergewicht …«, Alkan schien während des Gesprächs noch einmal einen schätzenden Blick zu nehmen, »… also locker zweihundert bis zweihundertzwanzig Kilo, vielleicht sogar etwas mehr. Für mich sieht es auf den ersten Blick so aus, als ob er während einer autoerotischen Betätigung ums Leben gekommen ist. Bis auf Strapse ist er nämlich nackt. Ein bisschen Bondage, Nippelklemmen, Hodenschlaufe und noch mehr solches Chichi. Nicht das volle Programm, aber schon mal nicht schlecht, würde ich sagen.«

Tattolis Gesichtszüge schienen ihr mit jedem Wort des jungen Beamten mehr zu entgleiten, und Herzfeld wollte Alkan gerade wegen seines zunehmend flapsigen Tonfalls in die Schranken weisen, als dieser ergänzte: »Der entscheidende Punkt ist aber, dass wir nicht sagen können, ob da nicht doch jemand nachgeholfen hat. Und da kommen Sie ins Spiel, Herr Doktor. Insofern wäre es gut, wenn Sie mal einen Blick auf die Leiche werfen.«

Tattoli schaute entgeistert zu Herzfeld herüber, während es aus ihr heraussprudelte. »Nippelklemmen? Hodenschlaufe? Was bitte in aller Welt soll das sein? Hat der allen Ernstes gerade Hodenschlaufe gesagt? Ist es das, was ich denke, dass es ist? Ja, das ist es. O Gott, eigentlich will ich das alles gar nicht wissen.«

»Brustwarzenklemmen und anderes sexuelles Fetischzeugs, ganz recht«, sagte Herzfeld trocken. »Aber warten Sie mal ab. Noch ein paar Jahre mehr in der Rechtsmedizin und Ihnen ist nichts Menschliches, aber auch wirklich gar nichts mehr fremd.«

»Hallo? Was bitte?«, kam es aus der Freisprechanlage. Dass Alkan noch in der Leitung war, hatten sowohl Herzfeld als auch Tattoli für einen kurzen Moment völlig vergessen.

»Entschuldigung, Small Talk unter Kollegen. Wir sind in ungefähr zwanzig Minuten bei Ihnen. Ist die Spurensicherung schon vor Ort?«

»Ja, die sind schon hier. Aber es fällt den Kollegen nicht unbedingt leicht anzufangen.«
»Gut, dann bis gleich. Wir rufen an, wenn wir da sind. Es wäre toll, wenn Sie uns dann unten einsammeln könnten. Drachenbahn Nummer 2, das ist doch einer der Hochhausblöcke im Olympiazentrum, oder?«
»Ja, ganz genau. Und kein Problem, ich hole Sie unten ab. Bis gleich, Herr Doktor Herzfeld. Ohne Sie geht hier wahrscheinlich eh keiner näher ran.« Dann legte Alkan auf.
Nach ein paar Minuten des Schweigens begann Herzfeld, die italienische Kollegin über den aktuellen Stand von Tomfordes Ermittlungen und die rätselhaften Vorgänge im Institut zu informieren. Während er berichtete, dass es sich aufgrund des Ergebnisses der kriminaltechnischen Untersuchung bei der Machete ohne jeden Zweifel um die Tatwaffe handelte, mit der Deniza Milew zerstückelt worden war, und ihr auch in allen Einzelheiten das Gespräch mit Ernst Hansen vom Vorabend schilderte, hörte Tattoli aufmerksam zu und ließ mit nachdenklicher Miene die norddeutsche Winterlandschaft an sich vorbeiziehen. Nur vereinzelt stellte sie Nachfragen. Als Herzfeld ihr allerdings die gesamte Tragweite deutlich gemacht hatte und welche Konsequenzen so ein haarsträubender Vorfall für alle direkt oder auch nur indirekt Beteiligten haben würde, war es bis auf das leise Surren der Lüftung für einige Zeit völlig still in Herzfelds Auto geworden.
»Das ist wirklich schwer zu glauben, aber es spricht alles dafür, dass es die Tatwaffe von Wittfelds erster Tat ist. Und nach allem, was Sie mir gerade schildern, ist der tote Wittfeld mehr als dringend tatverdächtig.« Tattoli zupfte gedankenverloren am Rand ihres Schals. »Möglicherweise ein erweiterter Suizid. Erst tötet er Deniza Milew, dann nimmt er sich selbst das Leben. Wie oder womit auch immer. Gibt es schon ein Ergebnis aus der Toxikologie?«
»Nein«, antwortete Herzfeld. »Uhlemann, unser Toxikologe, ist dran. Ich habe vorhin mit ihm gesprochen. Besonders um-

gänglich ist er nicht, aber er beherrscht sein Fach. Er untersucht gerade die Asservate von Wittfelds und Milews Leichen. Herzblut, Venenblut, Mageninhalt, Urin. Das volle Programm. Sogar das Lungengewebe untersucht er mit einem speziellen gasanalytischen Verfahren. Wir wissen schließlich bei beiden nicht, woran und wie sie gestorben sind. Dass es sich bei Deniza Milew um postmortale Leichenzerstückelung handelt, ist unstrittig. Aber was davor los war, davon haben wir noch keinen blassen Schimmer. Uhlemann erwartet die ersten Ergebnisse seines *General Unknown Screenings* heute Nachmittag. Er ist sehr schnell mit seinen Analysen. Wir werden sicherlich bald von ihm hören.«
»Aber wenn es so war, wie um alles in der Welt ist Wittfeld an die Machete aus dem Institut gekommen? Wie schafft ein Mann, der erst vor fünf Tagen aus einer mehrjährigen Haftstrafe in die Freiheit zurückgekehrt ist, so etwas? Er muss einen oder mehrere Komplizen gehabt haben.«
»Ich habe nicht die leiseste Ahnung. Bis vor zwei Tagen hatte ich noch nie von Wittfeld gehört, geschweige denn davon gewusst, dass seine Tatwaffe bei uns im Keller lag«, antwortete Herzfeld.
»Und was will Direttore Schwan jetzt unternehmen? Es gibt ja wirklich schönere Aufgaben für jemanden, der bald pensioniert wird, als zu klären, welcher Mitarbeiter des Instituts Mordwerkzeuge nach draußen schmuggelt? Wie hat er überhaupt darauf reagiert, als Sie ihm heute Morgen die Geschichte aufgetischt haben?«
Herzfeld war inzwischen auf die Straße Richtung Ostsee eingebogen, die durch den nördlichsten Kieler Stadtteil bis zum Stützpunkt der Segler bei den Olympischen Sommerspielen 1972 führte. Die Silhouetten der beiden Hochhausblöcke zeichneten sich nur unmerklich vor dem Kieler Himmel ab, der die Farbe von grauem Asphalt hatte. Mittlerweile war das Areal des Olympiazentrums am Wasser der Kieler Außenförde ein beliebtes Gebiet für Ferienwohnungen von segelverrückten

Pensionären aus allen Bundesländern. Im Licht dieses Wintervormittags wirkte die einstige namhafte Seglerhochburg allerdings gerade eher wie eine triste Plattenbausiedlung in einem Ostblock-Staat.

»Den Chef hat die Angelegenheit ziemlich verunsichert. Professor Schwan hat momentan auch keine Erklärung parat und lässt jetzt institutsinterne Ermittlungen anstellen«, antwortete Herzfeld bedächtig. »Und wissen Sie, wer diese Ermittlungen leitet?«

Tattoli lehnte sich nach vorn, als würde sie sich nicht verhören wollen. Sie ahnte es fast, überließ es jedoch Herzfeld, den Namen auszusprechen.

»Schneider soll im Institut alles auf den Kopf stellen.«

»Dass sich der Leitende Oberarzt um solch eine heikle Sache kümmert, ist zunächst logisch«, versuchte die Italienerin abzuwiegeln.

Herzfeld war sich sicher, dass auch sie davon überzeugt war, dass Schneider nicht der Richtige für diese Untersuchung war. Schließlich rollte Herzfelds Wagen auf den Parkplatz vor einem der Hochhäuser, die zu dem Ensemble der Kastenbauten mit Blick auf den Segler-Hafen und hinaus auf die offene Ostsee gehörten. Dort standen bereits zwei Polizeiwagen, ein Leichenwagen und ein ziviler silberfarbener VW-Bus der Spurensicherung. Doch das eigentliche Spektakel spielte sich direkt an der Vorderseite des mindestens zwanziggeschossigen Gebäudes ab. Ein riesiger Hubrettungswagen der Feuerwehr, ein Fahrzeug, das üblicherweise zur Menschenrettung in schwindelerregenden Höhen eingesetzt wird, war bis nah an die vordere Hauswand des Hochhauses gefahren. In diesem Moment waren die Feuerwehrleute gerade dabei, eine hydraulische Hebebühne bis an ein Fenster im fünften Stock heranzumanövrieren. Das Blaulicht des riesigen Feuerwehrfahrzeuges war eingeschaltet, und das Spektakel zog zunehmend Neugierige an, die aus den Fenstern der umliegenden Wohnhäuser und vom Gehsteig aus das Geschehen gebannt verfolgten.

Die beiden Rechtsmediziner wechselten einen kurzen Blick, während Herzfeld den Passat neben dem Leichenwagen parkte, dessen Fahrer sich auf dem Display seines Handys festgeguckt hatte. Sie stiegen aus. Herzfeld ging um sein Fahrzeug herum, öffnete die Heckklappe und holte seinen Tatortkoffer aus dem Kofferraum. Kaum hatte er die Heckklappe des Wagens wieder zugeworfen, sah er, wie ein junger Mann mit schwarzen Haaren und einem gepflegten Dreitagebart in einer amerikanischen Baseballjacke und weißer Jeans auf sie zueilte.

☠ ☠ ☠

31

12. Januar, 10.38 Uhr
Kiel-Schilksee. Hochhaus an der Drachenbahn

Cem Alkan bekam den Fäulnisgeruch aus der Wohnung des Toten einfach nicht aus der Nase. Der junge Ermittler war zwar schon bei zahlreichen Todesermittlungen, darunter auch einigen Tötungsdelikten, involviert gewesen, aber bei all diesen Fällen waren die Leichen noch relativ frisch gewesen. Aber dieser Tote war etwas ganz anderes.
Ein hochbetagtes Ehepaar aus dem vierten Stock hatte seit ein paar Tagen bemerkt, dass die Deckenbeleuchtung im Wohnzimmer immer schummriger wurde. Die beiden Senioren hatten sich nicht anders zu helfen gewusst und einen Elektriker gerufen. Er hatte keinen Fehler an der Stromversorgung gefunden, dafür waren aber beim Öffnen der gläsernen Schale der Deckenlampe jede Menge Schmeißfliegen, Fleischfliegen, Käsefliegen, Speckkäfer und andere Aasfresser auf ihn herabgeregnet. Nachdem er sich vom ersten Schreck erholt hatte, hatte der Mann die Herkunft des Getiers aus der Wohnung genau eine Etage höher vermutet und sich postwendend wieder verab-

schiedet. Da der Wohnungsmieter in dem Apartment über ihnen auf Klingeln und Klopfen nicht reagiert hatte und das Seniorenpaar zudem vor der Wohnungstür einen suspekten Geruch wahrgenommen hatte, hatten sie die Polizei verständigt. »Wir riechen beide nicht mehr gut, aber das hier stinkt fast so wie die Jauchegrube bei unserem Schwiegersohn. Der ist Schweinebauer im Niedersächsischen«, hatten die beiden zu Protokoll gegeben.

Als dann vor zwei Stunden die Wohnung mithilfe eines Schlüsseldienstes im Beisein von zwei Schutzpolizisten geöffnet worden war, war den Beamten ein bestialischer Gestank entgegengeschlagen. Es war, als hätten sie eine Bärenhöhle voller verwesender Fleischreste betreten.

Dann war Cem Alkan vom Kriminaldauerdienst, dort zuständig für Todesermittlungsverfahren, hinzugerufen worden. Schnell hatte sich Alkan in der kleinen Wohnung im fünften Stock, die über so gut wie keine Einrichtungsgegenstände verfügte, einen Überblick verschafft. In dem größeren der beiden Zimmer, das offensichtlich als Wohn- und Schlafzimmer zugleich genutzt wurde, stand ein übergroßes Bett, auf dem ein übergroßer Berg Mensch lag. Die Heizung unter der breiten Fensterfront neben der Tür zu einem kleinen Balkon hatte ganze Arbeit geleistet: Der männliche Tote war zu großen Teilen bereits verfault.

Was Alkans kriminalistischen Spürsinn in diesem Fall direkt vor Ort hatte anschlagen lassen, war ein Anruf seines Kollegen aus dem Präsidium, der die Personendaten des Wohnungsmieters zwischenzeitlich überprüft hatte. Der Tote war offensichtlich vor mehreren Jahren in der norddeutschen Rockerszene eine große Nummer gewesen. Damals hatte es wenigstens zwei Mordanschläge auf ihn gegeben, da er als Aussteiger aus der Szene gegen seine damaligen Rockerkollegen ausgesagt hatte.

»Wir machen hier bitte sofort wieder zu, und Sie positionieren sich vor der Tür. Ich rufe die KT und die Rechtsmedizin hinzu«, hatte Alkan mit knappen Worten im Hinausgehen zu einem der beiden Schutzpolizisten gesagt, der im Unterschied zu seinem Kollegen trotz der Eindrücke, die gerade auf ihn einstürzten, noch ansprechbar schien. Dann war Alkan mit den größten Schritten seines Lebens aus der Wohnung geeilt.

»Ich weiß, dass es etwas ungewöhnlich ist, aber der Bestatter wird die Leiche unmöglich auf dem normalen Weg nach draußen befördern können«, hatte er dem Oberbrandmeister der zuständigen Feuerwehr dann am Telefon mitgeteilt und um Amtshilfe gebeten. Der sehr norddeutsche Beamte am anderen Ende der Leitung war anfangs etwas schwer von Begriff gewesen, weil er sich einfach nicht vorstellen konnte, was der Kollege von der Kriminalpolizei da gerade von ihm verlangte.

Erst als Alkan mehr als deutlich wurde, hatte sein Gesprächspartner begriffen, dass die Anfrage absolut ernst gemeint war.

»Hier liegt ein nackter, etwa zweihundertzwanzig Kilo schwerer Mann tot in einer Wohnung im fünften Stock. Den kriegt der Bestatter nie im Leben durchs Treppenhaus oder per Fahrstuhl nach unten. Ich bezweifle sogar von seinem Umfang her, dass die ihn auf einer Bahre überhaupt durch die Wohnungstür in den Flur bekommen. Den kann man ja schlecht huckepack nehmen, deshalb müssen Ihre Leute ihn mit einer Hebevorrichtung oder was auch immer aus Ihrem Fuhrpark vom Balkon im fünften Stock herunterbekommen.«

Dann legte Alkan auf und fuhr mit dem Fahrstuhl bis ins Erdgeschoss, wo er nach dem dunklen Passat mit Kieler Kennzeichen Ausschau hielt.

32

12. Januar, 11.02 Uhr
Kiel-Schilksee. Hochhaus an der Drachenbahn

»Herr Doktor Herzfeld, vielen Dank, dass Sie mich mit dem toten Porno-Walross da oben nicht länger allein lassen. Ich gehe davon aus, dass Sie berufsbedingt einen starken Magen haben«, sagte Alkan und streckte Herzfeld die Hand hin, der etwas zögerlich zugriff, weil es zumindest unter Rechtsmedizinern nicht üblich war, dass man so despektierlich über Verstorbene sprach.
»Ja, wir schauen uns das gleich mal an«, erwiderte Herzfeld und stellte Tattoli vor, deren reine Anwesenheit den jungen Kollegen etwas zu beruhigen schien und auch seinen Tonfall jetzt deutlich mäßigte.
»Wir haben die Leiche vor etwa zwei Stunden gefunden«, erklärte Alkan, sehr bemüht darum, nun wenigstens einen guten zweiten Eindruck zu machen. »Wir sehen keine Möglichkeit, den Toten auf herkömmlichem Weg aus der Wohnung zu bekommen«, ergänzte er weiter und kratzte sich verlegen über die sauber rasierten Konturen seines Dreitagebartes. »Also wenn Sie da oben fertig sind, werden wir versuchen, ihn durch die Balkontür über eine Hebebühne nach unten zu transportieren.«
»Alles klar. Würden Sie uns bitte nach oben führen?«, sagte Herzfeld.
Alkan hob wortlos einen Daumen als Zeichen seines Einverständnisses und schleuste Herzfeld und Tattoli an einer Gruppe herumalbernder Feuerwehrleute vorbei, die beobachteten, wie ihre Kollegen dabei waren, die hydraulische Hebebühne so nah wie möglich an ein Fenster im fünften Stock zu manövrieren.
Dann fuhren die drei mit dem engen Fahrstuhl in den fünften Stock. Die sich öffnende Fahrstuhltür gab den Blick auf einen langen, halbdunklen Flur frei, von dem die einzelnen Woh-

nungstüren abgingen. Bereits hier schlug ihnen ein schrecklicher Geruch entgegen. Ein Fotograf der Spurensicherung, ein hagerer Mittvierziger in einem weißen Schutzanzug, drückte sich im Flur herum – auch er schien so wenig Zeit wie möglich im Inneren der Wohnung zubringen zu wollen. Ein Kriminaltechniker erwartete sie bereits vor der Wohnungstür und reichte ihnen zwei weiße Ganzkörperanzüge, Plastiküberzieher für ihre Schuhe und jeweils einen Mundschutz.
Herzfeld und Tattoli legten ihre Mäntel ab und deponierten sie auf einem der großen silberfarbenen Metallkoffer der Kriminaltechniker, die seitlich neben der Eingangstür zu der kleinen Wohnung standen. Herzfeld stellte seinen Tatortkoffer daneben ab. Sie zogen die Schutzkleidung an, und Herzfeld nahm eine Pinzette, eine Lupe sowie zwei Paar Einweghandschuhe, von denen er ein Paar an Tattoli übergab, heraus und ging dann voran durch die offen stehende Wohnungstür.
Er versuchte, möglichst flach durch seinen Mundschutz zu atmen, der ja nicht dazu diente, die Geruchsbelästigung fernzuhalten, sondern die Verteilung feinster Speicheltröpfchen beim Sprechen, und damit DNA-Spuren, verhindern sollte.
Durch ihre Erfahrung wussten beide Rechtsmediziner, dass das, was sie jetzt erwartete, alles andere als ein Vergnügen werden würde.
Alkan hatte nicht übertrieben. Nicht nur in dem Zimmer, in dem der Tote lag, schon im Flur konnte man vor lauter Unrat kaum einen Schritt vor den anderen setzen. Der Polizeifotograf folgte ihnen mit einigem respektvollem Abstand. Alkan hingegen hatte sich in Rufweite in sicherer Entfernung an der Wohnungstür postiert und ließ den Profis nun nur zu gerne den Vortritt.
Der Tote in der kleinen Wohnung war auch für Herzfeld eine der korpulentesten Leichen, die er jemals zu Gesicht bekommen hatte. Und Tattolis Mimik ließ ebenfalls erkennen, dass auch in Italien so etwas eher die Ausnahme als die Regel war. Je näher die beiden Rechtsmediziner dem Toten kamen, umso

unerträglicher wurde der Gestank, und Herzfeld beschloss innerlich, die Untersuchung des Toten auf ein Minimum zu reduzieren.

Alkan liegt mit seiner Schätzung des Körpergewichts des Toten wahrscheinlich ungefähr richtig, mutmaßte Herzfeld. Der massige Körper lag rücklings auf dem Bett. Er lag in einer Ansammlung aus pornografischen Zeitschriften und Tellern mit verrotteten Essensresten. Die Polyesterstrapse waren mit Fäulnisflüssigkeit durchtränkt und deshalb nicht mehr vollständig purpurrot, sondern in weiten Teilen bräunlich. Sein Hodensack war durch Fäulnisgase aus seinem Körperinneren auf etwa Volleyballgröße aufgebläht, darum war eine Hodenschlaufe gelegt, und an seiner rechten Brustwarze war eine verchromte Metallklemme, ähnlich einer etwas zu groß geratenen Wäscheklammer, befestigt. Aufgrund des Umstandes, dass die linke Brustwarze durch die fortgeschrittene Fäulnis bereits abgefallen war, befand sich die verchromte Nippelklemme auf dieser Seite nicht mehr an ihrem ursprünglichen Platz, sondern lag neben dem Koloss auf der von bräunlicher Fäulnisflüssigkeit durchtränkten Matratze.

Um den Toten herum, neben dem Bett und auf einem kleinen Nachtschrank waren weitere absonderliche Utensilien drapiert, deren Verwendungszweck sich auf den ersten Blick nicht erschloss.

Die aasfressenden Insekten, die die Wohnzimmerbeleuchtung des Seniorenpaares eine Etage tiefer reduziert hatten und sich nach wie vor am Leichnam verköstigten, hatten bisher ganze Arbeit geleistet. Zahlreiche kreisrunde Defekte in der Oberhaut der Oberschenkel des Toten zeugten von ihrer Aktivität am Leichnam.

»Untersuchungen zur Eingrenzung der Todeszeit wie das Überprüfen der elektrischen Erregbarkeit der mimischen Muskulatur oder die Messung der Rektaltemperatur sind aufgrund der weit fortgeschrittenen Leichenfäulnis sowieso zum Scheitern verurteilt. Das können wir uns sparen.« Herzfeld drehte sich zu Tattoli, die mittlerweile an die gegenüberliegende Seite des Bettes getreten war. »An den ungefähren Todeszeitpunkt kommen die Kollegen von der Kripo näher ran als wir, wenn sie überprüfen, wann der hier das letzte Mal telefoniert oder sonstige Lebenszeichen von sich gegeben hat. Wir haben hier mit unseren rechtsmedizinischen Methoden keine Chance, die Todeszeit einzuschätzen.«

Tattoli, der weder der heftige Gestank noch die übrige Szenerie etwas auszumachen schien, nickte stumm hinter ihrem Mundschutz. Der Polizeifotograf hatte mehrere Übersichtsaufnahmen geschossen und mit den Worten »Wenn Sie mich noch brauchen, ich bin vor der Tür« den Rückzug angetreten.

Herzfeld wandte sich dem Kopf des Toten zu. Er betastete das Nasenskelett und die Jochbeine und inspizierte Gesicht und Hals, wobei er immer wieder Fliegen und kleinere Käfer verscheuchen oder herunterwischen musste, um sich einen Eindruck von der Beschaffenheit der Körperoberfläche machen zu können. Als er sich der Augenregion zuwandte und mittels einer Pinzette die Augenlider des Toten öffnete, fiel jeweils ein Knäuel gräulicher Fliegenmaden aus den leeren Augenhöhlen, in die die Fliegen, offensichtlich schon vor einiger Zeit, ihre Eier abgelegt hatten. »In den Augenbindehäuten wären punktförmige Blutungen als Folge einer Strangulation, auch wenn sie da mal vorhanden gewesen wären, jetzt nicht mehr feststellbar«, sagte er zu Tattoli, die erneut mit einem stummem Nicken ihre Zustimmung signalisierte. Dann besah sich Herzfeld die Arme einschließlich der Hände des Toten, konnte aber auch hier nirgendwo zu Lebzeiten entstandene Verletzungen oder andere suspekte Auffälligkeiten feststellen. Als er die Arme des Toten anhob, wobei sich die oberste Hautschicht, die von der Fäulnisflüssigkeit völlig aufgeweicht war, teilweise wie schmutzige Frischhaltefolie vom gräulich verfärbten Unterhautgewebe ablöste, zeigten sich weitere Insektenfraßdefekte im Bereich beider Achselhöhlen. »Alles postmortaler Insektenfraß. Die kleinen Biester haben wirklich ganze Arbeit geleistet«, sagte Herzfeld mehr zu sich selbst als zu Tattoli. Schließlich hob er die Stimme und rief in Richtung der Wohnungstür: »Herr Alkan, ich kann hier nichts feststellen, was zwingend für eine Sofortsektion Ihres Toten spricht. Die Untersuchungsbedingungen sind aber natürlich auch alles andere als optimal. Ich würde sagen, der geht in den Geschäftsgang, wir klären alles Weitere morgen in Ruhe bei uns im Sektionssaal unter vernünftigen Untersuchungsbedingungen. Allerdings würde es mich nicht wundern, wenn wir morgen feststellen, dass sein Herz ausgestiegen ist. Alles Weitere nach der Obduktion. Erst mal Entwarnung. Aus rechtsmedizinischer Sicht kein Verdacht auf ein Tötungsdelikt«.

»Okay«, kam es zögerlich zurück.

»Und Sie meinen, das ist gar kein autoerotischer Unfall?« Alkan stand mittlerweile im Eingangsbereich der Wohnung.

»Nennen Sie es, wie Sie wollen, von mir aus auch Autoerotik, wenn Sie das glücklich macht«, meinte Herzfeld, als er seine Utensilien zusammenpackte. »Ich würde sagen Herzinfarkt beim Masturbieren. Differenzialdiagnose: Bolustod.«

»Bonustod? Was in aller Welt ist ein Bonustod?«, fragte Alkan ungläubig.

»Bo-lus-tod. Nicht Bonus«, sprang Tattoli ein. »Er hat möglicherweise den Mund zu voll genommen. Einen zu großen Nahrungsbissen auf einmal runtergeschlungen und der hat ihm den Kehlkopfeingang und damit die Atemwege verstopft. Das war es dann. Fine e finito.«

Herzfeld streifte sich die Handschuhe ab und tat im Vorbeigehen an Alkan so, als wolle er sie ihm auf die Brust drücken. Der junge Kriminalbeamte sprang entsetzt ein Stück zurück, erkannte dann aber den Witz hinter Herzfelds Aktion und konnte sich ein Schmunzeln nicht verkneifen. »Danke, Doktor, aber die können Sie gern behalten.«

Mit einem Augenzwinkern begann sich Herzfeld aus seinem Schutzanzug zu schälen. Er nahm seine Daunenjacke und reichte Tattoli ihren Mantel und den Endlos-Schal.

In dem Moment betraten fünf Feuerwehrleute mit einem riesigen gelben Bergesack, einer Plastikfolie und schweren Gurten beladen die Szenerie und legten mit vereinten Kräften den Toten zunächst auf die feste schwarze Plastikfolie, um ihn dann gemeinsam in den Bergesack zu hieven.
Dann verabschiedeten sich die beiden Rechtsmediziner von dem Ermittler und fuhren mit dem Aufzug hinunter. Vor dem Haus herrschte konzentrierte Spannung unter den dort anwesenden Feuerwehrleuten, die ihre anfängliche Albernheit inzwischen abgelegt hatten. Mit einem rhythmischen Piepsen fuhr der Teleskoparm des riesigen Hubrettungswagens mit der Hebebühne genau in Position vor den Balkon im fünften Stock, auf dem nun auch die ersten Bewegungen der Feuerwehrleute aus dem Inneren der Wohnung zu sehen waren. Die Männer scheiterten aufgrund der Größe ihrer toten Fracht an der Breite der Balkontür, schafften es dann aber nach mehreren Versuchen, ihn aus dem ausgehängten Wohnzimmerfenster auf den Balkon zu hieven.
Beinahe hinter jedem Fenster des zwanzigstöckigen Hauses sowie der Nachbarhäuser war inzwischen mindestens ein Anwohner aufgetaucht, der neugierig nach draußen blickte, als würden Hasen ihre Nase aus ihrem Bau heraus in die erste Frühlingssonne halten.
Während Herzfeld und Tattoli der Bergung zuschauten, klingelte Herzfelds Handy in der Tasche seiner Jacke.
»Hallo, Herr Herzfeld – Tomforde hier«, meldete sich der Oberkommissar mit ungewohnt brummiger Stimme. »Und, benimmt sich mein Kollege Alkan?«, schob er hinterher, bevor Herzfeld ihn überhaupt begrüßen konnte.
Er musste grinsen. »Ich freue mich, dass Ihnen weiterhin nichts entgeht, Herr Tomforde. Sie sind, wie immer, bestens informiert. Ja, Alkan macht das gut, aber ein paar Lehrstunden bei Ihnen würden ihm sicher nicht schaden …«, entgegnete Herzfeld und schaute den Teleskoparm des Hubwagens zur hydraulischen Hebebühne entlang, auf der die Feuerwehrleute

gerade versuchten, den überdimensionierten Leichnam im gelben Bergesack mit den Gurten festzuschnallen.
»Das freut mich. Hören Sie, ich habe neue Erkenntnisse aus der Kriminaltechnik zu unserem toten ›Flügelmacher‹ und der zerstückelten Frau, die Sie besser jetzt als später erfahren sollten …«
Herzfeld berührte Tattoli am Arm und signalisierte ihr damit, ihm zu folgen. »Warten Sie einen Augenblick, die Kollegin Tattoli steht hier neben mir. Wir suchen uns kurz einen etwas ruhigeren Ort, und ich stelle Sie auf Lautsprecher.«
Sie gingen um die Hausecke, bis der Lärm der Bergungsaktion nur noch sehr verhalten zu hören war. Dann aktivierte Herzfeld die Lautsprecherfunktion seines Handys. »Herr Tomforde, wir können Sie jetzt beide hören. Schießen Sie los!«
»Also, es gibt eine Reihe neuer Erkenntnisse und ehrlich gesagt, das ist schon ein echter Hammer. Wie ich Ihnen heute Morgen schon in aller Herrgottsfrühe sagte, ist die Machete, die wir im Brook gefunden haben, mit absoluter Sicherheit die Waffe, mit der Deniza Milew zerstückelt wurde. Aber – und jetzt halten Sie sich fest – neben diesen frischen Spuren, dem DNA-Profil unserer Gelegenheitsprostituierten, fand sich auch eine ganze Reihe älterer DNA-Spuren auf der Klinge, die nicht von der Bulgarin stammen.«
»Ich hatte so etwas befürchtet«, antwortete Herzfeld.
Tattoli schlug sich ihren Mantelkragen hoch, als ließe sie diese Erkenntnis noch mehr frösteln, als es der norddeutsche Winter ohnehin tat.
»Dann ahnen Sie ja vielleicht auch, zu wem dieses DNA-Material gehört. Es ist die DNA einer Polin namens Ewa Barczak. Sie war …«
Herzfeld fiel Tomforde ins Wort. »… das erste Opfer von Wittfeld. Er hat sie vor vier Jahren in einem Laufhaus am Hafen attackiert.«
»So ist es! Und da Sie das wissen, gehe ich davon aus, dass Sie auch Kenntnis darüber haben, dass diese Waffe eigentlich bei

Ihnen im Keller in der Asservatenkammer schlummern sollte. Wir haben diese Information vor zehn Minuten von der Staatsanwaltschaft bekommen. Die Machete war bis vor Kurzem noch in der Obhut des Kieler Instituts für Rechtsmedizin. Ihr Oberarzt, Professor Schneider, und der Leitende Oberstaatsanwalt haben sich darüber vor einer Stunde bilateral ausgetauscht. War es das, was Sie meinten, als Sie heute Morgen am Telefon von einer ›Überraschung‹ sprachen?«, entfuhr es Tomforde.

Schneider hat also den offiziellen Vorgang angeschoben, rekapitulierte Herzfeld für sich. *Er hat sich gar nicht erst, wie es von Schwan angedacht war, mit institutsinternen Ermittlungen aufgehalten, sondern die Sache direkt an die Staatsanwaltschaft übergeben. Jetzt ist es nur noch eine Frage der Zeit, bis das an die Öffentlichkeit geht.* Herzfeld unterbrach Tomforde erneut. »Ich habe über ein paar Ecken davon gehört. Ich glaube, dass wir uns noch gar nicht vorstellen können, wohin das alles führen wird. Eine Waffe, die aus der Rechtsmedizin verschwindet und mit der eine Frau zerstückelt wird. Ich mag mir gar nicht ausmalen, was das für Konsequenzen für die Kieler Rechtsmedizin haben wird, wenn das öffentlich gemacht wird. Ich …«

Jetzt unterbrach Tomforde seinerseits Herzfeld: »Herr Herzfeld, das hätten Sie mir sagen müssen. Ich dachte, wir beide haben ein Vertrauensverhältnis«, er machte eine kurze Pause, so als ob er sich seine folgenden Worte gut zurechtlegen müsste. »Ich nehme mal an, dass wir bald auch mit den Vernehmungen bei Ihnen im Institut beginnen«, sagte der Kriminalbeamte auffallend einsilbig und machte damit klar, dass auch Herzfeld und Tattoli nicht von den polizeilichen Untersuchungen verschont bleiben würden.

»Aber nun kommt die zweite Neuigkeit, die Sie auch dringend erfahren sollten, Herr Herzfeld. Jetzt ist es amtlich beziehungsweise kriminaltechnisch eindeutig belegt. Die Kollegen von der KT haben alle Spuren ausgewertet. Weder an Achim Wittfeld noch an den einzelnen Körperteilen von Deniza Mi-

lew fanden sich DNA-Spuren des jeweils anderen. Nichts, was auf einen Kampf, ein Zerteilen, Transportieren des Leichnams oder überhaupt eine bloße Berührung der Frau durch Wittfeld hindeutet. Lediglich am abgetrennten Arm der Milew, den Wittfeld bei seiner Auffindung umklammert hielt, sind minimale DNA-Spuren von ihm. Sonst nichts. Rein gar nichts.«
Tattoli hatte im gleichen Moment wie Herzfeld die entsprechenden Schlüsse gezogen. Sie schälte den Wollschal über ihren Mund nach unten und schaltete sich in das Gespräch ein.
»Das bedeutet, dass die beiden Leichen von einer dritten Person dort im Park so arrangiert worden sind, oder?«
»Frau Tattoli – das ist jetzt *Ihr* Rückschluss. Ich weiß eigentlich nicht, warum ich das mit Ihnen beiden erörtern sollte, denn alle im Institut, die sich irgendwie der Machete bemächtigen konnten, und dazu muss ich Sie beide nun mal zählen, sind potenziell verdächtig«, erwiderte Tomforde. Nach einer kurzen Pause fuhr er fort. »Nun gut, was soll's. Ich gebe zu, dass ich diesen Gedanken auch habe. Der Leichenfundort ist definitiv nicht der Tatort. Unser Leichenfundort ist inszeniert. Das hat Ihr Kollege Herzfeld gestern Abend schon angedeutet, dass er das auch so sieht. Das bedeutet, dass die Karten jetzt neu gemischt werden müssen. Vielleicht eine nützliche Zusatzinformation: Wenn es wirklich eine dritte Person auf dem Spielfeld gibt, und danach sieht momentan alles aus, dann ist sie kein Amateur. Es gibt keine weitere Fremd-DNA. Weder in der Wohnung der Toten noch an den beiden Leichen. Auch die Untersuchung des Zelts auf Textilfasern, Fingerabdrücke und DNA hin hat keine weiteren Erkenntnisse in diese Richtung ergeben. Das Spurenbild um das Zelt, in dem Wittfeld gefunden wurde, lässt auch keine Rückschlüsse auf unseren ominösen Dritten zu. Das ...«, er machte eine Pause, »... war vermutlich jemand, der genau wusste, was er tat. Das ist einerseits schlecht, denn er könnte uns deshalb einen Schritt voraus sein. Andererseits ...«, Tomforde schien kurz zu überlegen, ehe er fortfuhr. »Andererseits ist es gut, wenn es ein Profi ist. Das

schränkt den Kreis der möglichen Verdächtigen deutlich ein.«
Nachdem Tomforde mit seinen Ausführungen geendet hatte, schien er auf eine Reaktion von Herzfeld zu warten.
»Herr Tomforde, danke für diese Informationen und vor allem für Ihr Vertrauen und Ihre Offenheit. Das müssen wir erst mal alles sacken lassen. Außerdem ist die Angelegenheit hier in Schilksee nicht ganz so leicht wie sonst«, ergänzte Herzfeld, als er plötzlich lautes Stimmengewirr hörte.
Die beiden Männer verabschiedeten sich, jedoch nicht ohne sich für ein persönliches Treffen an einem der folgenden Tage zu verabreden.
Herzfeld und Tattoli liefen los, um zu sehen, was der Grund für den Tumult war. Einige Feuerwehrleute liefen geschäftig um die Hebebühne herum. Die fahrbare Plattform war wieder vollständig heruntergefahren und der massige Tote aus dem gelben Bergesack zwischenzeitlich herausgenommen und in einen überdimensionierten Leichensack des Bestatters verfrachtet worden. Herzfeld sah einen der Feuerwehrmänner, wie er sich gerade neben einem der Fahrzeuge erbrach. Kaum waren Herzfeld und Tattoli wieder auf der Bildfläche erschienen, eilte Alkan, dessen Gesichtsfarbe sich vollständig dem aschgrauen Winterhimmel angepasst hatte, auf sie zu. Hektisch rieb er sich mit einem Desinfektionstuch über die Vorderseite seines linken Oberschenkels. Der weiße Jeansstoff war an dieser Stelle großflächig bräunlich verfärbt, und der junge Kriminalbeamte schien sichtlich angeekelt.
»Herr Herzfeld, gucken Sie eigentlich nie unten in die Leichen rein, oder was? Was hier gerade passiert ist, das ist einfach nur krank …«, stammelte er und rannte an den beiden vorbei, in Richtung des silberfarbenen VW-Busses der Spurensicherung.
Tattoli machte ein ernstes Gesicht und steuerte auf den verschmitzt grinsenden Polizeifotografen zu, der mit einer Zigarette im Mundwinkel im Hauseingang stand und das undurchsichtige Treiben aus sicherer Entfernung beobachtete.
»Was war denn hier los?«, fragte Lucia Tattoli. Der hagere

Mann grinste und hob die Kamera an, die er locker über die Schulter trug. »Schauen Sie mal, Kollegin«, sagte er und rief die Bilder auf dem Display der Kamera auf. »Die Jungs haben den Toten vorbildlich oben auf die Hebebühne gewuchtet. Ich bin dann nach unten gefahren. Und Herr Alkan hat versucht, die Sache hier sauber zu koordinieren. Als der Tote hier unten angekommen war und von der Hebebühne in den Leichenwagen verfrachtet wurde, stand Alkan genau daneben und dann …«, der Fotograf kicherte, nahm die Zigarette aus dem Mund und wischte sich mit seinen dünnen Fingern über die Lippen, »… ist unserem Toten aus einer Körperöffnung etwas, na ja, herausgeflutscht.«
»Rausgeflutscht?«, fragte Tattoli ungläubig.
»Dem ist ein Dildo aus dem Hintern geflogen. Wie ein Geschoss. War anscheinend von außen nicht sichtbar. Und bei Alkan ist der volles Pfund auf seinem Oberschenkel gelandet.«
Kopfschüttelnd ging Tattoli gemeinsam mit Herzfeld zum Wagen.

☠ ☠ ☠

33

12. Januar, 14.50 Uhr
Kiel. Institut für Rechtsmedizin der Universität

Auch wenn der Dildo-Torpedo, der bei dem überengagierten Alkan ein ordentliches Malheur auf seiner Hose angerichtet hatte, ihrem Rechtsmedizineralltag eine weitere, durchaus amüsante Episode hinzugefügt hatte, hatte sie das Telefonat mit Tomforde nachdenklich gestimmt. Deshalb versuchten sich Herzfeld und Tattoli auf der Fahrt zurück ins Institut wechselseitig auf andere Gedanken zu bringen. Herzfeld erzählte der italienischen Kollegin von seinen Bemühungen, trotz seines enormen Arbeitspensums seiner Rolle als Familienvater gerecht zu werden, und Tattoli berichtete ihm von ihren Plänen, sich irgendwann in den nächsten Jahren auf eine leitende Position in einem rechtsmedizinischen Institut in Süddeutschland zu bewerben. Nicht nur, weil sie sich aufgrund der Gastarbeitervergangenheit ihrer Eltern in Deutschland heimisch fühlte, sondern auch, weil das Stellenangebot in der italienischen Rechtsmedizin noch um einiges knapper bemessen war als das in Deutschland.

»Und schließlich habt ihr in Deutschland ja die schwersten Fälle, wie ich gerade eben gelernt habe.« Sie konnte sich ein Lächeln nicht verkneifen.

Im Institut angekommen, gingen Tattoli und Herzfeld direkt zu ihrem Büro. Als Tattoli den Büroschlüssel aus einer ihrer Manteltaschen gefischt hatte, um die Tür aufzuschließen, baute sich hinter ihnen geräuschlos eine Person auf, als wäre sie dort mit einem Mal aus dem Boden gewachsen.

»Tach«, blaffte der auffällig kleine Mann mit der schimmernden Glatze. Er trug einen weißen Kittel, der ihm fast bis an die weißen Turnschuhe reichte. Zu dem strengen Gesichtsausdruck wollte gar nicht passen, dass er keinerlei Haare hatte – weder auf dem Kopf noch fanden sich in seinem Gesicht Augenbrauen oder irgendein Anzeichen für Bartwuchs. Das Alter des Mannes ließ sich beim besten Willen nicht einschätzen.

In Anbetracht dieser plötzlichen Erscheinung fuhr Tattoli überrascht zusammen und ließ den Schlüssel vor Schreck fallen.

Herzfeld schmunzelte, da er die geräuschlosen und unvermittelten Auftritte des kleinen Mannes nur zu gut kannte, und sprach ihn an. »Herr Doktor Uhlemann. Sie dürfen die Kollegin doch nicht so erschrecken.«

»Mir egal«, erwiderte der Kahlköpfige. Er schien grundsätzlich nicht sonderlich empfänglich für Hinweise dieser Art zu sein. Herzfeld machte sich nun jedoch genau daraus einen Spaß. »Darf ich vorstellen: Doktor Theo Uhlemann. Leiter unserer

Toxikologie. Wenn es in einem toten Körper irgendwo auch nur die kleinste Spur eines Giftes gibt, dann findet Doktor Uhlemann sie. Und das hier ist unsere geschätzte Kollegin Frau Dottore Tattoli aus Turin, die der Kieler Rechtsmedizin gerade einen zweiwöchigen Besuch abstattet«, stellte Herzfeld die beiden Kollegen mit überschwänglichen Worten einander vor.

Verdattert schob die Italienerin dem Toxikologen ihre Hand entgegen.

Doch der Toxikologe machte keinerlei Anstalten, die Begrüßungsgeste zu erwidern, sondern betrachtete die Hand, die sich ungefähr auf seiner Augenhöhe befand, nur verächtlich.

»Nein, danke. Sie ahnen anscheinend nicht, wie viele Millionen Bakterien allein bei einmaligem Händeschütteln übertragen werden.«

Tattoli schaute Herzfeld entgeistert an, den das brüske Verhalten des Toxikologen allerdings nicht im Geringsten zu erstaunen schien.

»Herzfeld, ich habe was für Sie. Die zerstückelte Tote aus dem Brook ist an einer inhalativen Chloroform-Vergiftung gestorben. Jetzt haben Sie ihre Todesursache.«

»Chloroform?«, wollte Herzfeld wissen.

»Ja, gehört zu den inhalativen Noxen. Schon mal gehört?«, feixte Uhlemann.

Herzfeld stemmte die Hände in die Hüften, entschied sich jedoch, in diesem Augenblick kein Thema aus den rüden Umgangsformen seines Gegenübers zu machen. Dessen fachliches Können war so überragend, dass Herzfeld wie auch die anderen Ärzte der Sektionsabteilung regelmäßig über die Defizite in seinem Sozialverhalten hinwegsahen.

»Ich erkläre es mal für alle hier anwesenden Nicht-Toxikologen«, fuhr Uhlemann fort. »Chloroform wurde fast hundertfünfzig Jahre als Narkosemittel eingesetzt, hat die Möglichkeiten der Chirurgie quasi revolutioniert. Ich erinnere mich noch gut an die Zeit während meines Studiums, da war Chloroform

noch eine relevante Substanz für uns Toxikologen. Heute, in der modernen Medizin, spielt es keine Rolle mehr. Aber …«, er machte eine kurze Pause, um seine beiden Gegenüber mit in den Nacken gelegtem Kopf und eindringlichem Blick zu fixieren, »… Chloroform ist ein perfektes K.-o.-Mittel. Die Substanz selbst ist flüssig. Jemandem Chloroform unbemerkt in sein Essen oder sein Getränk mischen zu wollen funktioniert nicht, da der Betreffende es aufgrund des speziellen Geruchs beziehungsweise Geschmacks merken würde. Aber wenn ich einen Lappen oder ein anderes Textilstück mit einem ordentlichen Schluck Chloroform tränke, ist es inhalativ in Sekunden wirksam. Wenn man Chloroform in relevanter Konzentration einatmet, wird die Substanz über die Schleimhäute der Atemwege resorbiert und gelangt ins Blut. Die daraus resultierende rasche Anflutung im Gehirn führt zu Bewusstlosigkeit innerhalb von Sekunden.«
Herzfeld und Tattoli wechselten stumme Blicke, da ihnen das meiste davon bekannt war. Dann kam Uhlemann schließlich zum entscheidenden Punkt. »Chloroform ist aber auch ein perfektes Mordgift. Wenn beispielsweise ein mit Chloroform getränkter Lappen nach Eintritt der Bewusstlosigkeit über den Atemöffnungen verbleibt, dann wird das Chloroform weiter eingeatmet. Nach wenigen Minuten, natürlich abhängig davon, wie viel Chloroform auf den Lappen gekippt wurde, kommt es zu Herzrhythmusstörungen. Was das in der Konsequenz bedeutet, brauche ich Ihnen beiden ja nicht zu erklären.«
»Exitus«, murmelte Tattoli.
»Exitus. Exakt. Exitus«, wiederholte Uhlemann, dem sein kleines Wortspiel zu gefallen schien, mit einem überheblichen Grinsen.
»Sie meinen, das war bei Deniza Milew der Fall?«, fragte Tattoli.
»Sie ist an einer letalen Chloroform-Intoxikation gestorben. Das ist Fakt. Insofern lagen Sie mit Ihrer Feststellung bei der Obduktion richtig, dass ihr Kopf und Extremitäten postmortal

abgeschlagen wurden. Und Fakt ist auch: Sie wurde vor ihrem Tod zunächst mit Chloroform betäubt. Ob das ein ›Unfall‹ war, weil derjenige, der sie betäubte, die fatalen Folgen unterschätzte, oder ob er das wissentlich getan hat, das ist Ihr Metier, nicht meins. Auf jeden Fall eine sehr ungewöhnliche Vorgehensweise.«

»Hatten Sie schon mal vergleichbare Fälle?«, wollte Herzfeld wissen.

»Nein. Das hier ist eine Premiere. Einen ähnlichen Fall hatten wir noch nie. Wir hatten in unserem Labor bisher nicht einen einzigen Todesfall als Folge einer Chloroform-Intoxikation. Und ich kann Ihnen versichern, wenn ein solcher Fall dabei gewesen wäre, hätten wir das herausgefunden.«

Das glaubte Herzfeld Uhlemann sofort, da er dessen genaue Analysen und seine Hartnäckigkeit, den ungewöhnlichsten Giften an den ungewöhnlichsten Orten im Körper auf die Spur zu kommen, außerordentlich bewunderte.

»Ich kenne nur wenige Fallbeschreibungen tödlicher Chloroform-Intoxikationen aus der Literatur«, fuhr Uhlemann fort. »Der einzige mir bekannte Fall, den ich so auf die Schnelle parat habe, bei dem Chloroform als K.-o.-Mittel eingesetzt wurde, ist der des Serienmörders Seefeldt. Schon mal gehört?«

Herzfeld und Tattoli schüttelten zeitgleich die Köpfe.

»Adolf Seefeld. Stand auf kleine Jungs. Muss ungefähr hundert Jahre her sein. Ich suche das mal für Sie heraus.«

»Und Wittfeld, der Tote aus dem Brook? Auch bei ihm haben wir ja autoptisch keine Todesursache feststellen können. Ist er auch an einer Chloroform-Intoxikation gestorben?«, wollte Herzfeld wissen.

»Mitnichten«, antwortete Uhlemann. »Jetzt wird es toxikologisch noch mal richtig anspruchsvoll. Vom Bodenturnen mit Chloroform quasi zum akademischen Hochreck der Vergiftung.« Er machte eine Kunstpause. »Aconitin«, kam dann aus Uhlemanns Mund, wobei er jede Silbe in die Länge dehnte: »A-co-ni-tin.«

Tattoli sah Herzfeld mit großen Augen fragend an, doch der zuckte nur mit den Schultern, um ihr zu signalisieren, dass er ebenfalls nicht den blassesten Schimmer hatte, was der Toxikologe meinte.

»Noch nie gehört, oder?«, fragte Uhlemann triumphierend. »Aconitin ist das Gift des blauen Eisenhuts. Die giftigste beziehungsweise tödlichste Pflanze in unseren Breitengraden. Tja, Herrschaften, so was lernt man nicht in der Schule. Und im Medizinstudium anscheinend auch nicht. Wittfeld ist an einer Aconitin-Vergiftung gestorben. Er muss etwa fünf Milligramm davon oral aufgenommen haben, das ergibt jedenfalls meine Korrelation der Konzentrationen in seinem Mageninhalt und im Herzblut. Eine Menge von fünf Milligramm ist innerhalb von zehn bis zwanzig Minuten tödlich. Die Vergiftungssymptome sind tolerabel, insofern merkt der Betreffende die Bedrohlichkeit seines Zustandes gar nicht. Und schon gar nicht Wittfeld, der zum Zeitpunkt seiner Vergiftung auch noch knapp zwei Promille Alkohol intus hatte. Unmittelbare Todesursache bei Aconitin-Vergiftung ist übrigens eine zentrale Atemlähmung durch das Gift. Die Lungen steigen quasi aus, weil sie vom Gehirn keinen Input mehr bekommen.«

Herzfeld fuhr sich erst durch die Haare und kratzte sich dann am Hinterkopf. Er konnte kaum glauben, was er hier gerade serviert bekam. »Die Milewa stirbt an einer akuten Chloroform-Intoxikation. Wittfeld an einer Aconitin-Vergiftung. Kann es sein, dass sich Wittfeld mit dem Aconitin selbst umgebracht hat, nachdem er Deniza Milew mit Chloroform getötet und anschließend zerstückelt hatte?«

»Wir arbeiten dran«, entgegnete Uhlemann. »Wir haben bisher allerdings noch nirgendwo Rückstände von Aconitin in irgendeinem der Behältnisse wie Flaschen, Becher oder Essensverpackungen aus seinem Zelt nachweisen können. Auch ein Textilstück mit Chloroform-Rückständen war übrigens nicht dabei. Vielleicht habe ich morgen früh schon mehr für Sie.« Mit diesen Worten wollte der kleine Mann das Gespräch been-

den und in seine im ersten Stock des Institutsgebäudes gelegenen Laborräume zurückeilen, doch Herzfeld hielt ihn zurück.
»Herr Uhlemann, einen Moment noch bitte.«
»Was denn noch?«
»Zwei völlig unterschiedliche Substanzen bei den beiden Toten«, stellte Herzfeld fest. »Wie kommt man überhaupt an Chloroform und dieses Aconitin heran, von dem ich bis vor wenigen Minuten noch niemals in meinem Leben irgendetwas gehört habe? Wie beziehungsweise wo beschafft man sich das?«
»Chloroform findet in verschiedenen Industriezweigen nach wie vor Verwendung. Und was den blauen Eisenhut betrifft, müssen Sie nur wissen, in welcher Region er zu finden ist, und ihn dann dort einsammeln. War's das jetzt?«
»Informieren Sie den zuständigen Ermittler der Mordkommission?«, wollte Herzfeld wissen.
»Wenn Sie mich noch länger aufhalten, ist das schlechterdings unmöglich«, entgegnete Uhlemann bissig. Dann fügte er hinzu: »Ich werde es Herrn Tomforde natürlich gleich mitteilen. Unklar allerdings, ob er das auch versteht.«
Mit diesen Worten machte der Leiter der Toxikologie grußlos auf dem Absatz kehrt und eilte den Flur hinunter.
Tattoli konnte kaum glauben, was sie gerade erlebt hatte. Und noch viel weniger, was ihnen dieser unverschämte Kerl gerade mitgeteilt hatte.
»Danke, Herr Uhlemann«, rief Herzfeld dem Kollegen noch hinterher, doch der war schon um die Ecke des Flurs gebogen.
Eilig schloss Tattoli das Büro auf, so als wollte sie nur schnell genug aus dem Schussfeld sein, ehe der Toxikologe es sich vielleicht noch einmal anders überlegte und zurückkam, um sie mit weiteren Nettigkeiten zu bedenken.
Als Herzfeld seine verstörte Kollegin sah, beruhigte er sie: »Wir glauben, dass Uhlemann Toxikologe geworden ist, um herauszufinden, ob es noch etwas Giftigeres als ihn selbst gibt.«
»Das ist Doktor Evil, daran besteht wohl kein Zweifel«, stellte Tattoli konsterniert fest.

»Nennen Sie ihn, wie Sie wollen. Aber wir müssen ihn nehmen, wie er ist. Und trotzdem, das, was er uns gerade über unsere beiden Toten aus dem Brook mitgeteilt hat, stellt alles auf den Kopf. Ich bin gespannt, was Tomforde dazu sagt«, entgegnete Herzfeld, hängte seine Jacke in den Schrank und schaltete die bereits vorbereitete Kaffeemaschine an. Tattoli nahm sich ein Buch über Gifte der Natur aus einem der beiden schmalen Bücherregale, in denen Herzfeld eine kleine, kompakte Fachbibliothek angelegt hatte, und setzte sich auf einen der beiden Besucherstühle vor Herzfelds Schreibtisch. Abwesend murmelte sie: »Es wäre also denkbar, dass ein Dritter beteiligt war …«

Auch in Herzfelds Kopf arbeitete es. *Der »Flügelmacher« vergiftet? Das wäre ein weiterer Hinweis auf einen dritten Beteiligten in diesem Szenario,* analysierte er. *Dazu würde passen, dass es keine DNA-Übertragung zwischen Wittfeld und Milew gab, abgesehen von dem Arm, den Wittfeld umklammert hatte, als er gefunden wurde. Und dass sich das Blut von Milew an der Tatwaffe findet, aber keinerlei Spuren, die belegen, dass die Machete zu irgendeinem Zeitpunkt auch nur in der Nähe von Wittfeld war. Uhlemanns Ergebnis passt genau in diese Theorie einer dritten Person. Doch das würde bedeuten, dass da draußen jemand ist, der ein makabres Spiel mit uns spielt.*

Die Kaffeemaschine hatte inzwischen glucksend ihren Dienst verrichtet, und Herzfeld ging hinüber und schenkte sich und seiner gähnenden Kollegin eine Tasse ein. »Gähnen ist der stumme Schrei nach Kaffee. Hier, bitte«, sagte er und reichte der Italienerin gerade die Tasse, als es an seiner Bürotür klopfte. »Herein«, rief er, und die Tür öffnete sich zaghaft.

Hansen sah sich zunächst vom Türrahmen aus im Büro um, bevor er den beiden zunickte und das Zimmer betrat. »Moin, Herr Herzfeld, da ist noch etwas, was Sie unbedingt wissen sollten«, sagte der Hausmeister. Er sah genauso aus, wie ihn Herzfeld gestern Abend vor der Kneipe abgesetzt hatte.

Umständlich – das linke Bein schien ihm heute besonders Pro-

bleme zu bereiten – ließ sich Hansen in den freien Besucherstuhl vor Herzfelds Schreibtisch neben Tattoli fallen.
»Hallo, Herr Hansen. Ich habe heute Morgen den Chef informiert. Er hat Professor Schneider damit beauftragt, sich der Sache anzunehmen«, begrüßte Herzfeld den Hausmeister. »Und anscheinend hat er auch schon einiges in die Wege geleitet«, ergänzte er mit Blick zu Tattoli, ohne jedoch zu erwähnen, dass es Schneiders erste Amtshandlung gewesen war, die Staatsanwaltschaft darüber zu informieren, dass die Machete, mit der der Leichnam von Deniza Milew zerstückelt worden war, aus der Asservatenkammer des Instituts stammte. Herzfeld stellte Tattoli, die der Hausmeister in den letzten Tagen schon mehrfach im Institut in Herzfelds Schlepptau gesehen hatte, kurz als eingeweihte Kollegin vor und stellte eine weitere Tasse dampfenden Kaffees auf die Schreibtischplatte.
Hansen musterte die Italienerin, die ihn vertrauensvoll ansah, ehe er ohne Umschweife begann. »Gut, wir sitzen ja schließlich alle in einem Boot. Und ich denke, dass es in den nächsten Tagen hier im Institut ziemlich drunter und drüber gehen wird. Bitte verstehen Sie mich nicht falsch. Ich schätze alle Kollegen hier. Die einen natürlich mehr …«, dabei machte Hansen eine kurze Pause und sah Herzfeld direkt an, »… und andere weniger. Und vielleicht ist es ja nun auch an der Zeit, mit alten Geschichten aufzuräumen. Die werden Sie nicht kennen, weil Sie erst seit gut einem Jahr hier sind. Aber jedes Institut hat ja über die Jahre seine ganz besonderen Geschichten angesammelt. Die mag man glauben oder eben nicht …«
Tattoli rutschte unruhig auf der vorderen Stuhlkante hin und her. Sie hatte Hansen während seiner Worte von der Seite genau beobachtet. Jetzt war nicht nur ihre Neugier geweckt, auch Herzfeld spürte, dass etwas in der Luft lag. Als würden sich feine Dynamitpartikel in der Luft sammeln und zu einer Bombe verbinden, die hier gleich hochgehen würde.
Hansen machte allerdings keine Anstalten weiterzuerzählen, während er gedankenverloren auf dem Stuhl saß und mit der

einen Hand sein schmerzendes Bein massierte und mit der anderen die Kaffeetasse zum Mund führte.
»Ich bin erst ein paar Tage hier. Und ich kenne keine der Geschichten. Wollen Sie mir eine erzählen?«, unterbrach Tattoli behutsam die Stille.
Der Hausmeister setzte die Kaffeetasse vor sich auf der Schreibtischplatte ab und sah zu Herzfeld, der dem ehemaligen Kapitän mit einem auffordernden Blick zu verstehen gab, dass er der jungen Ärztin wirklich vertrauen konnte. Dann erst fuhr Hansen fort. »Wenn hier nun schon intern ermittelt wird, dann will ich Ihnen auch eine Geschichte nicht vorenthalten, die mir in all den Jahren nicht aus dem Kopf gegangen ist. Ein Vorfall, der mittlerweile fast dreizehn Jahre zurückliegt. Damals gab es hier einen Oberarzt, Doktor Gerwin Schalck. Er war wirklich einer der kompetentesten Rechtsmediziner, an die ich mich erinnern kann. Fachlich und menschlich. Guter Mensch.«
Herzfeld griff nach Notizblock und Bleistift und notierte sich den Namen. Er konnte sich nicht erinnern, den Namen Schalck schon einmal gehört zu haben, konnte aber auch nicht ausschließen, vielleicht früher einmal einen Fachaufsatz von ihm gelesen zu haben. »Und was hat es mit diesem Doktor Schalck auf sich? Was hat er mit dem jetzigen Zwischenfall zu tun?«, fragte Herzfeld und sah Hansen direkt an.
»Schalck war sehr renommiert, und alle Mitarbeiter mochten ihn. Doch dann erschien er damals, vor dreizehn Jahren, eines Tages nicht zur Arbeit. Zumindest dachten wir das damals. Wir informierten seine Frau. Frau Schalck sagte, sie hätte ihn morgens, allerdings deutlich früher als sonst, zu Hause verabschiedet, und er wäre ins Institut gefahren. Sie wohnten damals nur ein paar Straßen von hier entfernt.«
»Aber er ist nicht hierhergefahren?«, fragte Tattoli.
Hansen machte eine Pause und sprach dann deutlich leiser weiter, als wolle er sichergehen, dass niemand außerhalb des Büros etwas von seinem Gespräch mit den beiden Rechtsmedizinern mitbekam. »Doch, das ist er. Aber das erfuhren wir erst zwei

Tage später. Gemeinsam mit seiner Ehefrau meldeten wir ihn zunächst bei der Polizei als vermisst. Die Beamten nahmen das auch durchaus ernst, weil Schalck zu dieser Zeit in einen Zuhälter-Prozess zwischen verfeindeten Libanesen und Albanern, der mehrere Tote forderte, als rechtsmedizinischer Sachverständiger involviert war. Aber er blieb zunächst zwei ganze Tage wie vom Erdboden verschluckt. Und dann war die Heizungsanlage mal wieder defekt, Herr Herzfeld, Sie kennen das ja inzwischen. Ich bin in den Keller gegangen, um die Steuerungseinheit zu überprüfen. Und fand Doktor Schalck.«

Herzfeld sah von den feinen Bleistiftlinien auf, mit denen er sich weitere Notizen gemacht hatte. »Tot?«

»Ja, Doktor Schalck hing an einem Strick an einem der Heizungsrohre. Er war schon einige Zeit tot. Das habe ich sofort gesehen. Ich habe da unten nichts angefasst und sofort den Chef und die Polizei informiert. Bei der Obduktion, und wie es damals hieß – unter Würdigung der Gesamtumstände –, kam man zu dem Schluss, dass er sich das Leben genommen hatte.«

Herzfeld und Tattoli sahen sich an. Beide schienen die gleiche Frage zu haben, doch Tattoli war etwas schneller. »Und warum sollten wir diese Geschichte kennen? Worauf wollen Sie eigentlich hinaus?«

»Weil es schnell einen neuen Oberarzt gab. Den Sie beide inzwischen von allen Seiten kennen, wie ich so höre. Nicht nur von seinen besseren …«

»Volker Schneider«, entfuhr es Herzfeld.

Hansen nickte. »Schauen Sie sich doch mal den Obduktionsbericht von damals an. Es gab bereits auf der Beisetzung von Doktor Schalck die absurdesten Gerüchte – aber wer weiß.«

»Was genau meinen Sie mit ›die absurdesten Gerüchte‹?«, fragte Herzfeld.

»Lesen Sie das Sektionsprotokoll. Machen Sie sich zunächst selbst ein Bild«, antwortete Hansen.

Tattoli war mittlerweile zum Fenster gegangen und hatte sich gedankenverloren an den weißen Flocken vor der Scheibe festgeguckt, die seit einigen Minuten aus dem grauen Kieler Winterhimmel fielen und vom Wind im Innenhof zum Tanzen gebracht wurden. »Eines der Gerüchte war, dass Schneider etwas mit Schalcks Tod zu tun hat, richtig?«, fragte sie.

Hansen sah zu Herzfeld, und die Blicke der beiden Männer schienen wie eine unsichtbare Verbindung Daten von einem Gehirn ins andere zu übertragen. Ohne den Blick abzuwenden, antwortete Hansen auf ihre Frage: »Geredet wird immer viel. Was aber eine Tatsache ist: Professor Schneider hat Schalcks Obduktion selbst durchgeführt. Und nur wenige Monate später hatte er eine neue Position hier am Institut. Und wir einen neuen Leitenden Oberarzt.«

☠ ☠ ☠

34

12. Januar, 17.30 Uhr
Kiel. Institut für Rechtsmedizin der Universität

Herzfeld und Hansen hatten bis nach 17 Uhr gewartet, bis sie sich ins Untergeschoss des Institutsgebäudes aufgemacht hatten, in dem sich die Steuerungsanlage für die Heizung befand. Der Großteil der Mitarbeiter war zu diesem Zeitpunkt bereits in den Feierabend gegangen und über die schneebedeckten Straßen zur Bushaltestelle oder zu Fuß nach Hause geschlittert.

Herzfeld hatte Tattoli zuvor informiert, dass er sich den Ort des Suizids einmal genauer ansehen wollte. Die Italienerin war von der Geschichte so gefesselt gewesen, dass sie die Erkundungstour der beiden Männer auch für eine gute Idee hielt. Dann war sie sehr still geworden und schien sich ihre eigenen Gedanken zu machen.

Herzfeld hatte Hansen in dessen Pförtnerloge abgeholt, und

sie waren zum Sektionssaal ins Erdgeschoss hinuntergegangen. Nachdem sie sich mit einem Blick in den Saal versichert hatten, dass sich auch keiner der Sektionsassistenten mehr hier befand, hatte Hansen die Tür zum Kellertrakt aufgeschlossen, und beide Männer hatten die Treppe nach unten genommen. Die erste Eisentür, die sie passierten, war der Eingang zum Asservatenraum, in dem Hansen nach der verschwundenen Machete gesucht hatte. Weiter hinten, am Ende des Ganges, lag eine weitere Metalltür, durch die Herzfeld bis dahin noch nie gegangen war.
»Hier hat es sich zugetragen«, deutete Hansen geheimnisvoll an und schloss die Tür mit einem schweren Eisenschlüssel auf, der an seinem riesigen Schlüsselbund hing. Herzfeld drückte auf den Lichtschalter, der sich an der Außenseite des Steuerungsraumes befand. Die beiden Männer betraten den Raum, der nun taghell von einer lang gestreckten Reihe von Halogenröhren, die unter dünnen Drahtgittern brannten, erleuchtet war.
Er war kaum größer als Herzfelds Büro, und neben zwei Server-Schränken, hinter deren Glasscheibe ein paar kleine grüne Lämpchen flimmerten, standen einige ausrangierte Putzutensilien herum. Eimer, Wischlappen, leere Reinigungsmittelflaschen. An der rechten Seite des Raumes verliefen auf Knöchelhöhe die Wasserrohre des Gebäudes. Durch eines der Rohre rauschte gerade hörbar eine Ladung Wasser. In der Mitte des nur etwa zwei Meter fünfzig hohen Raumes verliefen vier Heizungsrohre parallel zueinander direkt unter der Decke. Die Metallrohre waren nicht dicker als eine leere Papprolle für Küchenpapier und erstreckten sich einmal durch die Länge des Raums, um in einem übergroßen Kasten zur Steuerung der Gasheizung zu enden.
»Hier hat er gehangen. Genau hier«, flüsterte Hansen und deutete nach oben.
Herzfelds Blick folgte dem ausgestreckten Arm des Hausmeisters und blieb an einem der Rohre hängen, das sich fast unmerklich ein wenig nach unten bog und so aus der Reihe der anderen Rohre herausstach. Herzfeld sah sich um. Er musste

sich diese Stelle an dem metallenen Heizungsrohr genauer ansehen.
In der hinteren linken Ecke des Raumes waren einige Büromöbel gestapelt, für die es scheinbar keine Verwendung mehr gab. Zwei Tische, ein Rollcontainer und ein Bürostuhl. Er schob den Rollcontainer unter dem Tisch hervor und platzierte ihn unter dem Heizungsrohr, genau unter der kleinen Verbiegung des Rohres. Dann stieg er auf den Rollcontainer, der leicht unter seinem Gewicht knarrte. Auf der Oberseite des Rohres hatte sich eine dicke graue Staubschicht gebildet. Herzfeld ließ sich von Hansen einen der ausrangierten Putzlappen geben und wischte damit über das Rohr. Unter der Staubschicht trat eine beige Lackschicht, die vor vielen Jahrzehnten auf das Metall aufgetragen worden sein musste, zutage. Der Lack war hier an einer Stelle, in einer Breite von etwa einem Zentimeter, abgeblättert. Herzfeld nahm sein Handy, um mit dem Licht der Taschenlampenfunktion die kleine Beschädigung noch genauer inspizieren zu können. Und dann sah er etwas, das ihm das Blut in den Adern gefrieren ließ: Das blanke Metall des Rohres zeigte an seiner Oberseite, genau an der Stelle, an der sich die Lackschicht abgelöst hatte, mehrere feine Rillen. *Es sieht aus, als wäre hier ein stabiles Seil mehrfach und unter hoher Zugspannung über das Metall gezogen worden,* ging es Herzfeld durch den Kopf. Er befühlte mit der Hand die Stelle und konnte deutlich die kleinen Einkerbungen ertasten. *Das Gewicht eines erwachsenen Mannes an dem hier damals befestigten Strangwerkzeug erklärt ohne Weiteres die Verformung des Rohres beziehungsweise die Verbiegung nach unten. Aber diese Rillen und feinen Einkerbungen entstehen nur am Aufhängepunkt, wenn eine andere Person das Opfer, das sich bereits in der Schlinge befindet, hochzieht. Das kenne ich aus der Fachliteratur, auch wenn es dazu nur wenige Fallberichte gibt. Beim Selbsterhängen fehlen diese Schürfspuren und Rillen, da das Strangwerkzeug ja erst befestigt werden muss, ehe es vom Körpergewicht des Suizidenten belastet werden kann. Was ich hier*

sehe, kann nur entstanden sein, weil Schalck hochgezogen worden ist. Gerwin Schalck hat sich also nicht selbst getötet. Herzfeld wurde schwindelig bei den Gedanken, die jetzt durch seinen Kopf rasten.

Dann stieg er von dem Rollcontainer herunter, klopfte sich den Staub von seinen Händen und schob den kleinen Büroschrank wieder in die Ecke.

»Haben Sie etwas gesehen?«, fragte Hansen leise. »Ich kann da leider mit meinem Bein nicht hochsteigen.«

Obwohl Hansen ihn mit erwartungsvollem Blick ansah, machte Herzfeld auf dem Absatz kehrt und ging in Richtung der schweren Brandschutztür. »Nichts, was uns im Moment wirklich helfen würde …«, log er und fühlte sich für einen kurzen Moment ziemlich schlecht. Doch er hatte für sich beschlossen, Hansen zum jetzigen Zeitpunkt nicht an seinen Beobachtungen und den daraus gezogenen Schlussfolgerungen teilhaben zu lassen. Denn welche Rolle der Hausmeister nun tatsächlich bei den Vorgängen im Institut spielte und was seine wahre Motivation war, dass er so urplötzlich mit der Schalck-Geschichte aufwartete, das wollte Herzfeld erst noch einmal in Ruhe überdenken.

☠ ☠ ☠

35

12. Januar, 17.35 Uhr
Kiel. Institut für Rechtsmedizin der Universität

»Der Professor wird heute nicht mehr ins Haus kommen«, sagte seine Sekretärin gedankenverloren.

Frau Friedrichsen, die im Vorzimmer von Professor Schneider saß, schien kein großes Interesse zu haben, Tattoli weiterzuhelfen. Die Sekretärin des Oberarztes war nicht als die Freund-

lichkeit in Person bekannt. Sie hatte gerade vor wenigen Tagen ihren fünfzigsten Geburtstag gefeiert und schien sich nun vorgenommen zu haben, ihren extravaganten Kleidungsstil noch einmal schriller zu gestalten, als er es ohnehin schon war.
Aufgrund des besonders unfreundlichen Winters, der Wetterdienst hatte für den kommenden Tag Schneetreiben in den Küstenregionen vorausgesagt, hatte sich Schneiders Vorzimmerdame demonstrativ in eine Nerzweste gehüllt. Dazu trug sie einen regenbogenfarbenen Strickschal und wirkte damit wie ein Papagei im Winterurlaub. Im Raum hing der Duft ihres Tees, der in einer gläsernen Kanne auf einem Stövchen auf ihrem Schreibtisch stand.
»Aber Frau Doktor Tattoli, ich kann Ihren Termin mit dem Professor auch gar nicht im Kalender finden. Vielleicht haben Sie etwas verwechselt«, versuchte die Sekretärin sie abzuwimmeln.
Ich weiß doch, dass er nicht da ist, aber du wirst mir trotzdem gleich helfen, dachte Tattoli und nahm noch einen Anlauf. »Frau Friedrichsen, wären Sie so freundlich, mir einmal aus dem Büro des Professors die Handakten der Sektionsberichte aus seiner Anfangszeit als Oberarzt zu geben? Leider kann auch der Herausgeber einer italienischen Fachzeitschrift nicht warten, und es würde Professor Schneider sicher freuen, wenn er auch in Italien den Kollegen vorgestellt würde. Und in dem Artikel soll es schließlich um seine Anfänge bis heute gehen«, log Tattoli.
Während sich Herzfeld und Hansen auf den Weg in den Keller des Instituts gemacht hatten, hatte sie versucht, im elektronischen Archiv des Instituts den Sektionsbericht von Gerwin Schalck zu finden. Doch das Jahr seines Todes schien bisher nur lückenhaft digitalisiert worden zu sein. Im öffentlich zugänglichen Handarchiv, mehreren großen Schubladenungetümen in einem der Institutsbibliothek angrenzenden Raum im ersten Stock, fand sich die betreffende Akte auch nicht. Aber da Schneider seinerzeit der verantwortliche Obduzent gewe-

sen war und laut Herzfeld über ein eigenes Archiv seiner Sektionsfälle verfügte, hatte sie beschlossen, sich dort den Bericht anzuschauen. Jedoch nicht unbedingt in Schneiders Gesellschaft. Tattoli hatte extra gewartet, bis er das Institut zu einer Fakultätsratssitzung verlassen hatte.

Frau Friedrichsen erhob sich schwerfällig. Es schien sie zu stören, dass sie sich nun bewegen musste. Mit einer abfälligen Bewegung warf sie sich den bunten Schal theatralisch über die Schulter. »Ich werde mal nachschauen. Wenn das so vereinbart war, meinetwegen. Dann müssen Sie aber morgen mit dem Professor sprechen, ich werde Sie am Nachmittag eintragen. Da hat er noch Zeit. 15 Uhr? Obwohl, jetzt mit den ganzen Mitarbeiterbefragungen …«, murmelte die Sekretärin.

Tattoli zeigte sich künstlich neugierig. »Welche Befragungen?«, fragte sie betont gleichgültig, obwohl sie ahnte, dass es um die mutmaßliche Tatwaffe, die aus der Asservatenkammer des Instituts verschwunden war, gehen musste.

»Ach, Sie sind ja extern, das dürfte Sie nicht betreffen. Also die Berichte vom ersten Jahr des Professors als Oberarzt, die suchen Sie, richtig?«

Tattoli nickte beflissen und wartete, während die Sekretärin Schneiders Büro aufschloss. Direkt hinter der Tür, Tattoli konnte es nicht richtig erkennen, schien sich ein Aktenschrank zu befinden, dessen Schubladen Friedrichsen geräuschvoll öffnete und ebenso lautstark wieder zuschob. Dann kehrte sie mit einem großen Stapel gelber Aktendeckel zurück, die sie Tattoli mit einem abschätzigen Blick überreichte. »Ich werde den Professor informieren, und dann können Sie sich ja am Nachmittag selbst mit ihm unterhalten. 15 Uhr passt ja sicher.« Sie setzte sich wieder an ihren Schreibtisch.

Tattoli bedankte sich und verließ das Büro. Als sie sich umdrehte, huschte ihr der Hauch eines Lächelns über die Lippen.

☠ ☠ ☠

36

12. Januar, 18.15 Uhr
Kiel. Institut für Rechtsmedizin der Universität

Der schwarze Plastikcontainer mit den Abfällen aus dem Sektionssaal war schwer. Schläuche, Magensonden, der eine oder andere Tubus von einer gescheiterten Wiederbelebung und einige blutdurchtränkte grüne Bauchtücher, die im Rahmen einer tödlich verlaufenen Operation zum Aufsaugen von Blut und Wundsekret kurz vor dem Ableben noch in Bauch- oder Brusthöhle gestopft worden waren. Hansen stöhnte, als er sich vom Vorraum des Sektionssaales mit seiner beschwerlichen Fracht humpelnd auf den Weg zum Kühlraum machte. *Immer wieder erstaunlich, was in eine Kiste passt, die eigentlich nur sechzig Liter fasst,* dachte er und zerrte am Griff des Containers, den er zuvor unter größter Anstrengung auf ein Rollbrett gewuchtet hatte. Die Box war mit einem gelben Deckel verschlossen, und lediglich das an der Seite angebrachte Zeichen der drei offenen, aneinanderliegenden schwarzen Kreise auf dem gelben Untergrund gab den Hinweis, dass es sich bei dem Inhalt keineswegs um Unkraut oder Kompost handelte. Sondern um potenziell infektiöses Material menschlicher Herkunft.

Als Hausmeister und Pförtner des Instituts gehörte nun mal auch diese Entsorgungstätigkeit zu Hansens Job, wenn Heinrich von Waldstamm oder einer der anderen Sektionsassistenten gerade nicht verfügbar waren.

Der ehemalige Kapitän stellte den Behälter vor der Kühlkammer kurz ab, zückte seinen mächtigen Schlüsselbund und schloss den Raum auf. Mühsam schob er die Tür auf. Sofort schlug ihm die kalte Luft entgegen.

Eilig stellte Hansen den abgewetzten Kragen seiner blauen Kabanjacke auf. Aber im Vergleich zu draußen war die Kühlschranktemperatur hier drinnen noch erträglich, denn im winterlichen Kiel hatte es am späten Nachmittag einen Temperatursturz auf minus zwölf Grad gegeben. Mit festem Griff zog er den Container auf den kleinen Rollen des Transportbrettes in den Kühlraum, in dem die Sammelbehälter mit den Sektionssaalabfällen deponiert waren. Da die Spezialfirma, die die Sektionssaalabfälle entsorgte und in eine spezielle Müllverbrennungsanlage brachte, nur alle zwei Wochen kam, hatte sich bereits wieder einiges angesammelt. Inzwischen standen hier sechs gleich aussehende schwarze Plastikcontainer mit jeweils sechzig Litern Fassungsvermögen in einer Reihe. Ansonsten war der Raum bis auf zwei offene Regale aus Stahl leer. Hier konnten, sofern der Platz im großen Kühlraum des Instituts nicht ausreichte, auch Leichen gelagert werden – doch das kam fast nie vor.

Umständlich manövrierte Hansen den Container, als müsse er einen Laster in eine kleine Parklücke zwängen. An der Reihe der sechs Behälter angelangt, wuchtete er den Container vom Rollbrett herunter und postierte ihn neben den übrigen. Gerade als sich Hansen zurück zum Ausgang wenden wollte, blieb sein Blick an einer der schwarzen Boxen hängen. Der Deckel des Containers war nicht ordnungsgemäß verschlossen. Ein weißer Zipfel lugte unter dem Deckel hervor. Hansen beugte sich herunter und griff danach.

»Leute, das kann doch nicht euer Ernst sein, dass ihr die Tonnen nicht richtig verschließt. So eine Sauerei«, schimpfte er vor sich hin, bekam die Stofffetzen mit Daumen und Zeigefinger zu fassen und öffnete mit der anderen Hand den Deckel des Behälters.

Er hatte sich noch nie einen Kopf um die mögliche Gefahr von Infektionskrankheiten gemacht und trug auch heute wieder nicht die eigentlich für die Entsorgung des Sektionssaalabfalls vorgeschriebenen Einmalhandschuhe und den obligatorischen Mundschutz. *Das kann doch nicht sein, dass sich die Sektionsassistenten alles hinterherräumen lassen. Ich bin doch nicht die Müllabfuhr. Ich muss mit dem Chef sprechen*, dachte Hansen

verärgert, während er den Inhalt des Behälters genauer betrachtete, bis er schließlich erkannte, was dort jemand scheinbar achtlos weggeworfen hatte: einen weißen Anzug der Spurensicherung, der mit dunkelroten, getrockneten Spritzern übersät war.
»Was ist denn das hier?«, sagte der Hausmeister entgeistert, als würde eine zweite, unsichtbare Person neben ihm im Kühlraum stehen, als er den Anzug aus dem Plastikcontainer zog. Der weiße Anzug, der aus einem Baumwoll-Synthetik-Mix gefertigt war, war eindeutig mit Blut bespritzt. Die Sprenkel waren überall, sogar auf der Kapuze des Anzugs verteilt. Ungläubig starrte Hansen auf das, was er gerade in den Händen hielt. Dann richtete er seinen Blick erneut in den schwarzen Container und entdeckte ein weiteres Fundstück in der Kiste. Offensichtlich handelte es sich dabei um eine Jeans. Hansen legte den mit Blut bespritzten Anzug auf dem Boden des Kühlraumes ab und angelte die Jeans aus den Tiefen der Box. *Was, zum Henker, ist denn da noch alles drin! Das hat doch hier gar nichts zu suchen*, begann sich Hansen zu ärgern. In seinen Händen hielt er jetzt die Reste von dem, was früher mal eine Jeans gewesen war. Das verwaschene blaue Kleidungsstück war an der Frontseite zerschnitten worden. Die Hosenbeine waren dabei vollständig einmal in Längsrichtung aufgeschnitten worden, als hätte sich ein verrückter Maßschneider an ihnen ausgetobt.
Hansen hob die Reste der Hose ins Licht. Im Schein der Halogenröhre betrachtete er die Innenseite der Jeans. Jemand hatte den Stoff mit krakeligen Zeichnungen von großen und kleinen Frauen versehen. Sie schienen dicht gedrängt auf dem Stoff Platz genommen zu haben, hockten einfach mit angezogenen Beinen da. Eine neben der anderen. Mal mit einem Filzstift gezeichnet, mal, fast vollständig verblasst, mit einem Kugelschreiber. Hansen besah sich die bizarren Zeichnungen genau – irgendetwas schien sein Verstand an der ganzen Sache noch nicht richtig begreifen zu können. Irgendetwas störte den

Hausmeister, ganz abgesehen davon, dass Textilien nicht in diese Tonne gehörten.
Und dann ging es ihm auf.
Die gezeichneten Frauen, sie haben keine Arme, sie haben Flügel …

☠ ☠ ☠

37

12. Januar, 18.38 Uhr
Kiel. Institut für Rechtsmedizin der Universität

Herzfeld und Tattoli hatten nicht nur den Sektionsbericht von Oberarzt Schalck, sondern eine Kopie der gesamten Ermittlungsakte in den Unterlagen aus Schneiders Büro gefunden, die die Friedrichsen der italienischen Rechtsmedizinerin so problemlos ausgehändigt hatte.
Herzfeld war von Tattolis Alleingang zwar nicht begeistert gewesen, dann aber doch zu der Überzeugung gelangt, dass dies wahrscheinlich der einzige Weg gewesen war, um an die Unterlagen zu kommen, und dass der Zweck in diesem Falle die Mittel heiligte, denn Schneider hätte den Obduktionsbericht niemals ohne Weiteres herausgerückt. Danach hatte er Tattoli von seiner Expedition mit Hansen in den Keller berichtet und von den Spuren, die er auf der Oberseite des Heizungsrohres entdeckt hatte, und insbesondere von seinen Schlussfolgerungen.
Tattoli war Feuer und Flamme für die neuen Entwicklungen um die Causa Schalck und die ungeheuerliche Spur, der sie gerade nachgingen. Allerdings wollte auch sie sich zu diesem Zeitpunkt nicht zu irgendwelchen Vermutungen hinreißen lassen.
Insofern brannten sie beide vor Neugier, welche Informationen der Sektionsbericht von Gerwin Schalck wohl enthalten würde. Herzfeld setzte sich neben Tattoli auf den zweiten Be-

sucherstuhl vor seinem Schreibtisch, hielt die Akte in der Mitte zwischen ihnen beiden aufgeschlagen, und sie begannen die Unterlagen zu studieren. Wortlos lasen sie bis zum Ende, um sich, zunächst jeder für sich, ein Bild von den Ermittlungen und dem Sektionsergebnis im Fall Schalck zu machen.

Die auffallend dünne Akte bestand aus der polizeilichen *Anzeige unnatürlicher Tod/Leichenfundortbericht;* Protokollen zu Zeugenvernehmungen, die neben Margret Schalck und einigen Nachbarn im wesentlichen Institutsmitarbeiter betrafen; kurzen, von den zuständigen Polizeibeamten gefertigten Vermerken und dem abschließenden Bescheid der Einstellung des staatsanwaltschaftlichen Ermittlungsverfahrens. Aus diesen polizeilichen Unterlagen ergaben sich keine über den mündlichen Bericht von Hansen hinausgehenden neuen Erkenntnisse. Schalck hatte an dem Tag seines Verschwindens vor knapp dreizehn Jahren die Wohnung, in der er gemeinsam mit seiner Frau lebte, ungewöhnlich früh am Morgen verlassen und war zwei Tage später von Hansen im Heizungskeller des Instituts erhängt aufgefunden worden. Die polizeilichen Ermittlungen zu seinem Suizid waren von Beamten der Polizeidirektion und nicht von der Mordkommission durchgeführt worden, weshalb es auch keine kriminaltechnische Untersuchung des Leichenfundortes gegeben hatte.

Ein Abschiedsbrief von Schalck war nicht gefunden worden und bezüglich eines möglichen Motives für den Suizid waren alle polizeilichen Ermittlungen ins Leere gelaufen. Gerwin Schalck war weder körperlich erkrankt noch depressiv gewesen, und für eine Abhängigkeitserkrankung hatten sich auch keinerlei Anhaltspunkte ergeben. Und nach Angaben von Margret Schalck hatten sie und ihr Mann sogar eine größere Reise geplant.

Das Sektionsprotokoll war ungewöhnlich knapp gehalten und umfasste nur acht Seiten. Am Ende war es von Schneider als erstem federführenden Obduzenten und einer Frau Doktor Sabrina Gerling unterzeichnet, einer Kollegin, deren Namen

Herzfeld zwar schon einmal gehört hatte, die er aber nicht persönlich kannte, da sie viele Jahre zuvor das Institut verlassen hatte.

Nachdem er und Tattoli das Protokoll gelesen hatten, legte Herzfeld die Akte auf die Schreibtischplatte, erhob sich und ging um den Schreibtisch herum, um gegenüber der Italienerin auf seinem Schreibtischstuhl Platz zu nehmen. Es herrschte für wenige Minuten Schweigen, bis Herzfeld die Akte an sich nahm, erneut aufschlug und einige der Passagen des Sektionsprotokolls laut vorlas.

»An der Körperrückseite, insbesondere im Bereich von Gesäß und rückwärtigen Ober- und Unterschenkelpartien, geringer am Rücken, kräftig ausgebildete, auf Fingerdruck nicht mehr zur Abblassung zu bringende Leichenflecken ... Um den Hals eine annähernd zirkulär verlaufende, zum Nacken hin leicht ansteigende, sich aber dort nur unvollständig verlaufende Strangmarke von etwa einem Zentimeter Breite ... Stauung und Dunsung der Gesichtsweichteile mit flächenhafter zyanotischer Verfärbung der Gesichts- und Halshaut oberhalb der Strangmarke am Hals und massenhaft teils punkt-, teils kleinfleckförmige Einblutungen in die Augenbindehäute ... Keine, im Sinne von Abwehrverletzungen zu deutenden, Hautveränderungen an den Unterarmen. Die Fingernagelränder allseits intakt, die Fingerkuppen gerade erreichend ... Todesursache ist ein Erhängen. Zeichen einer äußeren Gewalteinwirkung, abgesehen von den Zeichen des Erhängens, fanden sich nicht. Anhaltspunkte für eine Gewalteinwirkung von fremder Hand hat die Obduktion nicht ergeben. Aus rechtsmedizinischer Sicht handelt es sich, unter Würdigung der Ermittlungsergebnisse, der Auffindesituation und der festgestellten Sektionsbefunde, um einen Suizid. Weitergehende Untersuchungen wurden nicht eingeleitet.«

Mit diesen Worten knallte Herzfeld die Akte auf den Schreibtisch, was Tattoli erschrocken zusammenfahren ließ. »Entschuldigung«, sagte er. »Aber das hier stinkt doch zum Himmel, und zwar ganz gewaltig, wenn Sie mich fragen.« Die Italienerin nickte, während Herzfeld fortfuhr. »Die Leichenflecken sind nicht kongruent zu einem Erhängen beziehungsweise zu der im Polizeibericht geschilderten Aufhängeposition. Leichenflecken entstehen immer am tiefsten Punkt des Körpers, dort, wohin das Blut nach dem Tod, der Schwerkraft folgend, passiv absinkt, nicht wahr?«

»Korrekt«, unterbrach Tattoli ihn und griff eilig seine Worte auf. »Bei einer frei hängenden Leiche, wie es bei Schalck augenscheinlich der Fall war, müssten sich die Blutgefäße der unteren Partien der Beine und Arme postmortal mit Blut füllen, und die Leichenflecken wären strumpf- und handschuhförmig ausgebildet. Aber im Protokoll sind die Leichenflecken an der Körperrückseite beschrieben. Zum Zeitpunkt, als Schalcks Körper in die frei hängende Position gelangte oder aufgehängt wurde, wie auch immer es dazu kam, waren seine Leichenflecken nicht mehr umlagerbar. Die roten Blutzellen waren postmortal bereits aus den Gefäßen in das umgebende Gewebe abgewandert. Die an der Körperrückseite befindlichen Leichenflecken waren quasi fixiert und haben sich nicht mehr verändert. Und das bedeutet …« Tattoli machte eine kurze Pause, in der Herzfeld ihre Überlegungen aufgriff und den Satz zu Ende führte: »Zum einen, dass Schalck auf jeden Fall nicht in hängender Position verstorben ist, und zum anderen, dass er schon viele Stunden, vielleicht sogar schon einen ganzen Tag, tot war, als er aufgehängt wurde!«

»Ganz genau«, entgegnete Tattoli.

»Von der Akribie und Professionalität Schneiders, von der mir der Chef heute Morgen bei unserem Gespräch noch vorschwärmte, ist hier im Sektionsprotokoll nichts festzustellen. Aber auch gar nichts. Im Gegenteil, das Sektionsprotokoll ist oberflächlich und bleibt bei vielen Befunden vage. Die Farbe der Leichenflecken ist nicht dokumentiert, die Strangmarke ist nachlässig und ohne relevante Einzelheiten beschrieben. Es wurde bei der Sektion nicht das vordere Längsband der Wirbelsäule frei präpariert, um zu sehen, ob der Tote simonsche Blutungen als Zeichen der Vitalität und damit Zeichen eines Erhängens zu Lebzeiten hatte. Kein Wort zu Verletzungen von Kehlkopf und Zungenbein. Und dann die angebliche Strangmarke. Ist Ihnen aufgefallen, dass die Beschreibung genauso gut, fast sogar noch besser zu einer Drosselmarke passt und eher untypisch für eine Strangmarke bei Erhängen ist?« Herzfeld kochte.

Und Tattoli schien zu bewundern, wie er die Fakten aus dem Sektionsprotokoll verdichtete.

»Wie auch immer«, fuhr Herzfeld wütend fort, »die Obduzenten ziehen die falschen Schlüsse. Ich kenne die zweite Obduzentin, Frau Gerling, nicht, aber was ich hier lese, ist hanebüchen. Warum wurde hier nicht das volle Programm gefahren? Keine toxikologische Untersuchung? Vielleicht war Schalck zu seinem Todeszeitpunkt ja überhaupt nicht handlungsfähig und konnte sich gar nicht selbst erhängen, weil er durch irgendwelche Substanzen dazu gar nicht mehr in der Lage war? Warum wurde das nicht überprüft?« Er bemerkte, wie immer mehr Adrenalin durch seine Adern schoss und seine Wangen zu glühen begannen.

Tattolis Gesichtsfarbe dagegen schien sich eher zum Gegenteil zu wandeln. Mit jeder neuen Erkenntnis, die Herzfeld präsentierte, wurde sie blasser.

»Und diese Nachlässigkeit …«, Herzfeld atmete tief und hörbar ein, »… zieht sich durch die gesamten Ermittlungen. Es hat sich niemand die Mühe gemacht, eine Faserprobe von Schalcks Händen zu nehmen, um zu sehen, ob er den Strick, an dem er hing, überhaupt selbst berührt hat. Im Gegenteil, die Kriminaltechnik hat die Leiche Schalcks nicht einmal zu sehen bekommen. Und es erfolgte auch keine Messung von Umgebungstemperatur und Rektaltemperatur am Leichenfundort. Zur möglichen Todeszeit von Schalck findet sich nicht ein einziges Wort in den Ermittlungsunterlagen, und auch im Sektionsprotokoll vermeiden die Obduzenten tunlichst, darauf einzugehen.«

»Und wissen Sie, was an dieser Akte auch nicht stimmt?«, sagte Tattoli. »Es gibt nicht ein einziges Foto. Nichts. Weder von der Auffindesituation noch von der Obduktion. Ich gehe doch recht in der Annahme, dass solche Fotos auch hier bei Ihnen in Kiel in der Rechtsmedizin Usus sind, oder?«
»Ja, natürlich. Es sind mit Sicherheit Fotos von den Sektionsbefunden gemacht worden. Dass diese Fotos nicht Bestandteil der Akte sind, ist mehr als ungewöhnlich. Es ist praktisch ausgeschlossen, dass Fotos aus den Ermittlungsunterlagen verloren gehen«, entgegnete Herzfeld.
»Ausgerechnet in diesem Fall. Und wie gesagt, ich habe sowohl im Handarchiv als auch im elektronischen Ablagesystem alles durchsucht. Das Original der Akte ist weder im Archiv zu finden noch digitalisiert worden«, stellte Tattoli fest.
Was wäre, wenn Schneider etwas mit dem Tod von Schalck zu tun hat? Wäre er imstande, für einen Karriereschritt einen Menschen zu töten, blitzte es als Gedanke in Herzfeld auf, der sich jedoch nicht traute, diese Überlegung laut zu formulieren. *Nein, das war undenkbar. Das ist zu drastisch, zu abwegig. Ich, der erst vor Kurzem im Institut angefangen hat, kann jedenfalls nicht derjenige sein, der einen solchen Vorwurf in den Raum stellt. Oder doch?*, wog Herzfeld ab.
»Was ist mit der zweiten Obduzentin?«, fragte Tattoli.
»Doktor Sabrina Gerling. Den Namen habe ich schon mal gehört. Kollegin Westphal hat ihn ein paarmal erwähnt. Wenn ich mich richtig erinnere, hat die Gerling vor Jahren das Institut verlassen und ist mit ihrem Mann nach Südafrika ausgewandert. Anscheinend irgend so eine Aussteigernummer. Aber ich muss zugeben, ich habe damals nicht so genau hingehört. Wir könnten versuchen, sie zu finden«, erklärte Herzfeld.
»Ich rufe Heike an«, sagte Tattoli und drückte bereits auf die Kurzwahltaste an der Leiste ihres Telefons, in der sämtliche Abteilungen und Ärzte hinterlegt waren. Westphal und die italienische Gastärztin hatten sich von Anfang an gut verstanden, trafen sich regelmäßig zum Salatessen in der Mittagspause, in-

sofern sollte die Nachfrage nach einer früheren Kollegin unverfänglich sein.
Noch ehe Herzfeld darüber nachdenken konnte, ob das tatsächlich eine gute Idee war, schnatterte Tattoli los. »Heike? Hier ist Lucia! Du sag mal, einmal kurz interner Klatsch: Es gab doch hier mal eine Obduzentin, die Sabrina Gerling hieß, oder? Weißt du, wo die abgeblieben ist«, flötete Tattoli. Herzfeld hatte diesen freundlichen, mädchenhaften Tonfall so von Tattoli noch nicht zu hören bekommen.
Nachdem sie ihre Frage gestellt hatte, lauschte Tattoli aufmerksam. Dann hob sie leicht die Hand, um Herzfeld zu bedeuten, dass sich der Anruf gelohnt hatte. Als sie auflegte, konnte er es kaum abwarten.
»Und, was hat der Flurfunk gesagt?«
»Also, Dottore. Südafrika war richtig. Genauer gesagt: Kapstadt. Aber die Geschichte geht leider ziemlich bitter weiter. Nachdem Gerling mit ihrer Familie ausgewandert war – ihr Mann hatte einen Job bei der Dependance eines großen Automobilherstellers bekommen –, ist sie erkrankt. Brustkrebs. Sabrina Gerling ist vor zwei Jahren verstorben. Ihr Mann ist mit den zwei Kindern ein paar Monate später allein nach Deutschland zurückgekommen.«
Herzfeld machte ein betroffenes Gesicht. »Für meinen Geschmack etwas zu viele Todesfälle von Institutsangehörigen. Aber wenn es Brustkrebs war, hat bei Frau Gerling niemand nachgeholfen, so viel ist sicher. Sicher ist damit aber leider auch, dass wir sie nicht mehr fragen können.«
»Traurige Geschichte«, bedauerte Tattoli. »Und damit werden wir auch nie erfahren, was genau sich an diesem Tag im Sektionssaal zugetragen hat.« Sie machte eine kurze Pause. »Aber was ist mit Schalcks Ehefrau?«, nahm Tattoli den Faden wieder auf. »Sollten wir nicht mit ihr sprechen?«

38

12. Januar, 18.55 Uhr
Kiel. Institut für Rechtsmedizin der Universität

Der Hausmeister ließ die Reste der verwaschenen blauen Jeans nach unten sinken und bemühte sich um eine Erklärung für das, was er da gerade gefunden hatte. Aber es fiel ihm einfach keine plausible Erklärung ein. Er legte die zerschnittene Jeans zu dem weißen blutbesprenkelten Anzug der Spurensicherung auf den Boden und inspizierte den schwarzen Abfallcontainer erneut.

Am Grund des Containers lag eine mehrfach gefaltete weiße Plastikplane. Hansen zog die dicke Plane heraus und breitete sie ungefähr zur Hälfte aus. Sie musste mehrere Quadratmeter groß sein, schätzte er. Aber es war weder die Größe der Plane noch der Umstand, dass sie eigentlich nichts im Sektionssaalabfall zu suchen hatte, sondern vielmehr die Tatsache, dass die Plane auf der einen Seite völlig mit Blut verschmiert war. Hansen war klar, dass er hier gerade einen sehr bedeutenden Fund gemacht hatte. Er faltete die Plastikplane wieder zusammen und legte sie zu den beiden anderen Fundstücken. Anschließend verschloss Hansen den jetzt leeren Abfallcontainer sorgfältig mit dem gelben Deckel. *Ein Anzug der Spurensicherung, der aussieht, als hätte ihn jemand angehabt, der eine Schlachtung vorgenommen hat. Eine zerschnittene Hose, an deren Innenseite sich bizarre Zeichnungen von Flügelfrauen befinden. Eine Plastikplane, über die sich viele Liter Blut ergossen haben. Kein Rechtsmediziner im Institut hinterließ diesen Müll, egal welche Leichensituation er vorfand. Das hatte Hansen in all den Jahren hier im Haus gelernt. Also, woher kam das Zeug, und wer wollte es hier unbedingt unauffällig loswerden? Und wer malte Flügelmädchen auf die Innenseite seiner Jeans?*

Als ihm die Antwort dämmerte, wessen Kleidungsstück er vermutlich gerade entdeckt hatte, musste er sich an einem der

Container abstützen. Intuitiv schaute er sich im Raum um, ob er auch wirklich allein war.

Erst verschwindet die Machete, und jetzt das hier, grübelte er. Er brauchte Zeit, um seine Gedanken zu sortieren. Aber er spürte auch, wie heikel dieser Fund war. Hansen verstaute die drei Fundstücke in zwei großen schwarzen Müllsäcken. Hier wollte er sie nicht zurücklassen, denn vielleicht würde derjenige, der die Sachen hier deponiert hatte, zurückkommen, um sie zu holen. Bei ihm waren sie erst mal in guten Händen. Er würde bei einer guten Pfeife in Ruhe darüber nachdenken müssen, was er hier gefunden hatte, und schloss die Tür des Kühlraums hinter sich.

☠ ☠ ☠

39

12. Januar, 20.46 Uhr

Kiel. Institut für Rechtsmedizin der Universität

Mittlerweile war das Institutsgebäude wie ausgestorben. Die Büro- und Laborräume waren dunkel, und in den langen Fluren brannte nur noch die obligatorische Nachtbeleuchtung. Alle Mitarbeiter und Doktoranden hatten das Gebäude verlassen.

Fast alle.

In Herzfelds Büro im Erdgeschoss brannte noch Licht. Tattoli und er waren die wenigen objektiven Fakten, die ihnen zum Todesfall Schalck vorlagen, immer und immer wieder durchgegangen, hatten sich aber keinen Reim auf die vielen fachlichen Lücken und Widersprüche machen können.

Tattoli hatte begonnen, sich zahlreiche Notizen zu machen, und Herzfeld starrte gerade wie ein Raubtier, das versuchte eine Fährte aufzunehmen, auf die vor ihm liegenden Ermittlungsunterlagen, als sein Handy klingelte. Herzfeld schaute auf das Display. »Tomforde. Vielleicht hat er noch Neuigkeiten für uns.« Herzfeld nahm den Anruf entgegen »Herr Tomforde …«

»Moin, ich hoffe, ich störe Sie nicht?«

»Nein – wir studieren gerade Obduktionsberichte«, sagte Herzfeld beinahe wahrheitsgemäß und bedauerte es erneut, als er die Stimme des Oberkommissars hörte, dass er Tomforde nicht früher über die Machete aus der Asservatenkammer des Instituts informiert hatte und dieser diese Information erst über Umwege von der Staatsanwaltschaft erfahren hatte. Herzfeld hoffte inständig, dass das nicht zwischen ihnen stehen und sich auf ihre weitere Zusammenarbeit auswirken würde.

»Gibt es etwas Neues im Flügelmacherfall?«, wollte Herzfeld wissen.

»Nein«, antwortete Tomforde. »Es geht um unseren anderen Fall. Ich wollte Ihnen eine Information geben, die etwas mit Ihrem Bauchgefühl zu tun hat: Wir haben einen geständigen Verdächtigen im Fall Edda Steen gefasst. Stichwort: Weihnachtslichterkette«, erklärte Tomforde.

»Einen Täter?«

»Na ja, ein Täter ist er erst, wenn er rechtskräftig verurteilt ist. Im Moment ist er unser Beschuldigter. Beschuldigt des Mordes an Edda Steen.« Tomforde räusperte sich, als ob er in solchen Anrufen nicht sonderlich geübt war, ehe er fortfuhr: »Ohne Ihre rechtsmedizinische Einschätzung wären wir der Sache wohl nicht weiter nachgegangen. Alterssuizid – Akte zu. Einer mehr für die Statistik. Die Feststellung, dass es kein Erhängen, sondern eine Kombination aus Erdrosseln und Erwürgen und damit kein Suizid war, haben wir Ihnen zu verdanken. Insofern sind wir jetzt quitt. Ich sehe Ihnen nach, dass Sie mich nicht sofort darüber informiert haben, dass die Machete aus dem Brook aus Ihrem Institut stammt. Oder vielmehr aus dem Institut, in dem Sie arbeiten. Sei es drum. Schwamm drüber, einverstanden?«

»Ja, natürlich, ich …« Herzfeld wollte weitersprechen, aber

Tomforde unterbrach ihn. »Erledigt. Zurück zum Fall Steen. Dass es sich nicht um einen Suizid handelte, war nicht die einzige erstaunliche Entwicklung in diesem Fall. Als wir in der Mühlenstraße im Wohnhaus der Toten waren, in der die Steen seit zwanzig Jahren im zweiten Stock in einer Zweizimmerwohnung lebte, bin ich von einem Mann angegriffen worden. Der ist mir …«, Tomforde hatte noch immer hörbar an dieser Niederlage zu knabbern, »… aber dann doch entwischt. Ist auch egal. Am Ende fand sich seine DNA nicht nur an meiner Oberbekleidung nach einer kleinen Attacke auf mich. Sondern er hat sich auch in der gesamten Wohnung der Toten DNA-mäßig verewigt. Wir haben ihn durch die DNA-Datenbank laufen lassen. Und: Bingo! Der Mann ist der Hausmeister mehrerer Wohnblöcke in der Mühlenstraße. Vorbestraft wegen schwerer Körperverletzung und Einbruchdiebstahl. Anscheinend legt die zuständige Hausverwaltung nicht so viel Wert auf den Leumund ihrer Mitarbeiter. Aber die sehen wir uns auch noch mal etwas genauer an. Heute Morgen haben die Kollegen vom mobilen Einsatzkommando den Kerl dann hopsgenommen, und eben gerade hat er in seiner Vernehmung gestanden!«, fasste Tomforde die Ereignisse der letzten Tage im Fall Steen zusammen.

»Was genau hat er zum Tathergang gesagt?«

»Es war genau so, wie Sie es aufgrund der Befunde der äußeren Leichenschau und Ihres Sektionsergebnisses vermutet hatten: Er hat die alte Dame stranguliert. Erst mit den Händen gewürgt, und als sie sich nicht so einfach ins Jenseits befördern ließ, hat er sie mit seinem Gürtel zu Tode gedrosselt. Dann hat er sich aus einer Kiste mit der bereits verstauten Weihnachtsdekoration die Lichterkette genommen und sie im Bad aufgehängt, damit es wie ein Selbstmord aussieht. Das Motiv ist sehr wahrscheinlich finanzieller Natur. Es scheint, dass er mit den knapp vierhundert Euro aus der Geldkassette, die sich hinter dem Bücherregal befand, seine Spielschulden bezahlen wollte«, berichtete Tomforde.

Nachdem der Oberkommissar Herzfeld noch einmal für seine rechtsmedizinische Einschätzung gedankt und dieser wiederum den Oberkommissar zu dessen Fahndungserfolg beglückwünscht hatte, beendete Herzfeld das Telefonat.
Das war der Moment, als sich plötzlich in Herzfelds Gehirn zwei gedankliche Versatzstücke zusammenfügten, die anscheinend schon längere Zeit in seinem Unterbewusstsein herumgedümpelt waren, um jetzt an die Oberfläche zu ploppen. Wie zwei zueinander passende Teile eines Puzzles, die sich durch Zufall in der Puzzlekiste gefunden und ineinander verhakt hatten. Und jetzt öffnete sich der Deckel der Puzzlekiste in Herzfelds Kopf. *Ein Mord, der wie ein Suizid durch Erhängen aussehen sollte. Ist Schneider am Sektionstisch vor einer Woche, als wir die tote Rentnerin obduziert haben, deshalb so ausgetickt, weil er sich plötzlich nicht mehr sicher sein konnte, dass niemand inszenierte Erhängungssuizide durchschaut? Weil es bei Gerwin Schalck genauso gewesen ist? Weil der sich vielleicht gar nicht das Leben genommen hat? Weil er vielleicht erdrosselt oder sonst wie stranguliert und erst anschließend aufgehängt wurde …* Die Gedanken in Herzfelds Gehirn überschlugen sich.
Er bat Tattoli um ihre Notizen und glich ihre stichpunktartigen Aufzeichnungen mit seinen Überlegungen ab, um sicher zu sein, dass sie alle Fakten zusammengetragen hatten. Dabei ließ er die italienische Rechtsmedizinerin an seinen Gedanken teilhaben: »Was haben wir? Zunächst den Leichenfundort von Schalck mit den Spuren am Heizungsrohr, die gegen ein suizidales Erhängen und vielmehr für ein Hochziehen seines leblosen Körpers sprechen. Dass Schalck sehr wahrscheinlich schon länger tot war, als er aufgehängt wurde und definitiv nicht im Strang gestorben ist, dafür spricht die Anordnung der Leichenflecken an seiner Körperrückseite. Ein weiterer Hinweis darauf sind die fehlenden Vitalzeichen im Sektionsbericht. Obwohl ich im Moment auf diesen Punkt nicht so viel geben würde, so oberflächlich und substanzlos, wie der Bericht verfasst

ist. Eine Faserprobe der Finger des Toten, Untersuchungen zur Todeszeit, toxikologische Untersuchungen zu Schalcks Handlungsfähigkeit zum Todeszeitpunkt oder andere kriminaltechnische Untersuchungen – das alles wurde nicht durchgeführt. Zumindest findet sich darüber nichts in den Unterlagen. Die Beschreibung der mutmaßlichen Strangmarke im Sektionsbericht hört sich für mich eher nach einer Drosselmarke an, aber das können wir nicht weiter überprüfen, da keine Fotos von den Sektionsbefunden existieren. Und die zweite Obduzentin, Sabrina Gerling, ist tot. Die können wir dazu nicht mehr befragen.«

Herzfeld machte eine Pause und blickte Tattoli durchdringend an. Die Italienerin hatte ihm die ganze Zeit über gebannt zugehört und zwischendurch immer wieder heftig genickt, um Herzfeld stillschweigend zu signalisieren, dass sie ihm folgen konnte und dieselben Schlussfolgerungen wie er zog.

»Und jetzt …«, setzte Herzfeld seine Zusammenfassung ihrer bisherigen Erkenntnisse fort, »… jetzt kommt der Missing Link, der zwischen den beiden mutmaßlichen Suiziden, die aber keine waren, besteht: Schneiders Wutausbruch bei der Sektion von Edda Steen. Als ich festgestellt habe, dass sie gewürgt, dann erdrosselt und schließlich nachträglich an der Lichterkette aufgehängt wurde, um so einen Suizid vorzutäuschen, ist Schneider völlig aus der Haut gefahren, weil der Modus Operandi dem bei Schalck ähnelt. Erst dachte ich, es sei seine gekränkte Eitelkeit, weil ich ihn fachlich vor den beiden Fernsehjournalisten regelrecht vorgeführt habe, und das auch noch vor laufender Kamera. Aber das war nicht der Grund. Er befürchtete …«

»Sie meinen, Schneider hat etwas mit dem Tod der alten Frau aus Gaarden zu tun?«, unterbrach ihn Tattoli, die Herzfeld jetzt nicht ganz folgen konnte.

»Nein«, entgegnete Herzfeld »Das meine ich keineswegs. Ich denke vielmehr, dass ihm klar geworden ist, wenn jemand in dem Fall von Edda Steen die Zusammenhänge durchschaut, kann derjenige das auch bei Schalcks angeblichem Suizid. Das wird ihm in diesem Moment im Sektionssaal bewusst geworden sein. Und auf was für dünnem Eis er sich mit seinem schlampig verfassten Obduktionsbericht bewegt, wenn sich jemand mit rechtsmedizinischem Sachverstand den Fall Schalck noch einmal vornehmen würde.«

Traue ich ihm das wirklich zu? Würde Schneider buchstäblich über Leichen gehen, um seine eigene Karriere voranzutreiben?, fragte sich Herzfeld.

Um sich die Antwort selbst geben zu können, brauchte er nicht lange zu überlegen, behielt seine Gedanken aber auch diesmal Tattoli gegenüber für sich. »Ich nehme morgen spontan frei und werde sehen, ob ich Schalcks Witwe sprechen kann«, sagte Herzfeld mit entschlossener Stimme und erhob sich. »Sie bleiben hier im Institut und halten Augen und Ohren offen – besonders was Schneider und Hansen angeht. Falls etwas Ungewöhnliches passiert, rufen Sie mich auf meinem Handy an.« Herzfeld sah Tattoli direkt in die Augen. »Und, was noch viel wichtiger ist – vertrauen Sie niemandem.«

☠ ☠ ☠

40

13. Januar, 8.45 Uhr
Bundesstraße 76 bei Kiel. Pkw Paul Herzfeld

Der vom Wetterdienst auch für die nächsten Tage angekündigte Schneefall hatte bereits am frühen Morgen mit Schneeverwehungen Teile des Verkehrs in der Kieler Innenstadt zum Erliegen gebracht. An diesem Morgen war Herzfeld gemeinsam mit Petra aufgestanden und hatte ihr knapp erklärt, dass er sich offiziell freigenommen hatte, um nach der Witwe eines verstorbenen Kollegen zu sehen, um die man sich im Institut Sorgen mache. Er wollte seine Lebensgefährtin nicht mit der ganzen Vorgeschichte behelligen, schließlich könnte sich die ganze Sache immer noch als eine Reihe merkwürdiger Zufälle entpuppen, und er wollte nicht als paranoid erscheinen.

Sonderlich wohl war es Herzfeld bei dieser Notlüge nicht gewesen, schließlich war Petra seine wichtigste Vertrauensperson im Leben – aber so war es ihm lieber. Er war froh gewesen, dass Petra, nachdem er ihr gesagt hatte, dass er allein fahren und die italienische Gastärztin im Institut bleiben würde, nicht weiter nachgefragt hatte. Sie war anscheinend an diesem Morgen gedanklich schon völlig mit der Etagenplanung eines neuen Einkaufszentrums in der Kieler Innenstadt beschäftigt gewesen, für deren Umsetzung das Architekturbüro, in dem sie arbeitete, den Zuschlag bekommen hatte.

Er setzte Hannah, die im Auto noch einmal eingeschlafen war, etwas früher als sonst im Kindergarten ab und hielt noch kurz an einer Tankstelle an, um sich mit einem Becher Kaffee für die Fahrt zu versorgen. Im Shop der Tankstelle traf ihn dann fast der Schlag. Herzfeld konnte nicht glauben, was er dort in der Zeitungsauslage sah. Von den Titelseiten mehrerer Zeitungen schaute ihm das Konterfei Schneiders entgegen. Fassungslos las Herzfeld die Schlagzeile der *Kieler Nachrichten*, die mit »Kieler Rechtsmediziner Schneider hatte den richtigen Riecher« betitelt war. Die Kollegen des regionalen Boulevards hatten sich sogar noch weiter aus dem Fenster gelehnt und als riesigen Aufmacher die Überschrift »Rechtsmediziner löst Kieler Stückelmord im Alleingang« gewählt.

Herzfeld überflog kurz die entsprechenden Artikel, in denen Schneider als derjenige gefeiert wurde, der den Mord an der bulgarischen Prostituierten allein durch seine Arbeit im Sektionssaal dem wahnsinnigen »Flügelmacher« hatte zuordnen können. Als Randnotiz ging es auch noch um das angeblich viel zu lasche Urteil und die viel zu frühe Entlassung Wittfelds aus dem Gefängnis, der sofort ein weiteres grausames Verbrechen begangen hatte, was nach Ansicht der Journalisten

ganz klar auf das Konto der schleswig-holsteinischen Justiz ging.
Kopfschüttelnd zahlte Herzfeld Kaffee und Zeitungen und ging zurück zu seinem Wagen. Jetzt musste er zunächst das Gespräch mit der Witwe von Gerwin Schalck suchen. Danach war immer noch Zeit, sich genauer damit zu beschäftigen, wie es dazu kommen konnte, dass für Schneider ein Pressedenkmal im Zusammenhang mit den Toten aus dem Brook zementiert worden war. Herzfeld passierte in dichtem Schneetreiben die nördlichen Kieler Außenbezirke.
Die Adresse von Margret Schalck hatte Herzfeld im Internet gefunden. Sie war scheinbar seit einigen Jahren als Vorsitzende des Damen-Regatta-Vereins in Kappeln aktiv. Margret Schalck hatte, wie es aussah, nach dem Tod ihres Mannes die Stadt verlassen und war nach Kappeln gezogen, einer kleinen Stadt an der Schlei, ungefähr eine knappe Autostunde nördlich von Kiel. Auf der Homepage des Vereins war die Adresse der Vorsitzenden als Kontaktadresse eingetragen, damit angehende Aspirantinnen des Damenklubs mit ihr in Kontakt treten konnten. Das Haus hatte die gleiche Adresse wie die historische Mühle der Stadt, die inzwischen als Museum diente, und es schien, soweit Herzfeld es auf die Schnelle im Internet gesehen hatte, ein umgebautes historisches Gebäude auf dem Mühlengelände zu sein, in dem die Witwe lebte.
Die Bundesstraße 76 führte im Norden aus der Stadt, und Herzfeld kam aufgrund von Schneeverwehungen deutlich langsamer voran, als er gedacht hatte. *Bei diesem Wetter wird das ja eine echte Odyssee nach Kappeln,* stellte Herzfeld fest und konzentrierte sich darauf, eine Kolonne von Streufahrzeugen zu überholen, die sich wie eine Karawane über die Straße schob. Die Scheibenwischer seines Passats arbeiteten tapfer die dicken weißen Flocken weg, die sich im Sekundentakt auf der Windschutzscheibe niederließen.
Herzfeld hatte noch am Vorabend mehrfach versucht, Margret Schalck telefonisch zu erreichen, um seinen Besuch anzukün-

digen. Aber unter der Festnetznummer, die auf der Homepage des Regattavereins hinterlegt war, ging nie jemand ans Telefon. Darum hatte er sich entschieden, den Weg trotzdem auf sich zu nehmen – auch wenn die Möglichkeit bestand, dass Schalcks Witwe gar nicht zu Hause war. Nach einer halben Stunde Fahrt bog er hinter Eckernförde auf die B 203 ab, und nach etwa weiteren vierzig Minuten Fahrt durch norddeutsche Dörfer erreichte er die Schleibrücke, eine vierspurige Klappbrücke, die die Bundesstraße 203 kurz vor Kappeln über die Schlei führte und ihm ankündigte, dass er Kappeln erreicht hatte.

☠ ☠ ☠

41

13. Januar, 9.50 Uhr
Kiel. Institut für Rechtsmedizin der Universität

Schneiders Büro war karg eingerichtet. Dort, wo andere vielleicht Bilder von Familienmitgliedern oder Haustieren auf dem Schreibtisch stehen hatten, fand sich bei dem Oberarzt lediglich ein antikes Set aus einem Tintenfass und einem teuren Füllfederhalter. Schneider trug ein schwarzes Hemd, das den Kontrast zu seinen fast nicht vorhandenen Augenbrauen und seinen blonden Haaren noch stärker erscheinen ließ. Der Oberarzt hatte den Telefonhörer zwischen Kopf und linker Schulter eingeklemmt, während er seine randlose Brille akribisch mit einem Taschentuch putzte, das mit einem Monogramm mit den Initialen VS bestickt war. Mit einem süffisanten Grinsen lauschte er der Stimme des Anrufers am anderen Ende der Leitung.
»Hervorragend. Ganz hervorragend, mein Lieber. Was für eine Presse!«, ertönte die Stimme von Staatssekretär Erwin Bohse, Schneiders altem Verbindungsbruder aus Studientagen. »Famos,

wie du diesen Fall gelöst hast. Das sieht mein Minister übrigens genauso. Jetzt ist der Weg für deinen Lehrstuhl geebnet, Volker. Ich sehe deinen Dekan heute Abend im Rotary Club, ich werde mal hören, wie es um die Ausschreibung von Schwans Nachfolge bestellt ist.«

42

13. Januar, 9.55 Uhr
Kappeln. Historische Mühle, Wohnhaus Margret Schalck

Das Haus der Witwe von Gerwin Schalck lag beinahe im idyllischen Zentrum des Örtchens mit knapp neuntausend Einwohnern, nur etwa einhundert Meter vom Ufer der Schlei entfernt. Inzwischen herrschte so dichtes Schneetreiben, dass Herzfeld fast die kleine Nebenstraße verpasst hätte, die von der Hauptstraße abging. Als er den kleinen Hafen am Ortseingang hinter sich gelassen hatte, dauerte es noch einmal zehn Minuten im Schritttempo, bis er schließlich rechts abbog. Weil die Sicht so schlecht war, realisierte er erst auf dem Parkplatz der historischen Mühle, dass er an seinem Ziel angekommen war. Herzfeld schaltete den Motor aus und blickte an dem Gebäude hinauf, dessen große Flügel sich wie schwarze Skelettarme ausbreiteten. Rechts neben der Mühle stand ein großes Fachwerkhaus, das vielleicht einmal das Wohnhaus des früheren Müllers oder ein Lagerhaus gewesen war.

Im Sommer ist es hier sicher sehr idyllisch, malte sich Herzfeld aus und öffnete die Wagentür. Die Schneeflocken hefteten sich sofort an seinen dunkelblauen Norwegerpullover, den er heute Morgen angezogen hatte. Ein Geschenk von Petras Mutter von einer Oslo-Reise.

Herzfeld streifte sich seine schwarze Daunenjacke über und

sah sich um: Links neben dem Haus verlief ein Bretterzaun bis an die rechte Seite der Mühle. Hinter dem Zaun glaubte Herzfeld in dem heftigen Schneetreiben noch weitere kleinere Holzgebäude zu erkennen, die wie Lagerschuppen wirkten. Rechts vom Haus befand sich ein Carport, in dem ein alter weißer Volvo mit Schleswiger Kennzeichen stand. Herzfeld schlug den Kragen seiner Daunenjacke hoch, damit ihm der Schnee nicht den Nacken hinabkroch. Dann ging er auf das Haus zu, wobei seine beigefarbenen Stiefel bis zu den Knöcheln im Schnee verschwanden.

Die verschneite Mühle baute sich neben Herzfeld auf, wie ein unheimlicher Riese, der sich von der Seite an ihn heranschleichen wollte. Beim Näherkommen wirkte das angrenzende Wohnhaus keineswegs wie die bescheidene Behausung eines armen Müllers. Die historische Bausubstanz war erhalten geblieben, und ein spitzfindiger Architekt hatte das Haus scheinbar modernisiert, ohne dass der Bauherr Kosten und Mühen gescheut hatte. Die Fassade, in der noch die alten Holzbalken verliefen, war weiß verputzt, die Fenster schienen etwas vergrößert worden zu sein. Als Herzfeld die Haustür erreichte und den Klingelknopf gedrückt hatte, entdeckte er das kleine runde Auge einer Kamera, die diskret unter der Dachtraufe eingelassen war.

Wenn Margret Schalck zu Hause ist, dann weiß sie jetzt vermutlich schon, dass ich da bin, überlegte Herzfeld und trat höflich einen Schritt zurück, sodass er sich vollständig im Aufnahmebereich der Kamera befand. Lange tat sich nichts, und er begann zu frieren, als er eine Stimme aus einem kleinen Lautsprecher neben der Klingel hörte.

»Guten Tag, was kann ich für Sie tun?«, schnarrte es aus dem Gerät. Die weibliche Stimme klang, auch wenn sie von der Gegensprechanlage etwas verzerrt war, als wäre ihre Besitzerin erst vor Kurzem aufgestanden.

»Ich bin Doktor Paul Herzfeld vom Institut für Rechtsmedizin Kiel. Frau Schalck?«, stellte sich Herzfeld vor und wartete auf eine Antwort. Die blieb jedoch ein paar Sekunden aus. Gerade als er wieder auf die Klingel drücken wollte, vielleicht war die Sprechanlage ja defekt, öffnete sich die Haustür. Vor Herzfeld stand eine gepflegte Frau von etwa Mitte fünfzig. Sie musste mindestens zehn Jahre jünger als ihr vor dreizehn Jahren verstorbener Ehemann gewesen sein. Doktor Schalck war mit fünfzig Jahren tot aufgefunden worden. *Heute wäre er also fast Mitte sechzig*, rechnete Herzfeld schnell im Kopf nach.

Margret Schalck trug die blond gefärbten Haare kinnlang. Der akkurat gezogene rote Lippenstift und ihr sorgfältig aufgelegtes Make-up waren nicht zu übersehen. Ihre weinrote Bluse steckte locker in einer Designerjeans, an ihrem linken Handgelenk klimperte ein Sammelsurium von verschiedenen dünnen Goldarmreifen. Aus der Wohnung drang der Geruch von frischem Kaffee.

»Guten Tag, Sie sind also ein ehemaliger Kollege meines Mannes. Ich glaube, ich habe Ihren Namen schon mal gehört«, begrüßte Margret Schalck ihren Besucher.

Herzfeld stockte kurz, wahrscheinlich wollte sie nur höflich sein. Schließlich war er noch nicht so lange am Institut und hatte zuvor nicht wirklich etwas von Gerwin Schalck gehört. Wieso also sollte sie ihn kennen. »Ich möchte Sie gar nicht lange stören. Ich interessiere mich sehr für die Arbeit Ihres verstorbenen Mannes und habe ein paar Fragen dazu«, log Herzfeld, das zweite Mal an diesem Tag, und Margret Schalck bat ihn herein. Umständlich klopfte Herzfeld sich die Füße an der Schwelle ab, um dann doch zu beschließen, seine Stiefel lieber ganz auszuziehen.

Das Innere des Hauses wirkte imposant. Die alten Deckenbalken waren freigelegt worden, sodass es weitaus geräumiger wirkte, als man es von außen vermuten würde. Eine breite Innentreppe führte in den oberen Stock. An der Kopfseite des Hauses, vor einer opulenten Ledersitzecke, brannte ein Feuer im Kamin, und aus gut in der Raumarchitektur versteckten Lautsprecherboxen erklang leise Musik.

»Darf ich Ihnen einen Kaffee anbieten? Ich habe gerade frischen gekocht. Heute bin ich zwar mit den Frauen meines Regatta-Vereins zum Lunch verabredet, aber etwas Zeit habe ich für Sie.« Mit einladender Geste lotste Margret Schalck ihren Besucher zu der Sitzgruppe vor dem Kamin.
Herzfeld schaute sich um, während die Witwe des Oberarztes im hinteren Teil des großen Raumes verschwand. Auf dem Kamin standen Bilder von Margret Schalck als junger Frau und eine Fotografie mit einer Gruppe von Frauen vor einem großen Segelschiff. Fotos von Margret Schalck und ihrem verstorbenen Mann konnte Herzfeld nicht ausmachen. *Vielleicht will sie nicht mehr ständig an ihn erinnert werden,* dachte er und ließ sich vorsichtig auf der Sofareihe nieder, als fürchte er, dass seine bloße Anwesenheit etwas in dem Raum zerstören könnte.
»Hier, Herr Herzfeld, Ihr Kaffee. Was bringt Sie dazu, mich hier draußen zu besuchen? Ich habe nicht mehr viele Kontakte zum Institut, seit mein Mann verstorben ist. Kannten Sie ihn gut?«
»Frau Schalck, zunächst will ich Ihnen sagen, dass ich relativ frisch am Institut bin – ich habe also Ihren Mann nicht persönlich kennengelernt, was ich außerordentlich bedauere, da im Institut eine hohe Meinung über ihn herrscht. Der Punkt ist vielmehr folgender: Wir digitalisieren gerade alle alten Sektionsberichte, natürlich auch die vielen Fälle Ihres Mannes. Und leider findet sich ja darunter auch der Autopsiebericht von ihm selbst …« Herzfeld machte eine Pause, da ihm plötzlich bewusst wurde, dass seine Wortwahl möglicherweise alte Wunden bei der Witwe aufreißen würde.
Margret Schalck strich sich die Haare zur Seite und beobachtete gedankenversunken die züngelnden Flammen im Kamin. Sie schien nach den richtigen Formulierungen zu suchen, obwohl sie diese Sätze sicherlich schon dutzendfach gesprochen hatte.
»Ich hätte nie damit gerechnet, dass er sich etwas antut. Es gab keinen Grund. Wir wären eine Woche später auf Kreuzfahrt

gegangen. Von Hamburg nach Rotterdam und von dort rüber nach Dover. Das wollten wir schon seit Jahren machen, es war aber irgendwie immer etwas dazwischengekommen. Dann war es schließlich so weit. Gerwin hatte sich so gefreut.« Margret Schalck nahm einen Schluck von ihrem Kaffee.

Als sie die Tasse wieder absetzte, hatte Herzfeld für einen kurzen Moment das Gefühl, ein leichtes Lächeln zu erkennen, das den Mund der Witwe kurz umspielte. Aber dann verfinsterte sich ihre Miene, und sie sagte: »Herr Herzfeld, wissen Sie, man kennt einen Menschen nie ganz, oder?« Sie drehte die Kaffeetasse gedankenversunken in ihrer Hand. »Dass mein Gerwin mir so etwas antut, das konnte ich lange nicht verstehen. Wie selbstsüchtig so ein Suizid ist. Eigentlich ist es sogar eine Bösartigkeit den Menschen gegenüber, die einen lieben, verstehen Sie, Herr Herzfeld? Er hat mir nicht einmal einen Abschiedsbrief hinterlassen. Nichts, was erklärt, warum er getan hat, was er tat. Warum er so einfach gegangen ist.«

Herzfeld nickte aufmerksam. *Ein Mann, der keinerlei Anzeichen von Depressionen hat, der mit beiden Beinen anscheinend erfolgreich im Leben steht, nimmt sich eine Woche vor dem lang geplanten Traumurlaub mit seiner Frau das Leben. Warum sollte er das tun?*, grübelte er.

Margret Schalck sah Herzfeld an und schien auf eine weitere Frage zu warten. Herzfeld wägte kurz ab, ob nun der richtige Zeitpunkt für sein eigentliches Anliegen gekommen war. *Wenn ich sie jetzt nicht frage, dann wird der richtige Zeitpunkt in diesem Gespräch nicht mehr kommen,* dachte er und gab sich einen Ruck. »Frau Schalck, vor dem Hintergrund, was Sie mir gerade über Ihren Mann und Ihre gemeinsamen Pläne erzählt haben, möchte ich Sie etwas fragen, was Sie bitte nicht als Kränkung auffassen …« Herzfeld wartete auf ihre abwehrende Reaktion, die jedoch ausblieb. »Ich habe den Sektionsbericht Ihres Mannes gelesen. Und ich habe mir den Raum angesehen, in dem er zu Tode gekommen ist. Da ich ihn nicht kannte, gestatten Sie mir eine Frage, die vielleicht etwas distanzlos

wirkt: Haben Sie jemals daran gedacht, dass sich Ihr Mann vielleicht gar nicht selbst das Leben genommen hat?«
Die Worte verhallten in dem großen Raum und wurden vom Knacken des Feuerholzes orchestriert. Margret Schalck zeigte jetzt überhaupt keine Regung mehr, als wäre ihre Mimik plötzlich von einem inneren Mechanismus abgeschaltet worden. Dann, nach einer Zeit, die Herzfeld wie eine Ewigkeit vorkam, erwiderte sie: »Herr Herzfeld, wenn ein geliebter Mensch stirbt, dann gibt es keinen Gedanken, den man nicht denken würde. Man fragt sich nicht nur nach dem Warum und dem Weshalb, sondern auch nach dem Wie. Natürlich habe ich darüber nachgedacht, ob sein Tod aus freien Stücken geschehen ist. Aber je mehr ich nachgedacht und gegrübelt habe, umso weniger konnte ich mir vorstellen, dass jemand meinem Gerwin so etwas antut. Er hatte keine Feinde. Und die Polizei hat nie an der Suizidhypothese gezweifelt.«
Herzfeld ließ aus Respekt erneut ein paar Momente verstreichen, damit sich Margret Schalck nicht wie bei einem Verhör fühlte. Er hatte nur noch eine letzte Frage. »Das kann ich verstehen«, pflichtete er ihr bei. »Kennen Sie eigentlich Professor Volker Schneider, er hat die Position Ihres Mannes nach dessen Tod übernommen …«
Margret Schalcks Augen blitzten auf, und sie richtete abrupt ihren Blick von den lodernden Flammen des Kamins auf ihren Besucher. Ihr gesamtes Erscheinungsbild hatte sich plötzlich verändert, so kam es Herzfeld jedenfalls vor. Ihr ganzer Körper schien sich urplötzlich anzuspannen. Sie blickte Herzfeld lange wortlos direkt in die Augen. Dann erhob sie sich abrupt und stellte ihren Kaffeebecher vor sich auf einen kleinen Glastisch. »Herr Herzfeld, vielen Dank für Ihren Besuch. Ich denke, dieses Gespräch wird nicht mehr zu der erstklassigen Arbeit meines verstorbenen Mannes zurückführen. Es scheint, als seien Sie eher an privaten Dingen interessiert. Ich bin noch im Regatta-Verein verabredet. Wenn Sie mich jetzt bitte entschuldigen würden.« Die goldenen Armreifen an Margret Schalcks

Handgelenk klimperten unruhig, als sie um die Sitzgruppe herumging und Herzfeld signalisierte, dass auch er sich nun besser erheben sollte.
Herzfeld wäre am liebsten sitzen geblieben, doch er wollte die Frau nicht weiter bedrängen. *Ich habe etwas angesprochen, was ihr nicht gefällt. Warum kann sie so freimütig über ihren Mann sprechen, aber nicht über Schneider?*, fragte er sich und folgte Margret Schalck zur Haustür.
Seine Stiefel hatten inzwischen auf dem Steinboden im Eingangsbereich zwei Pfützen von getautem Schnee um sich herum gebildet. Er schlüpfte in seine Timberlands, und die Witwe des ehemaligen Oberarztes reichte ihm seine Daunenjacke von der Garderobe.
»Auf Wiedersehen, Herr Herzfeld. Kommen Sie gut zurück nach Kiel. Fahren Sie vorsichtig!«, komplimentierte Margret Schalck ihn hinaus.
Herzfeld reichte ihr die Hand, die sie fast beiläufig und ohne ihn anzusehen, ergriff. »Auf Wiedersehen, Frau Schalck. Danke für Ihre Zeit. Und entschuldigen Sie die Störung«, verabschiedete er sich und trat nach draußen.
Fast im selben Moment schloss sich die Tür hinter Herzfeld, und das Schneegestöber wehte ihm in die Augen, sodass er kaum sehen konnte, wo sein Wagen stand. Mühsam schirmte er sein Gesicht mit der Hand gegen die Flocken ab und machte sich im gebückten Laufschritt auf den Weg zurück zum Auto.

43

13. Januar, 10.16 Uhr
Kappeln. Historische Mühle, Wohnhaus Margret Schalck

Margret Schalck stand am Fenster und blickte den roten Rücklichtern des Passats nach, bis sie schließlich gänzlich verschwanden. Sie hatte eine Hand an die Scheibe gelegt, als würde sie mit aller Kraft den Wagen so von ihrem Grundstück schieben können. Als sie die Hand vom Glas nahm, zeichneten sich ihre Finger ab. Sie hatte feuchte Hände bekommen. Mit raschen Schritten ging sie zurück in den Wohnbereich und nahm ihr Handy. Für einen Moment hielt sie inne – der Besuch des jungen Mediziners aus dem Institut hatte sie zu sehr aus der Bahn geworfen. Ihre Gedanken ließen sich nicht jetzt auf die Schnelle sortieren. Sie ließ das Telefon sinken, hob es wieder nach oben, ließ es erneut sinken – als würde es ihr zu schwer werden. Sie ließ sich auf die Couch fallen und starrte ins Leere. Minute um Minute verging. Erst nach einer Viertelstunde war Margret Schalck wieder in der Gegenwart angekommen.
Sie spürte, wie sich ein heftiger Kopfschmerz hinter ihrer Stirn ausbreitete, als würde eine Narbe auf ihrer Seele plötzlich wieder zu schmerzen beginnen. Das Bild, wie Gerwin einsam im Keller des Instituts gehangen haben musste, drängte sich ihr immer wieder vor das innere Auge. Obwohl ihr der Anblick damals erspart geblieben war, hatte sie sich die Szenerie immer wieder ausgemalt. Schließlich drückte Margret Schalck auf eine eingespeicherte Nummer und wartete das Freizeichen ab, bis sich der Angerufene mit tiefer Stimme meldete.
Margret Schalck stemmte einen Arm in die Hüfte und drehte sich zum Kamin, in dem die Flammen inzwischen vollständig die Kontrolle über das Holz ergriffen hatten. Ihre Stimme klang kalt. »Paul Herzfeld war gerade hier.«

44

13. Januar, 10.17 Uhr
Kiel. Institut für Rechtsmedizin der Universität

Schneider saß hinter seinem Schreibtisch und betrachtete sein Gegenüber mit einem durchdringenden Blick. Der Oberarzt hatte seinen Ellenbogen auf der Schreibtischplatte aufgestützt und schob bedächtig seine dünnen Finger ineinander, als würde er einen Schutzwall vor sich errichten wollen.

Hansen spürte, dass an diesem Freitagmorgen das Institut von einer unangenehmen Stimmung befallen war. Und wie sich herausstellte, hatte er sich nicht getäuscht. Er hatte sich pünktlich bei Schneider in dessen Vorzimmer eingefunden. Er war von dessen Sekretärin am Tag zuvor mit einem knappen Anruf in seiner Pförtnerloge zu einer »Mitarbeiterbefragung« einbestellt worden. Die Friedrichsen hatte nicht einmal durch ihre knallrot umrandete Brille aufgesehen, als Hansen mit humpelndem Gang das Vorzimmer betreten hatte, und ihn wortlos direkt in das Büro des Oberarztes geschleust.

Dort hatte bereits Heinrich von Waldstamm mit hochrotem Kopf und hängenden Schultern auf einem ausladenden Stuhl vor Schneiders Schreibtisch gesessen. Der Sektionsassistent war bei Hansens Eintreffen jedoch unverzüglich vom Oberarzt mit knappen Worten verabschiedet worden.

Schneider hatte Hansen kurz abschätzig gemustert, auf den ausladenden, mit braunem Leder bezogenen Stuhl vor seinem Schreibtisch gedeutet, und mit den Worten »Guten Morgen, Herr Hansen. Nehmen Sie Platz« das Gespräch eröffnet.

Hansen fühlte sich, als säße er vor einem Richter der Inquisition aus dem Mittelalter, und als Schneider mit einem tiefen Timbre in der Stimme zu sprechen begann, wusste der Hausmeister, dass er mit seiner Einschätzung der Situation nicht falschlag.

»Ich habe Sie heute Morgen in einer Sache kommen lassen, die für uns, das gesamte Institut, mehr als unangenehm ist. Sie sind

einer der Mitarbeiter, die ich zu befragen habe. Aber vielleicht werden nach unserem Gespräch gar keine weiteren Mitarbeitergespräche mehr nötig sein. Wissen Sie, worum es gehen könnte?«
Als wäre es ein Warnsignal seines Körpers, begann Hansens linkes Knie zu schmerzen, und er legte unbewusst eine Hand darauf. »Jo, ich kann es mir denken. Aber vielleicht sagen Sie es mir, Herr Professor?«
Schneiders Zunge fuhr sich reflexartig über die Lippen, so als würde er die Beklemmung, die den Hausmeister umwehte, schmecken wollen. Dann öffnete er die Hände und legte sie vor sich auf die Tischplatte. »Herr Hansen, ich wurde beauftragt, interne Nachforschungen anzustellen. Über einen Vorfall, der unserem Direktor …«, er machte eine kurze Pause, »… also Herrn Professor Schwan, der nicht mehr lange unser Direktor sein wird, große Sorgen bereitet. Und auch mir ist dieses Thema ein Anliegen. Denn wie Sie sich vorstellen können, werde ich diesem Institut erhalten bleiben. Vielleicht sogar in einer neuen Funktion. Also mache ich mir nicht nur als Oberarzt, sondern auch als eventuell zukünftiger Leiter dieser Institution hier so meine Gedanken.«
Hansen zeigte keine Regung und verharrte in genau der Position, in der er vor wenigen Augenblicken auf dem Stuhl Platz genommen hatte. Nicht einmal eine kleine Bewegung seiner Augen sollte einen Rückschluss darauf zulassen, was sich gerade in seinem Inneren abspielte. *Schneider nähert sich wie eine Schlange*, dachte Hansen. *Und ich bin das Kaninchen. Doch ich werde ihm keinen Grund zum Angriff liefern.*
»Also, ich bin aus vielerlei Gründen sicher, dass Ihnen das Problem, um das es hier geht, nicht entgangen ist. Wir haben Kenntnis davon erlangt, dass die Spur eines grausamen Deliktes bis in unser Institut führt«, fuhr Schneider fort, und sein rechter Zeigefinger begann leicht auf die Tischplatte zu trommeln, als würde er den Takt für seine Worte vorgeben.
»Die zerstückelte Frau im Brook«, ergriff Hansen das erste

Mal das Wort und fixierte weiter den Oberarzt mit seinen von tiefen Falten umlagerten Augen. Seine Stimme klang rau, aber keineswegs unsicher. Vielmehr hatte er die Worte mit einem festen Atemzug aus sich herausziehen lassen.

Schneider hob leicht die Hände und schob die Finger erneut ineinander. »Sehen Sie, ich hatte das Gefühl, dass wir nicht ganz von vorn anfangen müssen. Ja, es geht genau um diesen Fall – und ich bin überzeugt, dass ich mit unserem Gespräch zu einer schnellen Lösung beitragen kann. Nun verhält es sich so, dass die im Park gefundene Tatwaffe, eine Machete, aus diesem Institut stammt. Die Machete dürfte Ihnen nicht unbekannt sein, da Sie, Herr Hansen, nicht nur für deren Verbleib, sondern auch für den sicheren Verschluss unserer anderen Asservate verantwortlich sind. Nachdem vor einigen Jahren Achim Wittfeld oder der ›Flügelmacher‹, wie ihn die Presse damals nannte, damit auf eine Prostituierte einhackte, ihr Gesicht entstellte, drei Finger abtrennte und ihr fast einen Arm abschlug, ist diese Machete hier eingelagert worden. In der Asservatenkammer. Und, wie gesagt, die verwalten nun mal Sie …«

Hansen deutete ein Nicken an, doch er schien zu wissen, dass Schneider jetzt erst zum eigentlichen Kern der Sache kommen würde.

»Und noch etwas ist mir aufgefallen, als ich mir heute Morgen von dem zuständigen Staatsanwalt habe schildern lassen, an welchem Punkt der Ermittlungen die Polizei inzwischen ist. Das Opfer, eine bulgarische Gelegenheitsprostituierte namens Deniza Milew, hat in einem Lokal nahe des Rotlichtviertels gerne mal ihre Freier rekrutiert, wie es heißt. Im *Lucky Seven.* Früher war das noch ein echtes Seemannslokal. Richtig, Herr Hansen?« Schneider legte fordernd den Kopf auf die Seite.

Hansen räusperte sich, inzwischen hatte sich seine linke Hand vollends um das schmerzende Knie geschlossen. Er meinte, die eisige Kälte, die von diesem Mann ausging, jetzt regelrecht zu spüren. »Möglich …«, antwortete er knapp. Doch sein Gedanke war eigentlich: *Die Schlange greift an!*

Schneider nickte, als hätte er die Antwort so erwartet. »Ja, das kann sogar sehr gut möglich sein. Denn wenn man so lange wie ich in leitender Position hier tätig ist, kennt man die Vorlieben und Eigenarten von fast jedem seiner Mitarbeiter. Und von Ihnen weiß ich, dass Sie seit Jahrzehnten dieses Lokal besuchen. Jeden Freitag. Immer genau bis Mitternacht. Der Schnaps ist ja auch schön billig dort, oder?«

Ernst Hansen versteifte sich und richtete den Blick von Schneider weg, hin zum Tintenfass und dem antiken Füllfederhalter, der in einer filigranen Halterung daneben steckte. Dort ließ er seine Augen einen Moment verharren, bevor er Schneider wieder fixierte. »Sagen Sie, was Sie von mir wollen, oder ich gehe.«

Schneider lächelte, als sei das Gespräch schon vorbei, und die Männer hätten nun begonnen, sich über private Dinge zu unterhalten. Aber das war nicht der Fall.

Hansen fröstelte.

»Herr Hansen, ich sage es Ihnen jetzt ohne Umschweife auf Ihren störrischen Kopf zu: In wenigen Monaten werde ich diesem Institut vorstehen. Und ich werde alles dafür tun, dass hier dann alles vorbildlich läuft – so wie jetzt bei dieser Untersuchung, die der Öffentlichkeit wohl nicht mehr lange verborgen bleiben wird. Und wenn ich den Verdacht habe, dass der Hausmeister nicht nur der Einzige ist, der Zugriff auf die Machete in der Asservatenkammer hatte, sondern auch noch das Opfer persönlich kannte, dann bin ich über den Moment eines ersten Verdachts schon weit hinaus. Und ja, Sie werden gleich gehen. Weil ich nämlich jetzt die Polizei informieren werde. Denn ich glaube, dass Sie es waren, der die Machete hier rausgeschafft hat. Warum die Frau sterben musste, werden wir dann sicher bald erfahren. Und auch was der ›Flügelmacher‹ damit zu tun hat. Wollen Sie mir irgendetwas sagen, Hansen?« Schneiders Stimme wurde lauter, und seine Stimmlage rutschte noch einen Halbton tiefer.

Als er merkte, dass der Mann, den er gerade mit dem Vorwurf konfrontierte, mit einem bestialischen Mord in Verbindung zu stehen, sich nicht regte, schien ihn das nur noch mehr zu befeuern.

»Hat sie Sie abgewiesen? Vielleicht hatten Sie nicht genug Geld, um an diesem Abend für sie zu bezahlen? Könnte das nicht sein? Der Wirt dieser Kaschemme wird heute im Lauf des Tages vernommen!« Die Stimme des Oberarztes wurde immer lauter, bis er merkte, dass er gut daran täte, sich zu zügeln, wenn man nicht in seinem Vorzimmer jedes einzelne Wort verstehen sollte.

Hansen drückte sich aus dem braunen Lederstuhl nach oben und versuchte, sich gerade vor Schneiders Schreibtisch aufzubauen. In diesem Moment glitt ihm sein Handy lautlos aus seiner weiten rechten Hosentasche auf den dicken ledernen Bezug des Stuhles. »Sie wollen mir also diese Sache anhängen? Damit Sie als großer Zampano ins Büro des Direktors einziehen können – oder nich? Der Mann, der den grausamsten Fall der letzten Jahre selber und auch noch im eigenen Institut gelöst hat. Ich habe die heutigen Schlagzeilen gelesen.« Hansen arbeitete gegen die Schmerzen seines Beines zwischen Schreibtisch und Stuhl an und hatte sich nun vor Schneider aufgebaut. Drohend sah er auf ihn hinab. »Aber wissen Sie was, ich bin kein Hurenkiller. Ich bin kein Mörder …«, schob der Hausmeister hinterher.

Schneider war sitzen geblieben und schaute Hansen selbstgefällig an. »Hansen, ich sage nur, was ich glaube. Und das wird der Oberstaatsanwalt, den ich ja bereits lange und gut kenne, nicht anders sehen.«

Hansen wandte dem Oberarzt den Rücken zu und machte sich daran, das Büro zu verlassen. Gerade als er die dunkel verkleidete Tür erreicht hatte, die nun plötzlich für ihn wirkte wie das Tor aus der Hölle, blieb er stehen und wandte sich um. »Herr Schneider, es gibt hier nur einen Kriminellen. Und das dürfte bald nicht nur ich so sehen. Ein Krimineller als Institutschef – nie im Leben. Ich weiß, dass ich mir nichts zuschulden habe kommen lassen. Ich bin ein aufrichtiger Mensch. Aber können

Sie das auch von sich behaupten? Würde Doktor Schalck das von Ihnen behaupten, wenn er noch am Leben wäre und nicht wenige Meter von hier entfernt im Untergeschoss an einem Rohr gebaumelt hätte? Machen Sie sich keine Sorgen, ich werde selbst zur Polizei gehen.« Hansen wandte sich endgültig zur Tür.
Doch als er die Hand auf die Klinke legen wollte, kam Schneider blitzschnell hinter dem Schreibtisch hervorgeschossen und machte zwei große Schritte auf Hansen zu. Die beiden trennten nur noch wenige Zentimeter. Schneider dämpfte seine Stimme. »Ich bin sicher, dass Sie das Richtige tun werden. Das, was Sie mir hier gerade unterstellt haben, ist an Boshaftigkeit und Abscheulichkeit nicht zu überbieten. Sie werden hier nicht mehr lange arbeiten. Auf die eine oder andere Weise. Behalten Sie Ihre wirren Fantasien für sich. Sonst haben Sie ein viel größeres Problem, als Sie es auch nur annähernd erahnen können.«
Hansen brachte ein letztes Mal seine gesamte Kraft auf, um dem Mann, der ihn gerade des Mordes beschuldigt hatte und ihm zudem auch noch unverhohlen drohte, Paroli zu bieten. »Vielleicht kann ich die Polizei nicht davon überzeugen. Aber Doktor Herzfeld kann es sicher. Ich habe ihn bereits informiert. Er wird seine eigenen Schlüsse daraus ziehen, was mit Schalck passiert ist. Und wem es genutzt hat, dass er tot ist«, konterte der Hausmeister. »Und da gibt es noch etwas. Ich werde Herzfeld etwas zeigen, das alles verändern wird. Ich bin kein Dussel – und habe viel zu lang den Mund gehalten. Jetzt lassen Sie mir keine Wahl.« Mit diesen Worten drückte Hansen die Türklinke hinunter und verließ den Raum, ohne sich umzusehen. Das Letzte, was er hörte, war das penetrante Klingeln eines Handys aus dem Büro des Oberarztes.
Wortlos ging Hansen an der Friedrichsen vorbei, deren wache Augen unter den Gläsern ihrer rot umrandeten Brille hervorblitzten. Als die Tür hinter ihm zufiel, atmete er schwer aus, als habe er in den letzten Minuten die Luft angehalten, um keine giftigen Dämpfe einzuatmen. Dann machte er sich gerade-

wegs auf den Weg zu Herzfelds Büro und klopfte energisch an. Doch niemand antwortete, und als er die Türklinke herunterdrückte, stellte er fest, dass das Zimmer verschlossen war. Den Rechtsmediziner hatte er den ganzen Vormittag über noch nicht zu Gesicht bekommen. Hansen vermutete, dass Herzfeld und seine italienische Kollegin immer noch im Sektionssaal beschäftigt waren.

Der Hausmeister hatte keine Lust, Aufsehen zu erregen, wenn er dort bei den beiden vorbeischauen würde, zumal er den Saal seit fast zehn Jahren nicht mehr betreten hatte, seitdem seine damals knapp achtzigjährige, bis zu diesem Zeitpunkt kerngesunde Mutter nach einem Sturz in eine ungesicherte Baugrube vor ihrer Haustür verstorben und daraufhin im Institut obduziert worden war. Deshalb machte er sich nun geradewegs auf den Weg zu seiner Pförtnerloge, suchte eilig seine wenigen privaten Dinge zusammen – darunter seine Pfeife und die abgewetzte Thermoskanne, die ihn schon so lange begleitete. Obwohl er überall nachschaute, konnte er sein Handy nicht finden.

Hatte ich es heute überhaupt dabei, grübelte er kurz, entschied sich dann aber, die weitere Suche auf Montagmorgen zu verschieben. *Diese ständige Erreichbarkeit ist mehr Fluch als Segen, und die wenigen flüchtigen Bekanntschaften, die ich habe, sehe ich sowieso regelmäßig im* Lucky Seven, dachte er sich. Denn nach dem, was gerade vorgefallen war, hielt ihn nichts mehr im Institut. Hastig schrieb er ein paar Zeilen auf ein Blatt Papier und eilte zurück zum Büro der beiden Rechtsmediziner. Dort angekommen, faltete der Hausmeister das Blatt mehrfach zusammen, beugte sich nach unten und schob die Notiz so weit unter der Bürotür hindurch, bis von dem Papierstück nichts mehr zu sehen war. Dann verließ Hansen unter heftigen Schmerzen, als habe sich ein tollwütiges Tier in sein Bein verbissen, humpelnd das Institut.

45

13. Januar, 14.45 Uhr
Kiel. Institut für Rechtsmedizin der Universität

Mit einem zufriedenen Grinsen legte Schneider langsam den Telefonhörer auf. Der Oberstaatsanwalt, mit dem er eben gesprochen hatte, war mehr als interessiert an den Erkenntnissen gewesen, die Schneider ihm aus der ersten Mitarbeiterbefragung zu berichten hatte. Und das war nicht dem Umstand geschuldet, dass er den Rechtsmediziner aus alten Studientagen gut kannte. Ein eigenbrötlerischer Hausmeister, der als Einziger Zugriff auf die Tatwaffe gehabt hatte und am Abend die Wege des mit Chloroform getöteten und später zerstückelten Opfers gekreuzt hatte – das war mehr als ein Hinweis. Viel mehr. Das war eine heiße Spur. Und wieder war er, Schneider, es gewesen, der diese Spur entdeckt hatte.

Zufrieden lehnte sich Schneider zurück und betrachtete gedankenverloren den teuren Füllfederhalter neben dem Tintenfass auf seinem Schreibtisch, als es an der Tür klopfte. Ohne auf eine Reaktion zu warten, steckte seine Sekretärin ihren Kopf durch die Tür. »Herr Professor, ich wollte Sie nur daran erinnern, dass in fünfzehn Minuten die italienische Kollegin kommt. Sie hat sicher noch einige Fragen zu den alten Fällen«, sagte die Friedrichsen im zackigen Tonfall, als wäre sie besser auf einem Kasernenhof aufgehoben.

Schneider sah sie verwirrt durch seine randlose Brille an und hielt kurz die Luft an, bis er mit der Frage ausatmete: »Welche alten Fälle denn bitte? Wovon reden Sie?«

Die Friedrichsen machte einen verdutzten Gesichtsausdruck. »Na, Frau Doktor Tattoli war doch gestern schon hier. Ach, das hab ich ganz vergessen, Ihnen zu sagen. Sie hat die alten Sektionsberichte aus Ihrer frühen Zeit als Oberarzt hier am Institut abgeholt. Für das italienische Fachmagazin. Sie sagte mir, dass es mit Ihnen abgesprochen gewesen sei.«

Schneider schüttelte langsam den Kopf, als würden sich so seine Gedanken zurechtruckeln. »Frau Friedrichsen, welche Unterlagen hat die Kollegin genau von Ihnen bekommen? Doch nicht etwa die Akten aus meinem privaten Handarchiv?«
Die Sekretärin machte ein noch ratloseres Gesicht als vorher schon. Dann flüsterte sie: »Doch, die ganzen alten Akten … aus Ihrem Handarchiv.«
Schneider sprang von seinem Stuhl auf und ging zu dem Aktenschrank direkt hinter seiner Bürotür. Er zog die drei Schubladen von oben nach unten, eine nach der anderen krachend auf. Der hochgewachsene Mann mit den streng nach hinten gekämmten weißblonden Haaren brauchte einen Moment, bis er realisierte, dass er seinen Augen wirklich trauen konnte. Die Schubladen waren allesamt leer.
Die Sekretärin mit der rot umrandeten Brille sah jetzt schwer betroffen aus.
Schneider stellte seinen Blick raubtierhaft scharf. »Frau Friedrichsen, wo sind die Akten jetzt?«
»Ich schätze im Büro von Doktor Herzfeld, das die italienische Ärztin zurzeit ebenfalls nutzt.«
Für drei Herzschläge hielt Schneider inne, dann eilte er auf seine Sekretärin zu. »Ich brauche den Generalschlüssel. Den haben wir doch bei Ihnen in Verwahrung, richtig?«
Die Sekretärin nickte, verschwand kurz und tauchte mit einem einzelnen Schlüssel wieder auf. Erleichtert griff Schneider nach dem Schlüssel, als sei es eine Ampulle Gegengift gegen eine tödliche Intoxikation, eilte aus seinem Büro und über den Flur, bis er bei der Bürotür von Herzfeld und Tattoli angekommen war. Pro forma klopfte er zweimal kurz an. Erwartungsgemäß öffnete niemand, denn Herzfeld hatte heute kurzfristig einen Tag freigenommen, und die Italienerin stand mit Westphal im Sektionssaal. Schneider schob den Generalschlüssel in das Türschloss, drehte ihn herum und registrierte mit einem Seufzer, dass sich die Tür zu Herzfelds Büro öffnete.
Im Büro sah er sich mit einigen konzentrierten Blicken um und

entdeckte sofort den Stapel gelber Akten, die auf einem der beiden Schreibtische im Zimmer abgelegt worden waren. Als er näher trat, erkannte er, dass das Sektionsprotokoll von Gerwin Schalck aufgeschlagen ganz oben auf dem Stapel lag. Für einen Moment hielt Schneider inne. Dann schlug er die dünne Mappe zu und klemmte sich den großen Stapel mit allen Handakten unter den Arm, wie ein Zeitungsjunge, der seine Tageslieferung entgegennimmt. In dem Moment, als er an der Schwelle von Herzfelds Büros stand, bemerkte er ein zusammengefaltetes Blatt, das anscheinend jemand unter dem Türspalt hindurch in das Büro geschoben hatte. Langsam legte Schneider den Aktenstapel auf dem Boden ab und bückte sich nach dem Blatt. Er sah das DIN-A4-Blatt für einen kurzen Moment an, dann faltete er es auseinander. Mit zusammengekniffenen Augen las er, was auf dem Papierstück geschrieben stand. Dann faltete er das Blatt eilig wieder zusammen und legte es zurück auf den Boden, wo er es gefunden hatte.

Anschließend hob Schneider den Stapel mit den gelben Akten wieder vom Boden auf, verließ allerdings nicht, wie es ursprünglich seine Absicht gewesen war, Herzfelds Büro, sondern kehrte zu dem Schreibtisch zurück. Dort legte er die Akten sorgfältig an die Stelle zurück, an der er sie vorgefunden hatte, mit dem aufgeschlagenen Sektionsprotokoll von Gerwin Schalck ganz oben auf dem Stapel.

Nachdem er sich vergewissert hatte, dass sich niemand auf dem langen Flur im Erdgeschoss aufhielt, verließ er das Büro, drehte den Schlüssel im Schloss um und versicherte sich noch einmal, dass die Tür auch wirklich verschlossen war. *Alles wieder im Urzustand. Ich bin niemals hier gewesen,* ging es ihm zufrieden durch den Kopf.

Dann hastete er mit schnellen Schritten zurück in sein Büro.

46

13. Januar, 15.05 Uhr
Kiel. Institut für Rechtsmedizin der Universität

Heinrich von Waldstamm schaute zum wiederholten Mal auf dem langen Flur im Erdgeschoss des Instituts in beide Richtungen, um sich zu vergewissern, dass er auch wirklich allein war und ihn niemand im Umkleideraum der Sektionsassistenten überraschen würde. Die anderen waren noch im Obduktionssaal beschäftigt, in dem an diesem Freitagnachmittag noch immer reger Betrieb herrschte. Er schloss die Tür geräuschlos hinter sich und ging geradewegs auf den dunkelgrünen Spind zu, den er seit Beginn seiner Ausbildung belegt hatte. Seit dem ersten Tag im Institut hatte Heinrich von Waldstamm immer sorgfältig darauf geachtet, dass niemand hier war, wenn er sich umzog. Nicht, dass es ihm unangenehm gewesen wäre, falls ihn jemand in Unterwäsche sehen würde, wie er seinen massigen Körper in die blaue Dienstkleidung zwängte. So etwas war Heinrich von Waldstamm seit seiner Internatszeit im Doppelzimmer völlig egal. Privatsphäre war ihm seitdem nicht mehr wichtig gewesen – die hatte er am ersten Tag in dieser sogenannten Eliteschmiede an der Pforte abgegeben. Das war es nicht. Es ging ihm vielmehr um das, was an der Innenseite der Spindtür befestigt war.
In seinem Schrein.
Mit einem klackenden Schließgeräusch öffnete von Waldstamm das Schloss des Metallschranks und ließ die Tür aufschwingen. Er blickte sich noch einmal um. Er war wirklich allein. Gut so, denn seine kleine Sammlung könnte ihm jetzt zum Verhängnis werden. Die Zeitungsartikel, die er hier wie einen Schatz hütete, waren zum Teil schon leicht vergilbt, die Fotos ausgeblichen, die großen Lettern verblasst. Er hatte die Zeitungsausschnitte mit Klebestreifen an den Ecken über die gesamte Innenfläche der Schranktür verteilt. Im Zentrum

prangte der erste Bericht über Achim Wittfelds grausame Tat in einem Kieler Laufhaus am Hafen vor fast vier Jahren.
Von Waldstamm las noch einmal die schwarzen Buchstaben der Schlagzeile: *»Arbeitsloser Koch richtet Blutbad in Bordell an!«*, und ein zufriedenes Lächeln umspielte seine Mundwinkel. Die Zeitungsberichte der folgenden Tage, betitelt mit *»Warum sollte die Prostituierte Ewa B. sterben?«*, *»Flügelmacher-Prozess beginnt«* oder *»Flügelmacher-Prozess: Rechtsmediziner Schneider spricht von ›beinahe vollendetem Tötungsdelikt‹«* und illustriert mit Fotos des Flügelmachers in Handschellen auf der Anklagebank, umrahmten den in der Mitte aufgeklebten ersten Bericht über Wittfelds Tat.
Auf von Waldstamm übte der Flügelmacher-Fall eine ganz besondere Faszination aus.
Die Vorstellung, selbst den Schnitt der messerscharfen Klinge in lebendigem, weichen, warmen Fleisch zu spüren, versetzte ihn jedes Mal in einen Zustand der Erregung, für den er sich im selben Moment jedoch schämte. Ein Gefühl der Unterdrückung, als hätte er in seinem Seelenhaus ein verstecktes Zimmer, von dem nie jemand erfahren durfte – und er hoffte, dass die Tür für immer verschlossen blieb. Manchmal, wenn die Faszination zu groß wurde, ekelte er sich regelrecht vor sich selbst. Erst die Ausbildung und die Arbeit im Obduktionssaal hatten seine gequälte Seele etwas beruhigt. Der Medizinstudienplatz war zwar aufgrund seiner unzureichenden Abiturnoten in weite Ferne gerückt, die Ausbildung zum Sektionsassistenten am Institut für Rechtsmedizin hatte ihn jedoch mehr als entschädigt. Er hatte einen Weg gefunden, das dunkle Zimmer seines Verlangens zu betreten – legal und sogar bezahlt. Der Schrein in seinem Spind im Institut diente ihm als Ansporn und Warnung gleichermaßen.
Heinrich von Waldstamm besah sich jeden einzelnen Bericht noch einmal. Wie so viele unzählige Male davor. Doch jetzt hatte sich etwas Entscheidendes geändert. Die großen Buchstaben in den Überschriften und die Sätze in den Artikeln waren

keine Chronik des Vergangenen mehr. Sie waren vielmehr zu einer Prophezeiung geworden, die sich erfüllt hatte.

Der »Flügelmacher« war zurückgekehrt.

Und mit ihm seine Machete.

Heinrich von Waldstamm richtete seinen massigen Körper auf, als würde er sich den Bildern und Buchstaben an der Innenseite des Schranks stellen müssen. In den Gläsern seiner Brille spiegelten sich die Fotos von Achim Wittfeld, die ihn im Gerichtssaal zeigten. Der hünenhafte Sektionsassistent drehte den Siegelring an seinem Finger.

Aber jetzt musste das Zeug erst mal weg. Seine Sammlung hatte seinen Zweck erfüllt. Er durfte seine geliebte Arbeit auf keinen Fall verlieren. Es könnte sein, dass alles im Institut auf den Kopf gestellt wurde, denn hierher führte die Spur des Mörders von Wittfeld und dem kleinen Flittchen. Vielleicht würden die Ermittler auch seinen Schrank durchsuchen? Mit einer knappen, schnellen Bewegung ließ Heinrich von Waldstamm seine rechte Hand mit gespreizten Fingern über das Papier an der Innenseite der Schranktür fahren. Er bekam die ersten drei, vier Ausschnitte zu fassen und riss sie herunter. Dann die nächsten. Bis nur noch die festgeklebten Ecken der Papierstücke mit fetzigen Rändern unter dem Klebeband hingen. Er knüllte die Berichte zusammen und steckte sie in seinen Rucksack, der im Schrank an einem Haken hing. Seine Sammlung musste verschwinden.

Vielleicht würde er sie in den Karton legen, der zu Hause unter seinem Bett stand. Dort, wo er unzählige benutzte und ungereinigte Skalpelle, Messer und Klingen hortete, die er aus dem Sektionssaal gestohlen hatte.

47

13. Januar, 18.06 Uhr
Eckernförde. Wohnung Ernst Hansen

An den Stegen des Museumshafens in Eckernförde lagen um diese Jahreszeit kaum Boote. Während des Sommers schien der kleine Hafen des Städtchens beinahe überzuquellen von den Segelbooten und Jollen der Touristen. Jetzt wiegte sich lediglich ein Kutter im Wasser der Ostsee, das in der Winterdunkelheit fast schwarz wirkte.

Hansen stand am Fenster seiner kleinen Wohnung im Obergeschoss des ehemaligen Kapitänshauses und schaute unruhig auf den dunklen Kai. Er hatte die Wohnung bereits vor vielen Jahren bezogen, quasi als würdige Erinnerung an sein früheres Leben auf See. Hier wollte er alt werden. Nah am Wasser. Nah an den Schiffen. Hansen hatte die Haustür mit der kleinen Messingkette verriegelt und sich dann mit seiner Pfeife auf den großen Ledersessel gesetzt, den er am Fenster mit Blick auf den Hafen platziert hatte. Im Sommer sah er den Heerscharen von Urlaubern zu, die in kurzen Hosen und Röcken das Hafenareal bevölkerten und eine Spur von Fischbrötchenkrümeln hinter sich herzogen.

Dieser Platz, den er liebevoll »mein Ausguck« nannte, war sein Ein und Alles, und normalerweise fühlte er sich dort entspannt und pudelwohl. Doch seit dem Gespräch mit Schneider am Vormittag blickte Hansen nun immer wieder besorgt auf die Straße, die an dem verwaist daliegenden Hafenbecken entlangführte. Immer wenn einer der wenigen Menschen, die um diese Uhrzeit in der Kälte unterwegs waren, dort unten dick eingepackt entlangging, beugte sich der ehemalige Kapitän ruckartig ein Stück nach vorn, um so vielleicht besser erkennen zu können, wer es war. Doch Hansen erkannte niemanden.

Ob Herzfeld meine Nachricht bekommen hat, fragte sich Hansen und seine vom Tabak verfärbten Zähne kauten unablässig

auf dem Endstück der Pfeife herum. In seinem Körper sammelten sich immer mehr kleine Angstpartikel, die sich in seinem Magen zu einem Stein aus Furcht zusammenballten.
Sein Bein hatte sich auch noch nicht wieder beruhigt, im Gegenteil, es schmerzte immer noch. Behutsam stand Hansen auf und ging an die dunkelbraune Schrankwand, die fast die gesamte Längsseite des Wohnzimmers einnahm. Auf einem der Regalböden verstaubte eine Modellnachbildung der legendären Viermastbark »Pamir«.
Er öffnete hastig die große Frontklappe, die im unteren Teil der Schrankwand eingelassen war, und zog zwei schwarze Müllsäcke aus dem großräumigen Schrankfach dahinter. In ihnen befand sich das, was er im Sektionsabfall des Instituts gefunden hatte und was er für seine Jobversicherung und gleichzeitig seine Lebensversicherung hielt: der mit Blutspritzern über und über besprenkelte Anzug der Spurensicherung, die an einer Seite blutverschmierte weiße Plastikplane und die aufgeschnittene Jeans, an deren Innenseite die bizarren Zeichnungen des Flügelmädchens verewigt worden waren.
Die beiden Müllsäcke verströmten noch immer den ganz speziellen Geruch der Kühlkammern, den man nur kannte, wenn man ihn schon einmal selbst gerochen hatte. Ein Hauch von Tod, süßlich-jauchig und ziemlich unangenehm, durchzogen von einer sanften Chemikalien-Note, die sich in ihrer eigentümlichen Duftkombination in den Obduktionssälen und Kühlkammern der rechtsmedizinischen und pathologischen Institute der Republik festgesetzt hatte. Wenn man schon so lange in einer solchen Einrichtung arbeitete wie er, nahm man ihn gar nicht mehr wahr. Der Geruch war immer da, er steckte regelrecht in allen Poren. Auch in den eigenen.
Hansen stellte die beiden Säcke auf dem Wohnzimmerboden neben dem Tisch ab und öffnete nacheinander mit geräuschvollem Knistern die beiden großen schwarzen Tüten, um sich zu versichern, dass alles noch immer an Ort und Stelle war. Mit unruhigen Händen verdrehte Hansen die Säcke wieder und

stopfte sie zurück an ihren Platz im Schrank. Begleitet von einem mausartig hohen Quietschen der Scharniere schloss er wieder die Klappe des Schranks.

Herzfeld muss diese Dinge untersuchen. Schnell …

Hansen schaute nervös zur Wanduhr, die friedlich vor sich hin tickte. Es war bereits 18.30 Uhr.

Wo bleibt er nur? Hoffentlich hat er meine Nachricht überhaupt entdeckt. Wer auch immer diese Sachen im Müll des Instituts versteckt hat, hat etwas mit dem Tod des Flügelmachers zu tun. Und er kennt sich gut im Institut aus, fasste Hansen für sich zusammen und atmete hektisch eine große Wolke Pfeifenrauch aus. Er hoffte, dass der blutige Fund ihm alle weiteren Verdächtigungen vom Hals halten würde. Und noch mehr.

Das hier wird meine Unschuld beweisen. Sobald Herzfeld hier ist, werde ich ihm die Sachen übergeben, wiederholte Hansen innerlich noch einmal den Beschluss.

Dann bekam er das erste Mal Zweifel. Echte Zweifel. Und Hansen verspürte Angst. Denn der brisante Fund aus der schwarzen Tonne könnte auch etwas anderes sein.

Sein Todesurteil …

48

13. Januar, 18.46 Uhr

Kiel. Institut für Rechtsmedizin der Universität

Tattoli war völlig erschöpft von den beiden Sektionen dieses Tages, die sich von Freitagvormittag bis in den frühen Abend gezogen hatten. Hinter ihrer Stirn pochte ein stechender Kopfschmerz, die Wirbelsäule zwischen ihren Schulterblättern schmerzte von der stundenlang über den Sektionstisch gebeugten Haltung. Sie dachte daran, wie schön die Abende zu Hause

in Turin waren. Ein spätes Abendessen mit Freunden, italienischer Wein und lange Gespräche. Doch auf sie wartete seit Tagen nur das kleine, beengte Zimmer des Wohnheims.
Zunächst hatte sie mit Doktor Andreas Fleischer, einem sehr erfahrenen Kollegen mit Nickelbrille, Stirnglatze und grauem Rauschebart, den korpulenten Toten aus dem Olympiazentrum in Schilksee obduziert. Fleischer stand kurz vor dem Ruhestand und arbeitete mittlerweile in einem Altersteilzeitmodell. Er versah deshalb nur noch zwei Tage die Woche seinen Dienst im Sektionssaal. An diesem Tag hatte er sich wohl vorgenommen, ihr möglichst viel von seiner langjährigen Erfahrung in möglichst kurzer Zeit mitzugeben, und redete während der Obduktion des toten schwergewichtigen Ex-Rockers und Kronzeugen fast unaufhörlich.
Herzfeld hatte mit seiner ersten Einschätzung zur Todesursache richtiggelegen: Der Mann, der es auf der Waage im Vorraum des Sektionssaales auf genau zweihundertsechzehn Kilogramm gebracht hatte, war an einem frischen Herzinfarkt gestorben. Sein Herz wog bei der Obduktion 950 Gramm und hatte damit fast das Dreifache des Gewichtes eines üblichen Herzens. Obwohl das Herz wie auch die übrigen inneren Organe des Leichnams schon stark von Fäulnisveränderungen betroffen waren, ließen sich die relevanten krankhaften Befunde ohne Probleme feststellen. Auf der Schnittfläche der erheblich verdickten Herzhinterwand war der Herzmuskel fleckig verfärbt, und das Herzmuskelfleisch erschien aufgelockert. Der typische Befund eines frischen Herzinfarktes.
»Das ist wie bei Bodybuildern. Durch das dauernde Training wachsen die Muskeln. Aber die den Muskel mit Blut versorgenden Gefäße wachsen nun mal nicht mit. Das hat die Natur nicht so vorgesehen. Irgendwann ist der Punkt erreicht, dass der Muskel nicht mehr belastbar ist, weil die Blutzufuhr nicht mehr ausreicht, und er macht nach kürzester Zeit der Anspannung schlapp. Bei unserem Toten hier ist das vergleichbar. Sein Herzmuskel wurde immer größer, da sich sein Herz anstren-

gen musste, diesen massigen Körper auch in den entlegensten Regionen mit ausreichend Blut zu versorgen. Und irgendwann haben das seine Koronargefäße nicht mehr mitgemacht. Relative Koronarinsuffizienz. Das reicht aus, da müssen die Herzkranzgefäße nicht mal verstopft sein. So kann's gehen«, hatte Fleischer bei der Obduktion referiert, und Tattoli hatte ihm interessiert zugehört.

Doch das war nur die erste Tageshälfte gewesen – im Anschluss hatte sie Doktor Heike Westphal über viele Stunden bei der Obduktion eines nur zwei Monate alt gewordenen ukrainischen Mädchens assistiert, das mit seinen Eltern vor drei Wochen aus Odessa nach Deutschland gekommen war, um sich am Herzzentrum der Kieler Universitätsklinik einem komplizierten Eingriff zu unterziehen. Das Mädchen war mit einer komplexen Fehlbildung der Lungen- und Herzgefäße geboren worden und hätte ohne den operativen Eingriff nur eine Überlebenszeit von wenigen Monaten gehabt. Bei der Operation vor neun Tagen war es zu Komplikationen gekommen, sodass in den folgenden Tagen mehrere weitere operative Eingriffe notwendig geworden waren. Den letzten hatte der Säugling nicht überlebt, und nun stand der Vorwurf eines ärztlichen Kunstfehlers im Raum, dem die Rechtsmediziner durch ihre Obduktion nachgehen sollten.

Tattoli spürte, wie ihr Magen knurrte. Sie wollte nur noch schnell den Salat essen, den sie eigentlich für das heutige Mittagessen vorgesehen, dann aber im Kühlschrank in ihrem Zimmer vergessen hatte, und sich dann in ihr schmales Bett im Studentenwohnheim kuscheln. Nachdem sie ihre blaue Sektionssaalkleidung noch im Vorraum des Saales gegen ihre private Kleidung ausgetauscht hatte, ging sie eilig zu Herzfelds Büro, um Mantel und Handtasche zu holen, doch als sie die Tür aufschloss, fiel ihr Blick auf das gefaltete Blatt Papier, das offensichtlich jemand unter der Tür hindurchgeschoben hatte. Tattoli bückte sich und hob das Blatt auf, faltete es auseinander und las die nur schwer zu entziffernde Nachricht, die dort mit

Kugelschreiber in krakeligen Sätzen verfasst worden war. Darunter fand sie eine Adresse vermerkt und Hansens Unterschrift. Kurz hielt sie inne, ehe sie an ihren Schreibtisch eilte und ihr Handy aus ihrer Designer-Handtasche zog, die lose über der Lehne ihres Bürostuhls hing. Dann suchte sie den in ihrem Telefon eingespeicherten Kontakt von Herzfeld mit dessen Mobilfunknummer. Das Papierstück mit der Nachricht von Hansen ließ sie in ihrer Handtasche verschwinden. Sie musste nicht lange warten, bis Herzfeld den Anruf entgegennahm.

»Dottore, können Sie mich heute Abend abholen? Es gibt eine neue Entwicklung. Und es ist dringend.«

☠ ☠ ☠

49

13. Januar, 18.55 Uhr
Kiel. Wohnung Paul Herzfeld

Herzfeld war an diesem Freitag nach seinem Ausflug nach Kappeln nicht mehr ins Institut, sondern direkt nach Hause gefahren, nachdem er fast jeden Abend der vergangenen Woche, teils bis spät in die Nacht, im Institut zugebracht hatte. Er hatte den Nachmittag mit Hannah verbracht, hatte ihr vorgelesen und war von seiner fünfjährigen Tochter beim Memoryspiel immer wieder gnadenlos ausgespielt worden. Kaum hatte er sich gegen halb sieben mit Petra und Hannah zum gemeinsamen Abendbrot in die Küche gesetzt, klingelte sein Handy – Tattoli!

Während er seiner Kollegin zuhörte, verfinsterte sich seine Miene im Dreisekundentakt. Und parallel dazu Petras Laune. Sie ließ ihr Kinn auf die aufgestützte Hand sinken, weil sie bereits ahnte, was auf diesen Anruf folgen würde.

»Ja, ich komme …«, beendete Herzfeld das Telefonat, legte das Handy auf den Tisch und sah Petra an, die verschnupft auf eine Erklärung wartete.
»Hör mal, ich muss heute Abend noch einmal los, weil mich ein Kollege um Hilfe bittet. Und morgen früh holen deine Eltern Hannah ab, und wir haben das Wochenende für uns. Aber jetzt muss ich los. Es ist wichtig – vielleicht sogar lebenswichtig«, begann Herzfeld mit ernster Miene zu erklären.
Petra hob den Kopf, sie hatte nicht damit gerechnet, dass die Lage so ernst war. Es gab zwischen ihnen einen Blick, der weitere Worte unnötig machte. Und diesen Blick tauschten sie jetzt aus.
Petra schob sich mit beiden Händen vom Küchentisch weg und nickte: »Bitte komm nicht so spät. Ich brauch dich auch mal hier …«
Herzfeld stand auf und strich ihr über den Kopf, besiegelte den Beschluss mit einem Kuss, den Petra auch butterweich entgegennahm. Dann setzte er seine Tochter auf den Schoß, drückte sie und strich auch ihr zärtlich über den Kopf, ehe er sich erhob, die Jacke von der Garderobe nahm und die Wohnungstür hinter sich zuzog.

☠ ☠ ☠

50

13. Januar, 19.18 Uhr
Landstraße nach Eckernförde. Pkw Paul Herzfeld

Auf der Landstraße nach Norden kamen Herzfeld und Tattoli an diesem Freitagabend kaum Autos entgegen. Der Asphalt glitzerte abschnittsweise immer wieder lauernd im Licht der Autoscheinwerfer, überzogen von dem Blitzeis, das sich nach einem leichten Regen bei Minusgraden mit dem Schneematsch

der letzten Tage zu einer gefährlichen Mischung auf dem Straßenbelag verbunden hatte.
Tattoli, die sich eine dicke weiße Wollmütze auf den Kopf gezogen und sie auch im Auto nicht abgesetzt hatte, hatte Herzfeld von Hansens Nachricht in knappen Worten bereits am Telefon berichtet. Herzfeld seinerseits hatte der Italienerin von seinem Besuch bei Schalcks Witwe und dem abrupten Ende des Gesprächs erzählt.
»Ich habe kein gutes Gefühl, wir sollten Tomforde einschalten«, sagte Tattoli und blickte zu Herzfeld, der angestrengt auf die Straße schaute.
»Ja, wahrscheinlich wäre es dafür jetzt an der Zeit. Aber vorher sollten wir alles noch einmal in Ruhe durchgehen. Ich gebe Ihnen recht, irgendetwas stimmt nicht. Hansen antwortet nicht auf meine Anrufe – dabei wartet er doch auf mich«, entgegnete Herzfeld. In Gedanken listete er diverse Antworten auf seine drängende Frage auf, warum der Hausmeister nach seinem schriftlichen Hilferuf offensichtlich abgetaucht war. Aber eine wirklich plausible Erklärung wollte ihm partout nicht einfallen.
Der Passat schob sich weiter auf der Landstraße durch den winterlichen Norden, der inzwischen in völliger Finsternis versunken war. Fast so, als sei die Landschaft rechts und links der Straße verschwunden. Herzfeld blickte auf das Navi – gefühlt kamen sie kaum voran. Er versuchte, seine aufkommende Nervosität zu unterdrücken.

51

13. Januar, 19.19 Uhr
Eckernförde. Wohnung Ernst Hansen

Das Hafenbecken war kaum noch zu erkennen, dichter Nebel war zwischenzeitlich von der Wasserseite aufgezogen, ein fast unsichtbarer Sprühregen hatte eingesetzt, und lediglich einige wenige gelbe Laternen beleuchteten die leeren Stege, die von Hansens Ausguck aus die Umrisse großer Fischgräten nachzuzeichnen schienen. Auf der gegenüberliegenden Seite des Wassers ließen sich die Umrisse des alten Kontorhauses wie die Konturen einer schwach erleuchteten Festung erahnen.
Die Angst in seinem Bauch dehnte sich aus, kroch durch den Brustkorb und setzte sich unterhalb seines Kehlkopfes fest. Hansen beschloss, die Angst einzunebeln, ließ sich wieder in seinen abgewetzten Ledersessel fallen und entzündete die zweite Pfeife des Abends. Die Elektroheizung, die den Raum mit Wärme versorgte, kämpfte tapfer gegen die Außentemperaturen an und war bereits so heiß, dass sie eigentlich bald zu glühen beginnen müsste. In die warme Luft mischten sich die grauen Schwaden des nach Vanille duftenden Tabaks.
Wo bleibt Herzfeld, fragte sich Hansen erneut, der die Hoffnung gehabt hatte, dass sich der Rechtsmediziner direkt nach Dienstschluss zu ihm auf den Weg gemacht hatte. *Vielleicht hat er meine Nachricht noch gar nicht gelesen? Verdammter Mist, dieses eine Mal hätte ich mein Handy wirklich gebraucht, und jetzt finde ich das verflixte Teil nicht.* Nervös zog sich der Vierundsechzigjährige seinen grünen Wollpullover zurecht. Dann erhob er sich und blickte, die Hände auf dem Rücken verschränkt und die Pfeife im Mundwinkel, wieder aus dem Fenster.
Seine Wohnung im obersten Stock konnte nur über eine dem Kapitänshaus angeschlossene Werfthalle mit roter Holzfassade erreicht werden. Seine Besucher klingelten für gewöhnlich an

einer kleinen Nebentür, die in die Längsseite der Halle, in der regelmäßig Segelboote restauriert wurden, eingelassen war. Eine Holztreppe führte durch die mit dem Kapitänshaus baulich zusammengelegte Werfthalle zu ihm nach oben. Eine Konstruktion, die durch die nachträgliche Aufteilung des ehemaligen Kapitänshauses in mehrere Wohneinheiten notwendig geworden war. Der zweite mögliche Zugang zu Hansens Wohnung war das große Tor der Werfthalle, durch das die Schiffe zum Wasser gelangten, doch dieser Zugang war im Winter die meiste Zeit über verschlossen.

Ich werde schon hören, wenn Herzfeld eintrifft, beschloss Hansen und kippte gerade die Lehne seines Ledersessels in eine bequemere Position, um sich niederzulassen – vielleicht konnte er so die Nervosität etwas unterdrücken –, als es schrill klingelte. Hansen fuhr zusammen, erhob sich und steuerte humpelnd auf die abgegriffene Gegensprechanlage zu. Mit bebendem Zeigefinger betätigte er den Knopf. »Wer ist da?«, fragte Hansen.

»Herzfeld hier. Machen Sie auf!«, klang es ungewöhnlich verzerrt aus dem kleinen Lautsprecher.

Na endlich. Jetzt muss ich die Last nicht mehr allein tragen. Herzfeld wird wissen, was es mit diesem Fund auf sich hat und wie wir damit umzugehen haben. Hansen betätigte den Summer. Er schob die angelaufene Messingkette, die die Wohnungstür von innen verschloss, rasselnd zur Seite, um den Rechtsmediziner zu empfangen. Doch vor der Tür war es still. Dort war niemand zu sehen. Und auch im Aufgang zur Wohnung waren keine Schritte zu hören. Ein schwaches Licht der Notbeleuchtung aus der Werfthalle, das von unterhalb der Treppe emporschien, tauchte den Treppenabsatz vor seiner Wohnungstür in ein schummriges Licht. Das war ungewöhnlich, denn normalerweise ging die Treppenbeleuchtung über einen Bewegungsmelder automatisch an, wenn Besucher die Treppe durch die Werfthalle zu ihm hinaufstiegen.

»Herr Herzfeld?«, fragte Hansen unsicher und trat einen

Schritt aus der Türöffnung, um zu sehen, ob sein Besuch eventuell einen Schritt zur Seite getreten war.
In diesem Moment wurde der alte Kapitän durch die geöffnete Wohnungstür brutal zurück in seine Wohnung gestoßen. Er verlor das Gleichgewicht und schlug hart mit dem Hinterkopf auf dem Dielenboden auf. Dann wurde es schwarz vor Hansens Augen.

☠ ☠ ☠

52

13. Januar, 19.40 Uhr
Landstraße nach Eckernförde. Pkw Paul Herzfeld

»Lesen Sie mir bitte die Nachricht noch einmal vor. Es muss doch irgendeinen Hinweis geben, was uns Ernst Hansen mitteilen möchte«, sagte Herzfeld, während er konzentriert auf die Eisbahn sah, über die sie gerade hinwegfuhren.
Tattoli griff in ihre Manteltasche, kramte Hansens Nachricht hervor und faltete das Blatt Papier auseinander. Dann las sie die wenigen Sätze, die der Hausmeister in unruhigen Blockbuchstaben verfasst hatte, noch einmal laut vor:

BITTE KOMMEN SIE SCHNELL ZU MIR NACH
HAUSE. ICH MUSS IHNEN ETWAS ZEIGEN.
BITTE KEIN WORT ZU IRGENDWEM.

Darunter stand Hansens krakelige Unterschrift neben seiner Wohnanschrift in Eckernförde. Tattoli ließ das Blatt wieder in ihrer Manteltasche verschwinden und sah Herzfeld an.
In Herzfeld arbeitete es fieberhaft. Er versuchte, vor seinem geistigen Auge die Ereignisse zu sortieren, wie es die Ermittler in amerikanischen Fernsehkrimis gern taten, wenn sie ihre ge-

sammelten Fakten auf große Stellwände zeichneten, um etwa die komplexe Struktur eines kriminellen Clans und dessen Finanzströme zu durchschauen.
Im Zentrum war das Institut. Von hier aus führte eine Linie zu der Machete, die aus der Asservatenkammer im Institutskeller verschwunden war. Von der Machete führte eine Linie weiter zu den zwei Toten im Brook – Deniza Milew und Achim Wittfeld. Von Letzterem ging eine weitere Linie zu der vor Jahren im Laufhaus am Kieler Hafen attackierten Prostituieren. Aus der Mitte, dem Institut, gingen in Herzfelds bildlicher Vorstellung des Diagramms mehrere Linien zu den Personen ab, die irgendwie mit dem Fall zu tun hatten: Volker Schneider, Ernst Hansen und weiteren Mitarbeitern des Instituts wie Heinrich von Waldstamm, Andreas Fleischer und Heike Westphal. Und zu Margret Schalck. Dahinter in Klammern Gerwin Schalck. *Der ist zwar schon viele Jahre tot, aber irgendwie scheint es einen Zusammenhang zwischen Schalcks Tod und den jüngsten Ereignissen im Institut zu geben,* dachte Herzfeld.
Eine Reihe Fragen hatten sich vor ihm aufgebaut, doch es fiel ihm nicht leicht, auch nur in die Nähe einer Antwort zu kommen: Kann man Hansen wirklich glauben? Wer hat die Machete aus dem Institut entwendet? Ist Schneider ein kaltblütiger Mörder? Oder ist es ein anderer Mitarbeiter aus dem Institut, den wir überhaupt noch nicht im Fokus haben?
»Wir machen uns lächerlich, wenn wir mit diesen reinen Vermutungen und ohne sichere Beweise zur Polizei gehen. Wir haben nichts Substanzielles in der Hand gegen Schneider, dass er mit dem Tod seines Vorgängers in Verbindung steht, geschweige denn, dass Schalck von ihm getötet wurde. Aber die Nachricht von Hansen ist allein schon ein Grund, Tomforde einzuschalten. Wir müssen mit offenen Karten spielen, das habe ich Tomforde versprochen«, entschied Herzfeld und drückte mit der rechten Hand auf dem Display seines Handys auf Tomfordes Nummer. Am anderen Ende der Leitung ertönte die Mailbox des Oberkommissars.

Herzfeld hinterließ eine knappe Nachricht für den Ermittler. Er bat ihn, dringend zurückzurufen, und gab Hansens Adresse in Eckernförde durch. »Wenn Sie können, treffen wir uns da. Wir sind bei Hansen und werden dort auf Sie warten.« Dann legte Herzfeld auf.
Tattoli kratzte sich nervös unter der Mütze und war froh, ihre Gedanken nun aussprechen zu können. »Aber die Spuren an dem Heizungsrohr. Diese Rillen und feinen Einkerbungen, die nur entstehen, wenn man einen Körper, dessen Hals sich bereits in der Schlinge befindet, hochzieht. Das völlig oberflächliche und in fast allen Befunden vage gehaltene Sektionsprotokoll von Schalck, das Schneider verfasst hat. Das alles …«, warf die Italienerin ein.
»Wir können im Moment nichts tun, außer bei diesem Wetter heil nach Eckernförde zu kommen«, unterbrach Herzfeld sie. »Ernst Hansen wohnt in einem ehemaligen Kapitänshaus direkt am Hafen – er hat mir einmal davon vorgeschwärmt. Wir werden es sicherlich schnell finden. Und dann sehen wir weiter.«
Der Wagen steuerte im Lichtkegel der Xenon-Scheinwerfer durch den Nebel, der sich, je weiter sie sich dem Küstenstreifen der Ostsee näherten, vom Wasser her immer dichter über die Landstraße legte. Herzfeld blickte auf die Karte des Navigationssystems.
Noch etwas mehr als zwanzig Minuten.

☠ ☠ ☠

53

13. Januar, 19.42 Uhr
Eckernförde. Wohnung Ernst Hansen

Hansen lag rücklings auf dem Holzdielenboden im Eingangsbereich seiner Wohnung. Ein stechender Schmerz zog ihm vom Hinterkopf in beide Schläfen, als ob ihm jemand ein eisernes Band um den Schädel gelegt hätte, dessen Durchmesser gerade kontinuierlich verkleinert wurde. Sein Kopf dröhnte, er spürte das Blut in seinen Ohren rauschen, fortgeleitet von seinem rasenden Pulsschlag, den sein Herz als Reaktion auf den Schreck und Schmerz in die Peripherie seines Körpers bis in sein Gehirn jagte. Er konnte nicht lange bewusstlos gewesen sein, höchstens ein paar Sekunden, vielleicht nicht einmal das. Als er sich wieder etwas berappelt hatte, sah er, dass er nicht allein war. Es war noch eine weitere Person in seiner Wohnung. Die letzten zwei Dinge, die Hansen noch bewusst wahrnahm, war eine in einen weißen Schutzanzug gekleidete, hünenhafte Gestalt, deren Gesicht mit einem Mundschutz verhüllt war und die sich mit einer schnellen Bewegung über ihn beugte. Und ein dunkler Lappen, der ihm hart und brutal ins Gesicht gedrückt wurde, sodass er meinte, jeden einzelnen Finger der kräftigen Hand seines Angreifers durch den feuchten Stoff auf seinem Gesicht zu spüren. Während der süßlich-stechende Geruch des Lappens alles um ihn herum abrupt in Beschlag nahm und seine Sinne zunehmend vernebelte, überlegte Hansen atemlos, an wen ihn die raubtierhaften Bewegungen des vermummten Angreifers erinnerten. Die Brille und Augenpartie, die er nur für den Bruchteil einer Sekunde in dem Spalt zwischen Mundschutz und Kapuze des Angreifers gesehen hatte, ähnelten jemandem, den er kannte. *Aber wem?*
Doch diesen Gedanken konnte Hansen nicht mehr zu Ende denken.

☠ ☠ ☠

54

13. Januar, 20.06 Uhr
Landstraße nach Eckernförde. Pkw Paul Herzfeld

Herzfelds Pulsschlag beschleunigte sich. Plötzlich meldete sich sein Bauchgefühl und aktivierte ein Alarmsignal im Inneren seines Körpers. *In zwanzig Minuten kann viel passieren,* dachte er besorgt. Doch er behielt den Gedanken für sich.
Irgendwann, nach einer gefühlten Ewigkeit, tauchte schließlich das Ortsschild von Eckernförde vor ihnen im Lichtkegel der Scheinwerfer auf. Herzfeld lenkte seinen Passat auf die gewundene kleine Straße, die hinter dem Ortseingang direkt von der Hauptstraße abging und zum alten Hafen führte. Endlich waren sie so gut wie da. Zunächst waren sie von dem Navi in eine offensichtlich erst seit Kurzem als solche ausgewiesene und gefährlich glatt erscheinende Einbahnstraße gelenkt worden und am falschen Ende des Hafens angekommen. Das hatte sie Zeit gekostet, doch nun waren es nur noch wenige Minuten bis zu Hansens Wohnung. Nachdem Herzfeld immer wieder versucht hatte, den Hausmeister auf dessen Handy zu erreichen, hatte er einmal mehr beschlossen, sich zu beeilen. Hansens Telefon klingelte zwar, aber niemand nahm den Anruf entgegen.
Ein neu errichteter Kreisverkehr markierte die letzte Abzweigung. Tattoli starrte angespannt aus dem Fenster, als sich der Passat, nachdem ein paar Autos an ihm gegen den Uhrzeigersinn vorbeigezogen waren, in den leeren Kreisel hineinschob. Eine Ausfahrt führte in die Innenstadt, die andere zum Hafen. Tattoli blickte kurz auf und fuhr in dieser Sekunde wie vom Schlag getroffen zusammen. Sie ließ ihr Handy fallen, das im Fußraum vor ihr landete, und schlug reflexartig neben sich, wobei sie Herzfeld auf der Höhe des Lenkrads mit ihrer flachen Hand auf dem rechten Oberschenkel traf. »Stopp!«, schrie sie und drehte sich ruckartig in ihrem Sitz zur Seite, um

aus dem Rückfenster des Wagens hinaussehen zu können, als hätte sie gerade auf der Straße ein wertvolles Schmuckstück verloren.
Herzfeld zuckte zusammen und verriss das Steuer des Passats nach rechts. Der Wagen stieß mit den Felgen an den Bordstein, der den Kreisverkehr begrenzte, und machte einen Satz in Richtung mehrerer Autos, die an der nächsten Einfahrt des Kreisverkehrs warteten und denen Herzfelds Passat gefährlich nahe kam, weshalb die Fahrer instinktiv mit einem gewaltigen Hupkonzert reagierten. »Was, zum Teufel ... Was ist los?«, tobte Herzfeld, weiterhin bemüht, den Wagen unter Kontrolle zu bringen. »Sind Sie von allen guten Geistern verlassen worden? Ich hätte uns fast umgebracht, weil Sie mich hier zu Tode erschrecken!«
Tattoli hatte die Augen weit aufgerissen. »Fahren Sie noch einmal um den Kreisel herum. Schnell ...«
Herzfeld blickte für einen Sekundenbruchteil zur Beifahrerseite, ob er Anzeichen dafür erkennen konnte, dass die sonst eher zurückhaltende Italienerin plötzlich verrückt geworden war. Doch stattdessen deutete sie hoch konzentriert nach vorn. Ihre dicke Wollmütze war verrutscht und hing jetzt schräg über ihre Stirn herunter.
»Fahren Sie weiter herum. Der Wagen da gerade, der schwarze SUV, haben Sie ihn gesehen?« Tattoli schien sich kaum noch im Griff zu haben, so überschlug sich jetzt ihre Stimme.
Herzfeld schüttelte den Kopf. Er hatte kurz vor der Einfahrt in den Kreisverkehr auf das Navigationssystem geschaut, um auch ja die richtige Ausfahrt zu nehmen. »Was ist damit?«
»Ich glaube, ich habe den Fahrer erkannt. Er muss es gewesen sein, so eine Ähnlichkeit kann es nicht geben. Können Sie Gas geben? Wir müssen näher ran. Ich habe Volker Schneider gesehen ...«
Herzfeld konnte nicht glauben, was seine Kollegin da gerade gesagt hatte. *Hat sie wirklich »Schneider« gesagt? Hier draußen will sie ihn gesehen haben? Hat Hansen ihn vielleicht auch*

benachrichtigt? Was treibt Schneider sonst bei diesem Wetter an einem Freitagabend hier draußen, dreißig Kilometer nördlich von Kiel im Nirgendwo?, dachte er.
Herzfeld trat leicht aufs Gas, doch sofort begann das Heck des Wagens auf der glatten Fahrbahn auszubrechen, als schüttele sich das Fahrzeug bei dem Gedanken, auf dem eisigen Untergrund schneller fahren zu müssen. »Es ist zu glatt, wir können hier jetzt kein Autorennen veranstalten«, sagte er und lenkte zurück in die Spur im Kreisverkehr auf seine ursprüngliche Route.
Der schwarze SUV war mittlerweile verschwunden, sehr wahrscheinlich war sein Fahrer in Richtung Kiel abgefahren. In die Richtung, aus der Herzfeld und Tattoli gerade gekommen waren. Doch in dem immer dichter werdenden Nebel, der träge von der jetzt knapp fünfzig Meter entfernten Ostsee herüberkroch, waren nicht einmal mehr die Rücklichter des Fahrzeugs zu sehen.
»Ich bin mir so gut wie sicher, dass es Schneider war, den ich am Steuer dieses Wagens gesehen habe!«
»Was war das genau für ein Wagen?«
Tattoli schaute immer noch entgeistert zu Herzfeld herüber, als habe sie einen Geist gesehen. »Ein dunkler SUV, sehr wahrscheinlich schwarz. Wissen Sie, was für einen Wagen Schneider fährt?«
»Einen schwarzen BMW. Einen SUV, Modell X irgendwas, keine Ahnung, mit Autos habe ich es nicht so«, entgegnete Herzfeld.
»Ich kann mich doch nicht so irren. Meinen Sie, Hansen hat ihn auch informiert?«, fragte Tattoli entgeistert und scherte so direkt in Herzfelds Gedanken ein.
Er schüttelte den Kopf, während sich vor ihnen langsam die Silhouette des alten Hafens aufbaute. »Das kann ich mir nicht vorstellen. Aber wenn es Schneider war – was hat er hier draußen verloren?«, murmelte Herzfeld, und in seinen Eingeweiden zog sich etwas zusammen. Ein Gefühl, das seine Innereien

befiel, wie ein Angstvirus, der nur noch von seiner Ratio an einer dünnen Kette geführt wurde. *Wenn er es wirklich gewesen sein sollte, dann werden wir es in wenigen Minuten erfahren. Spätestens Hansen wird uns sagen, ob er Besuch von ihm hatte,* dachte Herzfeld, und sein Pulsschlag beschleunigte sich noch einmal mehr, als er den Wagen auf dem Parkstreifen vor dem Kapitänshaus ausrollen ließ.
Hier war in den vergangenen Tagen offenbar nur sporadisch Schnee geräumt worden, und die Reifen des Passats schoben sich knirschend über den weißgrauen Untergrund, als das Fahrzeug langsam zum Stehen kam.

☠ ☠ ☠

55

13. Januar, 20.07 Uhr
Kappeln. Historische Mühle, Wohnhaus Margret Schalck

Durch die alten Wände des Hauses kroch eine tiefe, hartnäckige Kühle, und Margret Schalck rückte sich den violetten Bademantel zurecht. Obwohl sie beim Umbau und der Renovierung des Hauses in der unteren und oberen Etage in Wohnräumen und Bädern eine Fußbodenheizung hatte einbauen lassen, fror sie. Sie hatte ihre blonden Haare zu einem Pferdeschwanz zusammengebunden und sich in der großen Whirlpool-Wanne in dem opulenten Badezimmer in der oberen Etage ein Bad eingelassen. Das warme Wasser würde ihr guttun. Sie fühlte mit der Hand nach der Wassertemperatur, ließ anschließend ihren Bademantel fallen und stieg hinein.
Aus dem Badezimmerfenster waren die erleuchteten Flügel der alten Mühle zu sehen, die sich ungerührt in die eisige Januarluft streckten. Diesen Ausblick liebte sie, er gab dem Haus etwas Besonderes. Mit dem Geld aus der beachtlichen Erbschaft

einer kinderlosen Tante, die in demselben Jahr wie ihr Mann verstorben war, hatte Margret Schalck die historische Mühle von der Stadt erworben. Sie gehörte jetzt ihr – ein Wunsch, den ihr verstorbener Gerwin bereits zu Lebzeiten gehegt hatte. Die Mitglieder der Kappelner Stadtverwaltung hatten sich darauf geeinigt, dem Verkauf zuzustimmen, wenn sie im Gegenzug die alte Mühle an bestimmten Tagen für einen Museumsbetrieb öffnete. Die Oberarzt-Witwe hatte sehr viel Geld in die Hand genommen, um nicht nur das ehemalige Wohnhaus des Müllers, in dem sie jetzt lebte, sondern auch die Mühle selbst umfassend zu sanieren. Auch die gesamte Mechanik der Mühlräder hatte sie instand setzen lassen, um sie so für Besuchergruppen wieder in Betrieb nehmen zu können. Immer wenn sie die in einem Schaltkasten in einem der Mühle angrenzenden Schuppen befindliche elektronische Entriegelung der Windmühlenflügel betätigte, dachte sie wehmütig an ihren Gerwin. Wenn der Wind der Ostsee die Flügel langsam in Bewegung setzte und im Innern der Mühle die schweren hölzernen Zahnräder knackten, wie die Kiefer eines großen hölzernen Tieres, wünschte sie ihren verstorbenen Mann sehnsüchtiger als sonst zurück an ihre Seite.

Doch an diesem Winterabend stand alles still. Margret Schalck lag mit geschlossenen Augen in dem warmen Wasser und hing ihren Gedanken nach. Das Leben nach Gerwins Tod hatte sich ganz anders entwickelt, als sie es gedacht hatte. Dass ihr neuer Partner ein ehemaliger Kollege ihres Mannes war, war nie ihre Absicht gewesen. Doch Volker erinnerte sie manchmal an Gerwin – er hatte einen ähnlich scharfen Verstand, war aufmerksam. Nichts schien ihm zu entgehen. Sie mochte, dass er eine Stärke ausstrahlte, die sie nach Gerwins Tod dringend gebraucht hatte. Doch seit der junge Assistenzarzt Paul Herzfeld bei ihr gewesen war und Fragen gestellt hatte, die die Vermutung zuließen, dass er von ihrer Beziehung zu Volker wusste, war Margret Schalck beunruhigt. Volker und sie hatten ihre Beziehung ganz bewusst geheim gehalten, um Gerüchte zu vermeiden und Volkers Karriere nicht zu belasten. Zudem hatte der unangekündigte Besuch des ihr bis dahin völlig unbekannten Rechtsmediziners auch wieder die alten Fragen aufgeworfen, die sich um die Todesumstände ihres verstorbenen Mannes drehten. Fragen, die sie eigentlich nie mehr stellen wollte. Vielleicht, weil sie Angst vor den Antworten, Angst vor der Wahrheit hatte.

Margret Schalck stieg aus der großen Whirlpool-Wanne, trocknete sich ab und hüllte sich wieder in ihren Bademantel. Sie ging barfuß über die polierten Teakholzstufen der ausladenden Holztreppen nach unten in den geräumigen Wohnbereich, in dem sie gestern den ungebetenen Besucher aus der Kieler Rechtsmedizin empfangen hatte.

Sie beschloss, sich einen Tee aus der Dose mit der teuren Ceylon-Mischung aufzubrühen und dann den Abend am Schreibtisch zu verbringen. Wenn sie Freitagabend keine privaten oder gesellschaftlichen Verpflichtungen hatte, ging sie die Post der Woche durch – dann hatte sie Ruhe. Früher hatte sich Gerwin um alles gekümmert. Mit einem leidigen Seufzen nahm sie den Ablagekorb vom Beistelltisch neben der Ledercouch, in dem sich einige Rechnungen, ein Umschlag von ihrem Steuerberater und einige Gratis-Zeitungen stapelten, und trug ihn hinüber zum Wohnzimmertisch. Als sie den Korb abgestellt hatte, verrutschte der Stapel, und ihr Blick fiel auf einen kleineren Briefumschlag. Er war zwischen die größeren Umschläge geraten und nun herausgerutscht, als würde er sich jetzt erst aus seinem Versteck trauen. Er war handschriftlich an sie adressiert. In einer Schrift, die fast nicht zu entziffern war, als hätte der Verfasser keine Übung oder wäre in großer Eile gewesen. Ein Absender war auf dem Umschlag nicht zu entdecken. Mit dem sauber lackierten Fingernagel ihres rechten Zeigefingers fuhr Margret Schalck unter den Rand des Briefes und riss den Umschlag auf. Darin befand sich ein Blatt Papier, eng in der gleichen Handschrift beschrieben. Margret Schalck begann zu lesen. Die Schrift war klein, gedrungen, als hätte der Verfasser nur diese eine Seite zur Verfügung gehabt, die er vollständig ausnutzen wollte. Ihre Augen fuhren flackernd über die Buchstaben, sprangen von Wort zu Wort. Und mit jedem Wort schlossen sich ihre Finger fester um das Papier. Als sie geendet hatte, ließ sie den Brief niedersinken. Und begann hemmungslos zu schluchzen.

☠ ☠ ☠

56

13. Januar, 20.08 Uhr
Eckernförde. Wohnung Ernst Hansen

Die beiden Rechtsmediziner stiegen aus, streiften sich Jacke und Mantel über und machten sich durch den Schnee, der durch die Minustemperaturen der letzten Tage zu einer geröllartigen Masse gefroren war, auf den Weg zu Hansens Wohnung. Der eisige Sprühregen legte sich auf ihre Haut, schien zu einer dünnen Eisschicht zu frieren. Herzfeld schlug den Kunstfellkragen seiner Daunenjacke bis an die Wangen hoch, Tattoli rückte sich die Mütze bis fast über die Augenbrauen. Es schien, als stemme sich der Hafen und das Wetter gegen ihre bloße Anwesenheit.

Es dauerte einige Zeit, bis sie die kleine Tür an der Seite der roten Werfthalle, die scheinbar zur Wohnung im Dachgeschoss führte, gefunden hatten. Doch niemand öffnete, nachdem Herzfeld die Klingel mehrfach betätigt hatte. Ein letztes Mal versuchte er, den Hausmeister anzurufen. Nichts. Zeitgleich erschien jedoch eine Nachricht von Tomforde auf dem Display seines Handys.

Bin bei einem Kumpel in Schleswig.
Komme jetzt zu Ihnen. Warten!

»Tomforde kommt! Er ist gar nicht weit weg von hier. Höchstens zwanzig Minuten.« Herzfeld klang erleichtert. »Aber Hansen macht nicht auf.«

»Vielleicht schläft er?« Tattoli ging einige Schritte um das Gebäude herum auf der Suche nach einem weiteren Eingang.

»Um diese Zeit? Das kann ich mir kaum vorstellen, das entspricht nicht seinem Naturell. Und schließlich hat er mich hierher bestellt. Er würde doch auf mich warten. Ist da ein weiterer Zugang zu dem Gebäude?«

»Nein, nur das große Tor zur Halle, da hinten – das kriege ich allein aber sicher nicht auf«, antwortete Tattoli, nachdem sie um die Ecke, zur Wasserseite des Gebäudes, geschaut hatte. Herzfeld drückte unterdessen noch mehrfach auf die Klingel. Nichts.

»Okay, lassen Sie uns versuchen, ob wir durch das Tor reinkommen«, beschloss Herzfeld, und sie gingen um das Gebäude herum, bis sie vor dem großen Tor standen, aus dem im Sommer die Boote zu Wasser gelassen wurden. Eine Hängeleuchte schien von oben auf das Tor, dessen roter Anstrich an einigen Stellen abblätterte, als würde sich das Haus im Winter häuten. Herzfeld und Tattoli fanden schnell den Metallgriff, der das große Rolltor betätigte. Davor war jedoch eine Eisenkette angebracht, die von einem dicken Vorhängeschloss zusammengehalten wurde, als befände sich im Inneren ein Entfesselungskünstler, der einen großen Trick geplant hatte.

»Da kommen wir nicht rein«, sagte Tattoli enttäuscht.

»Aber wir müssen ...« Herzfeld machte sich in einer dunklen Ecke, in der kaputte Fischreusen, Bojen und allerlei Schiffsgerümpel herumlagen, auf die Suche nach einem geeigneten Werkzeug. Schließlich fand er einen kleinen verrosteten Faltanker, der noch ein Stück Kette hinter sich herzog. Der Anker war stark korrodiert und mit Muscheln überzogen.

»Sie wollen einbrechen?«, fragte Tattoli.

»Ich will eine Verabredung einhalten. Wir können hier jetzt nicht warten. Hansen geht die ganze Zeit nicht an sein Telefon.

Wir müssen da rein«, konterte Herzfeld und bedeutete Tattoli, ihm beim Aufhebeln des Schlosses zu helfen. Sie klemmten eine der spitzen Flunken des Ankers hinter die Kette und stemmten sich gemeinsam auf das raue, angelaufene Metall des Ankerschaftes. Zunächst schien es, als würden die eisernen Glieder der Kette nicht nachgeben, doch dann riss plötzlich der gesamte Griff des Rolltors mit einem brachialen Knall aus seiner hölzernen Verankerung heraus. Über die Jahre hatte die Witterung dem Holz des Tores anscheinend arg zugesetzt. Klirrend fiel der Griff mitsamt Kette und Vorhängeschloss zu Boden.

»Lassen Sie uns reingehen.« Die beiden betraten mit vorsichtigen Schritten die dunkle Halle.

»Haben Sie eine Taschenlampe im Auto?«, wollte Tattoli wissen, aber Herzfeld verneinte.

Als ihre Augen sich etwas an die Dunkelheit gewöhnt hatten, bauten sich die Umrisse eines Bootes auf großen Holzböcken vor ihnen auf. Hier drin war es keinen Deut wärmer als draußen. Sie folgten einem schummrigen Lichtschein zum Ende der etwa zwanzig Meter langen Halle. Dort angekommen, sahen sie mehrere Planen, die wie mächtige Theatervorhänge von der Decke herabhingen und den hinteren Teil des Gebäudes unvollständig abteilten. Die hinter den Planen an der Decke angebrachte Notbeleuchtung strahlte das schummrige Licht aus, das sie vom Eingang der Halle aus wahrgenommen hatten. In dem matten Schein der Lampe erkannten sie eine hölzerne Treppe, die an der Rückwand der Halle nach oben führte.

»Da lang, die Treppe dort muss es sein. Hansen hat mir mal erzählt, wie beschwerlich der Weg nach oben in seine Wohnung für ihn ist.« Herzfeld lief vor Tattoli zielstrebig die Treppe hinauf, die ungehalten unter dem Gewicht der beiden Besucher knarzte. Im oberen Stockwerk angekommen, registrierte Herzfeld sofort den Lichtstrahl, der durch die halb geöffnete Tür in der obersten Etage fiel.

»Das wird die Eingangstür zu seiner Wohnung sein«, flüsterte

Tattoli und deutete mit ihrer Hand in die entsprechende Richtung.
Herzfeld nickte und beschloss, sich bemerkbar zu machen. »Herr Hansen? Hier ist Herzfeld. Ich habe Ihre Nachricht bekommen. Sind Sie da?«, rief er klar und vernehmlich in Richtung des Lichts, das keilförmig aus der leicht geöffneten Tür auf die Holzplanken des Flurs schien. Als eine Antwort ausblieb, ging er weiter auf die Tür zu, dicht gefolgt von Tattoli. Vorsichtig schob Herzfeld die Wohnungstür auf, die leicht unter dem Druck seiner Hand nachgab und aufschwang. Vor ihnen lag ein kleiner Flur, der von einer rundlichen Deckenlampe, die dem Bullauge eines Schiffes glich, erleuchtet wurde und in dessen Verlängerung sich ein Zimmer befand. In dem Zimmer stand an der Längsseite ein brauner Wandschrank, die Ecke eines Esstisches war zu erkennen. Herzfeld, der mittlerweile die Eingangsschwelle betreten hatte, klopfte geräuschvoll an die halb geöffnete Eingangstür.
»Herr Hansen, sind Sie da?«
Seine Frage verhallte unbeantwortet in der Tiefe der Wohnung. *Hier also lebt er, zwischen all dem Seemanns-Gerümpel*, dachte Herzfeld, als er den schmalen Flur mit allerlei Kompassen und Brettern mit daran befestigten Seemannsknoten durchquerte und das Wohnzimmer betrat. Tattoli trat hinter ihm hervor, und die beiden standen nebeneinander in dem Wohnraum, der etwa fünf Meter in der Länge maß und an dessen Ende ein großer abgewetzter Ledersessel am Fenster stand. Auch hier im Zimmer brannte eine an eine Schiffsleuchte erinnernde Deckenlampe. Alles wirkte etwas abgewohnt, aber doch irgendwie behaglich. Die Höhle des Seebären. Von Hansen selbst war nichts zu sehen. Lediglich das Vanillearoma seines schweren Tabaks lag in der Luft, als würde die Pfeife noch irgendwo brennen.
»Er ist nicht da«, stellte Tattoli fest.
»Das gefällt mir alles überhaupt nicht«, entgegnete Herzfeld. »Ich habe keine Lust, Sie und mich unnötiger Gefahr auszu-

setzen, ich rufe die Polizei.« Er zog sein Handy aus der Hosentasche und wählte den Polizeinotruf. Nachdem er der Beamtin kurz seine Personalien und die Adresse Hansens genannt hatte, gab er ihr auch noch den dezenten Hinweis, dass er als Rechtsmediziner im Rahmen der Untersuchung eines ungeklärten Tötungsdeliktes in Eckernförde sei. Dann legte er auf.

»Ist das wirklich nötig?«, fragte Tattoli. »Oberkommissar Tomforde muss doch bald hier eintreffen. Hätten wir nicht auf ihn warten können?«

»Je eher wir Unterstützung bekommen, desto besser. Wir sind keine Ermittler. Hier stimmt etwas nicht. Das stinkt alles gewaltig zum Himmel, und dass Hansen …« In diesem Moment entdeckte Herzfeld die nur angelehnte Tür zum Badezimmer, in dem ebenfalls Licht brannte.

»Bleiben Sie bitte hier stehen«, sagte Herzfeld, denn er hatte plötzlich förmlich das Gefühl, die Anwesenheit einer weiteren Person zu spüren. Dann hörte er ein Geräusch, wie ein leises Stöhnen, als würde jemand unter höchster Anstrengung eine Bewegung verrichten. Vorsichtig ging Herzfeld ein paar Schritte nach vorn und schob die Badezimmertür auf. Dann sah er das Blut. Es hatte große Teile der nicht mit Wasser gefüllten Badewanne rot gefärbt. Die roten Rinnsale waren von den Badezimmerkacheln über der Wanne nach unten gelaufen und dort von einer Hand verschmiert worden. Aus der Badewanne ragten Hansens Kopf und sein linker Arm heraus, der schlaff über den Badewannenrand herunterhing. Die rote Flüssigkeit hatte sich wie eine zweite Haut über sein Gesicht gelegt. Der alte Mann zeigte keinerlei Regung, sein Kopf war leicht auf die Seite gekippt, als sei er nur kurz eingenickt. Trotzdem war sich Herzfeld sicher, dass er eben aus dem Badezimmer ein Stöhnen vernommen hatte.

Das Kinn mit dem schmutzig-grauen Bart ragte wie eine kleine buschige Insel aus Hansens rot getünchtem Gesicht heraus. Herzfeld spürte, wie Tattoli, die dicht hinter ihm war, beim

Anblick, der sich ihnen bot, instinktiv einen Schritt zurückwich.
»Ein Blutbad …«, setzte Tattoli an, verstummte jedoch abrupt wieder, als ihr die unbewusste Doppeldeutigkeit ihrer Wortwahl bewusst wurde.
»Schließen Sie sofort die Wohnungstür und verriegeln Sie sie. Hier in der Wohnung ist niemand, aber vielleicht sind wir trotzdem nicht allein. Möglicherweise ist der Angreifer noch im Gebäude«, kommandierte Herzfeld mit knappen Worten, und Tattoli hastete zurück in den kleinen Flur.
Er hörte, wie die Wohnungstür dumpf ins Schloss fiel, und für einen Moment dachte er, es wäre, als würde eine Grabkammer geschlossen werden. Dann hörte er, wie Tattoli mit einer Kette oder einem Riegel die Eingangstür von innen verschloss. Herzfeld machte zwei vorsichtige Schritte auf die Badewanne zu. Hansen war vollständig bekleidet. Sein grüner Wollpullover und die blaue Stoffhose waren blutdurchtränkt. Herzfeld registrierte den silbernen Stahl des Skalpells, das auf dem hinteren Badewannenrand lag. Griff und Klinge waren mit frischem Blut verschmiert.
In diesem Moment stöhnte Hansen leise auf und öffnete mit flackernden Lidern einen Spaltbreit die Augen. Das Blut hatte sich vor seine Augen gelegt wie ein gummiartiger Schutzfilm. Seine Wimpern waren verklebt. An seinem linken Nasenloch bildete sich eine kleine blutige Blase, die bei jedem der jetzt kräftiger werdenden Atemstöße größer wurde. Es musste sich reichlich Blut in den oberen Atemwegen des alten Mannes angesammelt haben.
Gott sei Dank, er lebt noch! Herzfeld hechtete vor die Wanne. Er ließ sich am Wannenrand auf die Knie fallen und griff mit beiden Händen nach dem Körper des Mannes wie nach einem Schiffbrüchigen. »Tattoli, ich brauche hier Hilfe«, rief Herzfeld über seine Schulter. Fast in derselben Sekunde sprang ihm die Italienerin zur Seite und griff Hansen am Kragen seines rauen Wollpullovers, um den Kopf zu stabilisieren, der bei

Herzfelds Bergungsversuch immer wieder zur Seite kippte. Hansen gab immer bedrohlicher klingende, blubbernde Atemgeräusche von sich. Es hörte sich an, als ob jemand mit einem Strohhalm Luft in eine metallene Getränkedose hineinblies.

»Er muss raus aus der Wanne, damit wir uns um ihn kümmern können. Stabile Seitenlage. Atemwege frei machen«, presste Herzfeld hervor.

Die beiden wuchteten Hansens Körper nach oben auf Höhe des Wannenrandes und ließen ihn dann vorsichtig am Rand der Wanne nach unten auf den Badezimmerboden gleiten. Während Herzfeld den Körper des Mannes auf seine linke Seite legte und seinen Kopf im Nacken leicht nach hinten überstreckte, hielt Tattoli ein Handtuch, das sie von einem Handtuchständer im Bad gerissen hatte, unter den Wasserhahn des Handwaschbeckens und wischte Hansen damit vorsichtig über Mund- und Nasenöffnungen und, nachdem sie das Handtuch erneut angefeuchtet hatte, über die Augen.

»Verdammt. Er hat viel Blut verloren. Wir brauchen einen Notarzt, schnell. Rufen Sie die 112«, stieß Herzfeld hervor.

Tattoli griff mit ihren blutigen Händen, die mittlerweile aussahen, als hätte sie eine Schlachtung vorgenommen, in ihre Manteltasche und hinterließ dort dunkelrote Spuren auf dem Stoff, als sie ihr Mobiltelefon herauszog.

Herzfeld sprang auf, rannte in die Küche und kehrte mit einer Haushaltsschere zurück. Zunächst schnitt er an der Vorderseite das Rumpfteil von Hansens Wollpullover und das darunter befindliche T-Shirt auf, danach die Ärmel des Pullovers in Längsrichtung, bemüht die stabile Seitenlage des Mannes, dessen röchelnde Atemgeräusche jetzt wieder flacher wurden, dabei, so gut es ging, beizubehalten.

Hansens Oberkörper war jetzt vollständig unbekleidet, und Herzfelds Gehirn sprang gerade um in seinen professionellen Rechtsmediziner-Modus, als er Tattoli mit leicht zitternder Stimme sagen hörte: »Der Notarzt ist unterwegs.«

Herzfeld begann, Hansens Körper von oben nach unten auf

Verletzungen oder andere Auffälligkeiten hin abzusuchen. *Wie bei einer äußeren Leichenschau. Nur, dass Hansen noch lebt,* dachte Herzfeld, dem gerade die Paradoxie seines Vorgehens bewusst wurde.

An Hansens beiden Unterarmen und Ellenbeugen waren mehrere in Längsrichtung der Arme verlaufende Schnittverletzungen erkennbar, die zwischen sechs und zwölf Zentimeter lang waren. Herzfeld schätzte ihre Anzahl auf etwa ein halbes Dutzend auf jeder Seite. Die genaue Zahl sowie die Tiefe der Schnitte konnte er aufgrund der Tatsache, dass weiter Blut aus den Verletzungen austrat, nicht bestimmen. Soweit Herzfeld es unter den gegebenen Bedingungen erkennen konnte, waren die Schlagadern an den Innenseiten der Handgelenke und in den Ellenbeugen der Länge nach durchtrennt. *Abwehrverletzungen sind das schon mal nicht,* stellte Herzfeld für sich fest.

Auch wenn er aufgrund des Blutes in Mund und Rachen davon ausgehen musste, dass dieser auch dort noch irgendwo Verletzungen haben musste, konnte er bei einer vorsichtigen Inspektion von Hansens Mundhöhle außer reichlich blutiger Flüssigkeit, die Tattoli mit einem Zipfel des Handtuchs mit ihrem Zeigefinger vorsichtig herauswischte, nichts erkennen. *Vielleicht hat er einen Schädelbasisbruch oder Stichverletzungen in der Tiefe des Mund- und Rachenraums. All das wird die spätere Operation ergeben. Oder die Obduktion. Je nachdem, wie das hier für Hansen ausgeht,* ging es Herzfeld durch den Kopf.

Herzfeld schnappte sich ein Oberhemd und mehrere Socken, die mit weiteren Kleidungsstücken in einem Wäschekorb im Badezimmer lagen, schnitt die Ärmel des Oberhemdes mit der Schere ab und begann Hansen notdürftige Druckverbände an den Unterarmen anzulegen.

»Hat er versucht, sich umzubringen?«, fragte Tattoli bestimmt.

Herzfeld ignorierte ihre Frage. Nachdem er ihn mit notdürftig angelegten Druckverbänden versorgt hatte, um einen weiteren Blutverlust zu verhindern, ließ er sich neben Hansen auf dem Badezimmerboden nieder und hob vorsichtig den blutverschmierten Kopf des alten Mannes mit beiden Händen leicht an. Das rasselnde Röcheln aus seiner Kehle wurde jetzt wieder lauter.

»Hansen, Mensch. Hören Sie mich? Was ist passiert?«

Die Augenlider des ehemaligen Kapitäns flackerten erneut und öffneten sich wieder ein wenig. Hansen formte den Mund, als wolle er pfeifen. Dann öffneten sich seine Lippen langsam, und aus seinem Mund lief ein Rinnsal blutiger Flüssigkeit über seine Unterlippe und tränkte jetzt auch die grauen Barthaare am Kinn mit Blut.

Was einmal seine Stimme gewesen war, artikulierte sich nur noch in einem kratzigen Blubbern. Hansen versuchte, ein Wort zu formen. Doch seine Stimmbänder schienen nicht anschlagen zu wollen. Die letzte Kraft schien ihn zu verlassen. Erst als sich sein ganzer Körper leicht nach vorn krampfte, als würde er mit aller Macht seine Lunge zusammenpressen wollen, um seiner Stimme so Gehör zu verschaffen, verließ ein Wort seine Lippen. Ein einziges Wort. Es klang, als wäre es von einem technischen Programm verzerrt worden.

»Er …«

In diesem Moment hörte Herzfeld die Sirenen vor dem Haus. Endlich.

»Gehen Sie denen durch die Halle entgegen, sie finden uns sonst nicht gleich. Ich rufe Tomforde an und sehe, wo er bleibt«, kommandierte Herzfeld nach hinten zu Tattoli, die sich sofort in Bewegung setzte. Während Herzfeld die Wahlwiederholungstaste auf seinem Handy drückte, hörte er, wie Tattoli die Eingangstür entriegelte, und kurz darauf ein Poltern auf den Treppenstufen in der großen Werfthalle.

Tomforde nahm beim ersten Klingeln ab. »Ich bin vor der Tür, ich sehe, Sie haben gleich auch die Kavallerie gerufen. Sie sollten doch auf mich warten! Ist aber jetzt auch egal. Wie kommen wir rein?«, stieß der Oberkommissar hervor, und Herzfeld hörte im Hintergrund seine schnellen knirschenden Schrit-

te im Schnee. »Um die Ecke, durch das große Tor in die Halle. Tattoli kommt Ihnen entgegen. Ist der Notarzt auch da?«, erwiderte Herzfeld.
»Den sehe ich hier bisher nicht, aber zwei Kollegen von mir. Bis gleich«, antwortete Tomforde und beendete das Gespräch. Herzfeld sah auf den alten Kapitän herunter, dessen Kopf er jetzt wieder mit beiden Händen stützte. Alles Leben schien zwischenzeitlich aus Hansen gewichen zu sein. Kein Flackern der Augenlider war mehr festzustellen, keinerlei Atemgeräusche waren zu hören.
Wenige Augenblicke später standen Tomforde und zwei uniformierte Polizeibeamte, dicht gefolgt von Tattoli, im Badezimmer. Herzfeld schaltete wieder in seinen Arbeitsmodus. »Tattoli, kommen Sie zu mir. Wir müssen schauen, ob wir hier noch etwas tun können, bis der Notarzt da ist.«
Die Italienerin schoss an Tomforde und den Beamten vorbei und ließ sich neben Herzfeld, der den Kopf des alten Kapitäns immer noch mit beiden Händen festhielt, auf die Knie fallen. Während sie mit ihren blutverschmierten Fingern den Pulsschlag an beiden Halsseiten überprüfte, verfinsterte sich ihr Gesichtsausdruck. »Verdammt. Nichts. Ich kann keinen Pulsschlag mehr fühlen.«
»Ich frage nach, wo der Notarzt bleibt«, sagte der eine der beiden Beamten hastig und griff nach seinem Funkgerät. Während der Polizeibeamte Kontakt zu der Einsatzleitstelle aufnahm, wies Tomforde den zweiten uniformierten Beamten an, nach unten zu gehen und den Notarzt vor der Tür in Empfang zu nehmen, wenn er einträfe. Der Polizist sprintete aus der Wohnung und polterte die steile Holztreppe in der Bootshalle hinunter, als ein Martinshorn von der Straße her ertönte.
»Scheiße …«, brummte Tomforde. »Kann mir einer von Ihnen vielleicht mal erklären, was hier überhaupt los ist?«
»Wir wissen es auch nicht. Wir haben ihn gerade erst gefunden, kurz bevor Sie eingetroffen sind. Er wollte mich sprechen. Deshalb sind wir hier«, entgegnete Herzfeld.

Tomforde beugte sich über Hansen und lüftete die von Herzfeld notdürftig an Ellenbeugen und Unterarmen angebrachten provisorischen Verbände an seinem rechtem Arm. Er warf einen Blick auf die parallel zueinander verlaufenden, in Längsrichtung der Arme verlaufenden Schnittverletzungen. Dann fiel sein Blick auf das blutige Skalpell auf dem Wannenrand.
»Suizidversuch?«, wandte Tomforde sich an Herzfeld.
»Ich weiß es nicht«, antwortete der und zuckte mit den Schultern.
»Wie frisch sind die Verletzungen?«, wollte Tomforde wissen.
»Ganz frisch, das Blut ist noch nicht geronnen«, antwortete der Rechtsmediziner.
»Und hier war niemand, keine weitere Person, als Sie eintrafen? Wie sind Sie beide überhaupt hier reingekommen …«, wollte der Oberkommissar wissen, doch er wurde jäh unterbrochen. In diesem Moment stürzte der Polizeibeamte mit einer Notärztin und zwei Rettungssanitätern im Laufschritt in die Wohnung. Die Rettungskräfte wiesen Tomforde und die beiden Rechtsmediziner umgehend an, das Badezimmer zu verlassen, und kümmerten sich in rasendem Tempo um den Schwerverletzten.
Tomforde bedeutete Herzfeld und Tattoli, ihm in Hansens Wohnzimmer zu folgen, während er einen der beiden Schutzpolizisten anwies, einen weiteren Streifenwagen mit zwei Beamten anzufordern.

»Herr Herzfeld? Was, zum Teufel, haben Sie hier gemacht. Sie beide sind mir einige Erklärungen schuldig«, forderte Tomforde, der in Hansens Wohnzimmer vorausgeeilt war. Er sah Herzfeld und Tattoli, die sich an der vom Wohnraum abgetrennten Küchenzeile gerade das Blut von Händen und Unterarmen abwuschen. Der Oberkommissar erwartete die beiden mit ungeduldigen Blicken und strich sich dabei immer wieder den Pferdeschwanz zurück, als könne er sich so selbst beruhigen.

Tattoli griff in die Seitentaschen ihres Mantels, dessen dicker Stoff die Blutspuren mittlerweile aufgesogen hatte. Man konnte sie jetzt nur noch als braune Flecken wahrnehmen. »Hier, diese Nachricht hatte Herr Hansen heute für Dottore Herzfeld im Institut hinterlassen«, sagte sie und übergab dem Ermittler die Notiz.

Tomforde überflog das Stück Papier mehrfach, während seine Lippen jedes Wort stumm mitsprachen. »Sie wissen wahrscheinlich nicht, was er Ihnen zeigen wollte?«, erkundigte sich Tomforde und hielt ihnen den Zettel fragend entgegen.

Herzfeld und Tattoli schüttelten beide fast gleichzeitig den Kopf.

Tomforde holte aus der Innentasche seiner Jacke seine Geldbörse und zog eine leicht angegraute geknickte Visitenkarte heraus, die er Tattoli überreichte: »Wenn Sie das nächste Mal Zettel mit dubiosen Nachrichten finden, rufen Sie erst mich an, verstanden?« Der Kommissar legte die Stirn in Falten. »Wie sind Sie überhaupt hier reingekommen?«

»Hansen hat auf unser Klingeln hin nicht geöffnet. Die Tür hier oben zur Wohnung stand offen. Um bis hier hochzukommen, mussten wir das Tor zur Halle aufbrechen. Wenn sich Ihre Leute von der Spurensicherung nachher daran austoben, werden sie jede Menge Fingerabdrücke, Fasern und DNA von uns beiden finden. Auch an dem alten Anker der da unten liegt. Wie hier in der Wohnung mittlerweile wahrscheinlich auch fast überall.«

»Was meinen Sie mit Spurensicherung? Wonach sieht das denn hier momentan aus?«, knurrte der Ermittler.

»Entschuldigung, was meinen Sie?«, fragte Herzfeld irritiert.

»Ich meine«, entgegnete Tomforde »dass es aussieht, als habe sich Ihr Hausmeister das Leben nehmen wollen, das Skalpell liegt ja sogar noch neben ihm. Vielleicht, weil er tiefer in diesen ganzen Irrsinn mit der zerhackten Prostituierten und dem ›Flügelmacher‹ verwickelt ist, als Sie, als seine Kollegen, es für möglich halten. Die einzigen Einbruchspuren hier kommen anscheinend von Ihnen. Das werden wir natürlich überprüfen. Hansen hätte morgen früh übrigens Besuch von meinen Kollegen bekommen, die ihn abholen sollten, damit wir ihm auf dem Präsidium in Kiel ein paar Fragen stellen. Es stand sogar im Raum, dass er danach dem Haftrichter vorgeführt werden sollte.« Der Oberkommissar machte eine Pause und sah die beiden Rechtsmediziner direkt an.

Herzfeld und Tattoli wechselten erstaunte Blicke, aber ehe Herzfeld das Wort ergreifen konnte, fuhr Tomforde fort.

»Ich habe heute Abend einige höchst interessante Informationen von meinem Kollegen Weber bekommen, die Ihnen neu sein dürften. Und andere Informationen, die Ihnen bereits bekannt sind, geben damit zusammen ein stimmiges Bild ab. Zunächst ...«, Tomforde griff in seine Jackentasche und fingerte seine Packung mit Zigarettentabak hervor, »... war Hansen nicht nur einer von nicht einmal einer Handvoll Menschen, die von der Machete in Ihrem Institutskeller wussten. Er war auch der Mann mit der Schlüsselgewalt über den Asservatenraum in Ihrem Keller. Das ist Fakt. Zum anderen, und das dürfte für Sie neu sein, hat er an jenem Abend, als unsere später zerstückelt aufgefundene Prostituierte das letzte Mal lebend gesehen wurde, eine gehörige Abfuhr von genau dieser Dame bekommen. Im *Lucky Seven,* dem Laden, in dem sie ihre Freier abschleppte und in dem Ernst Hansen Stammkunde war. Kollege Weber hat einige der Gäste vernommen, die an dem Abend dort anwesend waren. So richtig nüchtern ist da aber nach Mitternacht niemand mehr, inklusive der Angestellten. Einige erinnern sich an eine Schlägerei, die mit unserem Fall nichts zu tun hat. Deniza Milew hatte, das berichtete der Wirt, auch einen Streit mit einem anderen Gast – dessen Beschreibung verliert sich aber im Schnapsnebel des Wirts. Und dann – und das ist schließlich für uns interessant – die Szene mit Hansen. Das gaben zwei Zeugen übereinstimmend zu Protokoll. Mit anderen Worten: Er kannte nicht nur eines unserer Opfer persönlich, er hatte auch ein Motiv. Zugegeben, das Motiv ist etwas wackelig, aber ich bin mir sicher, dass wir hier in seiner Wohnung etwas finden werden, das meine Theorie untermauert.«

»Meinen Sie das wirklich allen Ernstes?« Herzfeld sah Tomforde entgeistert an und verschränkte die Arme wie ein wütender Geist, der sich weigerte, in seine Flasche zurückzukehren. Die Information, dass der alte Hausmeister Deniza Milew am Freitag vor einer Woche noch lebend gesehen hatte, wusste er ja von ihm persönlich. Nicht jedoch, dass der alte Seebär offensichtlich einen fehlgeschlagenen Annäherungsversuch bei der Frau unternommen hatte.

»Ich meine gar nichts, ehe es bewiesen ist«, erwiderte Tomforde. »Bisher haben wir nur Indizien. Die Spurenlage selbst ist momentan nicht nur dünn – wir haben einfach keine biologischen Spuren. Womit sich zwischen Hansen und meiner bereits zum Anfang der Ermittlungen aufgestellten Theorie, dass unser Täter ein Profi ist, der Kreis schließt. Wie lange arbeitet der Mann schon im Institut für Rechtsmedizin? Fünfundzwanzig Jahre? Dreißig Jahre? Da kann man so einiges an Ermittlungsarbeit aufschnappen und für sich selbst herausfinden, wie man sich als Täter mit diesem Hintergrundwissen unsichtbar macht.«

»Hansen hat mir eine Nachricht geschrieben. Er wollte mir etwas zeigen. Da wird er sich doch nicht, kurz bevor ich hier eintreffe, die Pulsadern aufschneiden«, versuchte Herzfeld, den Oberkommissar zu überzeugen.

»Appellativer Suizidversuch. Schon mal gehört? Natürlich haben Sie das, Sie sind ja vom Fach.« Tomforde nestelte an seinem Tabak herum. »Er wartet, bis Sie das Tor aufbrechen, schneidet sich die Pulsadern auf und lässt die Tür zu seiner Wohnung offen, damit Sie ihn noch rechtzeitig finden können. Wenn er sich wirklich hätte umbringen wollen, dann hätte er sich in ein lauwarmes Bad gelegt, um die Blutgerinnung zu hemmen und ein zusätzliches Ertrinken nach Eintritt der Bewusstlosigkeit zu gewährleisten. So viel Hintergrundwissen traue ich ihm zu. Und wieso legt er sich überhaupt in die Badewanne und schneidet sich nicht im Wohnzimmer die Arme auf? Damit die Schweinerei, die er nachher irgendwann wegwischen muss, nicht zu groß ist, wenn Sie mich fragen. Nein, der Mann wollte sich nicht wirklich umbringen, das ist ein Ablenkungsmanöver gewesen. Er wollte raus aus einer unangenehmen Situation. Er wollte ablenken von dem Verdacht, mit dem wir ihn unweigerlich konfrontiert hätten.«

Herzfeld atmete hörbar aus. »Möglich ist das. Und ja, die Schnittführung sieht nach einem Suizidversuch aus. In diesem Punkt gebe ich Ihnen recht. Wenn er von jemandem angegriffen worden wäre, hätte er nicht stillgehalten, damit derjenige sich in Ruhe an seinen Armen mit einem Skalpell austoben kann. Aber was ist, wenn Hansen nicht handlungsfähig war und sich gar nicht wehren konnte? Weil er vielleicht, aus welchen Gründen auch immer, bewusstlos war, als ihm irgendjemand die Verletzungen zugefügt hat. Wenn wir das unterstellen, kann es genauso gut sein, dass derjenige, der Hansen so schwer verletzt hat, erst kurz vor uns hier war, vielleicht sogar von uns überrascht wurde«, erwiderte er resigniert.

Tomforde schüttelte den Kopf. »Wir sind doch hier nicht in einem Thriller. Das ist mir viel zu konstruiert. Herr Doktor, bitte, Sie können mir viel erzählen, aber ich halte mich an die Fakten. Und das, was ich sehe, und das, was ich bisher über Hansen und die Gesamtumstände weiß, das spricht eine ganz andere Sprache. Ich bleibe zum jetzigen Zeitpunkt dabei: Hansen hat sich seine Verletzungen selbst zugefügt. Es gibt keinen ominösen Attentäter, den sie um ein Haar hier in der Wohnung verpasst haben.«

Herzfeld hatte mit allem gerechnet. Aber nicht damit. Er wägte innerlich ab, ob nun der Moment gekommen sei, Tomforde auf die Spur von Schneider zu setzen. Seinen letzten Trumpf jetzt auszuspielen und dem Mordermittler zu verkünden, dass Tattoli, die sich in den letzten Minuten überraschend still verhalten hatte und betreten die Blutflecken auf ihrem Mantel betrachtete, davon überzeugt war, den Leitenden Oberarzt des

Kieler Instituts für Rechtsmedizin am Steuer eines Fahrzeuges hier ganz in der Nähe gesehen zu haben.
Tattoli schien denselben Gedanken zu haben und sah Herzfeld mit blitzenden Augen an. Mit einem tiefen Blick und kaum wahrnehmbarem Kopfschütteln bedeutete Herzfeld ihr, sich jetzt nicht in das Gespräch einzumischen, und hoffte inständig, dass die Italienerin verstand, was er meinte.
Während Herzfeld noch überlegte, welche Informationen er Tomforde geben sollte, betrat einer der Rettungssanitäter in Begleitung eines der Polizeibeamten das Wohnzimmer. »Der Mann ist tot. Unsere Maßnahmen waren leider vergeblich. Frau Doktor Schulte benötigt die Personalien des Mannes für die vorläufige Todesbescheinigung. Ich nehme an, das ist dann sowieso ein Fall für die Rechtsmedizin?«
Tomforde bat einen der Polizeibeamten in Hansens persönlichen Sachen nach einem Ausweis oder Pass zu suchen, um das Geburtsdatum feststellen zu können, und wandte sich wieder den beiden Rechtsmedizinern zu. »Noch mal, Sie glauben doch nicht im Ernst, dass wir einen flüchtigen Täter haben, der gerade dabei war, Hansen aufzuschlitzen, als Sie hier vorbeikamen und das Tor aufbrachen? Den sie überraschten und der dann unerkannt das Weite suchte? Oder der zufällig gerade vom Hof eilte, als sie Minuten später hier eintrafen?« Tomforde starrte Herzfeld und die Italienerin jetzt mit unverhohlenem Unverständnis an.
Herzfeld hielt es für das Beste, das Thema zu wechseln. »Etwas anderes, Herr Tomforde, was auf den ersten Blick hiermit gar nichts zu tun hat. Es geht auch um den Suizid eines Kollegen vor dreizehn Jahren. Er wurde erhängt im Institutskeller aufgefunden …«
»Doktor Gerwin Schalck? Der Vorgänger von Professor Schneider«, unterbrach Tomforde ihn.
»Ja, Sie kennen den Fall?«, fragte Herzfeld verblüfft.
»Leider ja«, sagte Tomforde, der jetzt wieder etwas umgänglicher erschien. »Und ich kenne auch die Gerüchte. Das Institut

und seine Mitarbeiter haben zum Teil ein langes und enges Verhältnis mit den Kollegen der ermittelnden Behörden. Da bleibt es nicht aus, dass man das eine oder andere mitbekommt.«
Herzfeld nickte und war erleichtert, dass er bei Tomforde nicht bei null beginnen musste. Aber der Oberkommissar unterband zu Herzfelds Bedauern jegliche weitere Diskussion zu dem Thema, indem er Herzfeld demonstrativ seine linke Handfläche mit ausgestrecktem Arm entgegenhielt und ihm unmissverständlich klarmachte, dass er sich an einem Gespräch zu diesem Thema nicht beteiligen würde.
»Herr Herzfeld, das Fass machen wir hier nicht auf. Wir lassen die Toten ruhen«, stellte er entschieden fest. Er räusperte sich und ergänzte: »Zumindest die, die schon längere Zeit tot sind.«
Dann sah der Ermittler Herzfeld durchdringend an, auf eine Weise, wie es der Rechtsmediziner bisher noch nicht bei ihm erlebt hatte. »Würden Sie mir hier etwas versprechen?«, fragte Tomforde.
»Was denn?«, wollte Herzfeld wissen.
»Keine Alleingänge. Ich ahne, um wen sich Ihre Nachforschungen drehen. Das ist politisch stark vermintes Gebiet. Wenn wir in dieser alten Geschichte wirklich ermitteln sollen, dann brauche ich einen konkreten Hinweis. Alles andere würde in einer Katastrophe für uns beide enden. Und wir können dann im nächsten Sommer hier Schiffe anstreichen.«
Herzfeld versuchte den Ansatz eines Lächelns zu zeigen, um Tomforde zu signalisieren, dass ihre Auseinandersetzung nicht ihrer beider Vertrauen zueinander erschüttert hatte, was ihm allerdings nicht gelang.
Tomforde hob die Zigarette, die er nebenher gedreht hatte, in die Luft und verabschiedete sich von Herzfeld und Tattoli ohne weitere Umschweife. »Das war's. Sie fahren jetzt nach Hause, und ich mache hier mit den Kollegen weiter.«
Wortlos verließen Herzfeld und Tattoli die Wohnung. Beim Hinausgehen warfen beide noch einen letzten Blick ins Badezimmer, in dem der tote Hansen blass und schlaff neben allerlei

notärztlichen Gerätschaften und Utensilien auf dem Boden lag. An der Wohnungstür kamen ihnen zwei weitere Polizisten entgegen, die von Tomforde zusätzlich angeforderte Verstärkung. Sie hörten noch, wie Tomforde ihnen mit dröhnender Stimme hinterherrief. »Herr Herzfeld – es tut mir leid, dass Ihr Kollege tot ist …«

☠ ☠ ☠

57

13. Januar, 22.03 Uhr
Kiel. Wohnung Paul Herzfeld

Herzfeld drehte müde den Schlüssel im Schloss der Wohnungstür und zog sich noch draußen auf der Fußmatte die Schuhe aus, um möglichst wenig Lärm zu machen. Hannah schlief ganz sicher schon. Und möglicherweise hatte Petra, die ebenfalls eine anstrengende Woche hinter sich hatte, sich auch schon hingelegt.

Herzfeld fühlte sich wie erschlagen. Er zog seine blutbeschmierte Daunenjacke aus, dank der dunklen Farbe waren die roten Schlieren nur schwer zu erkennen, und hängte sie in die Dusche. Seinen Pullover, an dem ebenfalls einige Blutspuren zu sehen waren, streifte er ab und warf ihn in den Wäschekorb im Badezimmer. Darunter trug er ein weißes T-Shirt.

Nachdem er sich ausgiebig Hände und Gesicht gewaschen hatte, setzte Herzfeld vorsichtig im Flur einen Fuß vor den anderen und bog dann um die Ecke ins Wohnzimmer. Dort brannte noch schummriges Licht. Petra hatte eine Duftkerze angezündet, deren angenehm holziger Geruch den Raum durchströmte. Sie hatte, eingewickelt in eine dicke Wolldecke, auf der Couch liegend auf seine Rückkehr gewartet. Als sie Herzfeld sah, warf sie die Beine von der Couch und umarmte ihm, als ob

er nach monatelanger Abwesenheit endlich wieder nach Hause gekommen wäre.
»Da bist du ja! Ist alles in Ordnung?«, fragte Petra ernsthaft besorgt, als sie ihn so erblickte. »Was war denn überhaupt los?«, Herzfeld fuhr sich mit beiden Händen von den Augenlidern abwärts über das Gesicht, als könne er das, was er am heutigen Abend gesehen und erlebt hatte, so von sich abstreifen. »Ja. Mit mir ist alles in Ordnung. Das ist eine lange Geschichte. Und traurig zugleich. Hansen, der Hausmeister der Rechtsmedizin, er wird dir bei Institutsfeierlichkeiten sicherlich mal über den Weg gelaufen sein, wurde tot in seiner Badewanne gefunden. Vielmehr habe ich ihn dort gefunden«, sagte er tonlos, als müsse er sich zunächst selbst darüber klar werden, was er da gerade sagte.
Seine Stimme klang heiser und brüchig, als bahne sich eine Erkältung an.
»Und das erzählst du mir, als ob ihr heute Inventur gemacht habt und euch ein Röhrchen im Labor fehlt?« Petra sah ihren Lebensgefährten mit großen Augen an. »Paul, was ist da los im Institut? Ich habe mir schon Sorgen um dich gemacht. Nicht erst seit heute Abend, als du so unvermittelt aufgebrochen bist. Du warst die ganzen letzten Tage schon so angespannt und abwesend.«
»Schatz, ich weiß, es tut mir auch leid. Ich habe dir heute Morgen doch kurz erzählt, dass ich die Witwe eines ehemaligen Oberarztes der Rechtsmedizin besuchen wollte, um mir ein besseres Bild machen zu können, ob plötzlich alle Gespenster sehen oder nicht. Jetzt, da Hansen tot ist, bin ich mir eigentlich sicher, dass irgendetwas bei uns im Institut überhaupt nicht in Ordnung ist. Aber ich will einfach nicht glauben, dass er etwas damit zu tun hatte …«
»Wer, Hansen?«
»Ja, Ernst Hansen. Die Polizei glaubt, er sei für die Toten im Brook verantwortlich. Die Prostituierte und der Obdachlose, die Dienstagfrüh dort gefunden wurden. Wie gesagt, eine lange

und auch eine komplizierte Geschichte. Ich weiß selbst überhaupt nicht mehr, was ich noch glauben …«

»Wie ist er gestorben?«, unterbrach ihn Petra.

»Wer? Wir haben in letzter Zeit so viele Tote.«

»Hansen. Weißt du das schon? Musst etwa du ihn obduzieren?«

»Tomforde, der zuständige Kripomann, ist überzeugt, dass Hansen sich das Leben genommen hat. Aber eigentlich glaubt Tomforde, Hansen wollte sich gar nicht das Leben nehmen, sondern sei dabei nur übers Ziel hinausgeschossen. Wie gesagt, es ist alles kompliziert. Er denkt, Hansen hätte mich nach Eckernförde gelotst oder gelockt, na ja, wie man es nimmt, damit ich ihn finde und rette und …«

»Moment. Ich komme da nicht mehr mit«, unterbrach Petra ihn erneut.

»Da geht es dir wie mir. Lass uns auf die Couch setzen und dort weiterreden.« Herzfeld atmete erschöpft aus.

Petra ließ sich wieder auf die Polster fallen und wickelte ihre Beine, die in ihrer Lieblingsjogginghose steckten, wieder in die Decke ein. Dann strich sie sich nervös die blonden Haare hinter beide Ohren. Herzfeld spürte, dass seine Verlobte, die immer feine Antennen hatte für alles, was mit ihm zusammenhing, beunruhigt war. Dafür hatte sie auch allen Grund, aber er wollte sie nicht mit all dem, was ihn die letzten Tage zunehmend beschäftigt hatte, noch mehr beunruhigen oder vielleicht sogar verängstigen.

Er rückte auf der Couch nah an sie heran und versuchte, ihr so viel zu erklären, wie er es im Moment für richtig hielt, ohne sie noch weiter zu verunsichern oder gar von seinem Verdacht gegen Schneider zu berichten.

Im Laufe des Gesprächs legte Petra ihren Kopf an seine Schulter, ein klares Signal dafür, dass sie ihm weiterhin vertraute und auch zutraute, das Richtige zu tun. Dann wechselten sie abrupt das Thema, wie so oft, wenn ihre Gespräche über Gewalt- und Gräueltaten, die nun mal untrennbar mit Herzfelds Beruf und

damit auch ein Stück mit ihrer beider Privatleben verbunden waren, überhandzunehmen schienen und drohten, dunkle Wolken über ihrer Familie heraufziehen zu lassen. Jetzt unterhielten sie sich über Hannah. Hannah, die seit heute Morgen ihren ersten Wackelzahn hatte. Ihre Tochter, die für ihre Großeltern Schneeflocken aus Papier gebastelt und sich gefreut hatte, dass ihre Oma, die ihr eine große Schüssel des von Hannah so heiß geliebten Milchreises in Aussicht gestellt hatte, sie morgen früh bereits um 9 Uhr abholen und mit ihr nach Kronshagen, einer kleinen Gemeinde unmittelbar vor den Toren Kiels, fahren würde.
Die Unruhe schien aus Petra wieder etwas gewichen zu sein, stellte Herzfeld erleichtert fest. Er strich ihr über ihr schulterlanges blondes Haar, aber gedanklich verarbeitete er noch immer die Ereignisse der letzten Stunden in einer geistigen Endlosschleife, die nicht unbedingt angenehm bebildert war. Der Anblick des blutüberströmten Hansen in der Badewanne, das Stöhnen und letzte Aufbäumen des alten Mannes in Herzfelds Armen, die gefühlte Ewigkeit des Wartens auf die Notärztin, die Nachricht von Hansens Tod durch einen der Rettungssanitäter. Und nicht zuletzt die Tatsache, dass es Tomforde kategorisch ablehnte, dass jemand an Hansens Tod beteiligt sein könnte. Ganz zu schweigen davon, dass Tattoli möglicherweise Schneider gesehen hatte. Alles arbeitete in ihm und vermischte sich. Gerade, als er noch einmal versuchte, die Vorfälle im Institut neben der chronologischen auch in eine logische Reihenfolge zu bringen, rollte sich Petra aus seinem Arm und stand von der Couch auf. Sie spürte, dass ihr Verlobter in Gedanken nicht zu Hause, nicht bei ihr, war, sondern irgendwo bei seinen Toten.
»Ich geh ins Bett, Paul. Und das solltest du auch bald tun. Die Woche war für uns beide anstrengend, und morgen ist dann endlich Wochenende. Ich freu mich schon.« Sie gab Herzfeld einen Kuss auf den Mund. Er nickte stumm, und Petra verschwand in Richtung Badezimmer.

Herzfeld nutzte den frei gewordenen Platz auf der Couch und streckte sich lang aus. Er musste eigentlich dringend duschen, aber er konnte sich nicht aufraffen. Auf einmal fühlte er sich furchtbar müde und spürte, wie die Anstrengungen des heutigen Tages ihren Tribut forderten. Dann übermannte ihn die Erschöpfung, und es fielen ihm die Augen zu.

☠ ☠ ☠

58

13. Januar, 22.08 Uhr
Eckernförde. Wohnung Ernst Hansen

Die Notärztin und die beiden Rettungssanitäter hatten kurze Zeit nach Herzfeld und Tattoli Hansens Wohnung verlassen, da sie zu ihrem nächsten Einsatz abberufen worden waren. Zwei der Streifenbeamten hatten eine geschlagene Stunde gewartet, bis die Bestatter eingetroffen waren und Hansens Leichnam abtransportiert hatten. Der tote Hausmeister war von den beiden Männern des Bestattungsunternehmens schweigend in einen Transportsarg gelegt worden, den sie anschließend durch den schmalen Flur und dann die enge Treppe in die Werfthalle nach unten getragen hatten.

Tomforde hatte die beiden noch anwesenden Polizeibeamten gebeten, die für Todesermittlungen zuständigen Kollegen der Eckernförder Kriminalpolizei über die Geschehnisse zu informieren und sich dann im Streifenwagen vor dem Haus zu seiner Verfügung bereitzuhalten, und war allein in der Wohnung zurückgeblieben.

Er hatte die Wohnungstür geschlossen, noch einen prüfenden Blick ins Badezimmer geworfen und war dann ins Wohnzimmer zurückgekehrt. Mit einer selbst gedrehten Zigarette hatte er sich in den abgewetzten Ledersessel am Fenster fallen lassen und nach draußen gestarrt, wo ihm lediglich Schwärze und Kälte entgegenstierten, während er dicke Rauchschwaden ausstieß.

Tomforde dachte nach. Es gab in den vergangenen Monaten immer wieder diese Momente. Momente, in denen er nicht wusste, ob sein Job überhaupt noch einen Sinn für ihn ergab. Die Situationen, in denen sich das Schicksal erbarmungslos und gleichgültig zeigte, machten ihm seit einiger Zeit immer mehr zu schaffen. Der Mann, der eben noch mit aufgeschnittenen Armen auf dem Fußboden seines Badezimmers vor ihm gelegen hatte, war durch sein Ableben einem Ermittlungsverfahren wegen des Verdachts eines Tötungsdelikts entgangen. Aber es würde der nächste Fall kommen und dann der nächste. Es würde noch viele Jahre bis zu seiner Pensionierung so weitergehen. Tomforde atmete seufzend aus. Der Kampf gegen die Windmühlen des Verbrechens fiel ihm zunehmend schwerer. Und sein eigener Anteil, irgendetwas in der Welt zu ändern, vielleicht sogar zum Guten, kam ihm jeden Tag bedeutungsloser vor.

Dann erhob er sich aus dem Sessel und ging zu dem Esstisch in der Mitte des Wohnzimmers, auf dem ein großer, schwerer Glasaschenbecher stand. In ihm hatte sich ein Haufen Tabakkrümel angesammelt, der sich aus den Resten von mindestens einem Dutzend Pfeifen zusammensetzte, wie Tomforde schätzte. Er drückte seine Zigarette in dem Aschenbecher aus und fischte ein paar Einweghandschuhe aus seiner Jackentasche. Er streifte die Plastikhandschuhe über und sah sich im Wohnzimmer des Mannes um, dessen privater Lebensmittelpunkt dieser Raum noch bis vor wenigen Stunden gewesen war. Diese kuriose Ansammlung aus maritimem Gerümpel und wenigen, fast wertlosen Habseligkeiten war das Einzige, was noch von diesem Leben zeugte.

Hansen wollte Herzfeld etwas Wichtiges zeigen. Vielleicht einen Beweis für seine Tat. Vielleicht wollte er bei Herzfeld, dem er offensichtlich vertraute, ein Geständnis ablegen und ihn um

Hilfe bitten. Sich ihm anvertrauen, dachte Tomforde und ging an die große Schrankwand, die die eine Seite des Wohnzimmers fast vollständig einnahm, und griff nach einem kleinen Schiffsmodell, das in einer Flasche verstaubte. Nach kurzer Betrachtung stellte er das Schiffchen zurück und ließ den Blick weiter durch den Raum schweifen.

Auf dem Wohnzimmertisch, neben dem Aschenbecher, lagen ein Stapel alter Segler-Magazine, ein paar Briefe und Rechnungen. Nichts, was ihm weiterhelfen würde, stellte der Ermittler fest, nachdem er die Papiere kurz überflogen hatte. Er sah hier nichts, was der alte Mann dem Rechtsmediziner hätte präsentieren wollen.

Tomforde drehte sich vom Tisch weg und betrachtete erneut die Schrankwand, dann trat er zwei Schritte nach vorn und öffnete eine Klappe in der Mitte des Schranks. Im Innenraum sprang ein Licht an. Fotoalben, Bücher, zwei vergilbte Ordner. Der Duft von altem Papier quoll aus dem Fach. Tomforde griff unmotiviert nach einem der Ordner. Alte Geburtsurkunden, wahrscheinlich von Hansens Eltern, und das Kapitänspatent des Mannes, der gerade in einem Sarg über die dunkle Bundesstraße gefahren wurde. Er verstaute die Sachen wieder in dem Fach, schloss die Klappe und öffnete die große Frontklappe im unteren Teil der Schrankwand. Ein schwarzer Plastiksack fiel ihm entgegen, hinter dem sich ein weiterer befand, hineingestopft, zerknüllt. Die Säcke verströmten einen morastig-chemischen Geruch.

Tomforde nahm die beiden Beutel und legte sie auf den Tisch. Er besah sie sich einen Moment und überlegte, ob er nun wirklich noch jedem Hinweis nachgehen sollte – schließlich war die Sache eigentlich doch klar. Aber das war er eben, der Kampf gegen die Windmühlen – immer noch ein Kampf. Er öffnete den ersten Sack und schaute hinein. Darin lag ein weißes Textilstück, das mit dunklen Sprenkeln übersät war. Kurz entschlossen drehte er den Beutel um, und der Inhalt fiel auf den Boden.

Der weiße Stoff aus einem Baumwoll-Synthetik-Mix kam ihm sofort bekannt vor. »Ach du Scheiße, das ist also dein kleines Geheimnis, Kapitän Hansen«, flüsterte Tomforde. Vor seinen Füßen lag ein Anzug der Spurensicherung, über und über mit rostroten Blutspritzern befleckt. Er hob den Anzug auf und hielt ihn gegen das Licht der bullaugenförmigen Deckenleuchte. Das Blut war überall auf dem Textilstück verteilt, sogar auf der Kapuze des Anzugs. Und noch etwas war aus der Mülltüte gefallen. Ein Jeansstoff, das Überbleibsel von dem, was einmal eine Hose gewesen war. Tomforde ließ den Anzug der Spurensicherung wieder auf den Boden sinken und nahm die zerschnittene Hose, deren Beine der Länge nach aufgetrennt worden waren. »Was ist denn das?« Tomforde musterte interessiert die Innenseite des Stoffes: *Flügelmädchen …*

In Tomfordes kriminalistischem Verstand setzten sich die einzelnen Versatzstücke zu einem Gesamtbild zusammen. Dann griff er eilig nach dem zweiten Plastiksack auf der Tischplatte. Er war etwas schwerer als der erste und deutlich praller gefüllt. Tomforde blickte hinein, schob eine Hand behutsam hinterher und förderte eine große, mehrfach gefaltete weiße Plastikplane zutage.

Das muss es sein. Das entscheidende Puzzleteil im Rätsel um den Flügelmacher. Hier in der Wohnung des Tatverdächtigen, dachte Tomforde. Die Kleidung von Achim Wittfeld – sie hatten lange im Park danach gesucht. Jetzt fand sie sich hier, in der Wohnung von Hansen. Die Hose des Flügelmachers. Es musste seine Hose sein, wessen Hose denn sonst? Der mit Blutspuren übersäte Anzug der Spurensicherung und die Plane. Es wäre keine Überraschung mehr für den Ermittler, wenn das Blut auf Anzug und Plane von Deniza Milew stammen würde. Die Plane musste die Erklärung dafür sein, dass sich weder am Leichenfundort im Brook noch in der Wohnung der Bulgarin Blutspuren hatten finden lassen. *Er hat es wie ein Profi gemacht. Nein,* korrigierte sich der Ermittler gedanklich selbst. *Er war ein Profi. Er hat in den Jahrzehnten am Institut sein*

Handwerk von der Pike auf gelernt. Tomforde stopfte den Anzug und die Jeans zurück in den ersten Beutel, die weiße Plastikfolie zurück in den zweiten Sack und legte beide auf den abgewetzten Ledersessel am Fenster. Morgen würde er mit seinen Kollegen von der Kriminaltechnik zurückkommen. Sein kriminalistisches Gespür, weswegen ein früherer Kollege ihn immer als »Trüffelschwein« bezeichnet hatte, hatte ihn auch diesmal nicht getäuscht. Herzfeld war es offensichtlich schwergefallen, den treuen Schutzpatron des Instituts, der Hansen zweifellos viele Jahre tatsächlich gewesen war, als überlegt vorgehenden Hurenkiller zu sehen. Jetzt aber hatte Tomforde handfeste Beweise. Denn Hansens DNA würde sich mit hundertprozentiger Sicherheit an den drei Fundstücken nachweisen lassen.

59

13. Januar, 22.28 Uhr
Kiel. Wohnung Paul Herzfeld

Er musste kurz eingenickt sein und wusste nicht, wie lange er geschlafen hatte, als er durch den Vibrationsalarm des Handys in seiner Hosentasche geweckt wurde. Erschrocken fuhr Herzfeld zusammen und tastete nach dem Telefon. Mühsam schob er die Beine von den Couchpolstern, immer noch spürte er die Anstrengungen des Tages in jeder Faser seines Körpers. Er zog das Handy aus seiner Hosentasche und ging einige Schritte auf das große Wohnzimmerfenster zu, vor dem die Straßenlaterne die trägen Schneeflocken beleuchtete, die in steilem Winkel aus dem wolkenverhangenen Winterhimmel herabsegelten. Der für die nächsten Tage angekündigte Schneefall schickte seine Vorboten.

Mit einem Blick auf sein Display sah er, dass es Tomforde war. Herzfeld nahm den Anruf entgegen. »Herr Tomforde, ich habe die angeregten Gespräche mit Ihnen schon vermisst. Haben Sie Ihre Suizidhypothese Hansen betreffend noch einmal überdacht?«, fragte er mit einem herausfordernden Unterton, obwohl ihm völlig klar war, dass Ironie genauso wie Sarkasmus vor dem Hintergrund der Geschehnisse der letzten Stunden eigentlich nicht angebracht war. Aber manchmal war das der einzige Weg, mit den absurden und zugleich deprimierenden Situationen, mit denen er als Rechtsmediziner immer wieder konfrontiert wurde und die Teil seines Lebens geworden waren, umzugehen. Um dabei nicht selbst Schaden zu nehmen.
»Herr Herzfeld, ich habe mir noch die Zeit genommen, um mich in Hansens Wohnung umzusehen«, kam Tomforde ohne Umschweife zur Sache. »Und ich habe tatsächlich etwas gefunden. Ich habe mit mir gerungen, ob ich Sie jetzt noch anrufen soll, aber zwischen uns herrscht ja Offenheit. Ich kann mir vorstellen, wie Sie Hansens Tod beschäftigt, und deshalb … Ich glaube, ich weiß jetzt, was er Ihnen zeigen wollte. Ich habe zwei Müllsäcke gefunden.«
»Was ist da drin?«, fragte Herzfeld mit gedämpfter Stimme, um Petra und Hannah nicht zu wecken.
Tomforde berichtete ihm en detail von seinem Fund und meinte: »Auch wenn Sie das nicht hören wollen – diese Dinge können nur im Besitz des Täters, des Verantwortlichen für dieses Verbrechen, sein. Alles andere wäre unlogisch. Warum sollte Hansen, wenn er nichts mit den Toten im Brook zu tun hat, diese belastenden Beweismittel bei sich zu Hause haben?«
Herzfeld dachte kurz nach und guckte sich an den um die Laterne vor dem Fenster herumwirbelnden Schneeflocken fest. *Wollte Hansen mir gegenüber etwa gestehen, dass er hinter diesem ganzen Wahnsinn steckte? Ich kann es nicht glauben, und ich werde es auch nicht glauben. Es muss dafür eine andere Erklärung geben,* dachte er und war plötzlich hellwach. »Es fällt mir weiterhin schwer, das nachzuvollziehen. Aber natürlich ist

dieser Fund für Ihre weiteren Ermittlungen wichtig. Was, meinen Sie, hat es mit der Plane …«
Tomforde klang nun noch etwas selbstbewusster als zu Beginn ihres Gesprächs. »Wenn ich raten müsste, hat Ihr geschätzter Hausmeister damit den Ort seines Gemetzels fein säuberlich ausgelegt, bevor er diese arme Seele wie ein Dorfmetzger in ihre Einzelteile zerlegt hat.«
Herzfeld gefiel Tomfordes etwas zu selbstgefälliger Tonfall nicht, er vermied es aber, dem Mann am anderen Ende der Leitung zu widersprechen, da er wusste, dass sich der erfahrene Ermittler in seiner Hypothese von Hansen als Täter zu sehr verbissen hatte, als dass er ohne Weiteres davon abrücken würde. *Gut, die Fakten sind nicht gerade eine Entlastung – aber Hansen soll eiskalt einen Mord durchgezogen und dann versucht haben, die Tat einem stadtbekannten Gewalttäter in die Schuhe zu schieben? Wo ist die Verbindung zwischen Hansen und dem Flügelmacher? Etwa die Machete? Das ist zu einfach. Und weil Hansen dann merkt, dass er verdächtig ist, nimmt er sich kurz vor seiner Beichte das Leben? Tomfordes These, dass Hansen eigentlich gar nicht vorhatte, sich umzubringen, sondern dass das nur als Ablenkung gedacht war, hinkt. Hansen hätte wissen müssen, dass die Massivität und Summe seiner Schnittverletzungen lebensgefährlich waren. Das Risiko hätte ihm zu groß erscheinen müssen.* Herzfelds Gesicht schien zu einem großen Fragezeichen zu werden, doch Tomforde war nicht mehr von seiner Theorie abzubringen. Zumindest nicht heute, nicht um diese Uhrzeit. Herzfeld beschloss, ihm diesen Triumph zu lassen. Zumindest für diesen Augenblick.
»Es fällt mir ehrlich gesagt weiterhin schwer zu glauben, dass Hansen allein für all das verantwortlich sein soll. Aber vielleicht haben Sie recht – man kann Ihre Entdeckung so bewerten …«
Tomforde war zufrieden und erleichtert, da sich Herzfeld nicht mehr querzustellen schien: »Herr Herzfeld, ich will Sie nun gar nicht weiter stören. Haben Sie noch einen schönen Abend.

Spätestens Montag melde ich mich wieder, wenn die Kollegen von der Kriminaltechnik in Hansens Wohnung und mit den speziellen Fundstücken fertig sind.«
Nachdem das Gespräch beendet war, blieb Herzfeld noch einen Moment am Fenster stehen und starrte in die Winterdunkelheit. Der Schneefall hatte inzwischen wieder aufgehört. Er beschloss, noch einmal über sein Versprechen Tomforde gegenüber nachzudenken, keine Alleingänge zu wagen.

60

13. Januar, 22.35 Uhr
Kiel. Institut für Rechtsmedizin der Universität

Im Institut herrschte eine Grabesstille. Das Gebäude war leer wie ein verlassenes Kloster. Schneider hatte in seinem Zimmer hinter dem großen Schreibtisch Platz genommen, wie ein Abt, der die verwaisten Gänge und gekachelten Räume unbeirrt weiter verwaltete. Der Tod des Hausmeisters, von dem Schneider über seine stets bestens unterrichteten Kanäle bei den Ermittlungsbehörden vor wenigen Minuten am Telefon informiert worden war, würde ihn und Professor Schwan sicherlich noch einige Zeit beschäftigen. Schneider sah schon die Schlagzeilen in der Presse vor sich. Wenn die Journaille erst einmal davon Wind bekommen würde, könnte es hoch hergehen. Aber Schneider wäre nicht Schneider, wenn er nicht bereits wüsste, wie er diese Welle, die da auf die Kieler Rechtsmedizin zuschwappte, zu seinem Vorteil nutzen konnte. Schließlich war er es gewesen, der erst heute Morgen Hansen auf den Kopf zugesagt hatte, dass er die Machete aus der Asservatenkammer entwendet hatte und dass er ihn zudem verdächtige, mit dem bestialischen Mord an der ihm bekannten Prostituierten in

Verbindung zu stehen. Und er war es schließlich auch gewesen, der heute Morgen seinen alten Freund, den Oberstaatsanwalt, über seinen ungeheuerlichen Verdacht gegen Hansen informiert hatte. Das war mittlerweile sicherlich schon Bestandteil der Ermittlungsakte und zeigte, dass er, der zukünftige Direktor der Kieler Rechtsmedizin, nicht nur ein rechtsmedizinisches Genie, sondern auch der geeignete Mann für die Führungsposition dieses Instituts war.
Jetzt war es zu spät, Schwan noch anzurufen. Das würde er am nächsten Morgen tun. Danach würde er dann auch gleich über seine Pressekanäle und in die Kieler Politik hinein die Information über seinen Anteil an der Aufklärung des Falles lancieren.
Ja, es lief gerade wirklich richtig gut für ihn.
Schneider löste seine Manschettenknöpfe und legte sie vor sich auf die Schreibtischplatte. Er schlug die Manschetten seines schwarzen Hemds nach oben, lehnte sich in seinem Schreibtischstuhl nach hinten und verschränkte seine langen Arme hinter dem Kopf. In Gedanken ging er das morgige Gespräch mit Schwan noch einmal Wort für Wort durch.
Gerade als er den antiken Füllfederhalter, ein Erbstück seines Vaters, aus der filigranen Halterung auf seinem Schreibtisch genommen hatte, um die Namen der Journalisten aufzuschreiben, die er morgen in einem vertraulichen Gespräch von seiner von Anfang an richtigen Einschätzung der Situation im Fall der Toten im Brook unterrichten würde, vibrierte sein Handy auf der Tischplatte.

61

13. Januar, 22.40 Uhr
Kiel. Wohnung Paul Herzfeld

Nach dem Telefonat mit Tomforde war Herzfeld durch die Wohnung geschlichen und hatte zuerst nach Hannah und dann nach Petra gesehen. Beide schliefen tief und fest. Hannah hatte sich in ihrem Bettchen in einem Berg Kuscheltiere vergraben, und Petra lag auf dem Doppelbett im Schlafzimmer und hatte scheinbar nach allen Kissen gegriffen, die sie fassen konnte. Beide, Mutter und Tochter, schienen sich im Schlaf einen Schutzwall gebaut zu haben. Die eine aus Kuscheltieren, die andere aus Kissen.

Irgendwo im unteren Stockwerk des Mietshauses schlug unversehens eine Wohnungstür krachend zu, doch dann kehrte sofort wieder Ruhe ein. Herzfeld ging in die geräumige Küche ihrer Vierzimmerwohnung und schloss leise die Küchentür hinter sich. Er wollte seine Frauen auf keinen Fall aufwecken. Dieses Telefonat musste er in Ruhe führen. Er setzte sich an den Küchentisch, auf dem noch die Krümel von Hannahs Abendessen lagen, und stützte die Ellenbogen knirschend auf der Tischplatte auf. Dann wählte er Schneiders Handynummer. Nach nur einem Freizeichen hörte er die tiefe Stimme des Oberarztes, die an diesem späten Freitagabend noch etwas tiefer als üblich klang.

»Schneider!«, meldete er sich barsch und knapp.

»Guten Abend, Herr Professor, hier ist Herzfeld.«

»Das sehe ich auf meinem Display. Was kann ich für Sie tun«, blaffte Schneider zurück, der über die späte Störung alles andere als erfreut zu sein schien.

»Es tut mir leid, dass ich Sie so spät noch störe. Aber ich bin davon ausgegangen, dass Sie noch wach sind.«

»Natürlich bin ich das. Ich bin noch im Institut. Im Gegensatz zu Ihnen, den ich ja nur noch sporadisch hier im Hause zu se-

hen bekomme, weil sie sich überall, nur nicht hier herumtreiben. Wo sollte ich wohl sonst sein? Nach so einem Tag …«
»Das weiß ich nicht. Vielleicht in Eckernförde?«
Herzfeld schwieg und wartete auf eine Reaktion am anderen Ende der Leitung, die jedoch nicht kam. Als er seine eigenen Worte hörte, erschrak er. Er hatte sich genau überlegt, was er Schneider sagen wollte, doch noch während seine Lippen die Worte formten und seinen Mund verließen, war er sich nicht mehr sicher, ob dieser Anruf wirklich der richtige Weg war. Oder doch ein Himmelfahrtskommando. Aber er musste es versuchen. Er hatte beschlossen, Schneider zu konfrontieren. Vielleicht traf er einen wunden Punkt. Vielleicht konnte er ihn aus der Reserve locken.
Alles oder nichts.
»Herr Herzfeld, sind Sie betrunken? Sie rufen mich an und fantasieren. Legen Sie sich ins Bett.«
»Ich wünschte, es wäre Fantasie. Aber ich für meinen Teil war heute in Eckernförde. Kurz bevor Ernst Hansen starb.«
Schneider sprach nun noch etwas lauter. »Es ist schlimm genug, dass Sie mir nicht gesagt haben, was Sie vorhatten. Dass Sie sich von Hansen in sein Verwirrspiel haben hineinziehen lassen. Ich habe, wie Sie sich unschwer vorstellen können, bereits über meine guten Drähte zu den Ermittlungsbehörden von Ihrem Alleingang erfahren. Ein Hilferuf auf einem Blatt Papier – unglaublich! Herzfeld, das wird disziplinarrechtliche Konsequenzen haben. So eine eigenmächtige Aktion kann ich nicht dulden. Sie hätten mich direkt informieren müssen. Ich werde das mit Direktor Schwan besprechen, aber ich kann Ihnen jetzt schon sagen, dass es mit einer Abmahnung nicht getan sein wird. Ihre Arroganz und Ihre Eigenmächtigkeit wird Sie noch in der kommenden Woche Ihren Job kosten. Ein Disziplinarverfahren ist …«
»Darum geht es jetzt nicht. Tun Sie, was Sie tun müssen. Aber bis Montag ist es noch lange hin. Und bis dahin gibt es einiges zu klären, oder sollte ich besser sagen, was Sie mir erklären

müssten. Oder auch gern direkt der Polizei. Aber das ist natürlich Ihre Entscheidung.«
»Herzfeld, was erlauben Sie sich«, schnaubte Schneider wutentbrannt.
»Ich möchte mit Ihnen über einige Ungereimtheiten sprechen, die hier im Institut vor sich gehen beziehungsweise vor sich gegangen sind.«
»Zum Beispiel?«
»Ich denke, wir sollten das nicht jetzt am Telefon besprechen. Wir sollten unter Kollegen von Angesicht zu Angesicht reden. Bevor wir das Gespräch in Anwesenheit der Polizei führen müssen. Ich kann Ihnen die Themen gern einmal kurz skizzieren: der Tod von Gerwin Schalck zum Beispiel.« Herzfeld machte eine kurze Pause, um erneut auf die Reaktion am anderen Ende der Leitung zu warten. Doch dort herrschte Stille. Das war der Moment, in dem Herzfeld entschied, jetzt alles auf eine Karte zu setzen. »Ich habe mir Ihren Sektionsbericht von vor dreizehn Jahren angesehen. Mit Verlaub, Ihr Protokoll zu Schalcks Tod ist nicht nur lückenhaft, sondern auch exakt das Gegenteil von dem, was man von Ihnen als absolutem Profi im Fach erwarten würde. Und noch etwas gibt es zu klären. Ich habe mich im Heizungskeller, an genau der Stelle, an der Oberarzt Schalck damals erhängt wurde, einmal genauer umgesehen. Das Heizungsrohr, kennen Sie das? Ziemlich interessant, was man da nach so langer Zeit noch feststellen kann und welche Schlüsse man daraus ziehen kann. Finden Sie nicht auch?«
Schneider hatte seine Stimme bis auf eine kaum noch hörbare Frequenz heruntergefahren, seine Worte klangen jetzt fast wie ein tiefes, fernes Rauschen. »Herzfeld, drohen Sie mir etwa gerade?«
»Nein, das tue ich nicht. Drohungen sind nicht mein Stil. Ich rede hier von unumstößlichen Fakten, was die Causa Schalck anbelangt. Auch der angebliche Suizid von Ernst Hansen ist für mich alles andere als bereits abschließend geklärt. Das ganze

Drumherum wirft für mich momentan mehr Fragen auf, als es Antworten bereithält.«

»Ein Mann, der mit allergrößter Wahrscheinlichkeit eine Prostituierte und einen rehabilitierten Straftäter auf dem Gewissen hat, hat sich das Leben genommen. Das klingt für Sie nicht abschließend?«

Jetzt war der Moment gekommen. Herzfeld musste versuchen, den Oberarzt aus der Reserve zu locken, und spielte seinen momentan größten Trumpf aus.

»Das würde es vielleicht. Und für Oberkommissar Tomforde ist es zurzeit auch plausibel. Aber er weiß nicht, was ich weiß. Da gibt es etwas, das Sie …«

»Was? Was wollen Sie mir sagen? Raus damit!«, polterte Schneider.

»Sie sollten wissen, dass Sie heute Abend, kurz bevor Hansen seinen Verletzungen erlag, in Eckernförde gesehen wurden. In Ihrem Wagen. Sie fahren doch einen schwarzen BMW?«

Schneider atmete hörbar aus. Sein Atem strich knarzend über das Mikrofon seines Telefons. Herzfeld hörte an seinem Ende ein Rauschen, als wäre plötzlich ein heftiger Windstoß durch Schneiders Büro gefahren.

»So, Sie haben mich also in Eckernförde gesehen?«

»Nicht ich persönlich, aber es gibt einen glaubhaften Zeugen.«

Schneider schaltete seine Stimmlage jetzt um. Er schien sich in Sekundenbruchteilen gedanklich sortiert zu haben. Seine Stimme bekam einen fast schmeichelnden Ton. Er klang jetzt plötzlich freundlich. Zu freundlich für Herzfelds Geschmack, der hoch konzentriert versuchte, keine Reaktion oder Stimmungsveränderung seines Gesprächspartners zu verpassen, um seine weiteren Schritte und seine Wortwahl darauf abzustimmen.

»Herr Herzfeld, Sie meinen es ja scheinbar wirklich ernst. Sie sind eben ein Kriminalist aus Leidenschaft, nicht wahr? Aber auch Leidenschaft hat Grenzen, und die haben Sie gerade erreicht. Vielleicht sogar überschritten …«

Er leugnet es nicht. Seine Reaktion, sein Tonfall. Keine offenen

Drohungen mehr von Kündigung und Disziplinarverfahren. Er wiegelt ab, rudert zurück. Er weiß genau, dass die kriminaltechnische Auswertung seiner Fahrzeugdaten sein Bewegungsprofil von heute Abend feststellen kann. Er war tatsächlich in Eckernförde. Er lässt sich auf diese Diskussion nicht ein. Ich bin auf dem richtigen Weg, dachte Herzfeld und fühlte sich bestätigt. Ruckartig setzte er sich auf dem Küchenstuhl gerade hin. Er spürte, dass er jetzt am Drücker war, dass Schneider zurückwich. Er durfte nicht lockerlassen. »Ich schlage Folgendes vor: Wir gehen so bald wie möglich, von mir aus auch noch heute Nacht, gemeinsam Punkt für Punkt das Sektionsprotokoll Schalck durch. Ich habe viele Fragen. Und wenn Sie mir diese nicht erschöpfend und für mich nachvollziehbar beantworten können, werde ich direkt zum Chef und zur Polizei gehen. Ich will Ihnen sagen, was mir aufgefallen ist und was im Nachhinein auch einen Sinn ergibt: Ihre Reaktion auf meine Einwände hin, dass die tote Rentnerin, die wir Anfang letzter Woche noch gemeinsam im Beisein der Fernsehjournalisten obduziert haben, war ungewöhnlich heftig und der Situation überhaupt nicht angemessen. Deshalb bin ich mir sicher, dass mehr dahintersteckt. Es war keineswegs, wie von mir zuerst vermutet, mein Hinweis, dass Sie möglicherweise fachlich falschliegen, oder der Umstand, dass ich nicht mit Ihnen einer Meinung bin, der Sie die Beherrschung und Selbstkontrolle verlieren ließ. So etwas hätte Sie unter normalen Umständen geärgert, aber in diesem Fall sind Sie regelrecht aus der Haut gefahren, was Ihnen im Sektionssaal in dieser Form noch nie passiert ist. Und diese zunächst für mich völlig unverständliche Reaktion bei der toten Rentnerin, deren Ableben sich übrigens mittlerweile als Mord herausgestellt hat, mit genau dem von mir vermuteten Modus Operandi, bringt mich zurück zu Gerwin Schalck. Kann es nicht sein, dass Schalck ebenfalls erst zu Tode stranguliert, sagen wir mal erdrosselt, und dann postmortal aufgehängt wurde? Warum wurden Schalcks Organe und Körperflüssigkeiten nicht toxikologisch untersucht, wie es bei jedem gewaltsamen Tod die Regel ist? Das war auch schon vor dreizehn Jahren Standard. Was ist mit der Todeszeit? Warum keine Faserprobe von seinen Händen? Wohin sind die Fotos von der Obduktion verschwunden, die sehr wahrscheinlich belegen würden, dass die Anordnung der Leichenflecken bei Schalck kaum mit einem Erhängen in Einklang zu bringen ist? Sie sehen, Herr Schneider. Es gibt sehr viel zu besprechen.«

Einige Augenblicke war es völlig still am anderen Ende der Leitung, sodass Herzfeld schon dachte, der Oberarzt hätte aufgelegt. Aber dann ertönte erneut die tiefe Bassstimme Schneiders.

»Ich bin morgen früh, wie jeden Samstagvormittag, in meinem Büro. Kommen Sie pünktlich um 10 Uhr zu mir. Ich denke, es ist an der Zeit, dass wir beide offen miteinander reden. Ich werde Ihnen morgen alles erzählen und jede Ihrer Fragen beantworten«, lenkte er jetzt zu Herzfelds großer Überraschung völlig unerwartet ein. Schneider klang plötzlich unendlich müde. Die Energie, die dem Oberarzt jetzt zu fehlen schien, war indes auf Herzfeld übergegangen.

Geschafft. Er wird mir Rede und Antwort stehen.

»10 Uhr morgen früh passt. Meine Tochter wird um 9 Uhr für das Wochenende von ihren Großeltern bei uns zu Hause abgeholt, dann kann ich sie noch verabschieden, ehe ich ins Institut fahre«, sprach Herzfeld seine Gedanken laut aus.

Schneider brummte irgendetwas Unverständliches zur Antwort.

»Ich werde morgen pünktlich da sein. Gute Nacht«, sagte Herzfeld zum Abschied.

Aber da hatte Schneider schon aufgelegt.

☠ ☠ ☠

62

13. Januar, 22.49 Uhr
Kiel. Institut für Rechtsmedizin der Universität

Schneider steckte den Füllfederhalter zurück in seine Halterung. Seine Liste mit den Namen der Journalisten konnte er sich für heute Abend sparen. Jetzt gab es Wichtigeres. Er hatte mit allem gerechnet. Nur nicht damit. Wirklich mit allem. Aber nicht mit Paul Herzfeld. Doch auch das Treffen morgen würde nichts verändern. Er erhob sich hinter dem Schreibtisch, rückte das antike Tintenfass noch einmal zurecht und wollte gerade seinen langen dunklen Mantel vom Garderobenhaken neben der Eingangstür nehmen, als sich sein Handy erneut brummend auf dem Schreibtisch meldete. Schneider blickte auf das Display, und ein feines Lächeln umspielte seine Lippen. Bevor er abnahm, räusperte er sich.

»Margret, meine Liebe. Wie schön, dass du dich meldest«, säuselte er. Die Stimme am anderen Ende der Leitung war immer wieder von einem kontinuierlichen Schluchzen unterbrochen. Margret Schalck weinte verzweifelt.

»Hör auf mit diesem Mist, Volker. Ich habe einen Brief bekommen!«

Schneiders Gesichtszüge froren augenblicklich ein. So hatte er sich das nicht vorgestellt. Was für ein beschissenes Ende dieses zunächst so erfolgreichen Tages. Erst Herzfelds Anruf und seine Vorwürfe und Anfeindungen. Und jetzt auch noch Margret. Was er jetzt am wenigsten gebrauchen konnte, war ein emotionaler Ausbruch seiner Geliebten.

»Margret, mein Engel. Was denn für einen Brief? Ich bin gerade noch im Institut, und morgen Nachmittag sehen wir uns doch ohnehin. Was ist denn passiert?«, fragte er bemüht mitfühlend. Das Schluchzen der Witwe seines ehemaligen Kollegen schwoll noch einmal an und ebbte abrupt ab. Sie schien sich enorm zusammenreißen zu müssen, um überhaupt einen klaren Satz hervorzubringen. »Ich habe alles ertragen. Dass unsere Beziehung ein Geheimnis ist. Dass du mich all die Jahre verleugnet hast, weil es deinem Ruf schaden würde, wenn herauskommt, dass du mit der Witwe eines ehemaligen Kollegen zusammen bist. Aber das …«, sie schluchzte laut auf. »Wenn das wahr ist!« Die Gefühle hatten wieder vollständig von Margret Schalck Besitz ergriffen, sie atmete mit einem verzweifelten Atemzug aus. Volker Schneider hörte, wie sie unaufhörlich die Nase hochzog, und konnte sich gut vorstellen, wie ihr die Tränen die Wangen herunterliefen. Dann wurde sein Tonfall scharf. Er hatte jetzt keine Zeit für so einen Unsinn. »Margret, beruhige dich doch. Was für einen Brief? Sag es mir! Jetzt!«

»Er lag in meinem Briefkasten. Ich weiß nicht, wann er ankam. Gestern. Heute. Keine Ahnung. Ein handschriftlicher Brief von Ernst Hansen. Ich habe ihn vor drei Stunden erst im Poststapel gefunden und hin und her überlegt, ob ich bis morgen warte, um mit dir darüber zu sprechen. Aber ich kann nicht warten, das lässt mir einfach keine Ruhe.«

Schneider atmete scharf aus, und seine Augen verengten sich zu lauernden schmalen Schlitzen. Er hörte weiter aufmerksam zu und schwieg. Mit der linken Hand hielt er das Handy, den rechten Arm fuhr er lang aus, um sich zusätzlichen Halt an der Tischplatte seines Schreibtisches zu verschaffen.

Am anderen Ende des Telefons war erneut ein Schluchzen zu hören. »In dem Brief steht, dass du es warst.«

»Dass ich was war, Margret?«

»Dass du Gerwin getötet hast …«

»Margret, hol bitte einmal tief Luft. Und dann denkst du einmal darüber nach, was du gerade gesagt hast. Gerwin war ein Vorbild. Für mich, für alle. Warum, um Himmels willen, sollte ich so etwas tun?« In seiner Stimme schwang nun bereits ein Anflug von Wut mit.

»Weil du ihn aus dem Weg räumen wolltest. Um seine Position im Institut zu bekommen. Und Paul Herzfeld, sein Besuch bei mir. Er glaubt es auch. Ich habe das gespürt. Das ist mir jetzt klar geworden. Ich weiß jetzt, warum er heute Morgen hier war, was er mir eigentlich sagen wollte. Und ich habe ihn rausgeworfen ...«, sagte Margret Schalck mit einem bitteren Unterton. Inzwischen klang sie deutlich gefasster. Entschlossener. Nicht umstimmbar.

»Und das glaubst du? Ein Brief von einem Verrückten? Ich werde sofort dem Oberstaatsanwalt mitteilen, was dieser Irre getan hat. Das ist Verleumdung. Er war verrückt. Ich meine ... Ich habe es dir nicht gesagt, aber Hansen hat eine Prostituierte getötet. Mit einer Machete grausam zerstückelt. Und jetzt ist er tot.«

Margret Schalck schwieg. Und Volker Schneider hatte für ein paar Sekunden das Gefühl, dass er die Situation wieder unter Kontrolle hatte. »Denk doch mal nach. Nach Gerwins Tod haben wir zueinander gefunden. Glaubst du denn wirklich, ich könnte nur eine Minute mit dir im selben Raum verbringen, wenn ich ... Ach, was rechtfertige ich mich überhaupt. Ich komme morgen, wenn ich hier im Institut fertig bin, so schnell ich kann, zu dir, und dann werfen wir diesen unsinnigen Brief gemeinsam in den Kamin und machen eine Flasche Wein auf.« Schneider war wieder in seinen säuselnden Tonfall verfallen.

Margret Schalck schien nachzudenken. Doch tatsächlich hatte sie nur Kraft gesammelt. »Volker, ich habe mich schon, bevor ich dich angerufen habe, entschieden. Diese Sache muss geklärt werden – die Last ist zu groß. Ich habe bereits an Bohse geschrieben und ihm ...«

Schneider fuhr seinen rechten Arm noch ein Stück weiter aus und ballte die Faust auf der Tischplatte. Es schien ihm, als wären die Wände seines Büros gerade näher gekommen.

»Du hast was getan?« Seine tiefe Stimme schwoll zu einem Donnern an. Erwin Bohse, sein alter Verbindungsbruder aus Studienzeiten. Der Staatssekretär. Der Mann, mit dem er bereits so viele Pläne geschmiedet und auch in die Tat umgesetzt hatte. Der Mann, der im Hintergrund die Fäden seiner akademischen Laufbahn gezogen hatte und der ihm nun zum Sprung nach oben an die Spitze der universitären Nahrungskette verhelfen sollte.

»Ich habe ihm eine Mail geschrieben. In seinem Büro war niemand mehr. Ich habe seine Handynummer nicht, und du hättest sie mir unter diesen Umständen wohl kaum gegeben. Er ist der Einzige, der genug Einfluss hat, das alles aufzuklären. Du weißt, dass er meinen Namen kennt – schließlich war Gerwin einer der besten seines Fachs, die es jemals im Institut gab.«

»Margret, das ist jetzt wirklich wichtig. Was genau hast du Erwin geschrieben?« Schneider presste seine Faust auf der Schreibtischplatte noch weiter zusammen, sodass sich seine Fingernägel tief in seine Handfläche gruben. Er presste den Kiefer zusammen und starrte ins Nichts. Margret Schalck schien es schwerzufallen, die folgenden Wörter aus ihrem eigenen Mund zu hören. »Dass wir beide ein Paar sind. Dass wir zusammen sind – seit Gerwins Tod. Und dass es nun Vorwürfe gegen dich gibt. Schlimme Vorwürfe. Was hätte ich denn tun sollen? Ich habe das all die Zeit mit mir herumgetragen«, sie kämpfte mit den Tränen. »Volker, ich vertraue dir nicht mehr.« Die Haut an Schneiders Knöcheln wurde weiß, er drückte die Hand so fest zusammen, als würde er sich selbst die Finger brechen wollen. »Margret, es reicht jetzt! Verdammt! Das war nicht klug von dir. Gar nicht klug. Aber jetzt entschuldige mich. Ich muss sofort Erwin anrufen. Ich werde ihm sagen, dass es dir nicht gut geht. Deine Nerven. Die Psyche. Das merkst du doch selbst. Du brauchst jetzt Ruhe. Und morgen werden wir beide sprechen.« Schneider legte einfach auf.

Er schlug mit der geballten Faust immer wieder so heftig auf die Tischplatte, dass das antike Tintenfass von der Tischplatte abhob und der Füllfederhalter aus seiner Halterung hüpfte und über den Schreibtisch rollte. Nervös suchte er in den Kontakten seines Handys nach der Nummer von Erwin Bohse. Nach einigen Freizeichen meldete sich die sonore Stimme des Staatssekretärs.

»Hallo, Volker, so spät noch …« Der Staatssekretär klang kühl

und gar nicht so herzlich wie bei ihren unzähligen Rotwein-Abenden in den vergangenen Monaten, bei denen die beiden Männer das weitere Vorgehen besprochen hatten, um den Weg zu bahnen für Schneiders Inthronisation. Als Direktor des Instituts für Rechtsmedizin.
Schneider sprach schnell, räusperte sich zweimal nervös. »Erwin, entschuldige die Störung. Ich habe gerade erfahren, dass Margret Schalck dir eine Mail geschrieben hat ... Ich weiß nicht, ob du schon die Zeit hattest, sie zu lesen.«
»Ja, Volker. Das hat sie. Und ich habe die E-Mail gelesen. Und ich bin mehr als verwundert. Warum weiß ich nichts von der Beziehung?«
»Erwin, ja, das hätte ich dir gegenüber natürlich erwähnen müssen. Das hätte ich natürlich auch getan – aber es erschien mir nicht wichtig.« Schneider spürte, wie er ins Schwimmen kam. »Und dieser ganze Unsinn mit Gerwin Schalck, also ehrlich. Ich weiß gar nicht, wo ich anfangen soll.«
Bohse ließ sich nicht aus der Ruhe bringen. »Volker, ich weiß sehr genau, wo ich anfangen soll. Diese Vorwürfe, ob sie denn nun stimmen oder nicht – die kann ich in meinem direkten Umfeld nicht gebrauchen. Ich habe mich an höchster Stelle für dich starkgemacht. Und jetzt? Wenn das hochkocht, können wir es nicht kontrollieren. Was das für deinen Ruf bedeuten würde. Und für meinen. Gar nicht auszumalen. Allein der Verdacht, dass du etwas mit Gerwin Schalcks Tod zu tun hast, auch wenn sich später herausstellt, dass das nicht der Fall ist, wovon ich natürlich überzeugt bin, würde uns alle beschädigen. Für immer. Davon erholen wir uns nicht mehr. Von deinem jahrelangen Verhältnis mit der Witwe deines Vorgängers mal ganz abgesehen.«
Schneider wischte nervös mit der Hand über die Schreibplatte, als könne er so die ganze Situation vom Tisch fegen. »Und nun? Du kannst dich doch nicht jetzt ernsthaft wegen der Zeilen einer psychisch kranken Frau von mir abwenden?«
»Doch Volker, das kann ich. Das Risiko ist zu groß. Klär die

Sache. Und lass mich da bitte völlig außen vor. Und noch was, es sind deine Pläne, nicht unsere. Ich kann dir keinen größeren Gefallen tun, als das Berufungsverfahren für die Institutsleitung am Montag auf Eis zu legen. Dann sehen wir weiter. Aber diese Schlagzeilen über die pikante Affäre meines Kandidaten für das Amt werde ich nicht lesen.«

Schneider sackte in seinem Bürostuhl zusammen, dann sprach er leise weiter. »Erwin, ich werde mich darum kümmern. Das wird so nicht stehen bleiben.«

»Das hoffe ich, für uns beide. Ich hoffe nicht, dass sich irgendeine Ermittlungsbehörde mit dem Fall Schalck beschäftigen wird. Wer eine E-Mail schreibt, der schreibt auch zwei. Und die zweite sicherlich nicht noch mal an mich. Und jetzt beenden wir dieses Gespräch. Bitte ruf mich erst wieder an, wenn die Sache ein für alle Mal geklärt ist. Auch ich habe noch ein paar Karriereschritte vor mir, und ich möchte meine Laufbahn nicht für unsere Freundschaft opfern. So offen muss ich dir das leider sagen. Zieh mich nicht mit in den Abgrund, der sich da gerade unter dir aufgetan hat. Und jetzt: gute Nacht, Volker.«

Schneider fehlten die Worte. Als ihm eine passende Antwort eingefallen war, hatte Staatssekretär Erwin Bohse bereits aufgelegt.

Für einige Sekunden blieb Schneider regungslos sitzen und starrte auf sein Handy, dann setzte er seine Brille ab und legte sie langsam neben das Handy auf die Schreibtischplatte. Er atmete einige Male tief ein und füllte seine Lungen fast bis zum Bersten mit Luft, als wolle er überprüfen, ob überhaupt noch genug Sauerstoff im Raum war. Was er jetzt brauchte, war ein Plan. Einen wirklich guten Plan, um dieses Schlamassel, in dem er sich gerade befand, wieder aufzulösen. Aber wenn er, wie es Erwin so treffend bildhaft formuliert hatte, in den Abgrund stürzen würde, würde er nicht allein fallen. Er würde sie alle mitnehmen.

63

14. Januar, 9.35 Uhr
Kiel. Wohnung Paul Herzfeld

Petra konnte es nicht fassen. Sie stand vor Herzfeld und hatte die Hände in die Hüften gestemmt. Vor zwanzig Minuten hatten ihre Eltern Hannah abgeholt, die bereits aufgeregt mit einem Stapel der selbst gebastelten Schneeflocken aus Papier in den Händen auf einer kleinen Bank im Flur auf ihre Großeltern gewartet hatte. Doch kaum waren die drei aus der Tür gegangen, hatte Paul seine Verlobte mit ernster Miene in seine Pläne eingeweiht, dass er noch einmal ins Institut fahren musste. Heute! Am Samstag! Dem Beginn des so lange geplanten Pärchen-Wochenendes!

»Paul, das ist dir gestern nicht eingefallen, oder was? Ich habe eingekauft, wollte für uns kochen, gestern schon …«, Petra schaute ihn vorwurfsvoll an. Eine Strähne ihrer blonden Haare war ihr ins Gesicht gefallen, und sie warf sie wieder energisch mit der Hand über den Kopf zurück.

Herzfeld, der ein Karohemd und eine ausgewaschene Jeans trug, hob beschwichtigend die Hände, als würde er sich einer Horde Indianer ergeben. »Zum Mittagessen bin ich wieder da. Ich muss mich mit Schneider treffen. Es ist wichtig, und es hat leider keine Zeit bis Montag. Es hat was mit Hansen und den ganzen Ungereimtheiten zu tun. Es muss jetzt sein …«, versuchte er Petra zu besänftigen.

Petra verzog den Mund. Sie sah in diesem Moment aus wie ein Tiefseefisch, der in seinem lichtlosen Lebensraum gestört worden war. »Ich weiß wirklich nicht, warum ich da immer mitmache. Die Woche war lang genug, du hast Hannah und mich kaum gesehen. Jetzt hätten wir beide endlich mal Zeit.«

Herzfeld sah sie an und warf ihr den Blick zu, der zwischen ihnen beiden das klare Signal für die absolute Notwendigkeit seines beruflichen Handelns war. »Ich bin pünktlich zurück.

Und dann gehört der Rest des Wochenendes nur uns beiden, versprochen. Und wir kochen zusammen.«
Petra nickte trotzig, drehte auf dem Absatz um und verzog sich Richtung Badezimmer. »Zum Mittagessen sehen wir uns, und wenn ich dich holen kommen muss …«, entgegnete sie gespielt patzig über ihre Schulter hinweg in Herzfelds Richtung. Dann ging sie ins Bad und schloss die Tür hinter sich.
Nach einer heißen Dusche und noch einer Tasse Kaffee sieht die Welt für sie hoffentlich anders aus. Und wenn es glattläuft, bin ich in zwei oder drei Stunden wieder zurück, hoffte Herzfeld. Er ging zur Garderobe, nahm seine Jacke und seinen Schlüsselbund und verließ die Wohnung.
Draußen kroch die feuchte Kälte der Nacht noch über den Asphalt. Herzfeld ging zu seinem Wagen, setzte sich hinein und startete den Motor. Für einen Moment lang war er sich nicht sicher, ob er nicht doch Tomforde oder Tattoli über seine Pläne informieren sollte, aber er entschied sich dagegen. Tomforde hatte sicher kein Verständnis, und seine italienische Kollegin wollte er nicht noch weiter mit hineinziehen in Dinge, die eigentlich überhaupt nicht ihre Angelegenheit waren. Schließlich würde er gleich viel riskieren. Seine Karriere. Seinen Ruf. Und vielleicht noch viel mehr.
Er beschloss, Tattoli später auf dem Rückweg vom Institut anzurufen, um zu hören, wie es ihr ging und wie sie mit den Geschehnissen des vergangenen Abends zurechtkam. Allerdings war er sich jetzt schon sicher, dass die ehemalige Marinetaucherin die gestrigen Erlebnisse gut verdaut und möglicherweise schon weit schlimmere Dinge als er selbst erlebt und gesehen hatte. Auf leeren Straßen machte er sich auf den Weg zum Institut. Die Kieler Innenstadt wirkte an diesem Samstagmorgen wie ausgestorben, nur vereinzelt waren dick eingepackte und vermummte Gestalten auf den Gehwegen zu sehen. Er würde pünktlich sein. Und dann würde er der Wahrheit so nahekommen wie noch nie zuvor.

64

14. Januar, 9.45 Uhr
Kiel. Wohnung Paul Herzfeld

Der Inhalt des kleinen Kleiderschranks war wüst über den gesamten Boden verteilt worden. Die Türen standen weit offen, alle Schubladen waren ausgeräumt, eine lag sogar auf dem Teppich, als hätte sie das Möbelstück angewidert ausgespuckt.
Petra zog gerade ihren Oversize-Pullover über den Kopf, der zusammen mit der grauen Jogginghose ihr gemütlichstes Outfit für zu Hause war, als sie an Hannahs offener Zimmertür vorbeiging und beim Anblick, der sich ihr bot, erschrak. Automatisch ging sie einen Schritt zurück. »Was ist denn hier passiert«, murmelte sie und lehnte sich in den Türrahmen, während sie ihr noch feuchtes Haar zurückstrich.
Hannah hatte darauf bestanden, ihren kleinen Koffer, den sie im Sommer für die erste gemeinsame Flugreise mit der Familie nach Fuerteventura in einen Ferienklub bekommen hatte, selbst zu packen. Das Ergebnis war verheerend: Als Petra den Inhalt des Koffers inspiziert hatte, fanden sich darin sieben einzelne Socken, von denen keine zur anderen passte, drei Kuscheltiere, eine schmutzige Jeanslatzhose, die Hannah aus dem Schmutzwäschekorb gezerrt hatte, und das Kinderbuch über das fröhliche Stinktier, das Hannah inzwischen zu ihrer Alltagsbibel erklärt hatte. Aber Petras Eltern hatten es mit Humor genommen, als sie die Kleine abgeholt hatten. Schließlich war in der Wohnung der Großeltern immer eine vollständige Garnitur Kinderkleidung deponiert, die in solchen Fällen schon öfter gute Dienste geleistet hatte.
Das hat sie hoffentlich nicht von mir, diesen Hang zum Chaos, dachte Petra amüsiert und sammelte die herumliegenden Spielsachen und Kleidungsstücke wieder ein. Sie hatte beschlossen, erst das Schlachtfeld aufzuräumen und sich dann mit einer großen Tasse Kaffee und der Wochenendausgabe der *Kieler Nach-*

richten auf dem Sofa einzuigeln. *Paul wird ohnehin nicht vor dem Mittagessen zurück sein. Und je später er kommt, desto mehr kann er sich auf das zweite Donnerwetter gefasst machen. Wir haben endlich seit Wochen wieder mal ein gemeinsames Wochenende, und er hat nichts Besseres zu tun, als ins Institut zu fahren,* ärgerte sich Petra nun doch ein wenig und legte den letzten T-Shirt-Stapel fein säuberlich geordnet in die unterste Schublade, die sich nun wieder an ihrem angestammten Platz befand.

Paul wird schon ein schlechtes Gewissen haben, beschloss sie für sich, als sie genüsslich den ersten heißen Schluck ihres Kaffees trank. *Und es gibt schließlich Schlimmeres als einen Verlobten, der ein schlechtes Gewissen hat.*

Üblicherweise war Pauls Währung der Buße seine Bereitschaft, mit ihr einen romantischen Film zu gucken, den er unter normalen Umständen nicht einmal für Geld angeschaut hätte. Petra stellte die Kaffeetasse auf dem kleinen Tisch neben der Couch ab und prüfte auf ihrem Handy, das ebenfalls auf dem Couchtisch lag, ob ihr Paul vielleicht eine Nachricht gesendet hatte, was jedoch nicht der Fall war. Dann streckte sie sich auf dem Sofa aus. Die Woche hatte es in sich gehabt. Im Architekturbüro hatte der neue Auftrag für jede Menge Wirbel gesorgt, und der Chef der Agentur hatte keinen Hehl daraus gemacht, dass es ihn beunruhigte, eine so junge Kollegin mit einem so großen Projekt zu betreuen. Ganz zu schweigen von dem Wirbelsturm im Institut, der dort anscheinend gerade tobte. Aber nun kamen ihre Gedanken langsam zur Ruhe. Hannah war bei ihren Eltern bestens versorgt. Sie würden sich melden, sollte die Kleine ihnen dazu einen Anlass geben. Das Wochenende war noch lang genug, sodass Paul und sie auch noch etwas Zeit zu zweit miteinander haben würden. Und sie wollte nicht umsonst alle Zutaten für sein geliebtes Bœuf Stroganoff frisch eingekauft haben – das Rinderfilet würde sich ja sicher nicht bis zum nächsten kinderfreien Wochenende halten. Und ihr Wohlwollen erst recht nicht.

Müde griff sich Petra die skandinavische Wolldecke, die ihre Mutter von einer Oslo-Reise mitgebracht hatte. Dieselbe Reise, die Paul einen Pullover beschert hatte, den er gern als »das schlimmste Kleidungsstück der Welt« bezeichnete, weil die Wolle so kratzte, dass er es kaum darin aushielt. Dennoch trug er ihn tapfer.
Petra zog sich die Decke über die Beine und ließ den Kopf auf das hellgraue Kopfkissen des großen Sofas sinken, das wie ein großes L mitten in dem geräumigen Wohnzimmer stand. Sie schloss die Augen, und im Halbschlaf fügten sich Fragmente der Woche zu einem wilden Durcheinander zusammen. Petras Atem wurde schwer, sie ruckelte sich noch einmal unter der Decke zurecht wie eine Katze, die sich unbeobachtet in ein dickes Federbett gekuschelt hatte. Dann schlief sie ein.

☠ ☠ ☠

65

14. Januar, 9.52 Uhr
Kiel. Institut für Rechtsmedizin der Universität

Auf dem Parkplatz vor dem Institut stand kein Auto, als Herzfeld seinen Wagen ausrollen ließ. Er parkte und stieg eilig aus. Was sich gestern Abend noch wie eine Heldentat angefühlt hatte, zog sich nun in seiner Brust zusammen und verhärtete sich zu einem Klumpen Unsicherheit. Was, wenn Schneider alles abstreiten würde? Was hatte er denn wirklich an stichfesten Beweisen gegen seinen Vorgesetzten in der Hand?
Herzfelds Schuhe rutschten über den Streusand auf dem glatten Asphalt vor der Treppe, die er vorsichtig hinaufstieg. Die Eisschicht darauf war mit dem bloßen Auge klar zu erkennen. Mit seiner Türkarte öffnete er den Haupteingang und ging mit schnellen Schritten an der leeren Pförtnerloge vorbei. *Hansen,*

was haben Sie wirklich gewusst?, schickte Herzfeld gedanklich in Richtung des leeren Stuhls, der bereits wirkte, als hätte der Hausmeister nie darauf gesessen. Er hatte beschlossen, keinen Umweg über sein eigenes Büro zu machen, sondern direkt zu Schneiders Büro am Ende des Flurs zu gehen. Im Institut war es vollkommen still, nur das leise Surren der Lüftung klang gedämpft durch die Gänge. *Dann mal los,* dachte er, als er mit Nachdruck dreimal an die Tür zum Vorzimmer des Oberarztes klopfte. Doch niemand antwortete. Noch ein Klopfen. Wieder nichts. Behutsam drückte er die Türklinke herunter.
Das Büro von Volker Schneider war verschlossen.

☠ ☠ ☠

66

14. Januar, 10.06 Uhr
Kiel. Wohnung Paul Herzfeld

Petra hatte kurz das Gefühl, ihr Herz würde einige Schläge aussetzen.
Das Schrillen der Türklingel hatte die Stille in der Wohnung, die lediglich vom beharrlichen Zeigerlauf der alten Uhr im Wohnzimmer, einem Erbstück von Pauls Großmutter, dirigiert wurde, bösartig zerschnitten. *Jeden Samstag das gleiche Spiel,* dachte Petra. *Die Paketboten waren zu faul, bis in die oberen Stockwerke des Altbaus zu gehen – und laden den ganzen Kram einfach wieder hier ab.* Verärgert strampelte sie sich die Decke von den Beinen und stand vom Sofa auf. Barfuß ging sie in den Flur und fuhr sich mit der Hand durch die Haare, in denen das Kissen diverse kleine Vogelnester hinterlassen hatte. Noch bevor sie an der Wohnungstür angekommen war, an deren innerem Türblatt diverse Familienfotos mit Klebestreifen lose angebracht waren, klopfte es so heftig, dass einige der Fo-

tografien von Paul, Hannah und ihr in Bewegung gerieten und in ihrer Klebebandbefestigung hin und her zitterten.
»Ich komm doch schon«, stieß Petra genervt hervor. Sie hatte bereits ihr Schwer-genervt-Gesicht aufgesetzt, mit dem sie schonungslos den Paketboten begrüßen wollte. Sie öffnete die Tür. Und in derselben Sekunde wurde ihre Mimik wieder weich. Vor ihr stand kein Kurier, der bereits nervös mit dem Gerät zur Unterschrift wedelte. Der Mann vor der Tür überragte sie beinahe um zwei Köpfe. Seine weißblonden Haare waren akkurat und ebenso streng nach hinten gekämmt, sein Mund unter der Adlernase verzog sich zu einem breiten Lächeln.
»Hallo, Frau Schirmherr, mein Name ist Volker Schneider. Wir sind uns, glaube ich, bisher noch nicht wirklich persönlich begegnet. Ich wollte Herrn Herzfeld abholen«, stellte sich der in einen fast knielangen, pechschwarzen Lodenmantel gehüllte Mann vor.
Petras vom spontanen Schläfchen noch leicht vernebeltes Gehirn brauchte eine Sekunde, um aus der Erscheinung vor ihr und dem Namen die richtigen Schlüsse zu ziehen. Professor Volker Schneider, Oberarzt des Instituts für Rechtsmedizin – Pauls Vorgesetzter! Den Mann, über den sich ihr Verlobter, seit er in Kiel am Institut arbeitete, am meisten aufregte. Und mit dem Paul eigentlich genau jetzt dort verabredet war.
Schneider rieb sich demonstrativ fröstelnd die Hände und schaute sie freundlich an. »Es ist draußen noch fieser geworden, diese Kälte muss doch mal ein Ende nehmen. Als wir beide uns das letzte Mal gesehen haben könnten, war das beim Sommerfest des Instituts. Nur flüchtig, ich weiß nicht einmal, ob wir einander persönlich vorgestellt wurden. Erinnern Sie sich?«
Petra lächelte verlegen. In Ihrem Kopf ratterte es. »Herr Professor Schneider – natürlich kann ich mich erinnern. Aber es tut mir furchtbar leid. Paul ist gar nicht hier. Er sagte mir, dass Sie verabredet seien. Aber im Institut. Das ist mir jetzt ehrlich gesagt etwas unangenehm … Also, ich war kurz auf dem Sofa …« Petra zupfte nervös an ihrem übergroßen Pullover.

Schneider machte einen erstaunten Gesichtsausdruck. Seine fast unsichtbaren hellblonden Augenbrauen sprangen nach oben, als wollten sie den Haaransatz berühren. »Gar nicht hier? Aber ich habe doch gestern Abend mit ihm telefoniert. Wir haben in einer Stunde eine Sektion, die keinen Aufschub duldet. Der Oberstaatsanwalt braucht noch heute erste Informationen. Ein Tötungsdelikt. In Eckernförde. Der Täter ist flüchtig …«
Schneiders tiefe Stimme erfüllte das Treppenhaus des Altbaus.
Petra lehnte sich gegen den Türrahmen und versuchte, möglichst schnell alle Informationen, die ihr der hünenhafte Mann gerade gegeben hatte, in eine logische Reihenfolge zu bringen.
Warum sollte Paul eine Sektion haben und mich nicht darüber informieren? Er weiß doch von unserer gemeinsamen Wochenendplanung. Er sagte doch, es ging um ein Gespräch? Warum sollte Professor Schneider ihn hier abholen? Warum sollte …
Petras Gedanken wurden von Schneiders Bassstimme unterbrochen. Er schien es plötzlich eilig zu haben und trat einen Schritt auf sie zu.
»Darf ich kurz hereinkommen, ich müsste eben mal in Ruhe telefonieren. Ich hoffe, ich erreiche schnell einen anderen Assistenzarzt, der einspringen kann …«
Petra nickte, weil ihr so schnell nichts Besseres einfiel. Es war ein Automatismus. Bereits als ihr Kopf die Bewegung vollendet hatte, ärgerte sie sich. Sie konnte sich allerdings auch nicht erinnern, jemals in ihrem Leben in der Situation gewesen zu sein, auf die Frage »Kann ich kurz reinkommen?« mit »Nein« geantwortet zu haben.
Schneider machte einen großen Schritt mit seinen langen Beinen in Richtung der Türschwelle. Erst da fiel Petra auf, dass hinter ihrem ungebetenen Besucher ein überdimensionierter schwarzer Rollkoffer im Treppenhaus stand, den er jetzt am Teleskopgriff schnappte und auf Rollen in Richtung Wohnungstür hinter sich herzog.

67

14. Januar, 10.10 Uhr
Kiel. Institut für Rechtsmedizin der Universität

Herzfeld hatte sich auf dem Stuhl hinter seinem Schreibtisch niedergelassen und die Füße, ohne sich vorher seiner Schuhe zu entledigen, trotzig auf der Schreibtischplatte abgelegt. *Der Mann, der es sonst mit Pünktlichkeit so genau nimmt, kommt ausgerechnet heute zu spät?* Er hatte die Tür seines Büros offen gelassen, damit er Schneider nicht verpasste, wenn er eintreffen würde. Herzfeld sah auf die Uhr an der Wand. *Zehn Minuten. Das ist noch zu entschuldigen. Aber ungewöhnlich.* Genervt griff er nach einer Fachzeitschrift, die auf einem Stapel auf seinem Schreibtisch lag.

☠ ☠ ☠

68

14. Januar, 10.11 Uhr
Kiel. Wohnung Paul Herzfeld

Professor Schneider wirkte wie ein Fremdkörper in ihrer Wohnung. Den großen schwarzen Koffer, der nicht viel oder gar kein Gewicht zu haben schien, zog er leichthändig über die Türschwelle, stellte ihn hinter der Eingangstür im Flur ab und ließ den Teleskopgriff mit einem leisen Klicken nach unten fahren. Mit einem flüchtigen Blick inspizierte er die Familienfotos an der Rückseite der Wohnungstür, dann blickte er nach links in Hannahs Zimmer, in dem noch vor einer halben Stunde ein heilloses Chaos geherrscht hatte. Nun saßen die Stofftiere wieder brav in dem kleinen Bollerwagen in der Mitte des Zimmers vereint, die Kleidung war wieder in dem kleinen Kleiderschrank verschwunden.

»Ah, das Kinderzimmer. Das Vöglein ist ausgeflogen? Berichtete mir zumindest Ihr Mann gestern Abend, dass die Kleine dieses Wochenende aushäusig sei«, sagte Schneider, als würde er sich für die Familie seines Kollegen Herzfeld interessieren. *Was, um alles in der Welt, will der hier,* dachte Petra, die sich inzwischen sortiert hatte und krampfhaft überlegte, wie sie es anstellen könnte, ihr Handy, das immer noch auf dem Couchtisch im Wohnzimmer lag, zu erreichen und Paul unbemerkt eine Nachricht zu schreiben. Schneiders bloße Anwesenheit ließ ein Unbehagen in ihr aufsteigen, das sich mit ihrem Herzschlag den Hals hinaufbewegte und das sie so nicht kannte. Auch wenn der Oberarzt eigentlich seit einem Jahr aus Pauls Erzählungen ständig in ihrer kleinen Familie präsent war, kam er ihr fremd vor. Mehr noch. Petra empfand seine Anwesenheit aus irgendeinem Grund als bedrohlich. *Vielleicht hat mir Paul zwischenzeitlich doch eine Nachricht geschickt? Ich muss irgendwie unauffällig an mein Handy kommen,* ging es ihr durch den Kopf. Dann wandte sie sich wieder dem unerwünschten Gast zu, der in seinem langen, schwarzen Wintermantel, den er offensichtlich auch nicht vorhatte abzulegen, mittlerweile im Eingangsbereich des Wohnzimmers stand.
»Herr Professor Schneider, kann ich Ihnen irgendetwas anbieten?«, fragte sie zurückhaltend, obwohl der Mann eigentlich nicht den Eindruck machte, dass er lange bleiben würde.
Schneider putzte sich gedankenverloren die Brille, mit einem Stofftaschentuch, das er aus der Tasche seines Mantels gezogen hatten. »Nein, sehr freundlich. Ich bin hier gleich weg. Ich habe es mir überlegt, ich schreibe Ihrem Verlobten eine Nachricht. Das war wohl ein Missverständnis. Der Leichnam, um den es geht, wird um elf Uhr gebracht. Außerdem habe ich heute Abend wahrscheinlich noch mindestens eine weitere Leiche ...«, sagte Schneider in ruhigem Tonfall und schob sich die Brille wieder auf die Nase, die wie ein kantiger Felsvorsprung aus seinem Gesicht ragte. Mit diesen Worten zog er sein Handy aus der Manteltasche und begann zu tippen.

»Und Sie wollen wirklich nichts?«, fragte Petra.
»Na gut«, schoss es aus Schneider heraus. »Ich informiere ihn schnell und fahre dann zum Institut. Wenn Sie mir doch ein Glas Wasser geben würden, dann bin ich gleich wieder weg. Ich muss nur noch schnell etwas aus meinem Koffer holen.« Dann wandte er sich um und ging zurück in den Flur, in dem der übergroße schwarze Rollkoffer abgestellt war. Petra hörte, wie er den Teleskopgriff geräuschvoll ausfuhr und die Rollen über das Parkett Richtung Wohnzimmer ratterten, wie eine kleine Eisenbahn.
Um nicht den Eindruck zu erwecken, dass Sie den Oberarzt mit Ihren Blicken verfolgte, ging sie in die Küche. Dort holte sie eine Flasche Sprudelwasser aus dem Kühlschrank und zwei Gläser aus einem der Küchenschränke. Sie fühlte sich zunehmend unwohl in ihrer Haut.
Als sie zurück ins Wohnzimmer kam, hatte Volker Schneider den riesigen Koffer auf dem Sofa abgelegt und war gerade dabei, den Reißverschluss, der die beiden Kofferhälften zusammenhielt, zu öffnen.
»Ich habe Ihnen ein Wasser geholt. Mit Kohlensäure. Ist das in Ordnung?«, fragte Petra und stellte die Gläser auf den Couchtisch, auf dem sie vor ihrem Schlaf auch ihr Handy abgelegt hatte.
Während sie einschenkte, sah sie verstohlen zu Schneider hinüber. *Irgendetwas riecht hier komisch. So chemisch, so anders als eben noch,* ging es Petra durch den Kopf. Der riesige Koffer, der dort auf dem Sofa lag, auf dem sie noch vor einigen Minuten friedlich geschlummert hatte, stand jetzt offen. Schneider stand davor und beugte sich darüber.
Das war ihre Chance, Petra griff nach ihrem Handy und ließ es in der weiten Tasche ihrer Jogginghose verschwinden. Ihr Puls raste. Und dann bemerkte sie erst, dass der Koffer leer war. *Er tut nur so, als ob er etwas sucht. Moment, da liegt doch was im Koffer, ein Lappen oder Tuch,* blitzte es in Petras Gehirn auf. Ihr Atem beschleunigte sich sofort. »Herr Schneider …«

Der Oberarzt drehte sich langsam um und sah Petra freundlich an. »Ja?«
»Kann ich Ihnen helfen – mit, also, mit dem Gepäck?«
»Nein, ich habe ja noch gar nicht gepackt«, antwortete Schneider und grinste breit, wobei sich die Brille auf seiner Nase etwas verschob. »Wir sind hier gleich weg.«
Wir?, dachte Petra. Doch bevor ihr Gehirn auch nur eine Chance hatte, den Gedanken fortzuführen, fiel ihr Blick auf seine Hände. Schneider hatte sich hellblaue Einweghandschuhe übergezogen.

69

14. Januar, 10.17 Uhr
Kiel. Institut für Rechtsmedizin der Universität

Herzfeld war aus seinem Büro getreten und wollte gerade den Flur hinuntergehen, um zu sehen, ob Schneider vielleicht mittlerweile von ihm unbemerkt in seinem Büro aufgetaucht war. Auf halber Strecke vibrierte sein Handy in der Hosentasche. Eine Nachricht. Von Schneider.

Ich verspäte mich. Bin unterwegs.

Irritiert blickte er auf das Display.
Was zur Hölle ist hier los?, dachte Herzfeld. Und sein Instinkt sprang an. Etwas stimmte nicht. Überhaupt nicht. Er hielt einen Moment inne. Dann hörte er hinter sich eine Tür zuschlagen. Es war die Tür zu seinem Büro, die er offen stehen gelassen hatte.

70

14. Januar, 10.18 Uhr
Kiel. Wohnung Paul Herzfeld

Trotz ihres dicken Pullovers und der wohligen Wärme in ihrem Zuhause wurde es Petra eiskalt. *Was geschieht hier?*
»Wir werden jetzt gehen«, sagte der Oberarzt, dessen Gesicht sich, während er sprach, zu verändern schien. Als würde die anfängliche Freundlichkeit von einer unmenschlichen Bösartigkeit befallen werden, verengten sich seine Augen. Petra hielt kurz den Atem an.
Mit einer hastigen Bewegung zog sie ihr Handy aus der tiefen Hosentasche der Jogginghose, um Paul zu informieren, und machte dann einen Ausfallschritt nach hinten, als hätte sie die nächsten zwei Sekunden ihres Lebens vorhergesehen.
Schneider griff blitzschnell hinter sich und zog einen zusammengeknüllten dunklen Lappen aus dem geöffneten Koffer hervor. Mit einer schnellen Bewegung in Petras Richtung, war er direkt vor ihr. Wie ein Dampfhammer traf sein rechter Handballen mit dem feuchten Stück Stoff Petras Gesicht. Das Handy flog in hohem Bogen aus ihrer Hand und rutschte scheppernd unter die Couch. Ihr Kopf schnappte, von der Wucht getroffen, nach hinten, aber in diesem Moment griff Schneiders linke Hand um sie herum an ihren Hinterkopf. Der große Mann zog ihren Kopf erbarmungslos in seine Richtung zurück. Mit heftigem Druck presste er den feuchten Lappen auf Mund und Nase. Der süßlich-stechende Geruch, den sie eben schon meinte gerochen zu haben, nahm jetzt alles um sie herum in Beschlag. Plötzlich fühlte es sich an, als würde durch sämtliche Blutgefäße ihres Körpers ein kalter Strahl schießen, als wäre sie ohne Vorwarnung auf einem vereisten See eingebrochen.
Schneider löste seinen Griff an ihrem Hinterkopf. Petra verspürte einen unfassbaren Schmerz in ihrem Oberkiefer, als die

Faust ihres Angreifers sie hart unter der Nase traf. Sie taumelte kurz, verlor dann das Gleichgewicht und stürzte nach hinten ins Bodenlose. Unendlich lang, als fiele sie in ein schwarzes Loch.

Meine Zähne, er schlägt mir die Zähne aus, schoss es ihr durch den Kopf. Sie spürte, wie ihr der glatte Parkettboden unter den Wollsocken weggezogen wurde. Wie ein Fließband in Höchstgeschwindigkeit. Dann kam der Aufschlag. Der Schmerz am Hinterkopf fühlte sich an, als hätte ihr jemand mit einem Vorschlaghammer auf den Schädel geschlagen. Der Parkettboden hatte ihren Sturz abrupt gestoppt. Ihr Oberkörper war dabei nach hinten überstreckt gewesen, als hätte sie wie eine Turnerin eine Brücke machen wollen, und ihr Kopf war zuerst aufgeschlagen.

Wo ist Paul?

Sie lag auf dem Rücken, unfähig, sich zu bewegen, und starrte auf die moderne metallic-kupferfarbene Kugelleuchte an der Zimmerdecke über ihr.

Dann kam Bewegung in ihr Gesichtsfeld. Da war er wieder, der dunkle Lappen. Ummantelt von dem unangenehmen chemischen Geruch, den er verströmte. Der Lappen, den der Angreifer ihr jetzt erneut erbarmungslos und mit brutaler Gewalt ins Gesicht drückte. Ihre Arme gehorchten ihr nicht mehr. Sie schaffte es nicht, ihre Hände schützend vor ihr Gesicht zu halten oder den Mann, der sich jetzt direkt über ihr befand, abzuwehren. Ihre Muskeln machten nicht mehr mit, sie waren schlaff, fühlten sich an, als ob sie aus Gummi wären. Als wäre der Stromkreis in ihrem Körper unterbrochen worden.

Ist das der Tod?

Die Sekunden fühlten sich an wie Minuten. Der Besucher, dem sie die Tür geöffnet und den sie hereingebeten hatte, sagte etwas. Unverständlich. Sie konnte die Worte nicht mehr entschlüsseln. Dann, irgendwo weit weg, als hätte es nichts mehr mit ihr zu tun, spürte sie, wie unnachgiebige Hände mit eisernem Griff ihre Beine anwinkelten, als würde jemand versuchen, ihr die Knie in den Bauchraum zu drücken. Dann ein nächster Griff, der ihre Hals- und Brustwirbelsäule nach vorne bog, in Richtung ihrer Oberschenkel. Die Finger des kräftigen Mannes gruben sich wie kleine Baggerschaufeln in ihren Nacken. Sie spürte ein Knacken und Schmerzen, qualvolle Schmerzen. Als klappe der Angreifer ihren Körper einfach in sich zusammen. Petras Bewusstsein entfernte sich immer weiter von ihrem Körper. Die Ohnmacht ließ ihr nur noch einige Sekundenbruchteile.

Was geschieht mit mir?

Dann kam die alles um sie herum in Beschlag nehmende Dunkelheit.

☠ ☠ ☠

71

14. Januar, 10.19 Uhr
Kiel. Institut für Rechtsmedizin der Universität

Das Knallen der Tür hallte durch den gesamten Flur wie durch eine Tropfsteinhöhle.

Schneider! Was spielt er für ein Spiel mit mir? Was soll das?, ratterte es in Herzfelds Kopf.

»Hallo, Professor Schneider? Sind Sie das?«

Herzfeld atmete flach, reflexartig.

»Hallo?«, rief er energisch den Gang herunter. Keine Antwort.

Ist Schneider doch hier?

Herzfeld ballte die rechte Hand zu einer Faust. Dann sprintete er los, in Richtung des Geräusches, in Richtung seines Büros. Erst kurz vor der Tür verlangsamte er seine Schritte. Sie war geschlossen. Bevor er wusste, ob er sich noch einmal bemerkbar machen oder direkt hineinstürmen sollte, bewegte sich die Türklinke langsam nach unten. Herzfelds Körper spannte sich an.

Die Tür schwang auf.

»Herr Doktor Herzfeld!«, das runde Gesicht von Heinrich von Waldstamm blickte ihn erstaunt an, seine Bärenstimme hallte durch den Flur. In derselben Sekunde lief der hochgewachsene Sektionsassistent rot an. »Ich hatte, also ich hatte etwas gehört, und da dachte ich, vielleicht ist ja Frau Tattoli … Also Sie sind ja hier«, Heinrich von Waldstamm trug ein ausgewaschenes Sweatshirt, Turnschuhe und eine abgewetzte Cordhose. Über seiner rechten Schulter baumelte der Rucksack einer amerikanischen Sportartikelfirma. Herzfeld konnte sich nicht erinnern, den bulligen Sektionsassistenten überhaupt schon einmal in Zivil gesehen zu haben. Der junge Mann trug jetzt auch eine andere Brille als sonst im Sektionssaal. Heute war es ein dickes schwarzes Gestell statt des filigranen Modells, das ihn, in Kombination mit seiner Dienstkleidung, manchmal wie einen Arzt aussehen ließ.

»Herr von Waldstamm, was machen Sie hier an einem Samstag? Und vor allen Dingen – was machen Sie in meinem Büro? Sind Sie öfter hier, wenn keiner da ist?«, fragte Herzfeld streng. Die Chemie zwischen den beiden Männern war von greifbar unangenehmer Substanz. Beide fühlten sich ertappt. Und egal, was Heinrich von Waldstamm hier tat – Herzfeld würde ihm sicher nicht erklären wollen, was ihn heute hierhergeführt hatte.

Heinrich von Waldstamms massiger Körper wand sich unter Herzfelds Frage. »Nein, nicht oft. Wirklich nicht – ich wollte nur etwas holen. Aus meinem Spind. Hatte etwas vergessen und dann habe ich Schritte gehört, also von Ihnen. Ich dachte …«, fing er an sich zu erklären, »… ich dachte, vielleicht gibt es einen Notfall. Vielleicht ein großer Fall.« Dann lächelte Heinrich von Waldstamm verlegen.

»Nein, kein Notfall. Und auch kein großer Fall. Sie sollten lieber das freie Wochenende genießen.«

Heinrich von Waldstamm sah enttäuscht aus und setzte sich in Bewegung. »Ja, gut. Ich gehe jetzt. Werde noch etwas lesen.

Das Physikum kommt ja sicher irgendwann. Also ich … ich geh dann mal.«
»Gut, machen Sie das.«
Heinrich von Waldstamm verließ das Büro und steuerte den Flur hinunter. Herzfeld sah ihm nach, als sich der junge Mann nach etwa zehn Metern noch einmal umdrehte, wobei der Rucksack von seiner Schulter auf seinen rechten Arm herunterrutschte. »Sie brauchen mich heute wirklich nicht?«
Herzfeld blies ungehalten Luft aus der Nase, er wollte nun wirklich nicht länger mit von Waldstamm hier Zeit vergeuden. Er hatte ganz andere Probleme. »Nein, alles gut. Schönes Wochenende!«
Heinrich von Waldstamm nickte und ging. Herzfeld sah ihm weiter hinterher, bis er aus dem großen Flur nach links in Richtung Haupteingang verschwunden war und das Zuknallen der großen Eingangstür hörte. Dann ging er zurück in sein Büro und setzte sich, immer noch irritiert von der merkwürdigen Begegnung mit dem Sektionsassistenten, wieder hinter seinen Schreibtisch. Er schüttelte den fragenden Gedanken, was von Waldstamm veranlasst hatte, hier so unvermittelt aufzutauchen, von sich ab. Darum ging es jetzt nicht. Er hatte jetzt weitaus Wichtigeres zu tun, als sich mit dem spleenigen Verhalten eines Sektionsassistenten zu beschäftigen.
Herzfeld wählte erneut Schneiders Handynummer. Mailbox. Schon wieder. Herzfeld spürte, wie seine Handinnenflächen feucht wurden. *Was zur Hölle ist hier los?* Das Adrenalin breitete sich in seinem Körper aus, als hätte jemand eine unsichtbare Infusion aufgedreht, deren Inhalt unaufhaltsam seine Gefäße flutete. Seine gesamte Hautoberfläche kribbelte, und in seinen Fingerspitzen fühlte es sich an, als empfange er dort kleine Stromschläge. *Wo ist Schneider? Hier stimmt was nicht.*
Er wählte zuerst Petras Mobilfunknummer, dann die Nummer ihres Festnetzanschlusses. Aber auch Petra nahm seine Anrufe nicht entgegen. Vielleicht war sie noch einmal eingeschlafen. Vielleicht. *Aber warum antwortet sie nicht? Sie muss doch das*

Klingeln hören! Und plötzlich war es da – das Bauchgefühl, das ihm schon so oft bedeutet hatte, dass etwas nicht stimmte, dass auf den ersten Blick augenscheinliche Zusammenhänge bei genauerer Betrachtung doch keinen Sinn ergaben, dass er auf der Hut sein musste, keinen Fehler zu machen. So etwas wie ein siebter Sinn. Sein Instinkt. Er spürte förmlich, dass ihm die Zeit davonlief. Irgendwo rann gerade Sand unwiederbringlich durch eine Sanduhr.
Was, wenn Schneider weitergeht, als ich es jemals für möglich halten würde?
Herzfelds Puls peitschte sich weiter hoch. Sein Gehirn arbeitete auf Hochtouren. Er sprang auf, verließ das Büro und warf die Tür hinter sich zu, drehte den Schlüssel im Schloss der Bürotür und eilte im Laufschritt über den Flur. Zum Ausgang. Zum Wagen. Nach Hause.

72

14. Januar, 10.39 Uhr
In der Dunkelheit

Wie leicht bricht das Genick? Ist mein Genick gebrochen? Überlebt man das? Lebe ich überhaupt noch? Die Summe der Schmerzen in Petras Halswirbelsäule und Oberkiefer überstieg alles, was sie bisher an Schmerzen in ihrem Leben gefühlt hatte. *Was ist hier los?* Sie konnte keinen zusammenhängenden Gedanken fassen.
An der Rückseite ihres Halses hatte sich gefühlt eine eiserne Klaue festgekrallt, die bei jeder Bewegung ihrer Umgebung tiefer in die Wirbel zu greifen schien. Petras gesamter Oberkörper war derart eingerollt, dass ihr Kopf zwischen ihren Beinen eingeklemmt war, von ihren eigenen Knien und Ober-

schenkeln schraubstockartig in dieser Position fixiert. Ihre Ohren zugepresst vom eigenen Oberschenkelfleisch. Ihre Haare hatten sich vor Nase und Mund gelegt und machten ihr das Atmen fast unmöglich. Ihre Schultergelenke waren so nach vorne in Richtung ihrer Brust überdehnt, dass ihre Arme um den ganzen Körper geschlungen waren, wie bei einer Azteken-Mumie, die seit Jahrtausenden zu einem morbiden Paket verschnürt in einer Pyramide lag. Nur dass Azteken-Mumien irgendwann gefunden wurden …

An jeder Seite ihres Körpers spürte sie eine begrenzende Wand. Schmerzende Enge. Wie in der Faust eines grausamen Riesen. Langsam, wie ein Schiff im Nebel, tauchte ihr Verstand aus der Ohnmacht wieder auf. Es fiel ihr nicht leicht, die Schmerzen, die an jeder Stelle ihres Körpers pochten, mit rationalen Gedanken zu überkommen. *Was ist geschehen?*, versuchte sie ihren Verstand zu aktivieren. *Samstagmorgen. Aufgestanden. Hannahs Zimmer. Kurz eingeschlafen auf der Couch. Ein Klingeln an der Tür …*

Schneider. Groß. Undurchsichtig. Tiefe Stimme.

Hellblaue Plastikhandschuhe an seinen Händen.

Ein übergroßer Koffer.

Ein übergroßer, leerer Koffer.

Der chemische Geruch.

Der Sturz.

Der bösartige Schmerz.

Der alles überlagernde Schmerz war so übermächtig, dass er sie in ihrem dunklen Gefängnis immer näher an die nächste Ohnmacht trieb. *Paul, ich muss Paul erreichen. Ich muss ihm sagen, dass ich noch lebe,* kreiste es in Petras Kopf. Sie schwitzte jetzt heftig.

Ich bin in dem Koffer. Er hat mich in den Koffer gepresst. Will er, dass ich lebe – oder denkt er, dass ich tot bin? Die Feuchtigkeit ihres Schweißes verklebte ihre Haare. Kaum noch Sauerstoff zum Atmen. Kein Platz für den Brustkorb, sich auszudehnen und die Lungen mit Luft zu füllen. Sie versuchte, sich

auf die kurzen Atemstöße zu konzentrieren, mit denen sie die letzten Luftreste sammelte und in ihren Körper schleuste. Viele davon würden ihr jedoch nicht bleiben. *Ich will nicht sterben, ich will leben,* dachte Petra und hörte ihr eigenes, leises Wimmern.
In der gleichen Sekunde schoss das Messer durch die dunkle Wand des Koffers.
Der Tod schaute nach ihr.

☠ ☠ ☠

73

14. Januar, 10.47 Uhr
Kiel. Wohnung Paul Herzfeld

Herzfeld polterte die Treppen zur Wohnung im zweiten Stock hinauf, nahm immer zwei Stufen auf einmal. Die Angst, die zunehmend zur Gewissheit wurde, dass mit Petra etwas nicht stimmte, dass seiner Familie Gefahr drohte, hatte ihn über die Straßen nach Hause getrieben, am Ende hatte er sogar zwei rote Ampeln überfahren. Weder Schneider noch Petra waren erreichbar gewesen. Herzfeld hatte im kontinuierlichen Wechsel aus dem Auto beide Nummern angerufen. Immer wieder. Aber auf beiden Handys nahm niemand seine Anrufe entgegen. Seine Schwiegereltern hatte er unter dem Vorwand, wissen zu wollen, ob Hannah gut angekommen war, angerufen. Von Petras Verschwinden hatte er ihnen nichts gesagt, wohl aber dem Gespräch entnehmen können, dass Petra sicher nicht bei ihnen war.
Seinen Passat hatte er einfach in der zweiten Reihe vor dem Haus abgestellt und den Warnblinker eingeschaltet, der stoisch und ungerührt begonnen hatte, mit Metronom-gleichem Klicken sein Lichtsignal zu senden.

An der Wohnungstür im zweiten Stock angekommen, spürte er, wie ein dünnes Schweißrinnsal, das sich zwischen seinen Schulterblättern gebildet hatte, seinen Rücken hinablief. Sein Atem hämmerte durch die Lungen. *Bitte lass sie einfach auf der Couch eingeschlafen sein. Bitte …* Rasselnd drehte er den Schlüssel in der Haustür herum, ließ ihn im Schloss stecken und machte einen großen Schritt in den Flur. »Hallo? Petra? Bist du da? Ich bin zurück …«, rief Herzfeld in die Wohnung. Die Wohnung antwortete mit Schweigen. Sie fühlte sich leer an.

Im Schlafzimmer – nichts.

Im Kinderzimmer – nichts.

Im Wohnzimmer – nichts.

In der Küche – nichts.

Petra ist nicht da, schnitt es in sein Gehirn. Herzfeld verlangsamte seine Bewegungen, als hätte ein Kameramann die Zeitlupeneinstellung angeworfen. Langsam, wie ein Schaf zwischen schlafenden Wölfen, bewegte er sich zurück ins Wohnzimmer. Alles sah unverändert aus. Alles bis auf die Kaffeetasse und die beiden Wassergläser, die auf dem Tischchen vor der Couch standen. *Eine Tasse, okay. Aber zwei Gläser?* Herzfeld blickte zum tausendsten Mal auf sein Handy. Kein Rückruf. Weder von Schneider noch von Petra. Herzfeld ließ sich auf die Couch fallen.

Jetzt brauchte er Verbündete. Schnell. Herzfeld drückte auf seinem Handy die Wiederwahltaste mit Tomfordes Handynummer. Als der Oberkommissar den Anruf entgegennahm, war lautes Stimmengewirr im Hintergrund zu hören. »Herr Herzfeld, guten Morgen! Ich bin gerade im Supermarkt – das ist hier samstags der Vorhof zur Hölle. Was gibt es?«

»Ich brauche Ihre Hilfe.«

Tomforde schien sich schlagartig zu konzentrieren. »Worum geht es?«

»Ich habe gestern Abend noch mit Professor Schneider telefoniert. Gut, entgegen Ihrem Ratschlag und auch entgegen meiner Zusage Ihnen gegenüber, keine Alleingänge zu machen. Aber ich wollte es wissen. Ich wollte die Wahrheit erfahren und habe ihm ziemlich die Pistole auf die Brust gesetzt …«

»Sie haben was getan?«, Tomforde klang regelrecht entgeistert. Aus den leiser werdenden Geräuschen im Hintergrund schloss Herzfeld, dass der Ermittler innerhalb des Einkaufszentrums seinen Standort wechselte, um ihn besser verstehen zu können. Die Stimmen, die Geräusche des geschäftigen Treibens um ihn herum waren jetzt fast vollständig verstummt.

»Ich habe Schneider auf den verstorbenen Gerwin Schalck angesprochen. Seine Reaktion … Da war etwas, er hat es nicht abgestritten. Wir waren vor einer knappen Stunde im Institut verabredet. Für ein klärendes Gespräch. Doch dort ist er nicht aufgetaucht.«

Tomforde atmete schwer am anderen Ende der Leitung und konnte hörbar seine Verärgerung kaum zurückhalten. »Haben Sie schon mal daran gedacht, dass das Äußern solcher Vorwürfe Sache eines Staatsanwalts ist? Und dass Sie sich mit solchen Verdächtigungen und Unterstellungen gegebenenfalls selbst strafbar machen? Was soll ich jetzt tun? Schneider mit einem SEK abholen lassen, damit sie beide sprechen können?«

»Nein, ich brauche Ihren Rat«, entgegnete Herzfeld kleinlaut.

»Den beherzigen Sie doch scheinbar grundsätzlich nicht! In welcher Sache genau?«

Herzfeld hob seine freie Hand mit gespreizten Fingern an die Stirn und schloss die Augen. Wenn er jetzt weitermachen würde, wären seine Vorwürfe, seine Theorien endgültig in einem behördlichen Vorgang gebündelt. Aber er spürte es, der Sand rann weiter unerbittlich durch die Sanduhr. Mit jeder unentschlossenen Minute etwas mehr.

»Meine Verlobte sollte eigentlich zu Hause sein. Aber ich erreiche sie nicht. Und von Schneider keine Spur! Ich habe ein schlechtes Gefühl.«

Tomforde schien am anderen Ende mit sich zu ringen. Doch es dauerte keine drei Sekunden, bis er zu einem Entschluss gekommen war. Er klang klar und entschlossen. »Wir sehen uns bei Ihnen zu Hause. Ich komme, so schnell ich kann. Rechnen Sie mit etwa dreißig bis vierzig Minuten. Ich muss hier erst mal durch die Kasse, und die Straßenverhältnisse sind ja heute bekanntlich nicht die besten. Schicken Sie mir Ihre Adresse per SMS. Ich hoffe sehr, dass Sie sich irren. Bis gleich ...«

»Danke. Bis gleich.« Herzfeld legte auf.

Herzfeld atmete aus und zog dann angestrengt einen tiefen Atemzug in die Lungen. Da roch er es. Ein chemischer Geruch. Vertraut. Er war ihm während des Telefonats mit dem Ermittler nicht aufgefallen.

Herzfeld folgte der Duftspur und fand schnell den Ursprung auf dem Boden neben der Couch. Ein zusammengeknüllter dunkler Lappen lag dort auf dem Parkettboden. Mit spitzen Fingern hob er den klammen, nicht wirklich feuchten Stoff auf und roch vorsichtig daran.

»Chloroform ...«, flüsterte er zu sich selbst und sog den Geruch noch tiefer ein, als wollte er sich selbst noch einmal davon überzeugen, dass er sich nicht täuschte.

Herzfelds Blick wurde starr. Er hat sie. *Schneider hat Petra ...*

☠ ☠ ☠

74

14. Januar, 10.48 Uhr
Bundesstraße 76. Rastplatz

Die Spitze der Klinge war durch den schwarzen Stoff des Koffers gestoßen, scheinbar ins Leere, so widerstandslos, wie sie im Inneren verschwunden war. Die Innenverkleidung war unter dem Druck der Klinge mit einem Knall auseinandergesprungen. Doch das Geräusch wurde von den vorbeifahrenden Autos neben dem Rastplatz, auf dem er angehalten hatte, ver-

schluckt. Minutenlang hatte Schneider den Koffer auf der Heckfläche seines Wagens betrachtet.
Er hatte den riesigen Koffer mit der bewusstlosen Frau unsanft aus Herzfelds Wohnung im zweiten Stock des Mehrparteienhauses im Treppenhaus hinter sich hergezogen. Mit jeder einzelnen Stufe hatte er den leblosen Körper der zierlichen Person im Inneren gespürt. Dann hatte er den Koffer zu seinem Auto gezerrt und das Gepäckstück auf die Ladefläche seines schwarzen BMW gewuchtet, die Heckklappe zugeschlagen und war durch die Kieler Innenstadt in Richtung der Bundesstraße gefahren, die nach Kappeln führte.
Eigentlich war es ihm egal, ob die Person, die Herzfeld liebte, starb oder nicht. Die Mutter von Herzfelds Tochter, dem Mann, der ihn für einen Verbrecher hielt – und nicht für den genialen Geist, der er doch war. Eigentlich würde ihr Tod ihm sogar entgegenkommen. Aber jetzt hatte er erst einmal andere Pläne. *Sterben kann ein Mensch immer. Und schnell. Warum nicht noch damit warten,* dachte er, als er das Messer, das er nun bis zum Heft in die Oberseite des Koffers geschoben hatte, hin und her bewegte. Doch im Innern regte sich nichts. Wahrscheinlich hielt die Betäubung noch an.
»Frau Schirmherr, können Sie mich hören? Machen Sie mal einen Mucks«, knurrte er mit einem sadistischen Unterton und versuchte, mit der Spitze des Messers zu ertasten, wo ihr Körper im Inneren des Koffers begann. Doch aus dem Koffer kam kein Laut. Er zog die Klinge wieder heraus. »Frau Schirmherr, keine Angst, wir werden noch etwas mehr Zeit miteinander verbringen. Deshalb gebe ich Ihnen auch etwas Luft zum Atmen …«
Das Messer, das er stets im Handschuhfach seines Wagens mit sich führte, war ein Organmesser, das er früher bei Obduktionen verwendet hatte. In der silbernen, knapp zwanzig Zentimeter langen Klinge spiegelte sich Schneiders Gesicht, seine weißblonden Haare. Dann stach Schneider wieder zu, um ein zweites Luftloch in den Koffer zu bohren. Wieder gab das un-

ter Spannung stehende Innenfutter des Koffers krachend nach, als die Spitze des Messers hineinfuhr. Schneider zog es ein zweites Mal heraus und besah sich ruhig die Klinge, an deren Außenseite sich jetzt ein feiner, hauchdünner Blutfilm zeigte. Anschließend steckte er seinen langen, dünnen Zeigefinger der rechten Hand durch die zerfetzte Öffnung und versuchte, das Loch etwas zu weiten, was ihm jedoch nicht gelang.

Noch immer kein Laut.

»Ich habe Sie wohl erwischt? Das würde mir leidtun. Ich will niemanden quälen. Das überlasse ich den kranken Kriminellen dieser Welt.«

Dann hörte er ein schwaches Stöhnen. Leise und gedämpft, als jammere ein Katzenbaby in einem geschlossenen Schuhkarton. Sein Gepäck war wach.

»Na also, da sind Sie ja – wunderbar. Keine Sorge, das böse Messer kommt nicht noch mal. Atmen Sie mal durch. Wir sind noch eine Zeit lang unterwegs. Ich werde gleich nochmals Ihren Mann kontaktieren. Ach nein, er ist ja gar nicht Ihr Mann. Ihr Verlobter. Eine Hochzeit sehe ich da allerdings nicht mehr kommen. Aber zum Trost für Sie: Gemeinsam stirbt es sich immer besser.« Mit diesen Worten schlug Schneider eilig die Heckklappe seines schwarzen BMW zu, ging um den Wagen herum und setzte sich hinter das Steuer. Er schaltete das Radio ein und sah nach draußen. Am Himmel zogen pechschwarze Wolken auf, und es blies ein heftiger Wind. Er würde jetzt weiterfahren müssen, wenn er nicht in den aufkommenden Schneesturm geraten wollte. Außerdem wartete Margret schließlich auf ihn. Auch für sie hatte er sich eine Überraschung ausgedacht.

☠ ☠ ☠

75

14. Januar, 10.50 Uhr
Kiel. Wohnung Paul Herzfeld

Herzfeld versuchte, seinen Verstand in den analytischen, kriminalistischen Modus zu zwingen. Doch es wollte ihm nicht gelingen, als sei dieser Bereich seines Gehirns gerade nicht angedockt an den Rest der Schaltzentrale. Wenn Schneider Petra wirklich in seiner Gewalt hatte, konnte das nur bedeuten, dass seine schlimmsten Vermutungen grausame Realität waren.
Nervös durchschritt Herzfeld die Wohnung wie ein Tiger, der wusste, dass es einen Weg aus seinem Käfig gab – er ihn jedoch erst noch finden musste. Er war machtlos. Hilflos. Herzfeld setzte sich langsam aufs Sofa. Er blickte auf sein Handy. Nichts. Dies war nun nicht mehr nur irgendein Fall. Er selbst war jetzt Teil eines großen, perfiden Spiels geworden. Er starrte auf den dunklen Lappen, den er neben der Couch gefunden hatte. Der Duft des Chloroforms verflog inzwischen immer mehr, und die Frau, die er liebte, war sehr wahrscheinlich in größter Gefahr. Herzfeld strich sich mit der Hand über das Kinn, auf dem sich inzwischen widerspenstige Bartstoppeln gebildet hatten. Er hatte sich seit zwei Tagen nicht rasiert. Plötzlich kam ihm ein Gedanke. Er ergriff den Lappen mit spitzen Fingern und sprintete in die Küche. Nach kurzem Suchen in Petras Küchenschränken fand er, wonach er gesucht hatte. Ein sauber ausgespültes Marmeladenglas. Er öffnete den metallenen Deckel und stopfte den Lappen in das Glas, um gleich darauf den Deckel sorgfältig zu verschließen. *Chloroform ist hochgradig flüchtig. Wenn Uhlemann überhaupt eine Chance haben soll, die Substanz nachzuweisen, muss ich verhindern, dass sich das Chloroform verflüchtigt und ich am Ende mit leeren Händen dastehe.*
Mit dem Glas in der Hand kehrte er ins Wohnzimmer zurück und ließ sich wieder auf das Sofa sinken, das Glas mit dem Lap-

pen stellte er neben sich auf der Sitzfläche ab, sein Handy platzierte er auf seinem rechten Oberschenkel und starrte das Gerät an. Doch es klingelte nicht. Und die Minuten verstrichen. Es würde wahrscheinlich noch mindestens eine halbe Stunde dauern, bis Tomforde eintraf.
In der Wohnung war es still, lediglich die Heizung gab ein paar gleichgültige Knacklaute von sich, als das Metall der Rohre arbeitete, um die Wärme in den Räumen zu verteilen.
Herzfeld schloss die Augen. Er war zwar hellwach, aber so, glaubte er, könne er die Geschehnisse besser und konzentrierter sortieren. Doch wo sollte er anfangen? In seinem Kopf flogen die Fragmente, eine obskure Aneinanderreihung von Szenen, lose umher. Die zerstückelte Prostituierte, die Leiche des Flügelmachers, Hansen in seinem Blut, das Heizungsrohr, an dem das Leben von Gerwin Schalck ein Ende fand. Doch am Ende drehte sich der Gedankenstrudel immer nur um Petra.
Dann, plötzlich, hörte Herzfeld ein Brummen.
Direkt unter ihm. Unter der Couch.
Herzfeld kniete sich vor das Sofa, drehte den Oberkörper schräg ein und streckte seinen rechten Arm aus. Das Handy, das er gleich an der rosa Schutzhülle erkannt hatte, vibrierte auf der dünnen Staubschicht des Fußbodens unter der Couch. Petras Telefon! Mit den Fingerspitzen erreichte er das Gerät, stupste es an, bis er eine Ecke zu fassen bekam, zog es hervor und nahm, noch auf Knien hockend, den Anruf an. »Hallo …«
Die vertraute Stimme am anderen Ende der Leitung klang fröhlich, jedoch leicht irritiert. »Papa? Was machst du mit Mamas Telefon?«
Herzfelds Magen krampfte sich zusammen, als hätte ihm jemand einen Fausthieb verpasst. Er antwortete nur zögerlich, hustete mehrmals nervös, um wenigstens ein paar Sekunden Zeit zum Nachdenken zu gewinnen. Dann schlugen seine Stimmbänder endlich an. Unsicher und zögerlich. »Hannah, Maus! Wie schön …«, mehr wollte ihm gerade nicht einfallen.

Doch seiner aufgeweckten Tochter dafür umso mehr. »Papa, Oma macht jetzt den Milchreis. Das wollte ich Mama sagen.«
Dann hörte er die Stimme seiner Schwiegermutter, wahrscheinlich stand sie gerade mit Hannah in der Küche, doch er verstand nicht, was sie sagte. »Geht ... geht's euch gut?«
Hannah schien nachzudenken, ob es irgendetwas gab, was sie bei ihren Großeltern zu beanstanden hatte. »Ja«, sagte die Fünfjährige schließlich und dachte noch einmal nach. »Ist Mama da? Wir machen Milchreis ...«
Herzfeld schluckte. »Die Mama ist gerade nicht da. Aber ich sage es ihr. Sie kommt gleich wieder, sie muss was erledigen.«
Hannah schien das nicht zu genügen.
»Wo ist sie denn?«, fragte sie skeptisch.
Herzfelds Augen schossen von links nach rechts.
»Sie ist kurz weggegangen. Du hör mal, Maus, ich hole sie jetzt ab. Sag Omi und Opi einen schönen Gruß. Wir sehen uns ja morgen Abend alle wieder. Da freue ich mich schon ...«
»Ich freue mich auch. Jetzt machen wir gleich noch Apfelmus drauf. Tschüss, Papa.« Herzfeld war erleichtert. Der Milchreis hatte seine Tochter wieder gefesselt, und sie stellte keine weiteren Fragen mehr.
Herzfeld verabschiedete sich von ihr und legte Petras Handy auf dem Couchtisch ab. Dann ließ er sich rücklings auf das Sofa fallen und atmete die gesamte Luft aus seinen Lungen aus. Dann griff er nach seinem Telefon, dachte kurz nach und suchte die Nummer in seinen Kontakten.
Tattoli ging sofort ran.
Herzfeld spürte, wie er leicht zitterte, als er das Telefon an sein Ohr presste. Lucia Tattolis Stimme klang leicht verwundert, an einem Samstagvormittag einen Anruf von ihm zu bekommen.
»Dottore, was ist passiert?«, fragte die Italienerin irritiert. Ihr schien sofort klar zu sein, dass Herzfelds Anruf einen triftigen Grund haben musste.
»Ich habe ein Problem, und Sie können nichts tun, aber ich brauche jetzt Ihren Rückhalt«, sagte Herzfeld ernst, während

er spürte, wie sich alle Muskeln seines Körpers zu verhärten schienen.
Tattoli war elektrisiert. »Was ist geschehen?«
»Ich habe Schneider in die Enge getrieben. Er würde sonst mit alldem durchkommen. Ich bin überzeugt davon, dass er es war, den Sie in Eckernförde in seinem Wagen gesehen haben. Ich glaube, dass er jetzt die letzte Grenze überschritten hat.«
Tattoli schwieg, um Herzfeld zu signalisieren, dass er weitersprechen sollte.
»Ich war mit ihm verabredet. Heute Morgen. Um 10 Uhr. Im Institut. Aber er ist nicht gekommen. Es war eine Falle, um mich von zu Hause wegzulocken. Schneider ... Ich glaube, er hat Petra, meine Verlobte, entführt!«
»Sagen Sie das bitte noch mal, ich bin mir nicht sicher, ob ich Sie richtig verstanden habe.«
»Ich habe ihm angekündigt, dass ich mit ihm sprechen will. Über Gerwin Schalck, über Hansen, doch er ist nicht aufgetaucht im Institut. Stattdessen muss er die Zeit genutzt haben, Petra bei uns daheim abzupassen, nachdem ich die Wohnung verlassen hatte. Es kann nur so gewesen sein. Ich weiß nicht, wie er es gemacht hat, aber sie ist nicht mehr hier. Sie ist nicht bei uns zu Hause. Ich habe gerade ihr Handy gefunden. Und einen Lappen. Mit Chloroform ...«
Tattoli seufzte, als wäre ihr die gesamte Kraft aus dem Körper gelassen worden, wie die Luft aus einem Ballon. »Ich fasse es nicht. Die Polizei muss sofort kommen ...«
»Tomforde weiß schon Bescheid. Er ist unterwegs zu mir. Aber ich möchte, dass Sie im Bilde sind.«
»Was soll ich tun?«, fragte Tattoli mit einem Tonfall, der deutlich machte, dass sie zu allem bereit war. Zu wirklich allem.
Herzfeld rieb sich mit dem linken Handballen über die Schläfe, als könne er so seine Gedanken ankurbeln. »Nichts. Ich muss nur die Gewissheit haben, dass noch jemand anderes außer der Polizei informiert ist. Mehr kann ich nicht sagen, weil ich nicht mehr weiß.«

»Soll ich zu Ihnen kommen?«

»Nein. Auf keinen Fall. Ich weiß nicht, wie das hier ausgeht ... Ich werde mich wieder bei Ihnen melden. Mehr kann ich nicht tun ... Mehr können wir nicht tun.« Herzfeld versuchte, die Wut niederzukämpfen, die plötzlich in ihm aufstieg. Eine verzweifelte Wut. »Ich werde mich bei Ihnen melden, sobald ich mehr weiß«, wiederholte er. »Ich hoffe, Tomforde überzeugen zu können. Alle anderen, wie etwa Professor Schwan, werden mir nicht glauben. Mir ist auch nicht klar, wohin das führen wird. Aber es wird nichts Gutes sein.« Herzfeld drohte ohnmächtig zu werden, während er sprach. Die Worte, die eben seinen Mund verlassen hatten, führten ihm seine absolute Machtlosigkeit vor Augen, die jegliche Energie seines Körpers aufzufressen schien.

»Ich werde erreichbar bleiben, bis ich von Ihnen höre«, sagte Tattoli verständnisvoll. Ihr Tonfall klang entschlossen. Verlässlich.

Herzfeld spürte die Erleichterung, nun eine weitere Verbündete zu haben. Er beendete das Telefonat und beugte sich nach vorn, stützte die Ellenbogen auf die Knie.

Im Moment blieb ihm nichts weiter übrig, als zu warten, bis Tomforde eintraf.

76

14. Januar, 10.58 Uhr
In der Dunkelheit

Die Schmerzen in ihrem Körper waren zu einem kontinuierlichen Rauschen geworden. Sie spürte, wie ihr eine warme Flüssigkeit ganz langsam vom Nacken, an ihrem Hals herum bis auf die Vorderseite des Halses lief. *Er hat mich mit dem Messer verletzt. Aber ich lebe,* versuchte Petra zusammenhän-

gend zu denken. Immer wieder der Satz: *Ich lebe.* Und immer wieder die Frage: *Werde ich meine Tochter wiedersehen?*
Sie hatte den Satz in den vergangenen Minuten in der eingepferchten Dunkelheit immer wieder wiederholt, wie ein Mantra, das ihren Organismus aufrechterhielt. Die Luftlöcher, die er mit dem Messer in den Stoff des Koffers gestoßen hatte, halfen ihr. Die wenigen Kubikzentimeter Sauerstoff mehr, ließen ihr Gehirn weiterarbeiten. *Warum? Warum geschieht dies alles? Wo ist Paul?* Die wenigen Versatzstücke an Informationen, die sie hatte, verketteten sich nur mühsam. *Der leere Koffer, den Schneider mit in die Wohnung gebracht hatte. Ich bin der Inhalt. Sein Gepäck.*
Was er gesagt hatte, die Andeutungen. *»Außerdem habe ich heute Abend wahrscheinlich noch mindestens eine weitere Leiche …«* Die Luftlöcher, die er in den Koffer gestochen hatte. *Er will mich nicht töten. Noch nicht. Er weiß, was er tun muss, um mich am Leben zu halten. Er will nicht mich. Er will Paul …*
Der Gedanke, Paul nicht warnen zu können, dass Paul sehr wahrscheinlich noch gar nichts von ihrer Notlage oder der Gefahr, in der er selbst schwebte, wusste, ließ Petra erschaudern. Sie versuchte, ihre Schultern breit zu machen, ihre Schulterblätter in Richtung ihrer Wirbelsäule zu drücken, um so der Spannung, die ihren ganzen Körper wie ein eisernes Korsett zusammendrückte, entgegenzuwirken. Doch die Schmerzwellen, die aufkamen, als sie mit ihren Schultergelenken an die Innenwände des Koffers stieß, durchzuckten sofort ihren Körper wie Peitschenhiebe. Sie wollte ihre Stimme aktivieren. Irgendwie. Doch es war nur ein klägliches Wimmern, das ihre Kehle verließ, von irgendwo weit unten.
Dann hörte sie die Stimme ihres Entführers. Doch sie verstand nicht, was er sagte. Dann bewegte sich etwas in der Öffnung, die er mit einer Klinge in die Hülle des Koffers gebohrt hatte. *Wieder das Messer?* Petra schloss die Augen.
Doch es kam keine Klinge. Stattdessen drückte Schneider irgendetwas durch die Öffnung hindurch. Der Geruch! Da war

er wieder. Petra wurde erst schlecht und dann panisch, unfähig, sich zu bewegen, unfähig, zu entkommen. Schon wieder dieser unangenehme chemische Geruch! Es wurde etwas ins Innere des Koffers gedrückt. Ein Stück Stoff. Diesmal deutlich kleiner als der Lappen vorhin. Aber auch chemisch getränkt.
Petras Augen schlossen sich flackernd.

☠ ☠ ☠

77

14. Januar, 11.20 Uhr
Kiel. Wohnung Paul Herzfeld

Herzfeld hatte die letzten Minuten regungslos in seiner vornübergebeugten Sitzhaltung auf der Couch verharrt. Er hatte keinen Ansatzpunkt, wo er nach Petra suchen sollte. Schneiders Wohnung? Wohl kaum. Das Institut? Ausgeschlossen.
Er hatte die beiden Wassergläser, die noch im Wohnzimmer standen, nicht angerührt. Es würde keinen Zweifel geben. An einem würden sich die Fingerabdrücke von Petra finden, an dem anderen vielleicht die von Volker Schneider. Vielleicht. Doch dafür wäre er eigentlich zu kalkuliert, kriminalistisch zu bewandert, um so eine Spur zu hinterlassen.
Es klingelte an der Tür.
Herzfeld sprang auf, lief in den Flur und öffnete. Irgendwie hatte es Tomforde bereits durch die Hauseingangstür im Erdgeschoss geschafft. Nun stand er vor ihm, in der obligatorischen Windjacke, die eigentlich viel zu dünn für die derzeit in Kiel herrschenden Außentemperaturen war, flankiert von zwei uniformierten Streifenbeamten. Tomforde verzichtete auf eine Begrüßung.
»Ist das Ihr Wagen da draußen, mit dem Warnblinklicht?«
Herzfeld nickte. »Kommen Sie rein …«

Tomfordes wuchtige Bikerboots schlugen schwer auf dem Dielenboden auf, während er die Wohnung betrat. Die Beamten, von denen einer ein junger Kerl mit gigantisch breitem Kreuz war, schauten angespannt. Sie wussten scheinbar bereits, dass dies nicht der übliche Einsatz war, den man durchzog, wenn ein Mann seine Frau nicht zu Hause vorgefunden hatte.
»Herzfeld, nur damit wir uns schnell ein möglichst genaues Bild machen können: Bitte noch einmal den zeitlichen Ablauf und die möglichen Spuren«, sagte Tomforde trocken, und Herzfeld erkannte an seinem Blick, dass auch er an der Ernsthaftigkeit und Dramatik der Situation keinen Zweifel mehr hatte. Herzfeld bat die drei Männer, ihm ins Wohnzimmer zu folgen, und schilderte kurz noch einmal den Inhalt des Telefonats mit Schneider vom Vorabend, ihre Verabredung für den heutigen Morgen, sein vergebliches Warten auf Schneider im Institut und seine Rückkehr in die leere Wohnung. Dann zeigte er dem Ermittler den Chloroform-Lappen in dem Marmeladenglas. Er hob den Deckel kurz an, sodass Tomforde eine Geruchsprobe erschnuppern konnte, und verschloss das Glas sofort wieder. Tomforde war sein Erstaunen anzumerken. »In der Tat, das könnte Chloroform sein. Wo genau haben Sie den gefunden?« Herzfeld zeigte neben die Couch. »Genau da, auf dem Parkettboden.«
»Die zerstückelte Tote aus dem Brook ist an einer inhalativen Chloroform-Vergiftung gestorben«, überlegte Tomforde laut. »Das könnte in der Tat eine Verbindung sein, zu wem auch immer. Hansen ist tot … Sind Sie sicher, Doktor, dass Sie diesen Lappen oder einen ähnlichen noch nie hier in Ihrer Wohnung gesehen haben? Ich meine, wir müssen in jede Richtung denken. Kann das ein Putzlappen von Frau Schirmherr sein mit irgendwelchen chemischen Rückständen eines Reinigungsmittels? Das wir möglicherweise als Chloroform missdeuten? Ist das denkbar?«
»Ausgeschlossen«, entgegnete Herzfeld, schüttelte den Kopf und deutete auf die beiden Wassergläser neben der Kaffeetasse

auf dem Couchtisch. »Die standen da noch nicht, als ich die Wohnung heute Morgen gegen 9.30 Uhr verlassen habe.«
Tomforde nickte. »Die sind mir auch schon aufgefallen. Eine klassische Bewirtungssituation könnte man sagen. Gut. Oder auch nicht gut. Sie fassen hier bitte nichts mehr an. Ich werde die Kriminaltechnik anfordern. Sofern wir einen harten Hinweis auf ...«, Tomforde sah zu den beiden Beamten, »... auf einen Verdächtigen haben, sehen wir zu, dass wir über Mobilfunkortung an diese Person rankommen. Doch dafür brauche ich einen Beschluss, und den gibt es nicht ohne den handfesten Verdacht, dass wir es hier mit einer Straftat zu tun haben.« Tomforde machte eine kurze Pause. »Was ist das für ein Handy, etwa das ihrer Verlobten?«, fragte er unvermittelt. Der Ermittler war inzwischen ganz in seinem Element und scannte jedes Detail in der Wohnung regelrecht ab, auf der Suche nach irgendetwas, das noch einen Hinweis auf das Geschehene liefern könnte.
Herzfeld nickte. Der Ermittler fischte ein Paar Plastikhandschuhe aus einer der Taschen seiner Windjacke und ergriff Petras Handy mit der rosafarbenen Schutzhülle. »Code?«
»Kein Code. Sie werden etwa ein Dutzend Anrufe in Abwesenheit von mir innerhalb der letzten Stunde in der Anrufliste finden, sonst nichts«, antwortete Herzfeld.
»Das sehen wir uns gleich noch genauer an ...«, brummte Tomforde. Dann wandte sich der Ermittler vertraulich zu Herzfeld, schirmte dabei die Beamten mit seinem Rücken ab und sprach leise in etwas versöhnlicherem Tonfall. »Haben Sie etwas gehört? Von ihm?«
»Eine SMS. Vor einer Stunde. Dass er sich verspätet.« Herzfeld zeigte Tomforde die SMS, die er von Schneider bekommen hatte, als er noch im Institut gewesen war.
Tomforde knurrte ungehalten und warf ratlos die Stirn in tiefe, sorgenvolle Falten. Wie ein Spürhund, dem die entscheidende Fährte nicht unter die Nase kam. »Das belegt zwar schon mal, was Sie mir über Ihre Verabredung mit Professor Schneider er-

zählt haben, hilft uns im Moment allerdings nicht wirklich weiter. Ich nehme an, Sie haben versucht, ihn zu erreichen?«

»Mindestens zwanzigmal. Immer nur Mailbox. Was ist mit Handyortung?«

»Keine Chance. Wie gesagt, nicht ohne richterlichen Beschluss und schon gar nicht innerhalb der nächsten ein oder zwei Stunden.«

Dann meldete sich der breitschultrige Beamte zu Wort: »Sie wissen, dass wir von Amts wegen bei Vermisstenangelegenheiten, die volljährige Personen betreffen, eigentlich erst nach vierundzwanzig Stunden aktiv werden können, Herr Doktor Herzfeld.«

Tomforde fuhr herum wie ein Wirbelwind. »Das lass mal meine Sorge sein, Junior!«

Herzfeld war erleichtert, dass Tomfordes Einstellung zu Bürokratie auch in dieser Situation eher von einem Nicht-Verhältnis zeugte. Der uniformierte Kraftklotz hob abwehrend die Schultern.

»Herr Herzfeld, Sie schicken mir jetzt bitte ein paar Fotos Ihrer Verlobten auf mein Handy. Die gebe ich gleich weiter, und die gehen dann zügig an alle Dienststellen in Schleswig-Holstein. Fahrzeug und Kennzeichen der Person, die hiermit vielleicht etwas zu tun hat, werden ebenfalls umgehend rausgegeben. Mehr können wir fürs Erste nicht tun. Ich muss jetzt ein paar Telefonate führen, und dann warten wir hier gemeinsam auf unsere Pinsel-Truppe«, grummelte Tomforde. »Ich stecke jetzt bis zum Hals mit Ihnen in diesem Schlamassel. Gnade uns Gott, dass Sie mit Ihren Mutmaßungen und Verdächtigungen richtigliegen. Schneider hat einflussreiche Freunde bei den Ermittlungsbehörden und in der Politik. Wenn das hier alles nur riesiger Unfug ist, gilt, was ich Ihnen gestern Abend schon sagte. Gemeinsames Schiffeanstreichen in Eckernförde.«

Herzfeld hörte kaum noch zu bei den letzten Sätzen. Seine Gedanken waren wieder bei Petra. Er wusste genau, wenn er richtiglag und Schneider Petra entführt hatte, würde es viel zu lange dauern, bis die riesige Ermittlungsmaschinerie erst mal ins Laufen käme und Resultate liefern würde. Bis verwertbare Ergebnisse vorlagen, würde zu viel Zeit vergehen. Zeit, die Petra nicht hatte. Da war er wieder, der Sand, der gnadenlos durch die Sanduhr rann. Jede Minute bekam jetzt ihre eigene Bedeutung, wurde immens wichtig. Denn mit jeder Minute, die verging, stieg auch die Wahrscheinlichkeit, dass diese Sache hier kein gutes Ende nehmen würde. Das wusste er aus seiner eigenen beruflichen Erfahrung. Herzfeld ließ sich auf die Couch fallen.

Doch schon nach wenigen Augenblicken hielt er es im Sitzen nicht mehr aus. Es war, als würden Tausende Angstkäfer über seine Haut krabbeln. Noch nie war die Zeit in seinem Leben so quälend langsam vergangen. Er hatte das Gefühl, dass er der Einzige im Raum war, für den das Geschehen in Zeitlupe ablief. Die anderen dagegen schienen sich in normaler Geschwindigkeit zu bewegen und zu sprechen.

Langsam stand er auf und ging an Tomforde, der abwechselnd in sein Handy sprach und den beiden uniformierten Beamten Instruktionen weitergab, vorbei ins Badezimmer. Er schloss die Tür hinter sich. Im Badezimmer roch es nach dem Mandel-Shampoo, mit dem sich Petra immer die Haare wusch. Herzfeld fühlte sich unendlich müde. *Was ist hier geschehen,* fragte sich Herzfeld und griff nach dem Handtuch neben sich. Er versuchte, jetzt nicht in Panik zu verfallen. Immer wieder, wenn eine Welle der Angst um die Frau, die er liebte, auf ihn brandete, versuchte er, sie mit rationalen Argumenten zurückzuwerfen. *Wir werden sie finden. Ich werde sie finden.* Herzfeld zog sein Handy aus der Tasche. Er starrte auf das Display. Nichts. Keine neuen Nachrichten.

☠ ☠ ☠

78

14. Januar, 11.35 Uhr
Kappeln. Historische Mühle, Wohnhaus Margret Schalck

Margret Schalck ging die breite Innentreppe in ihrem Haus hinauf. Sie hatte sich noch immer nicht angezogen, und der Wirkstoff der Schlaftablette, die sie in den frühen Morgenstunden eingenommen hatte, nachdem sie stundenlang wach gelegen und nicht zur Ruhe gekommen war, zirkulierte noch immer in ihrem Blutkreislauf. Es war ein tiefer, fast schmerzhafter Schlaf für nur wenige Stunden gewesen, und jetzt fühlte sie sich immer noch abgekämpft und wie in dicke Watte gehüllt. Das seidene Nachthemd, in dem sie aufgewacht war, umwehte ihre Beine auf Kniehöhe, während sie die letzten Stufen ins obere Stockwerk nahm.

Im Badezimmer unterzog sie ihr verschlafenes Gesicht und ihre zerzauste Frisur einer kritischen Kontrolle und begann, mit eingeübten Bewegungen ihr Gesicht zu massieren, bevor sie zu ihrer Feuchtigkeitscreme griff. Make-up, Rouge, Lidstrich, ein Hauch von Lidschatten über den kräftig getuschten Wimpern, und sie fühlte sich wenigstens etwas mehr bereit, sich der Welt zu stellen.

Eigentlich wollte sie sich schon lange angezogen haben, doch anstatt ins Schlafzimmer zu gehen, dort, wo ihr großer Kleiderschrank stand, bog sie nach links ab, in das Zimmer, das sie nur noch selten betrat.

In diesen Raum hatte sie alles eingeräumt, was ihr von Gerwin geblieben war. Nun war es ein Gästezimmer, doch tatsächlich war es ein Raum der Erinnerungen. Bereits als sie die Tür öffnete, glaubte sie, den vertrauten Geruch von Gerwin zu riechen.

Am Fenster stand der große, hölzerne Schreibtisch, den sie nach seinem Tod aus seinem Büro im Institut hatte abtransportieren lassen. Ein antikes Stück, das Gerwin seit seiner Studien-

zeit gehegt und gepflegt hatte, ein Erbstück seines Vaters. An der Wand stand ein großer schwerer Bücherschrank mit seinen Lieblingswerken. Dem gegenüber befand sich ein massiver alter Kleiderschrank. Auf dem Schreibtisch standen in silbernen Rahmen zwei Fotos, die sie an die gemeinsame Zeit erinnerten: Gerwin auf der Feier zu seiner Ernennung zum Oberarzt und ein gemeinsames Bild. Sie und er vor vielen Jahren, auf dem Segelboot, das sie sich gemeinsam angeschafft und mit dem sie jeden Winkel der Ostsee erkundet hatten.
Margret Schalck trat an den Schreibtisch und besah sich die Bilder.
Mein Gerwin, in was bin ich hier bloß reingeraten? Warum kannst du denn nicht einfach da sein, dachte sie und strich mit einem Finger über die Bilderrahmen. Doch wenn er schon nicht hier sein konnte, dann musste er wenigstens jetzt auf sie aufpassen.
Gerwin, ich habe Angst. Angst vor ihm. Ich hätte mich niemals mit ihm einlassen dürfen. Ich hätte ihn niemals in mein Leben lassen dürfen. Aber ich war zu dieser Zeit schwach, und es hatte sich damals doch richtig angefühlt.
Doch jetzt fühlte es sich nur noch falsch an. Mehr noch – es machte ihr Angst. Sie öffnete die linke Schublade des schweren Schreibtisches, die sich schabend öffnete. Auf den ersten Blick befand sich in der Schublade ein Haufen Unterlagen, doch Margret Schalck griff zielsicher unter den Stapel Papier, und ihre Hand fand sofort, was sie suchte: den Revolver. Ein Relikt aus Gerwins Zeit als Jäger. Die anderen Waffen hatte sie umgehend nach seinem Tod verkauft. Doch diese hatte sie behalten. Gerwin hatte ihr gegenüber nie ein Geheimnis daraus gemacht, dass sie von einem Jagdfreund stammte, der sie wiederum aus einem Nachlass nicht registrierter Waffen hatte. Der Revolver existierte offiziell nicht, und Margret Schalck hatte auch niemandem gegenüber bisher von seiner Existenz erzählt.
Doch heute, jetzt in diesem Moment, war es gut, dass es ihn gab.

Margret Schalck wog die Waffe in der Hand. Sie hatte sie nach Gerwins Tod aufgehoben, falls irgendwann der Moment kommen würde, in dem die Einsamkeit unerträglich wurde. Oder die Trauer so groß, dass sie sie mit einer Bewegung ihres Zeigefingers verschwinden lassen wollte. Aber dieser Moment war nie gekommen. Dafür war jetzt ein anderer Moment da, der Moment, in dem der Revolver ihr Schutz geben konnte.
Langsam schob sie die Schublade wieder zu, den Revolver in der anderen Hand, und drehte sich um. Sie verließ das Zimmer mit einem Gefühl, als wäre sie gerade mit wenigen Schritten in der Zeit zurückgereist. Zurück zu Gerwin. Der ihr Mut zugesprochen hatte für das, was nun auf sie zukam.
Sie ging über den weichen Teppich des Flurs in ihr Schlafzimmer und ließ den Revolver dort unter dem Kopfkissen ihres breiten Boxspringbettes verschwinden. Ihre Hände zitterten, fühlten sich unnatürlich schwach an. Doch diese Waffe würde ihr Joker sein.
Falls die Situation aus dem Ruder lief.
Falls er keine Ruhe geben würde.
Oder falls sie doch keinen Ausweg mehr wusste. So konnte sie in jedem Fall nicht weiterleben.

79

14. Januar, 11.38 Uhr
Kiel. Wohnung Paul Herzfeld

Mit ausgestreckten Armen stemmte sich Herzfeld auf das Waschbecken. Die kurze Nacht, der vorherige Abend, die vergangenen Stunden. Herzfeld fühlte sich unendlich müde. Er stellte den Wasserhahn an und hielt seine Handgelenke lange unter den kalten Wasserstrahl, ehe er sich reichlich Wasser mit den Handflächen ins Gesicht spritzte. Er zuckte zusammen, als das Handy in seiner Hosentasche klingelte, und griff nach einem Handtuch, trocknete sich kurz die Hände und drückte auf die Rufannahmetaste.

»Herzfeld …«

Seine feste Stimme. Die Stimme, die Petra immer ganz klar dem Job zuordnete. Am anderen Ende der Leitung war ein leichtes Rauschen zu vernehmen. Für eine Sekunde entstand eine Pause, in der sein Herz erneut einen Schlag auszusetzen schien. Dann sprach der Mann am anderen Ende – tief, ruhig, mit einem süffisanten Unterton.

»Herr Herzfeld, wie schön, dass Sie gleich rangehen …«

Herzfeld schwieg. Als wäre er zu einer Statue geworden, blieb er regungslos im Badezimmer stehen. Er spürte, wie sich seine Hand ohne sein Zutun immer fester um das Telefon krallte.

»Herr Herzfeld? Sie müssen schon sprechen«, begann Volker Schneider zu plaudern, als herrsche völlige Normalität, als würden hier gerade zwei alte Bekannte miteinander telefonieren.

»Ich bin hier, Herr Professor.«

Die Stimme hellte sich etwas auf, klang fast freundlich. »Gut, Sie hatten mich ja um ein Gespräch gebeten, und ich will ja nicht unhöflich sein. Ich denke auch, wir sollten uns unterhalten. Die Vorgänge im Institut machen Ihnen ja Sorgen. Und je mehr *Sie* sich in den vergangenen Tagen gesorgt haben, desto mehr Probleme haben Sie *mir* bereitet, verstehen Sie?«

Herzfeld war sich nicht sicher, was hier gerade geschah. Seine Schlagfertigkeit versagte – vollständig. »Ich bin mir nicht sicher …«

»Aber Herr Herzfeld. Sie sind sich immer sicher. Immer. Und ich spüre, Sie sind es jetzt auch. Sie wissen, was hier gerade zwischen uns passiert. Ist viel bei Ihnen zu Hause los? Ich nehme einmal an, dass Sie Besuch haben. Sind bereits dieser Tomforde und Ihre italienische Assistentin da? Wahrscheinlich auch die üblichen Streifenpolizisten, die ahnungslos herumstehen. Richtig?«, fuhr Schneider fort.

»Ja. Die Polizei ist hier«, sagte Herzfeld und hielt sich bewusst nebulös. »Aber sie hören mich nicht, ich bin im Bad.«
Schneider räusperte sich: »Gut. Dann werden Sie jetzt kein Wort mehr zu irgendwem sagen. Zu niemandem. Nicht jetzt und nicht später. Ihre Verlobte wird es Ihnen danken. Ich habe mich entschlossen, dass ich Sie prüfen werde. Und wenn Sie die Aufgaben bestehen, können Sie das Leben Ihrer Verlobten retten, ansonsten wird Sie durch Ihre Besserwisserei sterben. Ich halte das für eine faire Möglichkeit, oder nicht? Zumindest gerechter, als wenn Sie jetzt so weitermachen würden – mir nachjagen, mich anschwärzen, mich als Mörder verleumden.«
Herzfeld sah sein eigenes Spiegelbild und blickte sich selbst in die Augen. Wo er eben noch Verzweiflung und Erschöpfung gesehen hatte, las er nun etwas anderes. Entschlossenheit. Und Wut. »Wie sieht diese Prüfung aus?«
»Es sind mehrere Stufen. Die erste Stufe ist einfach: Sie verlassen das Haus. Mir ist völlig egal, wie Sie das bewerkstelligen. Aber der Mann mit dem Pferdeschwanz und den selbst gedrehten Zigaretten bleibt, wo er ist. Wenn auch nur ein Polizeibeamter von Ihnen in unser beider Spiel involviert wird, werden Sie für den Rest Ihres Lebens mit den Konsequenzen leben müssen.« Schneiders Stimme klang nun noch profaner als zuvor, als wenn sich die beiden Männer zu einem Angelausflug verabreden würden. Gespielt heiter, in freudiger Erwartung, was da kommen würde.
»Wenn Sie ihr …« Herzfelds ganze Wut drohte aus ihm herauszubrechen, doch Schneider unterbrach ihn. »Kollege Herzfeld, bitte ersparen Sie uns beiden einen solchen Wortwechsel. Wir beide kommunizieren auf einem höheren Niveau. Stellen Sie sich bitte vor, wir befinden uns in einem großen Sektionssaal. Der Verstand muss die Gefühle im Griff haben. Apropos Verstand: Es ist sinnlos, mein Handy zu orten. Dies hier ist der letzte Anruf, ich werde es gleich verlieren …«
Herzfeld versuchte, den unbändigen Zorn, der in ihm aufstieg, zu kontrollieren – am liebsten hätte er sein Handy, aus dem die

tiefe, bedrohliche Stimme klang, mit Wucht gegen den Spiegel vor sich geschleudert. Nur um der Wut ein Ventil zu geben. Er schluckte alle Gefühle herunter, die sich wie ein Knoten in seinem Hals stauten, wie ein Stein, der seine Luftröhre versperrte.
»Und was mache ich, wenn ich meine Wohnung verlassen habe?«
»Warten. Am besten Sie setzen sich schon mal ins Auto, fahren ein kleines Stück Richtung Norden und gewinnen so etwas Abstand zu den Ermittlungsbehörden. Sie werden wieder von mir hören. Und nochmals: kein Wort, zu niemandem.«
Mit diesen Worten beendete Schneider das Gespräch, und Herzfeld blieb stumm im Bad zurück. Er fühlte sich auf einmal fürchterlich allein.

☠ ☠ ☠

80

14. Januar, 11.43 Uhr
Kiel. Innenstadt

Die roten Zahlen auf dem Taxameter waren wieder umgesprungen, obwohl der Wagen stand. Der Fahrer, ein älterer Herr in einer abgetragenen braunen Daunenweste über einem grauen Fleecepullover, der sich mit nikotingelben Fingern am Lenkrad festkrallte, hatte aufgegeben zu hinterfragen, was die junge Frau dort auf der Rückbank vorhatte. Dafür roch sie gut. Zumindest deutlich besser als er, den ein beständiger Duft aus Kaffee und filterlosen Zigaretten umgab.
Die junge Frau lehnte sich auf der Rückbank nach vorn, um zwischen den Vordersitzen durch die Frontscheibe hindurchblicken zu können. Durch die immer dicker werdenden Schneeflocken, die an das stumme unscharfe Bild eines Fernsehers ohne Empfang erinnerten, war es schwer, überhaupt etwas

zu erkennen. Vor wenigen Minuten hatte der von Südosten über Schleswig-Holstein hereinbrechende Schneesturm die Kieler Innenstadt erreicht.
»Wann geht's denn hier ungefähr weiter?«, startete der Fahrer noch einen weiteren halbherzigen Versuch, etwas über die Pläne seines Fahrgastes in Erfahrung zu bringen. Doch solange sein Taxameter lief, konnte ihm das eigentlich egal sein. Bei diesem verrückten Wetter war jede Minute, die der Wagen nicht auf der Straße fuhr und trotzdem bezahlt wurde, ein Geschenk. Die junge Frau, er schätzte sie so auf Mitte dreißig, kam neben seiner rechten Schulter hervor.
»Wenn er losfährt, fahren wir hinterher. Wie besprochen. Sein Wagen steht schon da – der Passat mit dem Warnblinklicht. Dem folgen wir. Und bitte nicht zu auffällig – er ... also er hat Geburtstag«, sagte die junge Frau, und ihre Augen trafen sich im Rückspiegel mit denen des Fahrers.
Eine Lüge. Ganz klar. Aber das soll mir recht sein. Wer eine Affäre hat, muss sich nicht wundern, wenn das auffliegt, dachte der Fahrer und schmunzelte innerlich. Für so etwas war er schon lange zu alt. »Wir werden ja scheinbar noch etwas Zeit miteinander verbringen. Darf ich fragen, wie Sie heißen?«, fragte der Fahrer fast schüchtern.
Die junge Frau fixierte ihn kurz im Spiegel, jedoch ohne den Hauseingang, den sie permanent im Auge behielt, aus dem Blick zu verlieren.
»Tattoli. Dottore Lucia Tattoli ...«, antwortete sie beiläufig und starrte wieder konzentriert nach vorn in Richtung des Passats, der immer noch in zweiter Reihe vor dem mehrgeschossigen Altbau stand.

81

14. Januar, 11.45 Uhr
Kappeln. Historische Mühle, Wohnhaus Margret Schalck

Sie spürte die Schwere und Härte der Waffe unter dem Kopfkissen. Margret Schalck hatte sich wegen der immer noch anhaltenden Wirkung der Schlaftablette fast geistesabwesend noch einmal auf ihr Bett sinken lassen. Sie wusste nicht, ob es nur wenige Minuten oder vielleicht sogar eine Stunde gewesen war. Dann raffte sie sich auf, ging an den Kleiderschrank und zog die große, weiß lackierte Schiebetür auf. Sie wollte sich schnell anziehen. Er würde seine Ankündigung natürlich wahrmachen und sie besuchen. Gehört hatte sie allerdings von Volker Schneider seit ihrem Telefonat gestern Abend nichts mehr.

Gerade als sie nach ihrem Wollkleid greifen wollte, hörte sie die Hupe seines Wagens. Er hatte sie dreimal kurz betätigt, wie jedes Mal, wenn er in die Einfahrt zu ihrem Haus einbog. Die Tonabfolge hatte in den vergangenen Jahren ihr Herz jedes Mal etwas schneller schlagen lassen. In Vorfreude gemeinsamer Stunden zusammen mit diesem gebildeten und charmanten Mann, der sie an ihren Gerwin erinnerte. Doch heute war es anders. Ihr Mund wurde trocken, ihre Beine begannen unmerklich zu zittern, als würde der Boden unter ihren Füßen vibrieren. Sie fühlte sich immer noch müde und abgekämpft.

Aber jetzt war er da.

Sie verspürte Angst, regelrecht Todesangst, als sie die drei Schritte zum Fenster auf Zehenspitzen ging und die Gardine vorsichtig zur Seite zog.

Sein klobiger schwarzer SUV parkte in der Einfahrt. Die dichten Schneeflocken, die aus dem immer schwärzer werdenden Himmel fielen, bedeckten bereits vollständig den Lack seines Wagens. Margret Schalck trat von dem Fenster zurück, als sei es glühend heiß. Er war da. Für einen Moment wusste sie nicht, ob sie den Revolver mit ins Untergeschoss nehmen sollte. Dann entschied sie sich jedoch, die Waffe hier oben unter dem Kopfkissen in ihrem Bett zu lassen, und lief eilig die Treppen hinunter.

Als sie die Haustür öffnete, sah sie, wie Volker um seinen Wagen herum zum Kofferraum ging. Sie hörte, wie er die Heckklappe öffnete und nach wenigen Sekunden wieder zuschlug. Dann erschien er wieder neben dem Wagen und entdeckte sie. Sein bis eben noch angespannt wirkendes Gesicht verzog sich zu einem überschwänglichen Lächeln. Er winkte ihr zu.

Der Wind blies unter seinen dicken schwarzen Wintermantel, den er nicht zugeknöpft hatte, und es sah aus, als wären ihm schwarze Schwingen gewachsen.

»Margret, ich bin schon da! Freust du dich? Was soll ich denn im Institut herumsitzen …« Schneider schien keineswegs irritiert zu sein, dass sie um diese Zeit und bei dieser Witterung im dünnen Seidennachthemd die Tür öffnete und unentschlossen die Hand hob, als ob sie seinen Gruß erwidern wollte, ihr dann jedoch die Kraft dazu fehlte. Ihr Arm fühlte sich an, als wäre er mit Gewichten beschwert. Die Schneeflocken drängten in die geöffnete Haustür.

Der Mann vor ihrem Haus war ihr seit dem Brief, den der Hausmeister Hansen an sie geschickt hatte, auf eine unnatürliche Weise von einem Tag auf den anderen fremd geworden. Mehr noch. Er stieß sie ab. Seine Reaktion am Telefon. Seine Worte, seine Andeutungen bezüglich ihres Geisteszustandes, seine versteckten Drohungen. Aber sie hatte ja für eine Versicherung gesorgt.

Sie würde die Waffe benutzen, wenn es nötig war.

Gegen ihn. Oder gegen sich selbst.

82

14. Januar, 11.48 Uhr
Kiel. Wohnung Paul Herzfeld

Herzfeld hatte Mühe, dass seine überschäumende Wut nicht aus ihm herausplatzte. Nach Schneiders Anruf hatte er sich auf den geschlossenen Toilettendeckel gesetzt und nachgedacht. Dann hatte er die Toilettenspülung betätigt und das Badezimmer wieder verlassen. Zurück im Flur, hörte er Tomforde und die Polizisten im Wohnzimmer sprechen. Er beugte sich kurz um die Ecke und sah, dass die drei Männer nah zusammenstanden und anscheinend ihre Aufzeichnungen abglichen. Tomforde blickte auf: »Herr Herzfeld, wo ist Ihre Tochter?«
»Bei meinen Schwiegereltern in Kronshagen, Sandkoppel 126.«
»Danke, wir werden dort einen Streifenwagen vor dem Haus postieren. Nur um sicherzugehen.« Tomforde senkte den Blick wieder auf sein Notizbuch.
Herzfeld sah einen Moment die Männer in seiner Wohnung an und sagte dann laut und vernehmlich: »Ich parke den Wagen mal eben von Straße weg. Fast zwei Stunden in zweiter Reihe kommt nicht so gut …«
Tomforde brummte zustimmend.

83

14. Januar, 11.49 Uhr
Kappeln. Historische Mühle, Wohnhaus Margret Schalck

Es würde heute nicht hell werden. Der Himmel war winterdunkel und wolkenverhangen. Der Schnee fiel bereits seit dem Vormittag. Der angekündigte Schneesturm würde sicher in weniger als einer Stunde Kappeln erreichen.

Es wirkte, als wäre der Himmel zu einem apokalyptischen Zeltdach geworden, unter dem Schneider mit langen Schritten auf den Hauseingang zuschritt. Margret Schalck wurde kalt. Schlagartig verbiss sich die Winterluft in ihrer Haut, der eisige Wind drückte das Nachthemd an ihren Körper. Plötzlich hielt er inne, hob den rechten langen Zeigefinger, als sei ihm gerade ein genialer Einfall gekommen. Er drehte um und ging zurück zum Wagen. Wieder zum Heck, zum Kofferraum.
»Warte noch eine Sekunde. Ich habe etwas mitgebracht ...«, rief er ihr laut zu, und sie hatte das Gefühl, dass in seiner Stimme etwas Bösartiges mitschwang.
Sein langer Lodenmantel war mittlerweile von Schneeflocken bedeckt, unter leichtem Ächzen zog er einen riesigen schwarzen Rollkoffer hinter sich her, der nun eine tiefe Spur in dem Neuschnee hinterließ, der sich inzwischen schon einige Zentimeter hoch auf dem Boden angesammelt hatte.
Volker hatte anscheinend Mühe, das übergroße Gepäckstück an dem Griff hinter sich her durch den Schnee zu ziehen. Zum ersten Mal, soweit sie sich erinnern konnte, löste sich eine der weißblonden Strähnen von seinem Kopf und hing ihm schneenass ins Gesicht. Er versuchte jedoch, weiterhin einen heiteren Eindruck zu machen, lächelte ihr verkrampft zu. Die Kälte auf ihren nackten Beinen und in ihrem Gesicht war inzwischen verflogen und einem Brennen gewichen, das sich anfühlte, als würden die Gefäße ihrer Haut zerspringen.
»Keine Sorge, Liebes. Ich ziehe nicht ein. Es ist nur eine kleine Überraschung – für später. Geh schon einmal rein, du wirst ja ganz kalt. Das dauert hier noch einen kleinen Moment«, sagte Schneider außer Atem und strich sich mit der flachen Hand die widerspenstige Strähne wieder über den Kopf, wo sie schließlich auch unterwürfig liegen blieb. Margret Schalck drehte sich wortlos um. Sie war plötzlich nicht mehr in der Lage, einen klaren Gedanken zu fassen. Seine Stimme, die ihr so lange Zeit Sicherheit gegeben hatte, deren bestimmender und keinen Widerspruch duldender Unterton ihr aber jetzt erst wirklich zum

ersten Mal auffiel, war wie eine Hundeleine, die sie streng führte. Und Margret Schalck gehorchte auch jetzt wieder. Wie sie es immer getan hatte.

Als sie wieder in das Innere ihres Hauses zurückkehrte, war für einen Moment in der Taubheit ihrer Gedanken die Idee aufgeblitzt, dass sie besser einfach die Tür zuschlagen sollte, die Polizei rufen und der Dinge, die dann ihren Lauf nahmen, harren sollte. Aber es gelang ihr nicht. Ihr wurde bewusst, dass sie gar nicht in der Lage war, das von Volker ausgehende Kraftfeld zu durchbrechen.

Barfuß, mit vor Kälte kitzelnden Füßen, ging sie wie eine Schlafwandlerin durch den Flur und betrat das Wohnzimmer, wo sie sich in eine Decke eingewickelt auf die Couch fallen ließ und nervös ihre Hände rieb.

»Ich werde Erwin sagen, dass es dir nicht gut geht. Deine Nerven. Die Psyche.« *Das war, was er gestern Abend am Telefon gesagt hatte. Habe ich vielleicht wirklich überreagiert? Hat Volker recht – habe ich mich von dem Brief von Ernst Hansen im wahrsten Sinne des Wortes verrückt machen lassen?*

Sie begann an sich selbst zu zweifeln. Doch nicht nur an sich selbst. Sie zweifelte auch an der Wirklichkeit. Margret Schalck stellte ihre nackten Füße auf der Sitzfläche des geräumigen Ledersofas ab, zog die Beine an sich heran und starrte vor sich ins Leere in Richtung des erloschenen Kamins.

Sie hörte, wie Volker den schwarzen Rollkoffer die Stufen zum Eingang hinaufwuchtete und ihn dann geräuschvoll im Flur abstellte. Sie hörte ihn kurz fluchen. Es war, als würde er das Gepäckstück ausschimpfen, weil es sich so schwer machte.

Dann war es plötzlich still. Sie wagte nicht, sich umzudrehen. Wenige Sekunden später spürte sie seine kräftigen Hände auf ihren nackten Schultern, hörte seine Stimme.

»Jetzt lass uns reden, Liebes. Es gibt viel zu besprechen.«

84

14. Januar, 11.53 Uhr
Kiel. Innenstadt

Tattoli schoss zwischen den Sitzen hervor. So plötzlich, dass der Taxifahrer schreckhaft zusammenzuckte, als wäre er von dem permanenten Hin und Her der Scheibenwischer hypnotisiert worden und erwachte jetzt aus seiner Trance.

»Da ist er.« Die junge Frau deutete angespannt mit dem rot lackierten Zeigefinger ihrer rechten Hand in die Richtung, in der gerade ein dunkelhaariger Mann aus einem Hauseingang kam und zu dem Passat lief, der bereits die ganze Zeit mit Warnblinklicht in zweiter Reihe auf der Straße gestanden hatte.

»Dann können wir wohl los, oder?«, raunte der Taxifahrer leicht genervt. Die Aussicht, durch das Schneegestöber eine Verfolgungsfahrt zu machen, schien ihm alles andere als verlockend.

»Ja, wir fahren hinterher. Mit Abstand – aber bei diesem Schnee dürfte er ohnehin rein gar nichts im Rückspiegel erkennen.« Tattoli hatte sich jetzt mit beiden Armen an den Vordersitzen abgestützt, wie eine Raubkatze zum Sprung bereit. Sie hatte nicht vor, sich anzuschnallen oder den Wagen vor ihnen auch nur einen Zentimeter aus den Augen zu lassen.

85

14. Januar, 11.55 Uhr
Kappeln. Historische Mühle, Wohnhaus Margret Schalck

Volker Schneider hatte die langen Beine übereinandergeschlagen und sich zurückgelehnt, einen Arm lässig auf der Lehne des Sofas, als sei die Situation die normalste der Welt. Er machte ein besorgtes Gesicht und neigte den Kopf zur Seite, als er

Margret Schalck mit ausdruckslosem Gesicht fixierte, was ihn wie einen kreisenden Raubvogel wirken ließ, der gerade eine wehrlose Maus auf einem Feld ins Visier nahm.

»Liebes, der Kamin ist ja aus, warum hast du denn kein Feuer gemacht? Es ist doch sicher zu kalt für dich …«, begann Schneider zu sprechen und neigte den Kopf auf die andere Seite, versuchte, Verständnis zu heucheln.

Margret Schalck fühlte sich schutzlos. Das dünne Nachthemd, ihre nackten Beine, die inzwischen mit einem leichten Kribbeln wieder warm wurden – sie wünschte, es würde einen Schutzwall geben, der zwischen ihr und Schneider stand. Zaghaft erhob sie ihre Stimme. Fast unhörbar leise.

»Das habe ich wohl vergessen. Wollte es nachher machen. Ich habe heute länger geschlafen. Die Nacht … Hast du mit Erwin gesprochen?«, fragte sie verschüchtert.

Schneider rückte den Kopf gerade und senkte sein Gesicht leicht nach unten, als würde er seine Beute nun noch genauer anvisieren. »Ja, das habe ich. Erwin ist natürlich ungehalten. Sehr ungehalten. Deine Nachricht hat ihn verunsichert. Du weißt doch, wie sensibel er mit der Nachfolge von Schwan umgeht. Ein wichtiger Posten. Mit Prestige. Mit politischer Relevanz …«

Margret Schalck nickte. Ihre Augen wurden glasig. »Volker, es tut mir sehr leid. Vielleicht war das nicht richtig. Ich weiß es doch selbst nicht genau. Dieser Brief. Der Besuch von diesem Herzfeld. Plötzlich war alles wieder da. Diese Gerüchte um deine Person, die auch mir nicht entgangen sind. Vielleicht kann ich damit nicht leben.«

Schneider nahm den Arm von der Lehne der Couch, drückte die Beine durch und erhob sich, schwang sich regelrecht vor Margret Schalck nach oben. Sie musste den Kopf in den Nacken legen, um seinen Blick zu erwidern. Er ließ sie zu sich aufsehen. Intuitiv löste sie sich aus ihrer zusammengekauerten Sitzhaltung, die Füße glitten langsam auf den Boden, ihre Hände stützten sich auf.

»Nicht leben? Liebes, es ist doch ganz einfach: diese kleine Dummheit, diese Gedanken … Wir hätten doch alles besprechen können. Aber nun ist die Angelegenheit weiter fortgeschritten, als es hätte kommen müssen.«
»Volker, es war ein Fehler. Das weiß ich jetzt. Aber du hast so komisch reagiert und …«
Schneider stemmte demonstrativ die Arme in die Hüften, schüttelte den Kopf und sah in Richtung der erloschenen Feuerstelle.
»Margret, ich finde es rührend, dass du das einsiehst. Aber es ist zu spät. Schau, es ist wie mit diesem Kamin hier. Wenn das Feuer einmal aus ist, dann kann man so viel Holz nachlegen, wie man will. Das Feuer bleibt aus. Es entfacht sich nicht wieder von allein. Genauso ist es mit Fehlern. Bestimmte Fehler kann man im Leben nicht wiedergutmachen. Aber ich habe nachgedacht, und mir ist eine Idee gekommen. Aber du musst mir dabei helfen.«
Schneiders Stimme war die ganze Zeit nicht aus seinem freundlichen Tonfall – etwas höher, als er sonst sprach – ausgebrochen. Lediglich seine Augen, die hinter seiner randlosen Brille immer wieder aufblitzten wie lodernde Flammen auf einem Gasherd, verrieten, dass er angespannt war. Er drehte sich von Margret Schalck weg und machte einen Schritt in Richtung der Feuerstelle, wobei er die Asche betrachtete.
Dann rutschte seine Stimme schlagartig in die gewohnte, tiefe Frequenz. Sie wurde hart. Bohrte sich in Margret Schalcks Kopf. Für einen schwachen Moment überlegte sie, wie weit sie käme, wenn sie jetzt, wie sie war, aus dem Haus laufen und barfuß die Straße hinabrennen würde. Vielleicht konnte sie ein vorbeifahrendes Auto anhalten. Wie würde er reagieren? Würde er ihr folgen?
Schneiders Stimme dröhnte durch den Raum.
»Margret, willst du mir denn helfen, die Sache zu bereinigen?«
Die Worte legten sich um sie wie ein Netz. Sie war nicht fähig, sich zu bewegen. Dann erst spürte sie, was es war, was sie um-

klammert hielt, was sie fast bewegungsunfähig machte. Es war pure Angst.
Sie nickte. Eine erste Träne lief ihre linke Wange herunter. Doch Schneider sah es nicht, er blickte weiter starr in die verkohlten Holzreste und die Aschehäufchen vor ihm. »Ich habe gefragt, ob du helfen wirst, die Situation zu bereinigen.«
»Ja …«, flüsterte Margret Schalck, und die Träne fiel auf die Wolldecke, die sie um ihren Körper geschlungen hatte, und verschwand in dem groben Stoff.
Schneider drehte sich ruckartig um, schob seine Brille ein Stück die Nase hinauf und sah sie mit durchdringendem Blick an. Dann griff er mit der linken Hand in seine Hosentasche und holte etwas heraus. In der Handfläche lag eine kleine weiße Tablette. Margret Schalck sah sie an.
Schneider nickte ihr zu. »Na komm …«, sagte er aufmunternd und schob die Hand in Richtung ihres Mundes. »Du bist so durcheinander, die hier wird dir helfen, etwas zur Ruhe zu kommen.«
Margret Schalck sah auf die Hand, die sich in die Richtung ihres Mundes schob. Sie blickte fragend auf.
»Diazepam«, erklärte er beflissen. »Das nimmt dir etwas den Kummer von der Seele. Das bekommen Patienten vor großen Operationen. Es beruhigt, aber du schläfst nicht ein …«
Margret Schalck schüttelte panisch den Kopf, schloss automatisch ihren Mund.
Schneider tadelte sie mit erhobenem Zeigefinger. »Aber Liebes, du wirst dich doch nicht dagegen wehren?« Mit einem blitzschnellen, gekonnten Griff, der Margret Schalck keinerlei Zeit ließ zu reagieren, öffnete er ihren Mund, indem er wie mit einer Zange, beidseits mit Daumen und Zeigefinger seiner rechten Hand, Druck auf ihre Kiefergelenke ausübte und die Tablette mit der anderen Hand auf ihre Zunge legte.
Sofort spürte sie, wie die Tablette wie nasser Sand auf ihrer Zunge zerging, und ein bitterer, unangenehmer Geschmack machte sich in ihrem Mund breit.

»Gut gemacht. Jetzt warte hier. Ich muss nur kurz etwas holen. Ich habe etwas mitgebracht …«

Margret Schalck starrte ihn entsetzt an.

Schneiders Augen funkelten sie an, und er erhob sich. »Etwas, das deinen Fehler korrigiert.«

Dann verließ er das Wohnzimmer, ging in Richtung der Haustür und zerrte den Koffer am Teleskopgriff durch den Flur. Währenddessen versuchte sich Margret Schalck den letzten Rest des Medikaments von der Zunge zu kratzen, doch die Tablette in ihrem Mund hatte sich bereits aufgelöst. Sie hörte, wie die quietschenden Rollen des Koffers schwer über den Fliesenboden drehten.

Als Schneider wieder vor ihr erschien, glänzte seine Stirn. Er stellte den Koffer ab, nahm seine Hand weg, doch bevor er den Teleskopgriff einfahren konnte, fiel der Koffer um und schlug mit einem dumpfen Geräusch auf dem Fußboden auf. Margret Schalck sprang erschrocken auf.

»Was ist das?«, stieß sie schrill aus. Schneider wischte sich mit dem Handrücken kurz über die Stirn.

»Mein Gepäck, das siehst du doch.«

Schneider ging um den großen schwarzen Klotz herum und besah ihn sich von allen Seiten. »Setz dich bitte wieder. Ich will dir etwas zeigen.« Wie hypnotisiert ließ sie sich auf ihren Platz sinken, Schneiders Blick drückte sie förmlich zurück, ließ ihre Muskeln schwach werden.

Schneider legte seinen ausgestreckten Zeigefinger an die Lippen. »Jetzt ganz leise sein …«, flüsterte er, führte den Finger von den Lippen weg und deutete auf den Koffer, auf eine Stelle, die Margret Schalck zuvor nicht aufgefallen war. Auf der Oberseite befanden sich zwei Löcher, nicht einmal drei Zentimeter im Durchmesser, mit rissigen Rändern. Dünne Nylonfäden des festen Stoffes hingen an den Seiten heraus. Margret Schalck wagte nicht zu atmen und ließ die Luft ganz vorsichtig aus ihren Nasenlöchern strömen, um bloß kein Geräusch zu verursachen. Ihr Herz schlug so laut, dass sie glaubte, der Ton würde

den Raum wie eine Trommel erfüllen, auch wenn sie keine Ahnung hatte, was sie jetzt gleich erwarten würde.
Schneider griff neben sich und umfasste einen der Schürhaken, die in einem Ständer neben dem Kamin hingen. Er wiegte das Metall in der Hand, als wolle er das Gewicht prüfen, und visierte dann eines der Löcher im Koffer an. Langsam schob er die rußverschmierte Spitze des Eisenstabes in eines der Löcher. Mit einer drehenden Bewegung begann er den Schürhaken immer tiefer hineinzubohren.
Margret Schalck zuckte, und ein Kribbeln lief ihr den Rücken hinunter. Dann hörte sie es. Einen gedämpften, fast wehmütigen Ton. Wie ein Hundewelpe, der unter einem Leinensack erstickt wird. Ein Winseln. Ein Wimmern.
Margret Schalck riss ihre Augen auf, ihre Pupillen wurden immer weiter, immer größer.
»Schau hin …«, flüsterte Schneider, und ein verächtliches Lächeln umspielte seine Mundwinkel, während er langsam den Schürhaken wieder herauszog.
Die Ränder der Löcher im Koffer bewegten sich. Die Fäden, die wie schwarzer Safran vor den Risskanten hingen, bewegten sich! Etwas schob sich hindurch.
Margret Schalck wurde schwindelig.
Aus dem Koffer drangen zaghaft zwei dünne Finger nach draußen. Blutverschmiert. Sie zitterten.
Margret Schalck stieß einen spitzen, fast unmenschlichen Schrei aus.
In dem Koffer war ein Mensch. Den Fingernägeln nach zu urteilen, eine Frau. Margret Schalck schnürte es die Kehle zu, ihr Mund wurde trocken.
Er ist vollständig wahnsinnig geworden. Ich muss hier weg, dachte sie und rutschte nervös hin und her. *Wie komme ich hier weg?*
Die blutigen Finger, die jetzt wie dicke Würmer aus dem Koffer ragten, bewegten sich, als würden sie nach Halt suchen. Das Wimmern aus dem Inneren schwoll weiter an, verstummte

dann aber abrupt. Dann zogen sich die Finger langsam, mit einem kaum hörbaren, schabenden Geräusch wieder zurück. Schneider wartete, bis das grausame Schauspiel vorüber war, und sah Margret Schalck triumphierend an. »Siehst du, Margret, ich habe mir etwas einfallen lassen. Und das sollte dich motivieren, dass wir beide nun gemeinsam das Problem, das du verursacht hast, lösen und die Situation wieder bereinigen.«
Unkontrolliert und zunächst von ihr unbemerkt begannen Tränen aus Margret Schalcks Augen zu laufen. Dass sie weinte, wurde ihr erst bewusst, als eine Träne auf den Rücken ihrer Hand gefallen war, die sie auf der Wolldecke um ihren Körper abgelegt hatte. Ihr Gehirn hatte, noch bevor es diese Erkenntnis in ihre Körperperipherie meldete, begriffen, dass es jetzt um ihr Leben ging. Dass der Mann dort vor ihr wirklich das Monster war, über das die Menschen im Institut hinter vorgehaltener Hand sprachen. Schneider ging auf Margret Schalck zu. Sie musste ihn auf Distanz halten. Irgendwie. Sie flüsterte: »Was soll ich tun …?«
Schneider streckte den Rücken durch, als ob er gerade aufgestanden sei, und kommandierte los: »Du holst jetzt sofort dein Laptop und öffnest dein E-Mail-Programm. Ich werde diktieren, du schreibst. Dann sehen wir weiter. Nach deiner hirnverbrannten Nachricht an Erwin werde ich jetzt die Kontrolle übernehmen müssen. Wo ist das Laptop?«
»Oben. Es ist oben …«
»Dann hol es jetzt – ich muss hier noch etwas vorbereiten. Ach ja – und dein Telefon nehme ich an mich, und dein Handy gibst du mir besser auch. Wo ist es?«
Margret Schalck deutete mit einer Kopfbewegung zu dem großen Esstisch, auf dem neben einem Stapel Unterlagen und Aktenordnern ihr Handy und das schnurlose Festnetztelefon lagen. Ansonsten blieb sie regungslos sitzen. Ihr Körper machte nicht mehr mit, er gehorchte ihr nicht mehr. Schneider schaute sie verwundert an, während er aus seiner Hosentasche hellblaue Plastikhandschuhe zog und sie sich überstreifte.

»Margret? Du hast es bald geschafft«, säuselte er, nahm sich die Telefone und steckte sie in seine Hosentaschen, dann schlug seine Stimme wieder um, diesmal in ein Brüllen. »Und jetzt LOS!«
Margret Schalck stand auf und ging um die geräumige Couch herum. »Es ist oben, Volker. Im Schlafzimmer. Ich gehe hoch … Bitte …«, stammelte sie.
Schneider nickte. »Gut, beeil dich.«
Margret Schalcks nackte Füße klatschten über den Holzboden, als sie durch das Wohnzimmer ging. Bildete sie es sich nur ein oder waren ihre Bewegungen schwerfällig geworden?
Egal. Endlich – Raum zwischen ihm und ihr. Ihre Beine fühlten sich fast zu schwer an, um die Treppenstufen zu nehmen. Als würde sie einen hohen Berg hinaufhetzen, kam sie schon nach wenigen Schritten außer Atem. Ihre Nase lief, sie wischte mit dem Handrücken darüber. Sollte sie fliehen? Einen Sprung aus dem ersten Stock, aus dem Schlafzimmer, dort wo ihr Laptop auf einem der Nachtschränkchen lag, würde sie sicher überleben. *Aber was, wenn der Sprung nicht gut ausgeht? Mit geprellten oder gebrochenen Sprunggelenken kann ich nicht weglaufen,* dachte Margret Schalck, als sie das Schlafzimmer betrat. Sie hatte am Morgen noch mit den Frauen aus dem Regatta-Klub gemailt. Hatte so getan, als wäre alles in Ordnung. *Zum Kaffeetrinken werde ich es leider heute nicht schaffen. Ja, eine Verabredung …*
Sie griff nach dem Laptop, das auf der Seite des Bettes, wo Volker so oft übernachtet hatte, auf dem Nachttisch lag, und hob das Gerät an.
Dann fiel es ihr wieder ein. Sie hatte doch vorgesorgt.
Der Revolver. Er lag unter dem Kopfkissen.

Sie hatte den Griff des Revolvers sofort unter dem Kopfkissen ertastet. Jetzt lag er schwer und hart in ihrer Hand. So schwer, dass es Margret Schalck kaum vorstellbar war, dass sie die Waffe nun hochheben konnte.

Was soll ich bloß tun? Runtergehen – und dann? Ihn erschießen? Ihn bedrohen? Was – soll – ich – tun?, dachte Margret Schalck, während sie nach vorn auf das Bett gestützt verharrte. Ihr ganzer Körper zitterte. Ihre Seele zitterte. Dann entschied sie sich. Sie zog ihre Hand unter dem Kissen hervor und betrachtete den Revolver wie einen ihr fremden Körperteil, der ihr plötzlich gewachsen war.
In dem Moment spürte sie den Luftzug hinter sich. Noch ehe der Schürhaken herabsauste, sah sie die Silhouette der großen Gestalt neben sich. Er war ihr gefolgt!
Das kantige Eisen schlug mit einem knallenden, metallischen Geräusch auf den Lauf des Revolvers auf. Der Schreck ließ sie ihre Hand öffnen, und der Revolver fiel fast geräuschlos neben ihr auf den weichen Teppichboden des Schlafzimmers.
Die Kombination aus dem Schreck und ihrer Angst, die sie jetzt noch stärker verspürte, durchschossen Margret Schalck wie ein elektrischer Impuls. Sie schrie so laut, dass es ihr in den Ohren wehtat. Dann hörte sie Volkers Stimme. Nah an ihrem Gesicht. Sein Atem roch feucht und streng, wie der Duft eines verregneten Zedernwaldes.
Seine Stimme klang tief, dröhnend. »Margret, das war keine gute Idee.«
Er bückte sich nach der Waffe, hielt sie mit seiner behandschuhten linken Hand vor sein Gesicht und inspizierte sie interessiert, während sich Margret Schalck wimmernd vornüber auf das Bett fallen ließ.
Schneider schob den Schürhaken, den er immer noch in der rechten Hand hielt, unter Margret Schalcks linke Schulter, als wäre es ihm zuwider, sie mit den Händen zu berühren, und drehte sie mit dem Schürhaken unsanft auf den Rücken. Schlaff ließ sie es geschehen, begleitet von einem kontinuierlichen Schluchzen.
»Du gehörst ins Bett, meine liebe Margret. Das ist ja eine richtige kleine Kriegserklärung, die du mir hier gerade gemacht hast.« Schneider sah sie bösartig an. Er ließ das Schüreisen in

Richtung Boden sinken und griff mit der freien Hand nach dem Laptop.
Margret Schalck krümmte sich auf dem Bett, machte sich so klein, wie es nur ging.
»Margret, du wirst jetzt eine E-Mail schreiben. Danach benutze ich dein Telefon. Und dann …«, Schneider hielt den Revolver an seinem ausgestreckten Arm in Richtung von Margret Schalcks Gesicht, »… dann werde ich entscheiden, wie es mit uns beiden weitergeht.«

☠ ☠ ☠

86

14. Januar, 12.12 Uhr
In der Dunkelheit

Petra merkte, wie die Wirkung des Betäubungsmittels langsam immer mehr abebbte. Ihr rechter Arm war eigentlich schon taub gewesen, weil ein Teil des Oberarmes zwischen ihrem Ober- und Unterkörper eingequetscht gewesen war. Dann hatte sie es aber doch irgendwie geschafft, ihren rechten Arm aus der Umklammerung ihres eigenen Körpers zu befreien, und es war ihr gelungen, ihre schmerzenden Finger durch eine der beiden kleinen Öffnungen zu stecken. Trotz ihrer zusammengekrümmten Position in diesem Gefängnis. Ein letzter Versuch in ihrem Überlebenskampf. Sie hatte nicht genau verstanden, was die Personen, die sich direkt in ihrer Nähe aufzuhalten schienen, gesprochen hatten. Allerdings war Schneiders Stimme klar zu erkennen gewesen. Aber es war noch eine zweite Stimme zu hören gewesen. Eine deutlich leisere und höhere Stimme. Eine Frauenstimme. Petra hatte die Hoffnung gehabt, dass ihr Entführer, der sie immer noch gefangen hielt, sie vielleicht zu jemandem gebracht hatte, der nicht so skrupellos wie

er war. Dieser anderen Person wollte sie ein Zeichen geben. *Ich bin hier! Ich lebe! Hilf mir!*
Sie wollte sich artikulieren. Aber das Sprechen war unmöglich. Ihre Kehle war wie ausgedörrt und brannte. Das Schlucken fiel ihr schwer. Sie hatte keinen Speichel mehr im Mund, und unablässig presste sich ihre Zunge gegen ihren knochentrockenen Gaumen bei dem verzweifelten Versuch, auf sich aufmerksam zu machen. Mit millimeterkleinen Bewegungen versuchte sie, während sie wie ein Paket in sich selbst zusammengequetscht war, ihrem Körper irgendwie Bewegungsspielraum zu verschaffen. Doch es gelang ihr nicht. Sie konnte nicht einmal mehr mit Bestimmtheit sagen, wo oben und wo unten war. Die Dunkelheit um sie herum hatte ihre Sinne zusätzlich betäubt, und die Atemzüge dauerten inzwischen gefühlt fast eine Ewigkeit, kratzten jeden Hauch Sauerstoff mühsam zusammen. Ihr Peiniger war nicht mehr allein. Es war eine Frau bei ihm. Eine Frau, die vielleicht nicht fähig war zuzusehen, wenn ein Mensch getötet wurde. Das gab Petra Hoffnung. Und immer wieder sah sie nur ein Bild vor ihren Augen: ihre kleine Tochter, wie sie heute Morgen am Frühstückstisch mit ihr gesessen hatte.

87

14. Januar, 12.15 Uhr

Kappeln. Historische Mühle, Wohnhaus Margret Schalck

Schneider hatte die Arme auf dem Rücken verschränkt, den Revolver hatte er vor sich auf der großen Fensterbank im Schlafzimmer abgelegt. Er blickte nach draußen, wo nach wie vor dicke Schneeflocken vom Himmel fielen, die durch den starken Wind mittlerweile hektisch durch die Luft wirbelten. Er diktierte, als sei Margret, die schluchzend auf dem großen

Doppelbett saß und deren Augen-Make-up von ihren vielen Tränen bereits in dunklen Schlieren über ihre Wangen lief, nichts anderes als seine Sekretärin, der er …

»Margret, ich möchte, dass du mir jetzt noch einmal vorliest, was du geschrieben hast. Was sich hier ereignet hat«, forderte er barsch, wandte sich vom Fenster weg und betrachtete sie verächtlich. Ihr zitternder Körper lag von der Hüfte abwärts unter der großen Bettdecke, wie unter einem Bleinetz. Der Wirkstoff des Diazepam hatte sich in ihrem Körper festgehakt. Ihre Gedanken waren scharf, doch alles schien von ihr entfernt zu geschehen. Sie fühlte sich wie in Watte gepackt. Ihr Oberkörper war über die Tastatur gebeugt, wobei ihr Nachthemd tiefe Einblicke gab, die Schneider jedoch geflissentlich ignorierte.

Ihre Stimme begann, stockend zu lesen: »Sehr geehrter Herr Oberstaatsanwalt, ich fühle mich von einem Mitarbeiter des Kieler Instituts für Rechtsmedizin bedroht. Sein Name ist Doktor Paul Herzfeld. Ich hatte im Sommer letzten Jahres eine kurze Affäre mit ihm. Seit einigen Wochen versucht er, wiederholt mit mir in Kontakt zu treten. Erst gestern tauchte er, zu meiner Überraschung, hier in meinem Haus in Kappeln auf und berichtete, dass seine Verlobte, eine Frau Petra Schirmherr, von unserer Affäre wüsste. Zudem eröffnete er mir, dass ich ihm helfen solle, die Karriere von Professor Volker Schneider zu beenden. Ich solle öffentlich erklären, dass ich seit Jahren ein intimes Verhältnis mit Volker Schneider, einem langjährigen Arbeitskollegen und Freund meines verstorbenen Mannes, pflegen würde – was allerdings nicht der Fall ist. Vorgenannter Paul Herzfeld gab mir gegenüber gestern auch an, dass er die Akten von der Obduktion meines verstorbenen Mannes …«, Margret Schalck begann erneut, leise zu schluchzen.

»Margret«, unterbrach Schneider sie. »Ich würde ja liebend gern selbst tippen, aber nach deiner kleinen Aktion vorhin kann ich dich nicht mehr aus den Augen lassen.«

Margret Schalck wischte sich über die Augen und verschmierte

das dunkle Make-up immer weiter. »... dass er die Akten von der Obduktion meines verstorbenen Mannes, Doktor Gerwin Schalck, präpariert habe. Auch habe er Spuren im Keller des Instituts gelegt, die auf einen Mord an meinem Ex-Mann hindeuten. Diesen Mord würde er seinem Vorgesetzten Volker Schneider in die Schuhe schieben, wenn ich nicht tue, was er verlangt. Von Herrn Herzfeld erhielt ich gestern einen Brief, zu dessen Niederschrift er den inzwischen verstorbenen Hausmeister des Instituts, Ernst Hansen, gezwungen hatte und mit dem er suggerieren wollte, dass auch Herr Hansen der Auffassung sei, Volker Schneider hätte etwas mit dem Tod meines Ex-Mannes zu tun. Heute, Samstag, 14. Januar, will Herr Herzfeld mich erneut zu Hause aufsuchen. Ich habe große Angst um mein Leben, traue mich aber nicht, die Polizei einzuschalten, da Herr Herzfeld zu allem fähig ist. In meiner Not wende ich mich auf diesem Wege an Sie.«
Margret Schalck blickte auf. Schneider hatte sich inzwischen wieder zum Fenster gedreht und sah in den tiefgrauen Himmel, der immer weiter unaufhörlich Schneeflocken produzierte. »Sehr gut. An dir ist eine tolle Bürokraft verloren gegangen. Aber Arbeiten ist ja leider noch nie deine Stärke gewesen. So, und jetzt noch eine schöne Abschlussformulierung. Schreib weiter ...«
Margret Schalck schluchzte jetzt laut auf, ehe sie das Laptop näher an sich heranzog. Schneider sah sie mit einem durchdringenden Blick an, der keinen Zweifel daran ließ, dass ihm ihre bemitleidenswerte Lage völlig gleichgültig war, und sprach dann langsam weiter. »Ich befürchte, dass Paul Herzfeld mir erneut einen Besuch abstatten wird. Und er wird mich diesmal töten. Sollte es so weit kommen, bitte ich Sie, diese Nachricht in einem Gerichtsverfahren zu verwenden. Mit herzlichen ... Ach, das ist etwas zu nett ... Hochachtungsvoll, Margret Schalck. Hast du das?«
»Ja, Volker ...«, flüsterte sie, und ihre Zunge fühlte sich schwer an. Das Sprechen war ihr mühsam geworden.

»Gut. Ich werde jetzt den Netzwerkstecker vom WLAN wieder einstöpseln, gib mir das Laptop, so, und jetzt: Abschicken!«
Die Nachricht verschwand vom Bildschirm und tauchte sehr wahrscheinlich in der gleichen Sekunde im E-Mail-Postfach des Oberstaatsanwalts in der Kieler Staatsanwaltschaft wieder auf. Ihr war plötzlich übel, sie spürte, wie die Magensäure in ihrer Speiseröhre aufstieg.
»Und jetzt leihe ich mir mal dein Handy. Ich muss diesen Irren, diesen Paul Herzfeld, anrufen.«
Volker Schneider lachte glucksend auf und zog ihr Handy aus seiner Hosentasche.

☠ ☠ ☠

88

14. Januar, 12.20 Uhr
Kiel. Innenstadt

Herzfeld fühlte sich wie in einem Kokon. Er hatte den Passat, nachdem er aus seiner Wohnstraße herausgefahren war, auf die nächste Hauptstraße gelenkt und war fast eine Viertelstunde durch die Kieler Innenstadt gefahren. Nun stand er auf einem großen Parkplatz in der Nähe des Skandinavien Kais, direkt an der Kieler Förde. Hier reihten sich im Sommer die Touristenbusse aneinander. Jetzt war der dunkle Passat das einzige Fahrzeug, das in dem dichten Schneetreiben auf dem einsamen Parkplatz stand.
Herzfeld hatte den Motor abgestellt. Warten. Ob Tomforde bereits bemerkt hatte, dass seine Parkplatzsuche länger, etwas zu lang, dauerte? Sein Passat war bereits vollständig eingeschneit, im Wageninneren wurde es immer dunkler. Herzfeld hatte gleichgültig den Schnee auf die Windschutzscheibe fallen lassen und darauf verzichtet, die Scheibenwischer einzuschal-

ten. Dieses Zur-Untätigkeit-verdammt-Sein machte ihn schier verrückt. Die Stille tat ihm förmlich in den Ohren weh.

Was ist mit Petra? Geht es ihr gut? Es gibt nur eine Erklärung für das alles. Schneider ist wahnsinnig geworden. Oder er war es schon vorher, lässt seinem Wahnsinn aber jetzt erst freien Lauf. Und jetzt reißt er mich und meine Familie in seinen irrsinnigen Strudel, dachte Herzfeld und zog den Reißverschluss seiner Jacke bis nach oben. Das Innere des Wagens kühlte merklich aus.

Sein Handy! Es klingelte!

Eine ihm unbekannte Handynummer war auf dem Display erschienen.

»Herzfeld!«

»Ich grüße Sie. Schneit es bei Ihnen in Kiel auch so heftig wie hier in Kappeln?«

Er ist es. Der Wahnsinnige.

»Herr Schneider ...«

»Ach, auf das ›Professor‹ verzichten wir inzwischen? Soll mir recht sein. Hören Sie, ich denke, Sie ahnen ja jetzt bereits, wo Sie mich finden werden. Die alte Mühle in Kappeln kennen Sie ja schon, wie ich von Frau Schalck erfahren habe.«

»Ja, die kenne ich«, sagte Herzfeld langsam und konnte sich dann nicht mehr zurückhalten. »Was ist mit Petra? Ich will mit ihr sprechen. Sofort!«

»Alles zu seiner Zeit. Sie sind ja wohl gerade nicht in der Position, irgendwelche Forderungen zu stellen. Noch geht es ihr ... sagen wir, es geht ihr den Umständen entsprechend. Und damit das vorerst auch weiter so bleibt – hier sind die Regeln für unser Treffen. Sie werden spätestens um 14 Uhr hier sein. Das sollten Sie trotz der Witterung schaffen, wenn Sie sich etwas Mühe geben. Wenn Sie hier auf den Hof des Mühlengeländes fahren, werden Sie drei Mal hupen. Dann komme ich zur Tür. Wenn wir dieses Telefonat beendet haben, werden Sie Ihr Handy umgehend ausschalten. Ich werde das durch unregelmäßige Anrufe in den nächsten eineinhalb Stunden immer mal wieder

überprüfen. Wenn ich ein Freizeichen höre, stirbt Frau Schirmherr.«
»Du dreckiges …«
»Stopp, werter Kollege! Noch eine Regel: Wir werden weiterhin gesittet miteinander umgehen und, wie unter Medizinern üblich, achtungsvoll miteinander sprechen. Wenn Sie mich angreifen, stirbt Frau Schirmherr. Das gilt auch für den Fall, dass ich einen Polizisten sehe oder auch nur den geringsten Verdacht habe, dass Sie nicht allein kommen.«
»Verstanden, ich bin unterwegs.«
»Fahren Sie vorsichtig. Aber wenn Sie nicht pünktlich hier sind … Na, Sie wissen schon … Und jetzt das Handy aus. Guten Tag, Herr Herzfeld.«
Herzfeld betätigte den Ausschalter seines Mobiltelefons und vergewisserte sich, dass es auch wirklich aus war. Dann drehte er den Zündschlüssel energisch herum, die Räder drehten leicht durch, als er den Passat von dem Parkplatz heruntermanövrierte. In Richtung der Bundesstraße nach Kappeln.

Teil 3

89

14. Januar, 12.22 Uhr
Kappeln. Historische Mühle, Wohnhaus Margret Schalck

Volker setzte sich zu ihr aufs Bett und klappte das Laptop zu. Sie fror in ihrem dünnen schwarzen Seidennachthemd und grub ihre Finger tief in die seidene Bettdecke, die immer noch ihre Beine bedeckte. Ihr angsterfüllter Blick huschte vorsichtig, fast unmerklich zur Fensterbank, auf der die Waffe lag.
Doch Volkers Instinkte schienen dem eines Raubtiers zu gleichen. Er griff mit der linken Hand unter die Decke nach ihren Beinen. Seine Finger krallten sich in ihren rechten Oberschenkel, und er drückte zunächst langsam, dann mit zunehmender Intensität immer heftiger zu.
»Margret, denk bitte nicht mal dran«, sagte er leise und schaute sie dabei beinahe fürsorglich an.
In seinen Augen, die sie durch die Brillengläser taxierten, loderte eine Spur Sarkasmus auf.
»Du wirst den Gang der Dinge nicht mehr beeinflussen können. Du kannst lediglich deine Dummheit wiedergutmachen. Verstehst du? Du bist jetzt ein wichtiger Teil, ein hilfreiches Rädchen, und darauf solltest du stolz sein.«
Margret Schalck entwich ein Wimmern, und sie senkte den Kopf, als würde sie auf ein Fallbeil warten, das von oben auf sie herabsausen würde. Eine weitere Träne tropfte auf die Bettdecke.
»Margret, wir beide haben hier in diesem Bett so viel Schönes erlebt. So viel Nähe. Es ist der perfekte Ort …«, fuhr Schneider in einem fast schwärmerischen Ton fort.
In Margret Schalcks Gehirn war mittlerweile jegliche Ratio ausgeschaltet. Lediglich der instinktive Wille zu leben, zu überleben, beherrschte ihr Denken. Doch die Chemie, die in der kleinen Tablette gewesen war, schien ihren Fluchtreflex zu behindern. Ein letztes Mal nahm sie ihre Kraft zusammen,

krampfte ihren Körper zu einer einzigen Muskelanstrengung zusammen und versuchte, den harten Griff von Schneiders Hand um ihren Oberschenkel loszustrampeln. Dabei bahnte sich ein verzweifelter Schrei seinen Weg aus den Tiefen ihrer Kehle nach oben.

Er reagierte sofort und drückte ihr blitzschnell mit dem Handballen seiner rechten Hand unter die Nase, so stark, dass sie dachte, ihr Nasenbein würde in seine Einzelteile zerbrechen und die Splitter würden sich zwischen ihren Augenbrauen in ihr Schädelinneres bohren. Ihre Augen begannen so heftig zu tränen, dass sie um sich herum nichts mehr erkennen konnte. So plötzlich und unvermittelt, wie Schneider zugedrückt hatte, so abrupt ließ er wieder von ihr ab. Margret Schalck fiel nach hinten auf das Kopfkissen.

»Verdammt, Margret! Jetzt hör sofort auf mit dem Blödsinn. Was glaubst du? Hat sich die Frau dort unten allein in den Koffer gelegt? Hat sich Gerwin vielleicht allein in den Strick gehängt? Ist der Hausmeister, dieser neugierige, besserwisserische Idiot, aus heiterem Himmel ausgeblutet? Ich kann dir wehtun, sehr wehtun. Ich habe das ja studiert, sozusagen von der Pike auf gelernt. Ich will dich nicht unnötig quälen. Aber das liegt allein bei dir. Auf eine Aktion folgt eine Reaktion, das weißt du doch. Hat Gerwin immer im Sektionssaal postuliert.«

Mit diesen Worten sprang er von der Bettkante auf und nahm die Waffe von der Fensterbank und richtete sie auf sie.

»Wirst du mich jetzt töten?«, fragte sie mit brüchiger Stimme und schaute ihn panisch an.

»Warte ab«, antwortete Schneider mit einem Tonfall, in dem sogar ein Anflug von Bedauern mitschwang. »Nur so viel sei verraten: Ich werde dich nicht anrühren …«

90

14. Januar, 13.01 Uhr
Bundesstraße 76 nach Kappeln. Pkw Paul Herzfeld

Der Schnee hatte die Landschaft in eine konturlose weiße Masse verwandelt. In kurzen Abständen stießen immer heftiger werdende Windböen seitlich gegen Herzfelds Passat. Der Verlauf der Bundesstraße war lediglich noch anhand der im Scheinwerferlicht aufleuchtenden Reflektoren rechts und links der Fahrbahn auszumachen. Er trat das Gaspedal immer gerade so weit durch, bis sich die Traktionskontrolle des Wagens mit einem Warnlicht im Armaturenbrett bemerkbar machte. Doch er konnte kaum schneller als sechzig Kilometer pro Stunde fahren, immer wieder rüttelten die vereisten Reifen des Passats unter ihm, als sträubten sie sich gegen die Fahrt.
Die alte Mühle! Ist Margret Schalck vielleicht seine Komplizin?
Der Gedanke an das, was Petra womöglich in diesem Moment gerade erleiden musste, schien ihm fast den Verstand zu rauben.
Wieder presste sich eine Sturmbö gegen den Wagen. Herzfeld dachte an Tomforde. Inzwischen musste der Ermittler längst kapiert haben, dass er nicht die Absicht gehabt hatte, sein Fahrzeug umzuparken.
Herzfelds Puls schlug rasend schnell und klopfte spürbar an der Seite seines Halses. Er wollte, er konnte sich jetzt nicht ausmalen, was wäre, wenn Schneider ihn belogen hatte und Petra nicht mehr am Leben wäre. In einem Ausbruch der schieren Verzweiflung schlug er mit der flachen Hand aufs Lenkrad.
Verdammt. Verdammt. Verdammt.
Kurz hinter Eckernförde, wo Tattoli und er den toten Ernst Hansen gefunden hatten, musste Herzfeld von der Bundesstraße 76 auf die Bundesstraße 203 wechseln. Er hoffte, dass es die Räumfahrzeuge wenigstens bis dorthin schon geschafft hatten. Er durfte nicht zu spät kommen! Doch es schneite unaufhör-

lich weiter, der Himmel verdunkelte sich jetzt zusehends, wurde fast schwarz und sah aus wie nasser Asphalt.

Reiß dich zusammen, du musst einen klaren Kopf behalten. Noch hast du eine Chance. Noch hat Petra eine Chance, sprach er sich selbst Mut zu.

Und tatsächlich, seine Verzweiflung nahm etwas ab. Als ändere sie ihre Farbe, wurde sie vor seinem geistigen Auge zu blutroter Wut.

☠ ☠ ☠

91

14. Januar, 13.06 Uhr
Kappeln. Historische Mühle, Wohnhaus Margret Schalck

Schneider wiegte den Revolver in seiner rechten Hand leicht hin und her wie einen Taktstock. Margret Schalcks Augen folgten jeder auch noch so kleinen Bewegung, die die Waffe vollführte.

»Margret, ich muss mich leider wiederholen, wenn du noch einmal versuchst, mich zu hintergehen, dann werde ich dir als Erstes in die Beine schießen. Du wirst überleben, kannst aber nicht mehr laufen. Aber die Schmerzen ... Dann schieße ich dir durch eine Handfläche. Ich habe einen Notfallkoffer dabei und werde dich lange genug am Leben erhalten können ...« Zwischen den Sätzen huschte immer wieder ein amüsiertes Lächeln über sein Gesicht.

Margret Schalck hatte sich aufgegeben. Sie ließ den Kopf zur Seite fallen, nur um ihren Peiniger, den Mann, dem sie noch vor Kurzem vertraut hatte, den sie als Seelenverwandten gesehen hatte, nicht mehr ansehen zu müssen.

»Gut, der Schlüssel zum Schuppen ist an deinem Schlüsselbund im Flur? Unten am Schlüsselbrett?«

Margret Schalck schaute ihn verständnislos an, dann nickte sie fast unmerklich.

»Fantastisch. Gerwin wäre sicher fasziniert, was du aus der alten Mühle gemacht hast. Technische Finessen hatte er immer gemocht. Und in alten Gebäuden machen sie das Leben durchaus angenehm«, bemerkte Schneider, und ein diabolisches Lächeln umspielte seine Mundwinkel. Dann lehnte er sich an die Wand neben dem Fenster und schwang den Revolver wieder wie einen tödlichen Taktstock.

»Und jetzt nimmst du deine Nagelschere aus dem Nachttisch …«

»Was hast du vor?«, fragte Margret Schalck leise und strich sich über den schmerzenden Oberschenkel.

Er schien sich nicht erklären zu wollen. »Tu's einfach: Nachttisch. Nagelnecessaire. Schere. Sofort!«

Mühsam und benebelt drehte sie sich auf die rechte Seite, griff in die Schublade ihres Nachtschränkchens und zog ihr Nageletui aus schwarzem Leder heraus. Sie öffnete es mit zitternden Händen, zweimal rutschte sie an dem Reißverschluss ab. Dann zog sie die Nagelschere heraus und präsentierte sie Schneider zaghaft.

Schneider nickte wohlwollend, legte den Revolver wieder hinter sich auf der Fensterbank ab und verschränkte die Arme vor der Brust, wobei er sich aber keinen Zentimeter von der Waffe wegbewegte. »Sehr gut …«

»Und nun?«, fragte Margret Schalck, die für einen Moment in ihren nebligen, angsterfüllten Gedanken die Idee zuließ, ob sie sich, einem plötzlichen Instinkt folgend, die kleine Schere in die Pulsadern rammen sollte.

»Jetzt stehst du aus dem Bett auf. Und dann ziehst du die Nachttischlampe aus der Steckdose.«

Automatisch folgte sie seinen Anweisungen, schlug die Bettdecke zurück, rutschte zur Seite, schwang ihre zitternden Beine aus dem Bett und ging zur Steckdose in der Zimmerecke neben der Tür, in der die Nachttischlampe, eine stilvolle Art-déco-

Lampe mit einem Kugelschirm aus Milchglas, eingesteckt war, und zog den Stecker heraus.
Schneider richtete seine Brille, als wolle er noch besser jedes Detail der Erniedrigung, die sich vor ihm abspielte, erkennen können. »Nun, meine Liebe, durchtrennst du mit der Nagelschere das Kabel kurz vor dem Fuß der Lampe …«

☠ ☠ ☠

92

14. Januar, 13.12 Uhr
Bundesstraße 76 nach Kappeln

Das Taxi schien kaum voranzukommen. Tattoli kam es so vor, als hätte sich der Fahrer mit seinem Gesicht wie mit einem Saugnapf an der Windschutzscheibe festgesogen, so weit war er in seinem Sitz nach vorn gerutscht und hing jetzt mit dem Oberkörper regelrecht auf dem Lenkrad.
Die Italienerin hatte sich auf dem Rücksitz zurückgelehnt und versuchte, die Ruhe zu bewahren. Nachdem sie sich mit eigenen Augen davon überzeugt hatte, dass die Rücklichter von Herzfelds Passat regelmäßig in einiger Entfernung in der weißen Winterwand vor dem Taxi auftauchten, hatte sie dem Fahrer zwei Fünfzigeuroscheine nach vorn gereicht, als kleine Motivation. Sie grub ihr Kinn und ihre Mundpartie tief in ihren dicken, grauen Kaschmirschal und nahm ihr Handy aus der Manteltasche. Sie sah auf das Display. Keine neuen Nachrichten.
Herzfeld schien, nachdem er am Skandinavien-Kai einige Minuten auf einem Parkplatz gestanden hatte, eine Information bekommen zu haben, die ihn nun Richtung Norden führte. Konzentriert blickte Tattoli nach draußen. Die Fahrt durch den Schneesturm erschien ihr unwirklich. Alles, was in den

letzten vierundzwanzig Stunden passiert war, schien ihr irgendwie unwirklich.

In was für einem Albtraum bin ich hier eigentlich gelandet? Und Herzfeld erst, was er wohl gerade durchmacht?

Es dauerte nicht lange, bis sie ihren Entschluss gefasst hatte. Sie kramte in ihrer Handtasche und zog ihr Portemonnaie hervor, in dem sie die Visitenkarte aufbewahrte, die Tomforde ihr am Abend zuvor in Hansens Wohnung gegeben hatte, und wählte die Nummer der einzigen Person, die ihr jetzt helfen konnte. Während der Taxifahrer unverständlich vor sich hin schimpfte, hörte Tattoli auf das Freizeichen. Sie zog den Schal etwas von ihrem Mund weg, um besser sprechen zu können. Doch noch tönte das Freizeichen weiter höhnisch durch die Leitung.

Dann nahm Tomforde den Anruf endlich entgegen. Tattoli begrüßte ihn kurz, aber er unterbrach sie sofort.

»Wissen Sie, wo er steckt? Wir stehen hier in Herzfelds Wohnung, seine Verlobte ist verschwunden, und ich bin mir sehr sicher, er macht gerade mal wieder sein ganz eigenes Ding. Sein Handy ist ausgeschaltet. Dieser verdammte Dickkopf!« Der Ermittler schien außer sich vor Wut zu sein.

»Ich weiß, wo er ist«, sagte Tattoli, unbeeindruckt von Tomfordes Wutausbruch.

»Wo?«

Tattoli neigte sich etwas nach vorn, um bessere Sicht auf das Fahrzeug vor ihnen zu haben und um sich zu vergewissern, dass ihre Antwort immer noch zutreffend war. »Er fährt direkt vor mir …«

93

14. Januar, 13.13 Uhr
Kappeln. Historische Mühle, Wohnhaus Margret Schalck

Es war nicht so einfach gewesen, das Stromkabel der Nachttischlampe mit der gummierten Ummantelung und den innen liegenden drei Kupferkabeln mit der feinen Nagelschere zu durchtrennen. Jetzt taten Margret Schalck die Finger weh.
»Tut mir leid, dass ich dir nicht helfen konnte«, Schneider strich sich durchs Haar. »Leg die Kabelspitzen noch etwas frei und lös die Isolierung ab.«
Mühsam kratzte sie mit der Spitze der Nagelschere erneut an der äußeren weißen Gummiummantelung, um danach die drei verschiedenfarbigen Kunststoffisolierungen, die die einzelnen Kabel direkt umgaben, abzulösen, bis die dünnen kupferfarbenen Drähte freilagen. Sie standen wie struppige Haare aus dem Kabel heraus. *Er ist wahnsinnig, was hat er nur vor? Ich muss hier weg. O Gott, die Frau im Koffer, ich, ich …* Sie atmete tief ein. Obwohl sie in Gefahr schien, war es, als hätte sie keinen eigenen Willen mehr.
Volker schien derweil sehr zufrieden zu sein. »Gut gemacht. Jetzt darfst du den Stecker wieder reinstecken …«
Margret Schalck zitterte so sehr, dass ihr Nachthemd den Tremor ihres Körpers sichtbar nach außen transportierte. Sie beugte sich herab und versuchte, den Stecker mit dem etwa zwei Meter langen Stromkabel, das jetzt von der Lampe getrennt war, zurück in die Steckdose zu stecken. Aber auch ihre Arme und Hände gehorchten ihr nicht mehr. Mehrfach verpasste sie die kleinen Löcher in der Steckdose. Endlich rastete der Stecker mit einem Klicklaut ein.
Volker griff hinter sich und nahm den Revolver wieder von der Fensterbank, wobei er die Mündung des Laufes mit einem schleifenden Geräusch einige Zentimeter über die Fensterbank zog, um dann ein paar Schritte auf Margret Schalck zuzugehen.

»So, Margret, nun legst du bitte das Kabelende mit den blanken Drähten neben dem Kopfende auf dem Boden ab«, sagte er in einem hypnotisierenden Tonfall.
Sie folgte der Aufforderung wie eine Marionette, die an seinen Worten festgemacht war. Sie griff nach dem Stromkabel und hielt es dabei für einen kurzen Moment wie eine giftige Schlange möglichst weit von ihrem Körper weg, ehe sie es dann, wie von Schneider befohlen, auf dem Schlafzimmerboden drapierte. »Und jetzt wieder ab mit dir ins Bett unter die Decke.« Auch diesem Kommando folgte Margret Schalck sofort und legte sich wieder kraftlos aufs Bett, nicht zu Widerstand fähig, und zog sich schützend die Bettdecke bis zur Brust hoch.
Schneider ging zu ihr, stieg dabei bedächtig über das lose auf dem dicken Teppichboden liegende abisolierte Kabelende und setzte sich neben sie aufs Bett, den Revolver in der linken Hand.
»Ach Margret, gut, dass du nachts immer so einen Durst hast, das erleichtert uns beiden die Sache ...«, sagte er. »Setz dich auf und trink jetzt erst mal einen Schluck, du siehst aus, als könntest du etwas Flüssigkeit vertragen, so blass, wie du bist. Und so viel, wie du geweint hast ...« Er deutete mit dem Revolver auf die noch zur Hälfte gefüllte Glaskaraffe auf dem Nachttischschränkchen, auf dem die Art-déco-Lampe stand. Er klappte den Deckel der Karaffe mit der freien Hand auf und reichte sie ihr mit jovialer Geste. Margret Schalck, die immer noch am ganzen Körper bebte, umfasste sie mit zittrigen Händen.
»Trink!«, forderte er sie erneut mit einem Nicken auf.
Sie führte die breite Öffnung der Karaffe an ihre ausgetrockneten Lippen. Hastig trank sie einen Schluck. Dann noch einen. Ihr Kehlkopf sprang dabei auf und ab.
»Nicht so viel. Lass noch etwas übrig.« Schneider, der ganz entspannt neben ihr auf der Bettkante saß, drückte sanft die Flasche herab. Ihre Blicke trafen sich – seine Entschlossenheit traf auf ihre ängstlich fragenden Augen. Es schien, als würden Minuten vergehen.

Margret Schalck fühlte sich plötzlich so unendlich müde, ihr Körper sehnte sich nach Ruhe.
»Du musst dich jetzt noch waschen vorm Schlafengehen«, sagte er leise und nahm die Flasche mit seiner rechten Hand an sich, den Revolver locker in seiner linken Hand, die jetzt auf seinem Oberschenkel ruhte.
»Streck die Hände nach vorn aus …«, befahl Schneider, während er sich vom Bett erhob. »Beide. Handflächen nach oben.«
Margret Schalck sah ihn fragend an, während sich ihre Augen erneut mit Tränen füllten. Sie konnte ihre Worte nur noch hauchen. »Volker, was … bitte …«
Dann streckte sie die Arme aus und präsentierte ihm ihre Handflächen. Schneider hielt die Karaffe schräg, sodass das Wasser glucksend herauslief und sich mit einem sanften Plätschern über ihre Handflächen ergoss, von wo es in dünnen Rinnsalen auf die seidene Bettdecke herunterlief. Schneider leerte die Flasche vollständig und warf sie dann auf die freie Seite des breiten Bettes.
»Sitzen bleiben. Es sind unerbittliche Zeiten, in denen wir leben, meine Liebe, das weiß ich. Aber du hast es gleich geschafft«, raunte er. Danach beugte er sich blitzschnell vornüber neben das Bett und hob das Kabel vom Boden auf, dessen drei freigelegte Kupferenden er sofort in Richtung ihrer Handflächen schob. Margret Schalck versuchte, ihre Augen weiter zu öffnen, ihre Pupillen weiteten sich deutlich.
Schneider fixierte sie unbarmherzig. Dann öffnete er seinen Mund, für die letzten Worte, die sie in ihrem Leben vernehmen würde. »Du tust nun, was ich sage. Sonst schieße ich dich zum Krüppel und lasse dich leiden, lange. Sehr lange. Jetzt fasst du mit beiden Händen zu, nimm die blanken Kabelenden. Damit hast du deinen Fehler dann wiedergutgemacht.«
Über Margret Schalcks Wangen rannen Tränen, als ihre Hände nach dem Kabelende griffen. Für einen kurzen Moment sah es aus, als würde sie beten.

94

14. Januar, 13.15 Uhr
In der Dunkelheit

Wie lange war es schon still? Minuten? Stunden?
Petra hatte keine Ahnung, wie viel Zeit vergangen war, seitdem sie versucht hatte, sich aus dem Inneren des Koffers heraus mit ihren Fingern bemerkbar zu machen. Der chemische Geruch war inzwischen vollständig aus dem luftleeren Raum des Koffers verschwunden. Ihre Arme, Beine, Schultern, ihr ganzer Körper war mittlerweile völlig taub. Der Schmerz an der Stelle im Nacken, wo die Messerspitze sie oberflächlich geritzt hatte, war verschwunden. Oder vielleicht konnte sie auch einfach nur nichts mehr spüren.
Wo ist er? Wo ist Schneider? Und wo ist die Frau, deren Stimme ich vorhin gehört habe?
Petra drehte ihren Kopf nur um Millimeter. Ihr Hals wollte fast brechen. Jede an der Bewegung beteiligte Muskelfaser war nur noch ein steinharter Strang. *Stille. Nichts war zu hören.*
Da! Da war etwas. Ein Geräusch. Es klang, als wäre es weit weg gewesen, der Schall war durch die Außenwände des Koffers gedämpft bis zu ihr ins Innere ihres dunklen Verlieses gedrungen.
Ein gellender Schrei. Schrill. Unmenschlich.
Ein Todesschrei.

☠ ☠ ☠

95

14. Januar, 13.18 Uhr
Bundesstraße 203 nach Kappeln. Pkw Paul Herzfeld

Mit dem Wechsel auf die Bundesstraße 203 hatten sich die Wetterbedingungen noch einmal verschlechtert. Die Sturmböen waren zu einem konstanten Pressen gegen alles geworden, was sich über die Landschaft bewegte, und Herzfeld war gezwungen, fast die ganze Zeit über mit dem Lenkrad dagegenzusteuern. Die von ihm herbeigesehnten Streufahrzeuge, die eine Zeit lang wie blinkende Raupen vor ihm gefahren waren, hatten zwar ihr Möglichstes getan, aber wirklich besser waren die Straßenverhältnisse dadurch nicht geworden. Schließlich waren sie nach etwa zehn Kilometern auf einen Rastplatz abgebogen. Konzentriert blickte Herzfeld auf die Fahrbahn vor sich.

Die Zeit lief ihm davon, was, wenn er zu spät kam? Nein! Er musste es schaffen! Um alles in der Welt. Petra durfte nicht sterben! Er durfte jetzt nur nicht durchdrehen. Schneider war ein mächtiger Gegner mit messerscharfem Verstand, der nur noch von seiner Bösartigkeit übertroffen wurde. Im Rückspiegel sah er ein Scheinwerferpaar und konnte schemenhaft erkennen, dass offensichtlich noch andere Fahrzeuge hier draußen im Schneesturm unterwegs waren.

Herzfeld sah konzentriert auf die Straße. Bald würde er die Schleibrücke erreichen, die die Bundesstraße 203 über die Schlei nach Kappeln führte. Winters wie sommers öffnete sie regelmäßig ihre beiden Brückenflügel, immer fünfzehn Minuten vor jeder vollen Stunde, um größere Schiffe und Segelboote mit hohem Mast passieren zu lassen. Das wusste jedes Kind in der Region.

Herzfeld schaute nervös auf die Uhr. Die Brücke dürfte sich längst wieder geschlossen haben, ihm den Weg freimachen, wenn er sie erreichte.

Doch was, wenn der Schnee dafür gesorgt hatte, dass der Brückenwärter die Brücke inzwischen gesperrt hatte? Allein der Gedanke an eine Verzögerung verursachte ihm Übelkeit.

☠ ☠ ☠

96

14. Januar, 13.37 Uhr
In der Dunkelheit

Der Reißverschluss, der die beiden Kofferhälften zusammenhielt, wurde mit einem beißenden Surren aufgerissen. Petra hatte nicht gehört, dass sich jemand dem Koffer genähert hatte. Noch bevor sie irgendwie auf das Geräusch reagieren konnte, wurde der Deckel zurückgeschlagen, und ein gleißendes, fast weißes Licht schien auf sie nieder.

Luft! Endlich …

Ihre Nasenflügel spannten sich auf, ihr Mund öffnete sich wie zu einem stummen Schrei.

Der Klang der Stimme, der sie nun empfing und den sie mittlerweile nur zu gut kannte, hatte sich in ihre Gehörgänge eingebrannt. Der Klang war verbunden mit Bedrohung, Schmerz und Todesangst.

»Ich bin sehr erleichtert, dass Sie noch leben. Ihre Rolle bei der heutigen Inszenierung, für die ich verantwortlich zeichne, ist nicht zu unterschätzen.« Schneider kniete sich neben dem geöffneten Koffer nieder und schaute Petra, die völlig erschöpft und regungslos in Linksseitenlage in einer der Kofferhälften lag, über den Rand seiner Brille an. Petra konnte immer noch nicht wieder klar sehen. Sie nahm ihren Entführer nur schemenhaft wahr. Auf der Hornhaut ihrer Augen hatten sich die Reste von Blut, Schweiß und Tränen vermischt, die Schneiders Umrisse wie durch ein Kaleidoskop wirken ließen. Doch ihr

Kidnapper schien darauf keine Rücksicht zu nehmen. Im Gegenteil.
»Ich werde Ihnen jetzt sagen, wie es weitergehen wird. Die Zeit drängt etwas. In einer knappen halben Stunde erwarte ich Ihren Verlobten hier, aber ich kann nicht versprechen, dass Sie ihn zu Gesicht bekommen werden.« Schneider lachte kurz auf und erhob sich wieder.
»Gut. Ich werde Sie da jetzt rausholen. Und dann werden wir beide etwas an die frische Luft gehen. Wenn dieser elendige Schnee nicht wäre, hätten Sie gleich eine wunderbare Aussicht …«
Petras Augen zuckten nervös in ihren tiefen Höhlen umher, sie schien innerhalb der letzten Stunden um Jahre gealtert. Sie verstand zwar, was Schneider sagte, begriff aber den Sinn seiner Worte nicht. Sie versuchte, den rechten Arm zu heben, doch er rutschte nur schlaff und kraftlos über den Rand des Koffers.
»Frau Schirmherr, können Sie mich überhaupt hören? Sind Sie klaren Verstandes?«
Petra wimmerte daraufhin nur, verständliche Worte konnte sie nicht formulieren.
»Gut, kommen Sie erst mal zu sich. Nach so einer Chloroform-Betäubung ist man nicht ganz auf der Höhe«, sagte Schneider beinahe verständnisvoll.
Petra hörte, wie er sich wieder von ihr entfernte. Ihr gelang es, ihren Arm, der aus dem Koffer hing, wieder zurück an den Körper zu bringen und die Hand an ihr Gesicht zu führen.
Sie rieb sich mit den blutigen Fingern, die sie sich an den scharfen Öffnungen der beiden Luftlöcher in der Kofferwand aufgerissen hatte, die Augen. Das Bild, das ihr Gehirn von ihrer Umgebung wahrnahm, wurde langsam schärfer. An der Decke über sich sah sie eine teure Designer-Lampe leuchten und schwere Holzbalken, die aus der kunstvollen Deckenkonstruktion herausstachen. Plötzlich tauchte Schneider wieder über ihr auf, sein Kopf erschien völlig unvermittelt wieder in ihrem Gesichtsfeld, wie ein Springteufel, der unerwartet aus

einer Kiste geschossen war. Und er griff nach ihr! Petra spürte seine kräftigen Finger in der Seite ihres Brustkorbes, wie sie durch ihren Pullover die Rippen umklammerten. Schneider setzte sie ohne Mühe aufrecht hin, fasste an ihren Nacken und drehte ihren Kopf unter stechenden Schmerzen zur Seite.
»Jetzt einmal aufpassen, bitte …«, setzte er an und ging einen Schritt zurück. Petra schwankte, immer noch in dem Koffer sitzend. Es gelang ihr irgendwie, ihr Gleichgewicht mit Unterstützung beider Arme und Hände neben sich auf dem Holzboden zu halten. Auf dem Sofa, das Petra neben sich sah, lag ein dunkelbrauner Pelzmantel ausgebreitet, auf den Schneider jetzt deutete. »Ich werde Ihnen den hier anziehen. Draußen ist es etwas frisch. Wir wollen doch nicht, dass Sie vor dem Grande Finale draußen erfrieren. Und dann …«, er machte eine kurze Pause und griff neben den Koffer auf den Boden, »… werden Sie noch das hier um Ihren Hals tragen.«
Der Mann, der ihr dieses nicht enden wollende Martyrium antat, hielt ihr ein Bündel entgegen. Petra musste zweimal hinschauen, ehe sie begriff, um was es sich dabei handelte. Es war ein grob geflochtener hellgrauer Hanfstrick mit einer Schlinge an einem Ende.

☠ ☠ ☠

97

14. Januar, 13.49 Uhr
Kappeln. Pkw Paul Herzfeld

Die zweihundert Meter lange Schleibrücke war ohne Probleme zu passieren gewesen. Herzfeld hatte aufgeatmet, als er auf der westlichen Seite der Klappbrücke in der Innenstadt angekommen war. Das dunkle Wasser der Schlei, die einige Kilometer weiter in der Ostsee mündete, war beim Überfahren der

Brücke im weißen Rauschen des Schnees kaum zu erkennen gewesen.

Jetzt konnte ihn nichts mehr aufhalten.

Herzfeld passierte die völlig ausgestorbene Hafenpromenade und die menschenleere Innenstadt Kappelns. Nach wenigen Hundert Metern war er an seinem Ziel angekommen, verlangsamte den Wagen und bog nach links ein, um im Schritttempo das verschneite Kopfsteinpflaster der Straße entlangzurollen, die zur alten historischen Mühle und dem angrenzenden Wohnhaus von Margret Schalck führte. Die Mühle baute sich als Erstes vor ihm auf. Sie wirkte, wie auch schon tags zuvor, übermächtig, schien in den schwarzgrauen Himmel stoßen zu wollen. Der Wind jagte Tausende weiße Flocken um ihre Flügel, die wie mahnende Zeiger bewegungslos in den Himmel ragten. Ein atemberaubendes Spektakel, für das Herzfeld allerdings keinen Blick übrig hatte. Das angrenzende Wohngebäude lag wie tags zuvor still da. Fast schien es verlassen. Lediglich im ersten Stock brannte in einem Zimmer Licht.

Ist er wirklich hier? Oder hat er mich auf eine falsche Fährte gelockt?, fragte sich Herzfeld, doch seine Zweifel wurden sofort weggewischt. Vor dem großen Fachwerkhaus, in dem die Witwe des Oberarztes lebte, stand der schwarze BMW von Schneider. Die Schneemenge, die sich bereits mehrere Zentimeter hoch auf der Motorhaube und der Frontscheibe des Wagens angehäuft hatte, zeigte deutlich, dass sein Widersacher bereits vor Längerem hier eingetroffen sein musste. Herzfeld fuhr die Auffahrt hoch und ließ den Passat im Schritttempo weiter auf das Wohnhaus zurollen. Der Schnee unter den Reifen gab ein malmendes Geräusch von sich. Herzfelds Instinkt schaltete sich ein, er scannte den BMW, das Umfeld. Doch da war nichts. Er konnte niemanden auf dem Grundstück ausmachen.

Das Fachwerkhaus lag still da. Die dunklen großen Fenster im Erdgeschoss ließen das Gebäude auf Herzfeld wie einen übergroßen Totenschädel wirken. Wie verabredet drückte er drei-

mal auf die Hupe, während er den Wagen neben den großen Geländewagen des Oberarztes lenkte, der nur wenige Meter von dem Hauseingang auf dem völlig verschneiten Hof des Mühlengeländes geparkt war.
Hastig schlug er die Autotür hinter sich zu und eilte mit schlitternden Schritten auf den Hauseingang zu. Die Eingangstür öffnete sich, und Schneiders Silhouette erschien im Türrahmen, wie die Gestalt eines düsteren Schlossherrn. Er trug einen schwarzen Lodenmantel und wirkte hier draußen mit seiner stattlichen Erscheinung noch etwas größer als innerhalb der Räumlichkeiten des Instituts.
»Ich gratuliere, Sie haben es rechtzeitig hergeschafft!«, rief er und winkte Herzfeld mit der linken behandschuhten Hand zu sich, die rechte steckte locker in einer Außentasche seines Mantels.
Herzfeld konnte seine Wut kaum beherrschen. »Ja, ich bin hier. Keine Polizei. Ich habe also Ihren Anweisungen entsprochen. Wo ist sie? Wo ist Petra?«, platzte es aus Herzfeld heraus. Es trennten ihn nur wenige Schritte von Schneider, er könnte versuchen …
Doch Schneider zog seine rechte Hand, die ebenfalls in einem hellblauen Plastikhandschuh steckte, aus der Manteltasche und deutete mit dem Lauf eines Revolvers, den er zuvor in der Tasche verborgen gehalten hatte, auf Herzfeld.
Herzfeld ging intuitiv einen Schritt zurück, sein Blick wurde hart.
Schneider lächelte. »Herr Herzfeld, ich weiß Ihr Engagement zu schätzen. Denn dort drüben …«, Schneider deutete mit dem Lauf der Waffe auf einen der kleineren Holzschuppen neben der Mühle, die Herzfeld für Lagerschuppen hielt, »… wartet eine wichtige Obduktion auf uns. Eine weibliche Leiche. Mit der Identifizierung der Dame werden wir uns gar nicht lange aufhalten, denn Sie kennen sie bereits. Aber …«, er grinste höhnisch, ehe er fortfuhr, »… die Todesursache. Das ist sozusagen Ihr Test, so eine Art Meisterprüfung für Sie …«

Herzfeld stieg das Blut in den Kopf, er fühlte sich wie im freien Fall. Seine Wangen und Stirn begannen zu glühen. »Was haben Sie mit ihr gemacht?«, brüllte er. Die Emotionen, der bloße Gedanke, dass Petra tot sein könnte, ließen ihn ausrasten.
Schneider lächelte und ließ den Revolvers etwas höher wandern, bis der Lauf auf der Höhe von Herzfelds Kopf haltmachte. »Gut, wir wollen ja offen miteinander sein. Bei der Leiche, die Sie untersuchen werden, handelt es sich nicht um Ihre Verlobte. Die lebt. Noch ...«
Herzfeld ließ die angestaute Luft aus seinem Körper durch den Mund entweichen.
Schneider blieb seine körperliche Reaktion nicht verborgen, und anscheinend gefiel ihm, was er sah. »Das bedeutet aber nicht, dass das so bleibt. Sie sollen ja für Ihre Prüfung motiviert sein. Jetzt seien Sie doch so gut und werfen mir Ihr Handy hier hin.« Schneider deutete mit dem Revolver auf die Schwelle des Hauseingangs.
Herzfeld fixierte Schneider. *Er weiß, was er tut. Er will, dass ich auf mich allein gestellt bin,* stellte Herzfeld für sich fest. Doch seiner Order zu folgen war der einzige Weg, schnell herauszubekommen, wo er Petra versteckte.
Langsam griff Herzfeld in die Tasche seiner Jacke und warf sein Handy Schneider vor die Füße. Das Telefon fiel dumpf in den Schnee. Schneider machte einen Schritt nach vorn und trat mit dem Absatz seines rechten schweren Lederstiefels mehrfach kräftig auf das Gerät.
Herzfeld blieb nichts anderes übrig, als zuzusehen.
»Ich hoffe für Sie, dass Sie die Narren von der Polizei wirklich in Kiel gelassen haben. Sollte ich irgendetwas bemerken, was mir nicht gefällt, schieße ich Ihnen in den Kopf. Verstanden?«
Die Szenerie war unwirklich. Herzfelds Welt schien zu einem bizarren Film geworden zu sein. Die Welt der Gewalt, in die er sonst als externer Beobachter und Untersucher jeweils nur für einige Zeit eintauchte und die er jederzeit wieder verlassen konnte, wenn er die Institutstür abends hinter sich schloss, war

jetzt zu seiner eigenen geworden. »Sind Sie sich sicher, dass es eine gute Idee ist, hier draußen auf mich zu schießen?«, fragte Herzfeld und bereute im selben Moment, Schneider weiter herausgefordert zu haben, solange er nicht wusste, wo sich Petra befand.

☠ ☠ ☠

98

14. Januar, 13.56 Uhr
Kappeln. Historische Mühle

Tattoli hatte in dem Moment gewusst, wohin Herzfeld fuhr, als er die Bundesstraße verließ und in Richtung Kappeln abgebogen war. Sie hatte Tomforde am Handy zunächst nur den Hinweis gegeben, dass Herzfeld Richtung Norden auf der Bundesstraße 76 unterwegs war und dass sie sich melden würde, wenn sie mehr wüsste. Tomforde war alles andere als begeistert gewesen.
Sie hatte betont, dass sich Herzfeld zum jetzigen Zeitpunkt jegliche Einmischung der Polizei verbitte, um Petras Leben nicht zusätzlich zu gefährden, und es strikt ablehnt, den Oberkommissar mit weiteren Informationen zu versorgen.
Der Taxifahrer schien nach einer langen Strecke des Schweigens wieder Gefallen an der Schnitzeljagd gefunden zu haben. Sie waren dem dunklen Passat bis nach Kappeln gefolgt und hatten sich in sicherem Abstand über das Kopfsteinpflaster der Stadt geschoben. Dann war Herzfelds Wagen plötzlich von der Bildfläche verschwunden. Tattoli rutschte hektisch zwischen den beiden Seitenfenstern hin und her, konnte aber nichts entdecken.
»Da isser doch … da auf dem Hof der Mühle …« Der Fahrer war plötzlich ganz aufgeregt und deutete auf die Auffahrt neben der Mühle.

Herzfelds Wagen! Und der schwarze BMW von gestern in Eckernförde am Kreisel! Schneider! Ich hatte recht, das gestern war er!
»Fahren Sie möglichst unauffällig vorbei, und dann lassen Sie mich etwas weiter vorn bitte raus.« Tattoli rutschte auf dem Rücksitz auf die Beifahrerseite des Taxis. Das Gelände der alten Mühle zog vorbei, und sie presste ihre Nase an die Scheibe wie ein Kind, damit ihr nichts entging.
Und da ist Herzfeld!
Herzfeld war aus seinem Wagen ausgestiegen und ging auf den Hauseingang zu.
»Machen Sie den Motor und die Scheinwerfer aus. Sofort. Bitte …«, wies Tattoli den Fahrer an, der den Zündschlüssel auch augenblicklich umdrehte und das Taxi ohne jegliches Geräusch die Straße weiter hinunter ausrollen ließ. Ehe Tattoli weiter über die Situation und ihre nächsten Schritte nachdenken konnte, wurde fast in demselben Moment, in dem sie Herzfeld erblickt hatte, im Erdgeschoss des Hauses Licht eingeschaltet. Die Haustür öffnete sich. Ein Mann im schwarzen Mantel trat heraus …
Schneider!
Ehe Tattoli weiter beobachten konnte, was zwischen den beiden Männern geschah, hatte sich das Taxi bereits geräuschlos und unbemerkt an der Szenerie vorbeigeschoben.
»Und nun?«, fragte der Taxifahrer fast enttäuscht. Scheinbar hatte er sich den großen Moment der Ankunft am Zielort ihrer Verfolgungsfahrt etwas spektakulärer vorgestellt.
»Sie lassen mich jetzt hier raus.«
»Und dann überraschen Sie den Herrn zum Geburtstag, ja?«, fragte der Fahrer spöttisch.
»Ja …«, antwortete Tattoli beiläufig und zog ihr Portemonnaie aus ihrer Manteltasche. Das Taxameter zeigte hundertsechsundzwanzig Euro an. Sie legte ihm einen weiteren Fünfzigeuroschein auf die Mittelkonsole und bedeutete ihm, dass er den Rest als Trinkgeld behalten könne.

Der Taxifahrer nickte und hielt den Wagen an. »Und Sie haben gar kein Geschenk?«, fragte er frotzelnd.
Tattoli legte die Hand an den Türgriff. »Ich bin das Geschenk …«
Heftig herumwirbelnde Schneeflocken und ein stürmischer Wind empfingen Tattoli, sie wickelte ihren dicken Kaschmirschal fester um ihren Hals und holte das Handy aus ihrer Manteltasche. Schnell drückte sie auf die letzte Rufnummer, die sie angerufen hatte.
»Wo ist er?«, fragte Tomforde nervös, der sich in der Zeit, in der er nichts von Tattoli gehört hatte, scheinbar bereits die schlimmsten Szenarien ausgemalt hatte.
»Kappeln. Er trifft sich mit Schneider.«
»Und Frau Schirmherr?«
»Nicht gesehen.«
»Wo genau in Kappeln?«
»Eine Mühle. Ein historisches Anwesen«, antwortete die Italienerin. Ihre Vermutung, dass es sich dabei um das Wohnhaus der Witwe von Gerwin Schalck handeln würde, vermied Tattoli geflissentlich zu erwähnen.
»Das finde ich … Ich schicke Ihnen …«
»Auf keinen Fall! Herzfeld hat mir gesagt, Schneider tötet Petra, wenn die Polizei eingeschaltet wird. Und er ist definitiv in der Situation, solche Forderungen zu stellen, bis wir nicht wissen, was mit ihr ist.«
»Dann komme ich jetzt zu Ihnen nach Kappeln. Ich rufe Sie an. Ich werde noch etwas Zeit brauchen und halte mich in direkter Nähe zur Verfügung. Wenn sich irgendwas an der Situation bei Ihnen ändert, melden Sie sich sofort. Ich werde Einsatzkräfte zusammenziehen, die sich bereithalten. Und eins sage ich Ihnen: Wenn das hier nach hinten losgeht, dann kommen Sie nicht so einfach wieder raus aus der Nummer. Ich muss völlig verrückt geworden sein, mich auf so etwas einzulassen …«
»Vertrauen Sie mir. Ich rufe Sie an …«, beendete Tattoli das Gespräch. Sie wollte keine Minute mehr verlieren. Mit zielstre-

bigen Schritten ging sie die schmale Straße Richtung Mühle zurück. Nach nur wenigen Metern zuckte sie zusammen und duckte sich instinktiv. Auch wenn es mehr ein kurzes Ploppen, als ein echter Knall gewesen war, das von den tosenden Geräuschen des um sie herum wütenden Schneesturms fast vollständig verschluckt wurde, wusste Tattoli aufgrund ihrer militärischen Ausbildung nur zu genau, was sie eben gehört hatte: einen Schuss.

☠ ☠ ☠

99

14. Januar, 13.58 Uhr
Kappeln. Historische Mühle, Wohnhaus Margret Schalck

Das Projektil war nur knapp neben Herzfeld im Boden eingeschlagen. Die dicke Schneeschicht war kurz aufgestoben und hatte dann das Projektil verschluckt. Herzfeld erstarrte, das Blut rauschte ihm in den Ohren. Schneider setzte erneut ein breites Grinsen auf. Er schien sich seiner Sache absolut sicher zu sein, denn das Risiko, dass der Knall vielleicht Anwohner oder andere zufällig in der Nähe befindliche Personen alarmieren würde, war äußerst gering, da der Schneesturm fast alle anderen Geräusche übertönte.

Er ist wahnsinnig, dachte Herzfeld, der nun wusste, dass sein Gegenüber über Leichen gehen würde, um ihn zu demütigen, um sein Ziel zu erreichen.

»Nun trinken wir beide erst einmal einen Whiskey zusammen. Hier draußen ist es ja gar nicht gemütlich. Los, kommen Sie rein …«, sagte Schneider, als hätten alle vorherigen Szenen nie stattgefunden.

Herzfeld folgte Schneider, der im Inneren des Hauses verschwand. Langsam, als würde jederzeit eine Falle zuschnappen können, setzte Herzfeld einen Fuß vor den anderen in den Flur des Hauses. Er schloss die Tür hinter sich. Alles sah noch genauso aus wie bei seinem gestrigen Besuch bei der Witwe des Oberarztes.

Schneider war bereits in das große Wohnzimmer durchgegangen und stand nun wie ein großzügiger Gastgeber vor dem Kamin. Mit zaghaften Schritten war Herzfeld ihm gefolgt.

»Hier, Herr Herzfeld, wir beide hatten noch nie die Gelegenheit, etwas zusammen zu trinken.« Schneider hob eine Scotch-Flasche hoch. In der anderen Hand hielt er weiter den Revolver fest umschlossen. »Setzen Sie sich auf die Couch, ich schenke uns ein …«

Ungläubig, dass das hier wirklich geschah, ließ sich Herzfeld, wie tags zuvor, auf das lederne Sofa sinken. Angespannt hielt er den Rücken gerade. Schneider hatte bereits auf einem kleinen Couchtisch zwei Gläser bereitgestellt.

Er hat das alles hier inszeniert. Ich erfülle nur eine Rolle. Aber mir bleibt keine Wahl, dachte Herzfeld.

Schneider schenkte ein, jedoch ohne Herzfeld aus den Augen zu lassen. Dann drückte er ihm ein Glas in die Hand. So nah waren sich die beiden Männer bisher nicht gekommen. Herzfeld spürte die Spannung zwischen Ihnen.

Schneider machte keine Anstalten, sich zu setzen. Mit seinem Glas in der einen und dem Revolver in der anderen Hand lehnte er am Kamin. »Auf die Rechtsmedizin, Herr Herzfeld! Wir sollten uns unterhalten, bevor es an die Arbeit geht.«

100

14. Januar, 14.00 Uhr
Kappeln. Historische Mühle

Tattoli drückte sich ihren Schal an den Hals, den der Sturm immer wieder wegzureißen drohte, und schaute vorsichtig um die Ecke eines Bretterzauns, ob sie Herzfeld und Schneider noch sehen konnte. Doch die beiden Männer waren vom Vorplatz des Fachwerkhauses verschwunden.

Waren sie ins Haus gegangen? Möglich. Und der Schuss? Hatte er Herzfeld gegolten? War er verletzt? Oder …

Tattolis Herz pumpte immer heftiger.

Die kleine Italienerin sank bis zu den Knien in einer Schneeverwehung ein und spürte die nasse Kälte in ihren Schuhen und an ihrer Jeans, als sie eilig versuchte, geduckt, im Schutz des Zauns, näher an das Fachwerkhaus zu gelangen. Nur noch wenige Schritte, dann war sie außerhalb der Sichtweite der Fenster.

Sie erreichte die Mühle. Mit dem Rücken presste sich Tattoli an die rauen Backsteine, die über fünf Etagen der Mühle, wie sie anhand der übereinandergesetzten Fenster erkennen konnte, die untere Hälfte des imposanten Gebäudes ausmachten. Darüber lag, in etwa fünfzehn Metern Höhe, eine hölzerne Galerie, die die Mühle einmal vollständig umgab und die den Beginn des weißen Turmes kennzeichnete, der die gewaltigen Flügel hielt. Eine mit Schindeln gedeckte Kuppel, die durch die Schneeanhäufung wie ein russisches Zwiebeldach wirkte, war in etwa zwanzig Metern Höhe der höchste Punkt der historischen Mühle.

Erneut griff ein Windstoß Tattoli von hinten in den Nacken und in die Haare, und sie zog nun ihren Kaschmirschal bis über die Nase. Das Wohnhaus, nur wenige Meter von ihr entfernt, wirkte dunkel und verlassen. Abgesehen von dem Bereich hinter der verschlossenen Eingangstür, wahrscheinlich die Diele, in der vor wenigen Minuten noch die hünenhafte Silhouette Schneiders zu erkennen gewesen war, und einem Zimmer im ersten Obergeschoss brannte hinter den Fenstern des Hauses nirgendwo Licht, obwohl es an diesem Tag bisher noch nicht hell geworden war.

Tattoli wurde immer nervöser. Sie hatte gehofft, dass ihr die Szenerie irgendeinen Hinweis darauf geben würde, was nun zu tun sei. Doch es rührte sich nichts. Sie blickte auf ihr Handy. Von Herzfeld keine Nachricht. Sie musste handeln. Aber wie sollte sie Herzfeld unterstützen, wenn sie nicht wusste, was zu tun war?

101

14. Januar, 14.05 Uhr
Kappeln. Historische Mühle, Wohnhaus Margret Schalck

Der Scotch brannte in Herzfelds Hals, als würde er die gnadenlose Wahrheit der Wirklichkeit enthalten, in der er sich gerade wiederfand. Langsam setzte Herzfeld das Glas ab.

Dass Petra lebte, zumindest hatte Schneider das behauptet, hatte ihm Selbstvertrauen gegeben. Selbstvertrauen, dass er im richtigen Moment das Richtige tun würde. Er wartete, bis Schneider das Gespräch eröffnen würde. Doch er schien es nicht eilig zu haben. Durch seine Brille sah er Herzfeld herausfordernd an. »Herr Herzfeld, ich gebe zu, dass Sie es mir sehr schwer gemacht haben«, begann Schneider langsam zu sprechen, als müsste er in einer schwierigen Verhandlung die Worte genau abwägen. »Es hätte alles wie geplant verlaufen können. Und nun sind wir hier, nur wir beide.«

»Wo ist Petra? Ich will sie zuerst sehen!«, fuhr Herzfeld dazwischen.

»Sie werden alles erfahren. Aber jetzt der Reihe nach. Ich möchte, dass Sie erst meine Situation verstehen. Eine Karriere hinzulegen, wie es mir in den letzten zwanzig Jahren in unserem Fach, der kleinsten medizinischen Disziplin, gelungen ist, schaffen nur die wenigsten. Aber wem sage ich das. Dass Schwan irgendwann emeritiert und seinen Hut nehmen würde, das war klar. Und wer könnte geeigneter sein als ein Kandidat aus dem eigenen Haus? Ein Kandidat, der das Institut von innen heraus kennt und alles mit Schwan gemeinsam in den letzten Jahren gestaltet hat? Aber leider ist der für den Posten am besten geeignete Mann nicht auch automatisch der Thronfolger. Sie kennen das ja. Zum Teil jahrelange Berufungsverfahren mit vielen verschiedenen Gemengelagen, die aufeinandertreffen. Politiker, universitäre Lobbyisten und Honoratioren mit ihren eigenen Kandidaten und den dahinterstehenden Interessen. Und deshalb war es klar, dass ich mich nicht nur von der Masse abheben musste, das habe ich schon immer getan, sondern dass ich etwas ganz Besonderes vollbringen musste, um an die Position des Institutsdirektors zu kommen. Etwas, von dem auch die Öffentlichkeit erfährt und das mich an die Spitze der Berufungsliste befördert. Die Presse war mir immer unbewusst ein willfähriges Instrument. Ich habe mich schon lange mit dem Gedanken getragen, wie ich das tun könnte … Und wie es das Schicksal wollte, nennen Sie es meinetwegen eine glückliche Fügung, sah ich dann eines Morgens, als ich gerade auf dem Weg ins Institut war, aus dem Auto einen Mann an einer Ampel am Bahnhof, den ich sofort wiedererkannte …«

Herzfelds Haut begann zu kribbeln.

Schneider fuhr unbeirrt fort: »Ich erkannte Achim Wittfeld sofort, auch wenn ihm die Jahre im Gefängnis nicht gut bekommen waren. Und Sie können sich vorstellen, dass ich meine Chance sofort ergriff.«

Herzfeld räusperte sich, beugte sich nach vorn, während Schneider ihn mit vorgehaltener Waffe keine Sekunde aus den Augen ließ. »Und da haben Sie gedacht, was wäre, wenn einer

der legendärsten und medial bekanntesten Gewalttäter der Stadt zurückkäme und Sie den Fall im Alleingang lösen?«
Schneider kniff die Lippen zusammen, und die Andeutung eines Lächelns umspielte seine Mundwinkel. Er schien sich regelrecht geschmeichelt zu fühlen. Er schlug seinen schwarzen Lodenmantel zurück und ließ die linke Hand in der Hosentasche verschwinden, mit der rechten hielt er weiterhin den Revolver auf Herzfeld gerichtet. »Na ja, so einfach war das nicht. Wer ein Verbrechen fingieren will, muss alles bedenken: das Motiv, das richtige Opfer und natürlich eine Spur, die eine Wendung im Fall einläutet, die so veritabel ist, dass alle überzeugt sind, dass es so gewesen sein muss.«
»Und da kamen Sie auf Hansen?«, fragte Herzfeld ungläubig.
»Nicht gleich. Dass Achim Wittfeld wieder zuschlägt, das wäre schon Nachricht genug für die hungrige Presse gewesen. Wie gesagt, die Lakaien von der Presse haben mir schon immer gute Dienste geleistet. Laufburschen meines Ruhms. Ein Anruf und sie waren bereit, mir kleine Gemälde meines Schaffens anzufertigen. Das war schon …«
»Mir war von Anfang an klar, dass Sie bei der Presse Ihre Finger im Spiel hatten, das waren Insider-Informationen aus erster Hand. Sie waren der Maulwurf …«, unterbrach Herzfeld den Oberarzt.
Schneider ließ sich von diesem Einwurf nicht irritieren, sondern sprach einfach weiter. »Dann fragte ich mich, aber was ist die Kür? Die Veredelung?«
»Wenn er mit der Machete tötet, die er schon einmal benutzt hat …«
»Genau! Herr Herzfeld, Sie sind einer der wenigen, die erkennen, dass Verbrechen Kunst sein können. Schade, dass wir beide ansonsten überhaupt nicht auf einer Wellenlänge liegen. Aber zurück zu Wittfeld. Wie ein Dirigent, auf den das Orchester schaut, musste ich alles in Einklang bringen. Und die Machete führte mich zu Hansen. Nur er hatte die Schlüsselgewalt über die Asservatenkammer im Institutskeller. Das Stu-

dium von Hansens Gewohnheiten führte mich schließlich zu dem weiblichen Opfer in dieser widerlichen Kaschemme, in der Hansen seine öden Feierabende fristete. Und schon hatte mir die Machete den Rest geliefert …«

Herzfeld begriff nun vollständig. Schneider, der Architekt eines blutigen Gebäudes, das er, Herzfeld, unbewusst betreten hatte. In dessen Hurrikan des Wahnsinns er zufällig hineingeraten war, weil er Dinge hinterfragte und nicht alles hinnahm, nur weil jemand mehr Berufsjahre und damit mehr Erfahrung hatte und einen Ruf als rechtsmedizinisches Genie genoss. Aber das war jetzt nicht entscheidend. Jetzt musste er einen Weg finden, Petra zu retten.

»Sie haben Deniza Milew in Hansens Kneipe gesehen, angesprochen und zerstückelt?«, fragte er mit gespielter Anerkennung.

»Zerstückelt …« Schneider lachte auf. »Es ist doch schließlich unsere Arbeit, den Menschen bis auf den kleinsten Wiederherstellungspunkt zu zerlegen. Das ist nun wirklich keine Kunst. Aber zu töten wie ein psychisch Kranker, das erfordert Einfühlungsvermögen, das ist Grenzüberschreitung und Grenzerfahrung zugleich. Man muss diese Rolle vollständig annehmen, sie für die Tat vollständig ausfüllen. Das übersteigt jeden normalen menschlichen Verstand.«

Herzfeld legte die Hände auf die Knie. Er musterte Schneider, ließ seinen Blick vom Kopf bis zu dessen robusten Lederstiefeln gleiten. »Aber ich habe Ihr Orchester, Ihre Symphonie gestört …«

Schneider runzelte die Stirn, stellte sein Whiskeyglas, aus dem er bisher noch nicht einen einzigen Schluck getrunken hatte, auf dem Rand des Kamins ab und besah sich nachdenklich den Revolver in der anderen Hand. »Nicht wirklich gestört. Aber Sie haben alles aus dem Takt gebracht.«

»Die Obduktion von Edda Steen, die sich gar nicht selbst mit ihrer Weihnachtslichterkette das Leben genommen hat. Das war doch auch Ihr Modus Operandi bei Gerwin Schalck …«

»Ach, die Sache mit Gerwin. Ihr Scharfsinn, Herzfeld, war nur ein Hinweis für mich, dass ich Ihre Fähigkeiten nicht unterschätzen darf. Wirklich störend war, dass Hansen Sie eingeweiht hat, oder sollte ich eher sagen, dass er Sie instrumentalisiert hat, gegen mich zu agieren?«

Herzfeld nahm den Faden wieder auf. »Sie wollten den Kreis schließen. Das perfekte Verbrechen war zum Greifen nah. Und eine gute Geschichte ebenso: Der Hausmeister des Instituts für Rechtsmedizin wird von einer Prostituierten abgewiesen, fühlt sich erniedrigt und will sie töten. Dafür konstruiert er einen grausamen Mord, den er einem stadtbekannten Straftäter in die Schuhe schiebt. Als man ihm auf die Schliche kommt und er keinen anderen Ausweg mehr sieht, nimmt er sich das Leben.«

Schneider atmete schwer aus und trat einen Schritt auf Herzfeld zu. »Herr Herzfeld, Sie blieben auch in dieser Situation talentiert genug, hinter die Kulissen zu blicken und die Dinge zu hinterfragen. Aber Sie hatten das Bedürfnis, einen zweiten Kreis zu öffnen«, flüsterte Schneider

»Margret Schalck«, sagte Herzfeld und wusste, dass er so Schneider provozieren würde.

Sein Gegenüber nickte.

»Margret Schalck, die Witwe des Mannes, den Sie im Heizungskeller des Instituts aufgehängt haben. War das bevor oder nachdem Sie ihn erdrosselt haben? War er schon tot, als Sie ihn in der Schlinge hochgezogen haben, oder lag er gerade im Sterben?«, fragte Herzfeld bitter.

»Diese Einschätzung überlasse ich Ihnen. Sie sind ja nicht mein Beichtvater«, erwiderte Schneider kurz. »Aber, wenn Sie schon über Margret sprechen – es ist Zeit, dass Sie an die Arbeit gehen.«

Herzfeld schaute fragend.

»Neben der Mühle ist ein Schuppen, dort wartet die Aufgabe auf Sie, die ich vorbereitet habe.« Schneider bedeutete Herzfeld, sich zu erheben.

Die Männer verließen das Wohnzimmer, Herzfeld ging voran, Schneider folgte ihm. Als sie aus der Wärme des Hauses traten, umtoste sie der Schnee.
»Da vorne«, sagte Schneider.
Herzfeld sah ein kleines Holzgebäude, das an die Mühle angeschlossen war, und nickte. Der kalte Schneesturm pfiff in seinen Ohren.
»Also, los geht's, Herr Kollege. Auf in den Obduktionssaal …«, kommandierte Schneider in einem fast euphorischen Tonfall, und Herzfeld setzte sich in Bewegung.
Der Schuppen, der wahrscheinlich zu Zeiten, als die Mühle noch in Betrieb war, dem Müller als Werkstatt gedient hatte, bestand aus rauen Holzbrettern, der Eingang zum Schuppen befand sich anscheinend an dessen Rückseite.
Herzfeld wandte sich um, der eisige Wind fuhr ihm jetzt direkt ins Gesicht. »Herr Schneider, werden Sie denn diese Obduktion mit mir gemeinsam durchführen?«
»Natürlich! Aber als zweiter Obduzent. Ich bin der Senior, der Sie anleitet. So, wie wir es im Sektionssaal auch machen. Den Rest besprechen wir drinnen. Die Tür ist nicht verschlossen. Nur hinein …«
Das Licht im Innern des Schuppens war dämmrig. Durch das löchrige Dach drang nur wenig Helligkeit herein. Eine verstaubte Glühbirne, die von der Decke hing, strahlte ein mattes Licht in den hinteren Teil des Schuppens. Es roch nach feuchtem Holz und Schmieröl.
Herzfeld setzte vorsichtig einen Schritt vor den anderen, als würde er eine überdimensionale Mausefalle betreten. Sein Blick schweifte über die zahlreichen mannshohen Regale, die sowohl dem Eingangsbereich des Schuppens gegenüberlagen als auch an der Holzwand neben der Tür aufgestellt waren. Er erblickte rostige kleine Werkzeuge, ein paar Ölkännchen, mehrere metallene Kanister, nachlässig zusammengelegte Stoffplanen und weiteres nutzloses Gerümpel. Nichts, was ihm spontan als Waffe dienen konnte.

»Gut, vielleicht nicht das, was wir sonst so im Institut gewohnt sind, aber Sie sind ja sicher talentiert genug, um auch in einem solchen Umfeld zu arbeiten.«
Schneiders Stimme war jetzt direkt hinter Herzfeld. Und etwas Hartes stieß in seinen Rücken. Die Mündung des Revolvers. Sie schob ihn vorwärts wie ein Finger des Todes, der ihn weiter voran dirigierte.
»Ich habe Ihnen doch einen Test Ihrer Fähigkeiten angekündigt. Da vorn, schauen Sie doch mal …«, antwortete Schneider und erhöhte den Druck der Waffe in Herzfelds Rücken. Herzfeld richtete den Blick an die hintere Wand des Raumes.
Ein splittriger Holztisch, wie eine große Werkbank. Herzfeld stellte seinen Blick scharf. Das, was dort mit einer blauen, schmutzigen Plane abgedeckt war, hatte die Umrisse eines menschlichen Körpers. Schneider trat hinter Herzfelds Rücken hervor, streifte dabei provozierend seinen Arm und ging seitwärts an den Tisch, ohne ihn aus den Augen zu lassen, den Lauf des Revolvers dabei auf Herzfelds Brust gerichtet.
Schneider postierte sich an der Kopfseite des Tisches wie ein Zeremonienmeister, der es kaum abwarten konnte, ein unheiliges Ritual zu beginnen, und riss mit einer schnellen Bewegung an einer Ecke der blauen Plane. Mit einem lauten Rascheln glitt sie von dem toten Körper, der darunterlag. Herzfeld trat an der Seite, die Schneider gegenüberlag, heran und legte die Hände auf das Holz.
Die tote blonde Frau trug nur ein schwarzes Seidennachthemd. Ihre blonden Haare lagen auf Teilen des Gesichts, an dessen Mund und Augenpartien das Make-up von Tränen zerlaufen war.
»Sie kennen die Dame«, sagte Volker Schneider gehässig.

102

14. Januar, 14.20 Uhr
Kappeln. Historische Mühle

Ein Schrei, ein verzweifelter schwacher Ruf um Hilfe. Irgendwo über ihr im Freien. Es war der Hilferuf einer Frau. In Todesangst.

Wenn ihn Herzfelds Verlobte ausgestoßen hatte, dann war sie noch am Leben. Und sie war hier draußen. Tattoli tastete sich weiter an der Wand der Mühle entlang. Von wo genau war der Schrei gekommen? Tattoli schaute immer wieder am Mauerwerk hinauf. Etwa fünfzehn Meter über ihr verlief der schneebedeckte hölzerne Rundgang der Mühlen-Galerie, zu den Seiten mit einer hölzernen Balustrade gesichert. Durch die Holzdielen, die sie von unten sah, konnte sie nichts erkennen. Konnte Herzfelds Verlobte wirklich dort oben sein?

Aus dem Schatten der Mühle herauszutreten war zu gefährlich. Wenn Schneider sie entdeckte, konnte alles umsonst gewesen sein. *Wer einen Schuss abfeuert, der schießt auch ein zweites Mal,* dachte Tattoli. Sie kämpfte gegen heftige Windböen an und hatte sich eng gegen das Gebäude gedrückt, an dessen Wand sie sich entlangschlich. Nachdem sie um die dritte Ecke des achteckigen Grundrisses gebogen war, versperrte ihr eine Holzwand den Weg. Sie schien zu einem Holzschuppen zu gehören, der an einer Seite mit der Mühle abschloss. Eine kleine Werkstatt, wie es schien.

Kurz über Tattolis Stirn befand sich ein Fenster, rechteckig, staubig, kaum größer als zwei Handflächen, aus dem trübes Licht leuchtete. Sie stellte sich auf die Zehenspitzen, streckte sich so weit, dass die Achillessehnen in ihren Fersen schmerzten, und spähte hinein. Durch einen Schleier aus Schmutz und Spinnweben auf dem Glas konnte sie im schummrigen Licht einer von der Decke herabhängenden Glühbirne mehrere Regale in dem kleinen Holzgebäude ausmachen.

An der rechten Seite des Raumes erkannte sie einen Holztisch und zwei nackte Füße. Sie waren leblos auseinandergeklappt, bildeten ein V, die Fußnägel waren mit rotem Nagellack lackiert. Die italienische Rechtsmedizinerin streckte sich noch ein paar Zentimeter höher, um noch mehr sehen zu können.
Da! Eine Bewegung. Eine Person in einem schwarzen Mantel mit einem Revolver in der rechten Hand schob sich aus dem toten Winkel des Fensters an den Tisch heran.
Schneider!
Dann bewegte sich eine zweite Gestalt in ihr Blickfeld, der Mann schien schon die ganze Zeit am Kopfende der Leiche gestanden zu haben.
Herzfeld, das ist Herzfeld. Er lebt, dachte Tattoli und bemerkte, wie ihr Blut durch die Blutgefäße ihrer Schläfen rauschte. *Er wirkt gefasst. Wenn ich einen Schrei gehört habe, dann ist die Tote auf dem Tisch vielleicht nicht Petra. Hoffentlich nicht …*
Tattoli fühlte sich, als wäre ihr ein Dopingmittel verabreicht worden, ihre Nackenhaare stellten sich auf, ihre Hände begannen zu kribbeln, während sie fieberhaft ihre nächsten Schritte überlegte.
Wenn es Petra war, die dort oben geschrien hat, muss ich sie finden. *Herzfeld wird allein klarkommen.*
Tattoli schlich geduckt unter dem Fenster und an der geschlossenen Tür des Schuppens vorbei, bis sie wieder zur Außenwand der Mühle gelangte, und folgte ihr weiter, bis sie die Eingangstür zur Mühle entdeckte. Wenn dort über ihr auf der Galerie auf der anderen Seite der Mühle jemand war, konnte sie nur im Inneren des Gebäudes dort hinaufkommen.
Ich muss es riskieren …
Lautlos drückte Tattoli die schwere Türklinke herunter und atmete erleichtert auf. Die Tür zur Mühle war nicht verschlossen.

103

14. Januar, 14.26 Uhr
Kappeln. Historische Mühle, Schuppen

Herzfeld sah auf die Leiche vor sich herab, er hielt sich mit seinen Hände an der Tischkante fest: »Warum musste Margret Schalck sterben? Ist sie Ihnen auch auf die Schliche gekommen?«

Schneider spitzte die Lippen. »Ich formuliere es mal so: Meine liebe Margret hat sich von den Vorfällen der letzten Tage etwas nervös machen lassen.«

Herzfeld scannte die Leiche optisch auf äußere Gewalteinwirkungen, doch konnte er auf den ersten Blick nichts erkennen. »Wie haben Sie sie getötet?«, fragte er trocken.

Schneider zuckte theatralisch mit den Schultern. »Genau das ist Ihr Test. Ich will, dass Sie mir das sagen. Das ist sozusagen Ihre größte Prüfung. Damit sind weder die Anforderungen Ihres Physikums noch Ihrer drei Staatsexamina zu vergleichen, von Ihrer Promotionsprüfung ganz zu schweigen. Jetzt können Sie zeigen, was Sie wirklich draufhaben. Mit Ihrer großen Klappe sind Sie ja immer schnell dabei. Aber jetzt … jetzt geht es ums Ganze.«

Obwohl Margret Schalck ohne jeden Zweifel tot war, machte ihr Körper noch einen verletzlichen Eindruck. Das dünne schwarze Seidennachthemd hatte sich um die Konturen ihres Körpers gelegt, der jetzt noch schmaler wirkte, als Herzfeld ihn von seinem gestrigen Besuch in Erinnerung gehabt hatte.

Schneider schien es nicht eilig zu haben, die bizarre Prozedur weiter fortzuführen, argwöhnisch beobachtete er Herzfelds Mimik, der die Blicke des Oberarztes auf sich spürte wie schon unzählige Male im Sektionssaal zuvor. Doch diesmal war alles anders. Hier ging es nicht wie sonst um die Rekonstruktion eines Todesfalls, sondern es ging um Leben und Tod. Petras Leben oder Petras Tod.

»Herr Herzfeld, das hier wird wohl die entscheidendste Obduktion Ihres Lebens sein. Wissen Sie eigentlich, was eine Trauerschere ist?«
Herzfeld hatte sich an den Augen der Toten vor sich festgeguckt und fragte sich, was um alles in der Welt diese arme Frau kurz vor ihrem Tod noch hatte durchmachen müssen. Ohne sich von dem Anblick loszureißen, der ihm nur noch einmal mehr verdeutlichte, dass Schneider keine Skrupel hatte, antwortete er ganz ruhig: »Nein, weiß ich nicht. Was ist eine Trauerschere?«
Schneider war erfreut, dass er wieder einmal einen Wissensvorsprung auskosten konnte. »Nun, eine Trauerschere ist ein codierter Begriff der einstigen Müller. Sie beschreibt eine genaue Stellung der Mühlenflügel, die als Kommunikationsmittel in den Dorfgemeinschaften genutzt wurde. Die Trauerschere bedeutet, dass die Mühlenflügel nicht symmetrisch stehen, dass der tiefste Flügel nicht ganz senkrecht nach unten steht. Verstehen Sie?«
»Noch nicht ganz …«
»Die Mühlenflügel stehen nicht X-förmig an dem Gebäude, sondern leicht versetzt. Stellen Sie sich eine Uhr vor, der tiefste Flügel ist der große Zeiger, und der steht nicht ganz auf halb sechs auf einer Uhr, sondern leicht daneben. Die Mühlenbesitzer gaben so dem Dorf das Signal, dass die Müllers-Familie um ein Familienmitglied trauert.«
Herzfeld war am Ende seiner Geduld und blickte ungläubig in Schneiders selbstgefälliges Gesicht. »Worauf wollen Sie hinaus?«
Schneider strahlte ihn an. »Auf zwei Dinge will ich hinaus. Zum einen haben wir hier in der Mühle einen Trauerfall, den ich mit der Trauerschere gerade würdige …« Er zeigte fast unmerklich mit seiner Kinnspitze in Richtung der toten Margret Schalck. »Und zum anderen führt diese Stellung der Mühlenflügel in der Trauerschere dazu, dass ein Flügel so tief steht, dass man ihn, wenn man auf der Galerie der Mühle in luftiger

Höhe steht, leicht mit der Hand berühren kann. Man kann auch einen Strick daran befestigen.«

Schneider beugte sich über den Holztisch so nah zu Herzfeld herüber, dass er für eine Sekunde mit dem Gedanken spielte, nach dessen Kopf zu greifen und ihn auf die Holzplatte zu schlagen. *Du mieses Schwein …*

»Oder einen Menschen, der eine Schlinge um den Hals …«, hauchte Schneider, zog seinen Kopf blitzartig zurück und hielt Herzfeld den Revolver vors Gesicht.

Herzfeld begriff und konnte nur noch flüstern, bebend vor Wut. »Sie sind ein dermaßen verkommenes Individuum. Ein solcher Sadist …«

»Stopp, bitte bleiben Sie kollegial. Das sage ich Ihnen jetzt zum wiederholten Male. Ihre Verlobte lebt, und sie hängt dort draußen an der Mühle, sozusagen als kleiner Ansporn. Sie werden jetzt die Tote hier untersuchen. Ihre letzte Aufgabe. Und sollten Sie nicht die richtige Todesursache feststellen …« Schneider schlenderte hinter dem Tisch hervor, ohne Herzfeld aus den Augen zu lassen, wie ein Stück Beute, von dem er sich nicht sicher sein konnte, wie lange es ruhig blieb. Er ging seitwärts zu einem Schaltkasten, der neben einem der Regale an der Wand angebracht war. Schneider ließ die Metallklappe des Kastens aufschwingen, die eine schlichte elektronische Steuerungseinheit mit mehreren Knöpfen freigab.

»Hören Sie genau zu. Sollten Sie das Ganze hier unnötig in die Länge ziehen wollen oder irgendwelche Spielchen mit mir treiben, werde ich diesen Knopf hier drücken. Sehen Sie den?« Schneider deutete mit dem linken Zeigefinger auf einen mit gelber Gummierung überzogenen Knopf, der in die Steuerungseinheit integriert war, ehe er fortfuhr. »Er entriegelt das Mühlwerk und die Flügel. Dann wird der Wind in die Flügel greifen, und sie beginnen, sich zu drehen. Zunächst langsam, Zentimeter für Zentimeter. Und dann schneller und schneller, wenn sie erst mal in Fahrt kommen …«

Herzfeld starrte Schneider fassungslos an. Er hatte es also wirk-

lich getan. Er hatte Petra am Mühlenflügel aufgehängt. Herzfeld schossen die Tränen in die Augen. »Sie wollen meine Frau hängen?«
»Nun ja«, entgegnete Schneider. »Eigentlich werden Sie sie ja hängen oder vielmehr Ihr mangelndes Fachwissen. Denn ich drücke den Knopf und entriegele die Flügel, wenn Sie mit Ihrer Diagnose falschliegen. Und dann erschieße ich Sie. Frau Schirmherr wird dann erhängt aufgefunden. Das wird man Ihnen zur Last legen, genauso wie den Mord an Margret, mit der Sie ein Verhältnis hatten. Da Sie keinen Ausweg mehr sehen, weil Ihre Verlobte von dieser Affäre erfahren hat, und der Schande einer Anklage und damit öffentlichen Zurschaustellung entgehen wollen, schießen Sie sich eine Kugel in den Kopf. Sie wissen doch, einen erweiterten Suizid, bei dem Sie erst die beiden Frauen und dann sich selbst töten, zu inszenieren ist eine meiner leichtesten Übungen, vor allem, wenn ich auch noch alle Beteiligten obduziere.« Schneider zwinkerte provokant hinter seiner Brille mit dem linken Auge und ließ dann sein Lächeln auf den Mundwinkeln einfrieren.
Herzfelds Gedanken rasten. »Und wenn ich richtigliege mit der Todesursache von Frau Schalck? Oder ziehen Sie das gar nicht erst in Betracht?«
»Das sehen wird dann … Sie wissen doch immer alles. Aber können Sie auch unter Druck arbeiten? Ich meine unter echtem Druck? Wir sollten anfangen.«

☠ ☠ ☠

104

14. Januar, 14.36 Uhr
Kappeln. Historische Mühle

Tattoli hatte die Treppe nach oben zur Galerie schnell gefunden. Vom Erdgeschoss der Mühle, in dem eine kleine Ansammlung von Geräten des Müllerhandwerks ausgestellt war, führte eine Wendeltreppe, die zunächst durch das schwach einfallende Tageslicht nur schemenhaft zu erkennen gewesen war, in die nächste Etage.

Tattoli nahm die Treppenstufen hastig, stolperte einmal, fing sich mit den Händen ab, lief weiter. Ihre Schritte polterten auf den Holzstufen. Im ersten Geschoss befanden sich die großen Zahnräder, die hölzernen Kurbeln, das Herz der Mühle. Tattoli fühlte sich wie ein kleines Wesen, das zwischen der Mechanik einer übermenschlich großen Maschine umherirrte. Sie rannte atemlos weiter, von Stockwerk zu Stockwerk, bis in die fünfte Etage der Mühle.

Dort hielt sie kurz inne, sie war völlig außer Atem nach dem schnellen Aufstieg. Es roch nach altem Holz und geschrotetem Getreide. Ihre Augen, die sich nur langsam an die Dunkelheit innerhalb des turmförmigen Gebäudes gewöhnten, suchten hektisch die Umgebung ab. Irgendwo musste doch die Tür sein, die nach draußen auf die Galerie führte. Nur von dort konnte der Schrei gekommen sein. Tattoli hoffte, dass Herzfeld, dort im Schuppen, einige Meter unter ihr, jetzt das Richtige tat.

Dann, endlich, der Weg nach draußen. Eine kleine, dunkelgrüne Tür, die in die unverputzte Steinwand eingelassen war. Die schmale gusseiserne Klinke ließ sich nur schwer nach unten drücken, als würde sogar diese Tür unter Schneiders Bann stehen. Tattoli warf sich mit aller Kraft auf die Klinke, und mit einem lauten Knacken öffnete sich der Schließmechanismus, und der Wind drückte die Tür auf. Eiskalt, wie eine feindselige Begrüßung, wehte ihr die frostige Luft entgegen. Tattoli schirmte die Augen mit den Händen ab. Unzählige kleine Eissplitter traktierten die Haut ihrer Augenpartie und Stirn, die nicht von ihrem Schal bedeckt waren. Hier oben auf der Galerie in etwa fünfzehn Metern über dem Boden heulte der Sturm noch heftiger als unten. Ihr rutschte die Klinke aus der Hand, und die Tür schlug mit einem Knall vollständig nach außen auf. Tattoli wankte unschlüssig von einem Bein auf das andere, als sie erneut das monotone Wehklagen einer weiblichen Stimme hörte. Tattolis Schritte knirschten im Schnee, der sich trotz des heftigen Winds auf den Holzdielen der Galerie etwa fünf Zentimeter hoch angesammelt hatte. Von wo war der Laut gekommen? Über ihr spannten sich, wie übergroße Schwingen eines Totenvogels, die Flügel der Mühle. Dann sah sie es. In etwa sechs Metern Entfernung. Ein Seil. Es hing von dem am tiefsten stehenden Flügel herab. Zwischen dem Ende des Mühlenflügels und dem Boden der Galerie lagen vielleicht anderthalb Meter. Tattoli folgte mit den Augen dem Seil nach unten. Am unteren Ende war etwas festgemacht. Zusammengekauert im Schnee, eingerollt, wie ein Tier mit einem dichten Fell. Aber es war ein Pelzmantel. Auf dem Pelzmantel hatte sich bereits eine Schicht Schnee und Raureif gebildet.

»Santa Madre di Dio …«, flüsterte Tattoli und sprintete nach vorn. Ein Mensch! Oben aus der Jacke stachen gefrorene, mit Eiszapfen durchsetzte, blonde Haar heraus. Beim Näherkommen erkannte Tattoli, dass es sich bei der Person vor ihr um eine Frau handelte, die aus kniender Position heraus offenbar mit dem Kopf vornüber in die Schneeansammlung auf der Galerie gefallen war. Und dort, wo der Rücken sein musste, waren zwei verdrehte Arme mit Isolierband an den Handgelenken zusammengeklebt! Tattoli hechtete auf den leblosen Haufen zu, der an einem Seil, wie an einer Hundeleine, festgemacht war, rutschte auf die Knie und griff vorsichtig nach dem Haarschopf. »Hallo? Hallo? Ich helfe Ihnen. Hallo?«

Keine Antwort.

Es muss Petra sein …
Tattoli hob behutsam, als sei es ein zerbrechliches Kunstwerk, den Kopf der knienden Person an. In ihren vor Kälte tiefblauen, eingerissenen Lippen hatten sich Schneekrümel festgesetzt, eine dünne Eisschicht bedeckte ihre Wangen.
»Mein Name ist Lucia. Petra?«, hektisch bewegte sich Tattoli auf ihre Knie gestützt weiter an den bewegungslosen Körper heran und drückte ihn nach oben. Das grob gewirkte graue Hanfseil um den Hals der Frau verlor sofort weiter an Spannung.
Tattolis Finger, die mittlerweile von der eisigen Kälte fast steif geworden waren und schmerzten, schoben sich, so behutsam es ging, zwischen den Hals der Frau und den Strick. Mit ruckartigen Bewegungen versuchte sie, die Schlinge zu weiten und konnte sie Millimeter für Millimeter weiter durch den mit mehreren Rundschlägen nach Art eines Henkersknoten geflochtenen Knoten ziehen. Doch der leblose Körper zeigte keinerlei Regung. Erst als die Schlinge genug Raum freigegeben hatte und Tattoli sie vom Kopf der Frau nehmen konnte, vernahm sie erneut ein tiefes Seufzen. Das Seil hatte eine blutig geschürfte Spur an der zarten Haut der Frau hinterlassen. Tattoli nahm ihr Gesicht in beide Hände. Es war eiskalt. Wie eine Glaskugel.
»Wach auf, ich helfe dir! Ich bringe dich gleich ins Warme. Wach auf …«, flehte Tattoli, während eine schneidende Windböe um die Mühle schoss, und die beiden Frauen mit eisigem Griff erfasste.
Da! Das linke Auge. Das Augenlid der immer noch gefesselten Frau zuckte, versuchte sich zu öffnen. Ihre Schneidezähne schoben sich leicht über die Unterlippe, stießen auf die kleinen Erfrierungsbläschen, die sich bereits rund um den Mund angesammelt hatten.
O Dio mio, sie lebt!
Tattoli nahm ihre ganze Kraft zusammen und versuchte das Klebeband, mit dem die Handgelenke der Frau auf ihren Rücken gefesselt waren, zu lösen. Aber es gelang ihr nicht. Dabei

bemerkte sie, dass auch die Beine der zierlichen Frau gefesselt waren. Das Klebeband war mehrmals eng um die Unterschenkel gewickelt.
Sie muss aus der Kälte, so schnell es geht.
Tattoli griff der Frau unter beide Achseln, legte sie auf den Rücken, stemmte sich gebückt auf die Füße und begann sie zu ziehen, wie ein Soldat, der einen verletzten Kameraden aus der Schusslinie zog.
Petras Füße, die reglos im Schnee lagen, hinterließen eine Schleifspur auf der Galerie, während Tattoli ruckweise den Körper, der jetzt immer lauter stöhnenden Frau, rückwärts in Richtung Tür zerrte. Mit jedem Ruck schaffte Tattoli immer nur rund dreißig Zentimeter. Noch etwa vier Meter bis zum geschützten Inneren der Mühle – der Italienerin drohte die Kraft auszugehen. Doch die Angst vor dem Mann, der das hier getan hatte, und die Ungewissheit, was als Nächstes geschehen würde, trieben sie an, alle Energie aufzubringen, die sie noch in sich hatte.
Nur noch etwa ein Meter. Tattoli schaute Petra von oben ins Gesicht, sie hatte inzwischen beide Augen geöffnet und schaute glasig zu ihr herauf. Die Frau bewegte fast unmerklich die Lippen. Tattoli hielt in der Bewegung inne und beugte sich zu ihr herunter. Doch es kam kein Satz aus ihrem Mund. Nur ein Wort.
»Paul?«

Tattoli hatte Petra mit letzter Kraft ins Innere der Mühle gewuchtet, sie mit dem Rücken an die Wand gelehnt und die Tür zugezogen. Nun war es still. Der Wind war hier drinnen verstummt.
Im Gegensatz zur Temperatur draußen auf der Galerie, die deutlich unter dem Gefrierpunkt gelegen hatte, schien es in der Mühle fast behaglich. Tattoli lief die Nase, sie keuchte von der Anstrengung. Petra war in sich zusammengerutscht und atme-

te flach, sie hatte die Augen wieder geschlossen. Tattoli sank neben ihr nieder und sah sich in dem Raum um.
Ich muss ihre Fesseln lösen … Sie braucht eine Decke.
Tattoli stemmte sich mit den Armen wieder auf die Füße. An einer Wand waren einige historische Geräte zu Ausstellungszwecken angebracht. Dreschflegel, Spaten und weiteres Werkzeug, das Tattoli nicht direkt irgendeiner Aufgabe zuordnen konnte. Als sie eine angelaufene Handsichel entdeckte, riss sie das Werkzeug von der Wand, ließ sich auf die Knie neben Petra fallen und begann mit der Klinge der Sichel, die Isolierbandfesseln um Petras Hände zu lösen. Die Finger von Herzfelds Verlobter waren blau, an den Kuppen fast lila. Tattoli wusste, was das bedeutete. Der Beginn einer Erfrierung. Als sie das Klebeband von den Handgelenken und danach von den Unterschenkeln entfernt hatte, ließ sich Petra völlig entkräftet nach hinten auf den Rücken fallen.
»Ich werde dich nicht lange allein lassen. Wir müssen dich warm bekommen, bis ein Arzt da ist. Es wird noch einen kleinen Moment dauern«, flüsterte Tattoli und lief in den hinteren Teil der Mühle zu einem Stapel alter, leerer Leinensäcke, in denen wahrscheinlich einst das gemahlene Korn gelagert worden war. Sie griff nach ein paar leeren Säcken, platzierte einige neben einem kleinen Bauernschrank auf dem Boden und zog die mittlerweile am ganzen Körper zitternde Petra hinüber und bettete sie darauf. Einen Sack faltete sie zusammen und legte ihn unter Petras Kopf, mit den restlichen drei Säcken bedeckte sie Petras Körper. Dann wickelte sich Tattoli ihren Schal vom Hals und legte ihn der zitternden Frau um den Hals und die Kinnpartie.
Petra öffnete erneut die Augen, als Tattoli sie mit den restlichen Säcken zudeckte. Ihre Stimme klang brüchig. »Danke …«
Über Tattolis Gesicht huschte ein Lächeln. Ein kleiner Erfolg. Sie zog das Handy aus ihrem Mantel und drückte die Wiederwahltaste. Noch ehe Tomforde zu sprechen begann, fing sie schon an zu reden: »Ich brauche Sie hier, und schicken Sie einen

Notarzt. Schnell. Ich habe Dottore Herzfelds Verlobte gefunden. Sie ist stark unterkühlt, aber bei Bewusstsein.«
In der Leitung rauschte es konstant, Tomfordes Stimme klang fern. »Wo sind Herzfeld und Schneider?«, rief er gegen das Pfeifen an.
»Das teile ich Ihnen gleich mit. Halten Sie sich bereit …«
»Stopp!« Tomforde gab sich mit diesen spärlichen Informationen offensichtlich nicht zufrieden. »Den Notarzt schicke ich Ihnen zur alten Mühle. Ich stehe hier an der Schleibrücke, westliches Ende. Am Leitstand des Brückenwärters. Ich habe zivile Kräfte bei mir. Wir machen uns auf den Weg. Und wenn Sie es wagen, auch nur im Ansatz weiter Ihr Leben zu riskieren oder das von Doktor Herzfeld, dann …«
»Ich muss los.« Tattoli legte einfach auf.
Tomforde würde verstehen. Tattoli wandte sich wieder zu Petra, die mittlerweile deutlich wacher und ansprechbarer als noch vor wenigen Minuten wirkte, ging in die Hocke und strich ihr übers Haar, das inzwischen in nassen Strähnen von ihrem zitternden Kopf herabhing. »Halt noch ein bisschen durch. Ein Notarzt ist unterwegs. Und … auch dieser Tag wird vorübergehen …«
Petra versuchte zu lächeln, aber es wollte ihr nicht gelingen. Sie deutete lediglich mit einem matten Blinzeln an, dass sie verstanden hatte. Tattoli erhob sich, blickte auf die immer noch heftig unter den Leinensäcken zitternde Frau herab und rannte die Treppen hinunter. Diese Sache musste unter Rechtsmedizinern zu Ende gebracht werden.

105

14. Januar, 14.46 Uhr
Kappeln. Historische Mühle, Schuppen

»Ein Stromschlag ... Sie haben Margret Schalck mit einem Stromschlag getötet.«
Der Lauf der Waffe drückte gegen Herzfelds linke Schläfe.
Er spürte den bebenden Druck, den Schneider ausübte. Er schien bereit, jetzt, da Herzfeld die Lösung gefunden hatte, auch ihn auszulöschen.
Schneiders Stimme bebte, war ganz nah bei ihm. »Herr Herzfeld, Sie haben Talent – keine Frage, aber wird Ihnen das auch im Jenseits helfen ...«
Herzfeld spannte seinen Körper an – als ein ohrenbetäubendes Krachen die Spannung zerriss. Sein Kopf drehte sich instinktiv zur Seite, und er spürte an seiner Schläfe, wie die Waffe abrutschte. Schneider war ebenfalls zusammengefahren. Die Tür! Die Tür war eingetreten worden. Tattoli!
»Petra ist in Sicherheit. Die Polizei ...«, die Italienerin schrie, ihre Stimme schrillte wie ein Feueralarm. Und Herzfeld reagierte einfach nur. Seine Muskeln hatten den Weg über das Gehirn ausgelassen. In einer ruckartigen Bewegung glitt er mit dem Kopf weiter aus der Schussrichtung und stieß das Küchenmesser, das er trotz Schneiders Aufforderung noch nicht wieder aus der Hand gelegt hatte, nach oben. Er spürte, dass sein Stoß der Klinge eine solche Wucht verliehen hatte, dass sie auf der Höhe von Schneiders rechtem Unterarm mühelos durch den dicken Stoff seines Lodenmantel drang, durch das Hemd, die Haut, durch das Weichgewebe.
Schneider stieß einen hasserfüllten Schmerzensschrei aus und riss den rechten Arm nach oben, den Revolver, der sich dabei bedrohlich nah an Herzfelds Brust vorbeibewegte, immer noch in der Hand. Herzfeld realisierte sofort den weiteren Verlauf der Bewegung von Schneiders rechtem Arm und schlug mit

seiner rechten Faust seitlich dagegen, wobei er den Griff des Messers, das immer noch in Schneiders Arm steckte, nur knapp verfehlte. Der Revolver, den Schneider immer noch fest umklammert hielt, wackelte hin und her und schien, außer Kontrolle geraten, ein Eigenleben zu führen.
In dieser Sekunde löste sich ein Schuss. Ein ohrenbetäubender Knall erfüllte den kleinen Schuppen. Die Zeit schien für einen Augenblick stillzustehen, ehe Herzfeld alle Ereignisse wieder in Echtzeit aufnehmen konnte. Das eben abgefeuerte Projektil war zwischen dem oberen Halsende und Mundboden in Margret Schalcks Leichnam eingeschlagen und hatte dort ein etwa ein Zentimeter durchmessendes schwarzes Loch hinterlassen, ehe es in Verlängerung seiner Flugbahn den Hinterkopf der Toten bei seinem Austritt weit auseinandergerissen hatte.
»Schnell, raus …«, schrie Herzfeld in Tattolis Richtung, die wie angewurzelt im Eingang des Schuppens stehen geblieben war.
Die Italienerin schien zunächst erstarrt und nicht zu begreifen, glitt dann aber mit einer geschmeidigen Bewegung blitzschnell seitlich aus der Tür. Schneider schien nach vorn zu kippen, zumindest erschien es Herzfeld für den Bruchteil einer Sekunde so, doch tatsächlich peilte der große Mann Herzfeld mit seinem gesamten Körper an. Mit einem unmenschlichen Kraftlaut warf er sich in Herzfelds Richtung. Schneiders Schulter prallte auf Herzfelds Brustkorb, die beiden Männer stürzten auf das mit verschiedensten Gegenständen gefüllte Regal an der seitlichen Wand neben der Schuppentür. Herzfeld fühlte, wie er den Boden unter den Füßen verlor und heftig mit seiner rechten Schulterpartie gegen das Holz krachte. Das Regal schwankte bedrohlich, und Blechdosen, Werkzeuge, Gerümpel regneten auf die kurz ineinander verkeilten Männer herab.
Schneider stieß sich mit den Beinen zurück. Die Waffe war ihm entglitten, denn seine behandschuhten Hände waren leer. Er betrachtete ungläubig seinen rechten Unterarm, in dem immer noch das Küchenmesser steckte. »Herzfeld … das … das war

ein Fehler. Sie machen alles kaputt …« Dann zog er mit schmerzverzerrtem Gesicht, laut stöhnend und mit hebelnden Bewegungen am Griff des Küchenmessers. Doch es gelang ihm zunächst nicht, das tief in seinem Fleisch steckende Messer herauszuziehen. Schneiders Blick suchte hektisch den Boden nach der Waffe ab, während sich Herzfeld wieder aufrappelte und dabei jede Bewegung seines Gegenübers taxierte. Als er nichts entdeckte, was ihm nützlich erschien, unternahm Schneider einen letzten Versuch, die Klinge aus seinem Fleisch zu ziehen. Als sich die Klinge schließlich löste, zog Schneiders Gesicht eine bizarre Grimasse. Dann fiel der blutige Stahl der Klinge auf den Boden.

»Schneider, es ist vorbei. Lassen Sie …«

»Es ist vorbei, wenn ich es sage!«, stieß Schneider keuchend hervor. Er griff sich mit blutigen Fingern ins Gesicht, rückte seine Brille zurecht, hinterließ einen schmierigen Blutfilm auf einem der Gläser. Dann wankte er überraschend schnell in Richtung der offen stehenden Schuppentür. Herzfeld schaltete sofort und schrie: »Tattoli, weg von der Tür! Er kommt raus …«

Für den Bruchteil einer Sekunde erschien Tattolis Gesicht in der Tür. Der Oberarzt stolperte nach draußen. Herzfeld blieb für eine Sekunde allein im Schuppen zurück und suchte auf dem Boden nach dem Revolver, konnte ihn aber in dem schummrigen Licht zwischen dem Gerümpel auf dem Boden nicht ausmachen. Dann fiel sein Blick auf den provisorischen Sektionstisch. Die Leiche von Margret Schalck war nun völlig entstellt. Diese Kugel war für ihn bestimmt gewesen.

Als Herzfeld aus dem Schuppen sprintete, griff Tattoli, die sich an die äußere Holzwand gedrückt hatte, nach seinem Arm.

»Lassen Sie das die Polizei machen …«, keuchte sie, während Tausende Schneeflocken um sie herumwirbelten wie ein weißer Bienenschwarm. Der Sturm schien sich direkt über der Mühle auszutoben. Herzfeld riss sich los und sah Tattoli direkt an. »Wo ist Petra? Wo ist sie?«

»Sie ist dort oben im fünften Stock.« Tattoli bedeutete mit einer Kopfbewegung zur Kuppel der Mühle. »Sie ist unterkühlt, aber bei Bewusstsein. Ein Notarzt ist unterwegs. Er ... er wollte sie erhängen ...«, antwortete Tattoli entgeistert.
Herzfeld war hin- und hergerissen, ob er nach Petra sehen oder die Verfolgung Schneiders aufnehmen sollte. Plötzlich hörte er einen Motor aufheulen. Schneider hatte sich zu seinem Wagen auf dem Vorplatz vor dem Wohnhaus durchgekämpft. Herzfeld musste sich jetzt in dieser Sekunde entscheiden.
Tattoli schien ihm seinen inneren Kampf anzusehen.
»Lassen Sie ihn. Er wird nicht weit kommen. Die Polizei ...«
»Ich sehe keine Polizei hier. Er flüchtet. Das werde ich nicht zulassen. Das ist jetzt nur noch etwas zwischen ihm und mir. Gehen Sie zu Petra. Sie darf jetzt nicht allein ...«, unterbrach Herzfeld sie und sprintete durch das Schneegestöber in Richtung des Motorengeräusches los. Als er um die Ecke der Begrenzungsmauer bog, sah er Schneiders BMW, der über den verschneiten Untergrund schlitterte und, anscheinend völlig außer Kontrolle, einen Halbkreis auf dem spiegelglatten Hof der Mühle zog. Einen Moment schien es, als ob der BMW auf das Wohnhaus von Margret Schalck zurasen würde, dann hatte Schneider die Kontrolle über den Wagen wiedererlangt und steuerte auf die Ausfahrt zu.
Herzfeld sprintete zu seinem Wagen.
Schneider durfte nicht entkommen.
It's not over until the fat Lady sings, ging es Herzfeld durch den Kopf, als er wenige Sekunden später den Zündschlüssel umdrehte und mit einem Aufheulen den Motor seines Passats startete.

106

14. Januar, 14.52 Uhr
Bundesstraße 203, Pkw Paul Herzfeld

Es war, als würde der Sturm wie ein unsichtbarer Schnellzug aus purer Kraft durch die Straße schießen, die Scheibenwischer machten nicht mehr mit, nur für kurze Augenblicke konnte Herzfeld immer mal wieder die Straße vor sich ausmachen. Von Schneiders Rücklichtern keine Spur.

Was wird er tun? Er ist verletzt, wird versuchen, die Stadt zu verlassen. Ich habe nur eine Chance, dachte Herzfeld, während laufend das Assistenzsystem des Wagens mit einem piependen Schneesymbol auf sich aufmerksam machte. Er lenkte den Passat, dessen Reifen fast keinen Halt mehr hatten, schlingernd über die Straße in Richtung der Brücke, die dann zur Bundesstraße zurück nach Kiel führte. Der Weg, den er gekommen war.

Die Minuten vergingen, und Herzfeld lehnte sich weit nach vorn, um irgendetwas zu sehen. Er hörte die Sirene eines Krankenwagens, der ihm mit rotierendem Blaulicht entgegenkam.

Gott sei Dank, das sind die Rettungskräfte, die Tattoli für Petra gerufen hat. Als ihn der Rettungswagen passierte, schoss eine Schneewelle an die Fahrerseite seines Passats, und das Fahrzeug geriet gefährlich ins Schlingern. Aber er musste dranbleiben. An Schneider! Gleich würde er die Brücke erreicht haben. Da! Rote Rücklichter!

Schneider!

Herzfeld, angefeuert von seiner Entdeckung, drückte mit dem rechten Fuß das Gaspedal noch etwas weiter nach unten, die Reifen reagierten sofort und verloren erneut den Halt, als auf der gegenüberliegenden Fahrbahn zwei Scheinwerfer eines Wagens auftauchten. Der Wagen kam scheinbar mit einer ebenso hohen Geschwindigkeit näher wie die, mit der Herzfeld unterwegs war. Nur wenige Sekunden später passierte er ihn, und

Herzfelds Blick zuckte kurz zur Seite. Der Mann hinter dem Steuer, der nur kurz zu erkennen war, kam ihm nur zu bekannt vor.

Tomforde, wie haben Sie es so schnell hierhergeschafft, wunderte sich Herzfeld und war beflügelt. Denn wenn der Ermittler hier auftauchte, würden weitere Polizisten nicht weit sein. Und Schneiders Chance zu entkommen sank gewaltig. Noch ehe Herzfeld seine flüchtige Beobachtung verarbeitet hatte, forderte das Geschehen vor ihm seine komplette Konzentration: Der Wagen des Oberarztes rückte noch etwas näher, sie hatten schon fast den Hafen passiert. Gleich würde die Schleibrücke den Weg aus der Stadt markieren.

Kurz vor der Auffahrt auf die Brücke, am Straßenrand kaum auszumachen: mehrere rote Signale. Herzfeld stutzte.

Was zur Hölle?

Öffnete sich gerade etwa die Brücke? Die roten Rücklichter vor ihm schoben sich nur noch langsam weiter, er holte auf. Herzfeld schaute zur Seite, er war mit dem Wagen bereits im ersten Drittel auf dem Brückenflügel angekommen, Schneiders BMW direkt vor ihm. Dann spürte Herzfeld, was geschah – das Gewicht des Wagens verlagerte sich mit jedem Meter, den er nur noch im Schritttempo fuhr, nach hinten. Der Brückenflügel öffnete sich immer steiler nach oben, aber Schneider fuhr einfach weiter. Inzwischen musste sich die rund drei Meter hohe Konstruktion so weit geöffnet haben, dass es für ein Auto unmöglich sein würde, sie zu überqueren.

Herzfeld drückte auf die Hupe. Schneider musste ihn doch hören! »Hier ist Schluss, du Irrer!«, brüllte Herzfeld. Plötzlich blitzte an der Heckscheibe vor ihm das Bremslicht des BMW auf. Schneider stoppte seinen Wagen! Doch die Brücke bewegte sich weiter, sie verschob weiter den Winkel nach oben. Langsam, Zentimeter um Zentimeter … *Was machst du da, du Wahnsinniger,* dachte Herzfeld und trat auf die Bremse. Herzfeld blieb unentschlossen in seinem Fahrzeug sitzen. Für einen kurzen Moment konnte er die Umrisse des Wagens vor sich

nur noch schwach ausmachen, als eine gewaltige Windböe Tausende von Schneeflocken über beide Fahrzeuge wirbelte.
Als sich das Schneegestöber wieder etwas beruhigt hatte, konnte Herzfeld erkennen, dass Schneider aus seinem BMW ausstieg. Herzfeld aktivierte die Handbremse, riss, ohne nachzudenken, die Fahrertür auf. Der Sturm brüllte hier draußen, der Eiswind schoss ihm die Schneeflocken ins Gesicht.
»Bleiben Sie stehen, es ist vorbei …«, rief Herzfeld in die Richtung, wo er gerade noch Schneiders dunkle Silhouette gesehen hatte. Doch der Schnee verschluckte seine Worte. Herzfeld sank mit seinen Stiefeln tief im Schnee ein. *Wo ist er?* Er passierte das Fahrzeug des Oberarztes, das mit einem monotonen Läuten signalisierte, dass die Fahrertür weit offen stand. Der Schnee eroberte sich den Innenraum des Wagens. Plötzlich hörte Herzfeld ein schabendes Geräusch. Die Neigung der Brücke brachte das schwere Fahrzeug vor ihm auf der vereisten Brücke ins Rutschen!
In diesem Moment schoss Schneiders ins Rutschen gekommener BMW nur wenige Zentimeter an Herzfeld vorbei, der sich im allerletzten Moment mit einem Sprung zur Seite noch in Sicherheit bringen konnte. Sekundenbruchteile später wurde die rasante Rutschpartie von Schneiders SUV abrupt gestoppt, als dieser krachend auf Herzfelds am Fuße des Brückenflügels geparkten Passat aufprallte.
Herzfeld schenkte dem Spektakel keinerlei weitere Beachtung, sondern rappelte sich sofort wieder auf, um sich Schritt für Schritt weiter, immer weiter den sich öffnenden Brückenflügel hinauf zu mühen. Er lehnte sich schräg nach vorn, um die Steigung auszugleichen, rutschte aber mit seinen Stiefeln immer wieder auf dem schneebedeckten, glatten Untergrund aus. Da spürte er, dass der mächtige Motor, der die tonnenschwere Konstruktion anhob, zum Stillstand gekommen war. Irgendjemand bediente die Brücke. Irgendjemand, der Schneider stoppen wollte. Dann sah er ihn. Der schwarze Mantel schlug bis auf die Höhe seiner Schultern nach oben. Schneider stand

mit dem Rücken zu ihm. »Schneider ... Sie werden mich nicht los!«, schrie Herzfeld. Da schwoll plötzlich das Heulen von Martinshörnern an. Herzfeld blickte kurz zurück. Am Fuß der Brücke, in etwa zwölf Metern Entfernung, hatte sich eine Kette aus drei Streifenwagen gebildet. »Gut gemacht, Tattoli«, keuchte Herzfeld, dem der beschwerliche Lauf die Schräge des Brückenflügels hinauf den Atem geraubt hatte. Der Mann vor ihm drehte sich um, der schwarze Mantel flatterte um seinen Körper.

»Herzfeld! Sie sind hartnäckig. Wie immer ...«, brüllte Schneider gegen das Rauschen des Sturmes an. Erst jetzt erkannte Herzfeld, dass sie beinahe das Ende des ersten, jetzt in einem Winkel von etwa fünfundvierzig Grad geöffneten Brückenflügels erreicht hatten. Er stapfte weiter den schrägen Asphalt hinauf. Den Gedanken, dass Schneider vielleicht weiterhin bewaffnet sein könnte, verdrängte er.

Schneider hingegen blieb regungslos stehen, als würde ihn das entfesselte Wetter nicht betreffen, seine weißblonden Haare wehten in nassen Strähnen um seinen Kopf. »Kommen Sie ruhig ...«, rief Schneider und breitete die Arme aus wie ein Mann, der sich freute, einen alten Freund wiederzusehen. Herzfeld machte noch drei Schritte, blieb stehen, keine zwei Meter von Schneider entfernt.

»Die Polizei ist da ...«, sagte Herzfeld erschöpft und deutete mit der Hand hinter sich in die Richtung, aus der immer noch die Sirenen zu hören waren. Schneider nickte. Dann setzte er seine Brille ab, faltete die Bügel sorgfältig zusammen und steckte sie in die vordere Hosentasche.

»Verdammt noch mal, es ist vorbei!«, versuchte Herzfeld weiter Zeit zu gewinnen.

»Das kann sein, Herr Herzfeld«, antwortete Schneider, und seine Stimme klang geschwächt. Mit einer schnellen Bewegung streifte er sich den Mantel ab, hielt ihn für eine Sekunde flatternd fest, wie eine Trophäe, dann ließ er ihn los. Der Wind riss an dem Stoff und zerrte ihn durch die Luft. »Es kann aber auch sein, dass Sie sich endlich mal irren. Das wäre mir eine Freude …« Ohne Brille wirkte Schneiders Gesicht mit der Adlernase noch kantiger. Er grinste, schob das rechte Bein weit nach hinten und ließ sich rückwärts fallen. Blitzartig verschwand sein Körper in der Lücke, die zwischen den beiden mächtigen Flügeln der Brücke durch das Anheben entstanden war.

»Stoooppp!«, schrie Herzfeld, hechtete nach vorn, erkannte beinahe zu spät das Ende der Brücke, die schwarze Dunkelheit der Schlei darunter. Er ließ sich auf den Bauch fallen, umklammerte die Kante des Asphalts, rutschte bäuchlings nach vorn und starrte nach unten. Nichts. Dunkelheit. Kälte. Das Eiswasser der Schlei hatte Schneider verschluckt. Die kalte Nässe des Schnees durchweichte sofort Herzfelds Hose. Doch er fror nicht.

Den Aufschlag auf das Wasser von der Brücke aus etwa drei Meter fünfzig würde Schneider mit Sicherheit überlebt haben. Aber die Kälte des Wassers würde ihm keine Chance lassen. Herzfeld stieß einen langen Schrei aus, der an seiner Lunge riss und drohte, seinen Hals zu sprengen. Dann ließ er den Kopf hängen, seine Finger gruben sich in die Kante der Brücke.

Plötzlich packte ihn eine Hand am Knöchel.

»Sie bleiben aber hier …«, ertönte eine vertraute Stimme. Herzfeld wandte den Kopf nach hinten.

Tomforde.

107

14. Januar, 15.28 Uhr
Kappeln. Historische Mühle

Der Sturm hatte jetzt deutlich nachgelassen. Das rotierende Blaulicht des Krankenwagens und der Polizeifahrzeuge hüllte die Szenerie in immer wieder aufblitzendes blaues Licht.

Herzfeld hatte, nachdem er in Begleitung von Tomforde wieder auf dem Mühlengelände eingetroffen war, sofort im Kran-

kenwagen nach Petra geschaut. Sie war bei Bewusstsein, und als sie ihn gesehen hatte, waren ihre Lebensgeister noch ein Stückchen mehr in ihren Körper zurückgekehrt. Dann sahen sich Tomforde, Herzfeld und Tattoli das erste Mal wieder, im Erdgeschoss des Wohnhauses von Margret Schalck, das Tomforde zur vorübergehenden Einsatzzentrale bestimmt hatte.
»Wir haben Taucher angefordert, die nach Schneider suchen werden. Mehrere Polizeiboote fahren das Gebiet zurzeit schon ab. Und zwei Hundertschaften sind unterwegs und werden in Kürze beginnen, das Schleiufer auf beiden Seiten in Strömungsrichtung abzusuchen. Aber ich mache mir für heute keine Hoffnungen mehr. Es wird sehr bald dunkel, und im Scheinwerferlicht ist die Chance deutlich geringer als morgen bei Tag. Aber wir bleiben die ganze Nacht durch dran, wenn es sein muss. Wenn Sie mich fragen, werden wir seine Leiche wahrscheinlich erst in den nächsten Tagen, vielleicht einige Kilometer weiter in Richtung Ostsee, finden«, sagte Tomforde und legte dabei Herzfeld mitfühlend die Hand auf die Schulter. »Sind Sie wirklich okay?«
»Wenn Sie eine trockene Hose für mich hätten, wäre das natürlich …«, versuchte Herzfeld zu scherzen. Zu unwirklich waren die letzten Stunden gewesen. Zu grausam die Taten von Schneider.
Tattoli wandte sich an Tomforde. »Können wir unsere Aussagen auf morgen früh verschieben?«, fragte sie erschöpft.
Tomforde stimmte zu: »Natürlich, ruhen Sie sich aus. Der Arzt wird Sie und James Bond hier …«, dabei zwinkerte er Herzfeld zu, »… gleich auch einmal kurz untersuchen. Aber sagen Sie mir doch für mein Ermittlergefühl und bevor Ihre Erinnerung von neuen Eindrücken überlagert wird: Hat Schneider Ihnen noch irgendetwas gesagt?«
Tattoli blickte zu Herzfeld, der sich nicht lange erinnern musste. »Er hat Achim Wittfeld kurz nach dessen Entlassung zufällig auf der Straße wiedererkannt und wollte einen großen Fall kreieren, den er quasi im Alleingang löst, um als Deutschlands

Rechtsmediziner Nummer eins zu gelten und sich damit als Professor Schwans Nachfolger in Position zu bringen. Deshalb vermute ich, arrangierte er den Mord an Deniza Milew und vergiftete Wittfeld. Die Einzelheiten hat er mir dann doch nicht so genau erzählt. Was Schneider aber gesagt hat, ist, dass er alles Hansen in die Schuhe schieben und als großer Aufklärer den Chefsessel des Instituts besteigen wollte. Doch er hatte seine Rechnung ohne unseren Seebären gemacht …«, fuhr Herzfeld fort.

»Und Frau Schalck? Wie kommt die ins Spiel? Was hat sie mit allem zu tun?«, hakte Tomforde nach.

»Sie muss ihm in die Quere gekommen sein. Ich denke, Sie werden hier irgendwo auf dem Gelände in einem der Gebäude eine Stromfalle finden, mit der er sie getötet hat«, antwortete Herzfeld und rekapitulierte jeden einzelnen Handgriff, den er an der Leiche in dem alten Schuppen vorgenommen hatte.

Tomforde nickte bedächtig. »Und Gerwin Schalck?«

Herzfeld versuchte jeden Satz, den Schneider gesagt hatte, zu erinnern. »Jedenfalls kein Geständnis, dass er etwas mit seinem Tod zu tun hat. Aber wir beide …«, Herzfeld wechselte mit Tattoli einen verschwörerischen Blick, »… haben da unsere ganz eigene Theorie, die wir Ihnen bei Gelegenheit erläutern werden. Den Tod von Frau Schalck, Petra und mir wollte er als erweiterten Suizid inszenieren. Eine Affäre zwischen mir und Frau Schalck sollte wohl das Motiv sein.«

»Gut. Oder auch nicht. Jedenfalls ist für Sie beide Schluss für heute. Sie werden jetzt noch kurz medizinisch betreut, und ich fange hier mit meiner Arbeit an. Wir müssen das alles hier unter einen Hut kriegen. Ich erwarte Sie morgen um 10 Uhr für Ihre Aussagen auf dem Präsidium.«

Herzfeld klopfte Tomforde auf die Schulter. »Okay. Ich habe auch noch eine Frage: Das mit der Brücke, wie sind Sie darauf gekommen?«

Tomforde lächelte stolz.

Herzfeld hatte den anwesenden Notarzt überzeugen können, dass er keinerlei Behandlung bedurfte und Petra ins Krankenhaus begleiten würde. Sie lag eingewickelt in eine golden schimmernde Folie, hatte einen venösen Zugang in der linken Ellenbeuge gelegt bekommen, über den eine Infusionslösung mit Schmerz- und Beruhigungsmitteln in ihren geschundenen Körper lief. Der Krankenwagen würde sie in das Städtische Krankenhaus nach Kiel bringen, wo erst einmal die weitere Diagnostik laufen und sie dann noch einige Tage zur Beobachtung bleiben sollte.
Die Temperatur im Krankenwagen ließ Herzfelds Gesicht glühen. Seine Hände brannten.
Petra war wach. Ihre Augen ruhten auf Herzfeld, während ihr Kopf leicht von den Fahrtbewegungen des Wagens hin- und hergewiegt wurde. Herzfeld hielt Petras Hand und wollte sie nie mehr loslassen. »Es tut mir so unendlich leid«, flüsterte Herzfeld.
Petra war von Schrammen übersät, ihre Lippen waren an mehreren Stellen aufgesprungen, und am Hals lief eine jetzt mit Desinfektionsmittel und Verbandsmaterial versorgte Strangmarke entlang. Sie nickte stumm. »Alles okay. Wir kochen doch heute noch Bœuf Stroganoff, oder?«, hauchte sie schwach und deutete ein Lächeln an, das ihr aber fürchterliche Schmerzen zu bereiten schien.
Herzfeld traten die Tränen in die Augen, und er drückte ihre Hand ganz sanft.

☠ ☠ ☠

108

20. Januar, 14.20 Uhr
Hamburg. Flughafen

Tattoli war bereits auf der Fahrt von Kiel nach Hamburg zum Flughafen sehr schweigsam gewesen. Herzfeld hatte sich, nachdem ihn Schwan sofort und ohne Umschweife für die nächsten zwei Wochen beurlaubt hatte, mehrfach mit ihr bei sich zu Hause getroffen.

Petra war nach drei Tagen auf eigenen Wunsch und entgegen ärztlichem Rat aus dem Städtischen Krankenhaus entlassen worden. Neben Erfrierungen ersten und zweiten Grades an den Händen und im Gesicht hatte sie durch die Nervenkompressionen, die sie in ihrer zusammengestauchten Körperhaltung im Koffer erlitten hatte, nach wie vor mit Lähmungserscheinungen in Armen und Beinen zu kämpfen. Auch plötzlich auftretende Angstgefühle und Panikattacken, verbunden mit Herzrasen und Zittern, waren nach wie vor vorhanden. Entgegen aller Vernunft lag sie lieber die meiste Zeit in der gemeinsamen Wohnung apathisch vor dem Fernseher, während Herzfeld Hannah für die nächsten Tagen weiterhin zu den Großeltern nach Kronshagen ausquartiert hatte.

Herzfeld und Tattoli waren jeden Schritt der Ereignisse noch einmal durchgegangen. Ihre Aussagen, die sie Tomforde und Weber zu Protokoll gegeben hatten, vervollständigten in ihrer Gesamtheit ein Bild von Schneider, das an Bösartigkeit, Brutalität und eiskaltem Kalkül wohl kaum zu überbieten war.

Herzfeld hatte Tattoli beim Einchecken ihres üppigen Gepäcks geholfen und stand nun neben ihr vor der großen Anzeigetafel des Terminal 1, unter dem es in den Sicherheitsbereich ging. Der Abschied fiel beiden sichtbar schwer. Die Zeit am Kieler Institut hatte sie zusammengeschweißt.

Tattoli sah zum wiederholten Male auf ihre Bordkarte und verglich die Uhrzeit des Abflugs mit der auf der Anzeigetafel.

»Der Flieger geht ausnahmsweise pünktlich, ich muss rein«, sagte sie mit einem tiefen Seufzen. Die beiden setzten sich in Bewegung, es fiel ihnen schwer, sich voneinander zu trennen. Ihre Verbundenheit war spürbar geworden.
Die Schlange der Fluggäste, die den Sicherheitsbereich zu ihren Gates durchlaufen wollten, füllte sich. Tattoli reihte sich dicht hinter einem Mann in grauem Anzug ein, der in einer Zeitung las.
Herzfeld schloss die italienische Rechtsmedizinerin zum Abschied fest in die Arme. »Vielen Dank, du hast Petras und mein Leben gerettet. Wir …«
Tattoli revanchierte sich mit einer ebenso festen Umarmung. Über ihre Schulter hinweg blickte Herzfeld auf den in einer Boulevardzeitung lesenden Mann vor ihnen, und plötzlich stach ihm die fette Überschrift des Artikels ins Auge, in den der Wartende vertieft war.

Kieler Staatssekretär Erwin Bohse vermisst

Herzfeld fuhr zusammen und löste die Umarmung. Noch ehe er etwas sagen konnte, begann Tattoli zu sprechen.
»Ciao, Dottore. Was glaubst du, wie lange man noch nach Schneider suchen wird?«
»Sie werden die Suche schätzungsweise in ein paar Monaten einstellen und ihn dann irgendwann für tot erklären«, antwortete Herzfeld abwesend. Eine Durchsage plärrte durch die große Halle. Letzter Aufruf.
Tattoli strich sich die Haare zurück und nickte. »Ich hoffe, wir sehen uns wieder. Paul, glaubst du, dass es nun vorbei ist?«
Herzfeld blickte erneut auf die fetten Zeitungslettern, die von Bohses plötzlichem Verschwinden kündeten. Dann sah er Tattoli fest in die Augen.
»Nein«, antwortete er. »Ich befürchte, es fängt gerade erst an …«

Nachwort

Die Handlung von *ABGESCHLAGEN* wurde von zahlreichen wahren Begebenheiten und eigenen biografischen Erlebnissen inspiriert. Ein Schlüsselerlebnis war, als mir vor fünfundzwanzig Jahren mein damaliger Chef am Hamburger Institut für Rechtsmedizin, mein großartiger akademischer Lehrer und Mentor Professor Doktor Klaus Püschel, von einem skandinavischen Rechtsmediziner erzählte, der in den Achtzigerjahren Prostituierte tötete und nach ihrer Zerstückelung die Leichenteile in einem Park deponierte beziehungsweise drapierte. Der skandinavische Rechtsmediziner obduzierte die Leichenteile seiner Opfer dann nach deren Auffindung im Auftrag von Polizei und Staatsanwaltschaft. Und legte sich dann erstaunlich genau auf Todesursachen und zur Rekonstruktion des Tatgeschehens fest. Ich war fasziniert von Püschels Erzählungen, damals noch nicht ahnend, dass mich dieser Stoff einmal zu einem Thriller inspirieren würde, geschweige denn, dass ich überhaupt neben meiner eigentlichen Tätigkeit als Rechtsmediziner einmal Bücher schreiben würde.

Die Fälle, die ich in meine Thriller-Handlung einbaue, ob es die ermordete Rentnerin Edda Steen oder der massiv übergewichtige Tote aus Schilksee sind sowie die anderen in diesem Thriller dargestellten Obduktionsfälle, haben sich tatsächlich so ereignet. Nur eben nicht in Schleswig-Holstein, und es war nicht die Kieler Rechtsmedizin, sondern die Berliner Rechtsmedizin, die in die Untersuchung involviert war und maßgeblich zur Klärung dieser Todesfälle beitrug.

Ich habe in Kiel Medizin studiert und meine Promotion von 1992 bis 1995 am Kieler Institut für Rechtsmedizin verfasst.

Und da ich gebürtiger Kieler bin, meine letzten Thriller aber allesamt in Berlin, meiner Heimat seit zwölf Jahren, spielen, war es höchste Zeit, einmal einen True-Crime-Thriller in Kiel und Schleswig-Holstein anzusiedeln. Als Hommage an diese schöne Stadt und die tollen Menschen im nördlichsten Bundesland!

Keine der hier im Buch vorkommenden Personen gibt es wirklich. Weder in der Kieler Rechtsmedizin noch sonst wo. Und es hat unter den von mir hoch geschätzten Kieler Rechtsmedizinerinnen und Rechtsmedizinern nie einen Kriminellen gegeben oder irgendwelche Versuche einer Manipulation von Berufungsverfahren, und es sind auch niemals irgendwelche Asservate aus dem dortigen Institutskeller verschwunden. Diese künstlerische Freiheit habe ich mir erlaubt zu nehmen. Nichts für ungut, liebe Kolleginnen und Kollegen!

Professor Volker Schneider existiert also in der Realität nicht. Aber es gibt Männer wie ihn in der akademischen Welt einer Universität und natürlich auch in der freien Wirtschaft, die für ihre Karriere alles tun würden. Sogar töten. Solche Menschen gehen, wie Schneider hier im Buch, über Leichen. Freundschaft, Loyalität, Liebe – das alles zählt für diese Raubtiere nicht.
Und es ist unsere Aufgabe, es Paul Herzfeld gleichzutun und aufzustehen und uns gerade zu machen, wenn irgendein Schneider irgendwo sein falsches Spiel treibt.

Dottore Lucia Tattoli dagegen existiert tatsächlich in der Realität und ist eine sehr sympathische und engagierte italienische Rechtsmedizinerin an der Universität Turin und seit Jahren eine gute Freundin meiner Familie. Sie war schon mehrfach zu mehrmonatigen Hospitationen bei mir in der Berliner Rechtsmedizin, und ich sehe sie regelmäßig jedes Jahr auf einer Fachtagung in Italien.

Jetzt danke ich Ihnen, liebe Leserinnen und Leser, und kann Sie beruhigen, falls Sie daran interessiert sind, wie es mit Rechtsmediziner Paul Herzfeld weitergeht: Es geht weiter. Schon bald.

Herzlichst
Ihr
Michael Tsokos

Danksagung

Mein großer Dank gilt zunächst Wolf-Ulrich Schüler für die großartige Zusammenarbeit, für seine tollen Ideen, seine Kreativität und seine Ansprechbarkeit quasi rund um die Uhr, trotz eines Fulltimejobs. Uli – du bist eine Bank!

Genauso unentbehrlich, entscheidend, wichtig und bereichernd für dieses Buch war Alexandra Löhr, meine Lektorin bei Droemer Knaur. Danke!! Ich will nur noch Sie als Lektorin (was nicht die Leistung früherer Lektorinnen schmälern soll, sondern als tiefe Verbeugung vor Ihrer Lektoratskunst und -beherrschung gemeint ist)!

Großer Dank an meinen guten Freund Sebastian Fitzek für hilfreiche Hinweise und Tricks aus dem Einmaleins eines richtig großen Autors!

Ein herzliches Dankeschön auch an Roman Hocke, meinen Agenten von AVA international, München. Auch auf Sie will ich nie verzichten müssen, wenn es um das richtige Gespür bei der Gestaltung von Verträgen und sehr gute Ratschläge geht!
Dank auch an Michael Michalek von AVA für die Unterstützung sowie Claudia von Hornstein, Lisa Blenninger und Cornelia Petersen-Laux.

Bei Droemer Knaur danke ich an erster Stelle meiner großartigen Verlegerin Doris Janhsen für ihr Vertrauen und ihre offene Art. Es macht viel Spaß mit Ihnen!
Großer Dank bei Droemer Knaur auch an Carolin Graehl, Bettina Halstrick, Katharina Ilgen, Patricia Keßler, Hanna Pfaffenwimmer, Sibylle Dietzel, Lucie Balles, Katherina Dan-

ner, Katja Kolinke, Antje Buhl, Katharina Scholz, Barbara Stelcer, Natalja Schmidt, Swea Preuss, Bernhard Fetsch, Steffen Haselbach und Jochen Kunstmann.

Danke an Helmut Henkensiefken von Zero, München, für Covergestaltung und Pressefotos.

Danke an meine Frau Anja für ihr Probelesen, ihre schonungslose Analyse von Schwachstellen und harte Kritik. Das hat dem Buch gutgetan! Und ich kann das ab, weißt du ja …

Mein Dank an meinen Uralt-Freund aus Studentenzeiten, Steve Philpott aus Sydney, der mich während eines kürzlichen Berlin-Besuchs an den australischen Ausspruch *»It's not over until the fat lady sings«* erinnerte, der dann auch sogleich Eingang ins Buch fand.

In der Berliner Rechtsmedizin danke ich Philipp Möller, Denise Dümpelmann, Privatdozent Dr. Claas Buschmann, Privatdozent Dr. Sven Hartwig, André Niebel, Dr. Lars Oesterhelweg, Dr. Frank Rosenbaum und Dr. Edwin Ehrlich für Inspirationen und Anregungen und fachliche Expertisen. Und Gabriele Kuhl für die Beschaffung von Unterlagen.

Herrn Rechtsanwalt Johannes Eisenberg, Berlin, gilt mein Dank für seine strafrechtliche Einschätzung zu einem der Kapitel dieses Buches.